スッキリわかる

FP技能士2級・AFP

テキスト＋問題集

（株）住まいと保険と資産管理
白鳥光良　編著

「スッキリわかる FP 技能士2級」
購入者限定特典

1 スッキリわかるFP講義動画を見てみよう!

FP 試験で学習しなければならない論点は多岐にわたります。

スッキリわかる FP では、特に理解しづらい論点の解説講義や、学習前に見ることで学習をスムーズに進められる学習の指針講義を作成しました。

ぜひ、試験合格へ向けた学習の一助にお役立てください。

2 「CBT模擬試験プログラム」にチャレンジ!

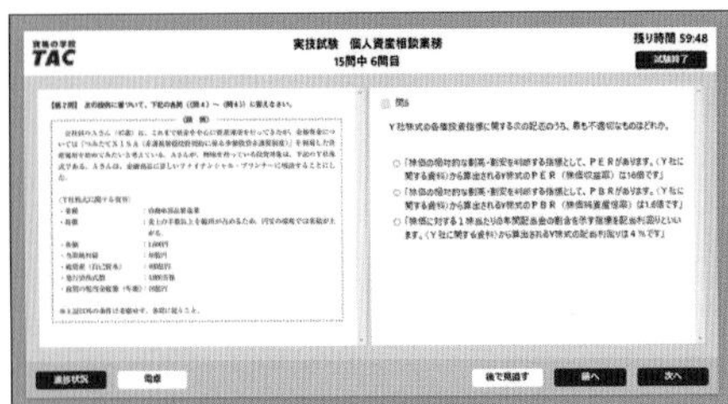

(2025年2月公開予定)

本書には、実際の CBT 試験そっくりに作られた「CBT 模擬試験プログラム」が付属しています！

試験直前になったら、模擬試験プログラムに挑戦して最終仕上げをしましょう！　これで直前対策もバッチリ！

PC またはタブレットで利用可能！もちろん無料で使えます！

アクセスはこちら TAC 出版 検索

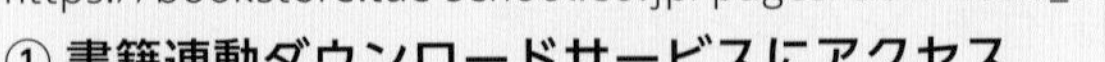

https://bookstore.tac-school.co.jp/pages/download_service/

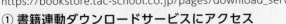

① 書籍連動ダウンロードサービスにアクセス

② パスワードを入力 240511188

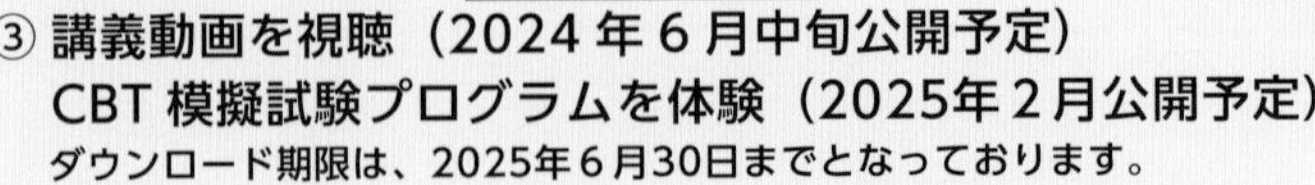

③ 講義動画を視聴（2024 年 6 月中旬公開予定）
CBT 模擬試験プログラムを体験（2025年２月公開予定）
ダウンロード期限は、2025年６月30日までとなっております。

※この模擬試験プログラムは TAC 出版が独自に製作したものです。実際の試験とは異なる場合がございますので、ご了承ください。
※本特典の提供期間は、改訂版刊行月末日（2025 年５月予定）までです。

（免責事項）
(1) 本アプリの利用にあたり、当社の故意または重大な過失によるもの以外で生じた損害、及び第三者から利用者に対してなされた損害賠償請求に基づく損害については一切の責任を負いません。
(2) 利用者が使用する対応端末は、利用者の費用と責任において準備するものとし、当社は、通信環境の不備等による本アプリの使用障害については、一切サポートを行いません。
(3) 当社は、本アプリの正確性、健全性、適用性、有用性、動作保証、対応端末への適合性、その他一切の事項について保証しません。
(4) 各種本試験の申込、試験申込期間などは、必ず利用者自身で確認するものとし、いかなる損害が発生した場合であっても当社では一切の責任を負いません。

（推奨デバイス）PC・タブレット
（推奨ブラウザ）Microsoft Edge 最新版／ Google Chrome 最新版／ Safari 最新版
詳細は、下記 URL にてご確認ください。
https://tac-fp.com/login

改正ポイント

本書を '24-'25 年版に改訂した際の主な改正ポイントは以下のとおりです。本書は、2024 年4月1日現在施行中の法令に基づいており、2024 年9月、2025 年 1 月・5月の試験に対応しております。

	改正前	改正後
基本年金額 (老齢基礎年金の満額、遺族基礎年金の基本部分)	**2023年度** 795,000円 (68歳以上は792,600円)	**2024年度** 816,000円 (69歳以上は813,700円) ※「インフレで増えた年金入ろ(816)うよ」
遺族基礎年金の子の加算	**2023年度** 2人目まで:228,700円 ※夫婦はな(2287)れる死に別れ 3人目以降:76,200円 ※な(7)んと空(6)しい夫(2)婦仲	**2024年度** 2人目まで:234,800円 ※夫妻しば(2348)らく別離かな 3人目以降:78,300円 ※な(7)んとは(8)かない最(3)期
在職老齢年金の基準額	**2023年度** 基準額48万円	**2024年度** 基準額50万円
新・NISAの創設	**2023年12月末までの新規買付** 一般NISA: 年120万円(累計600万円)2023年まで つみたてNISA: 年40万円(累計800万円)2042年まで ※新NISAとは別枠で上記制度の取扱いは継続	**2024年1月以降の新規買付** 成長投資枠: ⇒年240万円(累計1200万円)まで つみたて投資枠: ⇒年120万円(累計1800万円)まで ※両枠合計の上限額は1800万円まで
金融サービス提供法 (旧・金融商品販売法)	**2024年1月末までの正式名称** 「金融サービスの提供に関する法律」	**2024年2月からの正式名称** 「金融サービスの提供及び利用環境の整備等に関する法律」
空き家に係る譲渡所得の3,000万円特別控除の特例	**2023年12月末までの譲渡** 特別控除額3000万円 (相続人が複数いる場合、1人あたり控除額3000万円)	**2024年1月以降の譲渡** 相続人が2人以下の場合、特別控除額3000万円 (相続人が3人以上いる場合、1人あたり控除額2000万円)
相続財産に加算する生前贈与の期間	**2023年12月末までの贈与** 相続開始前3年間	**2024年1月以降の贈与** 相続開始前7年間(ただし、延長した4年間に受けた贈与については合計100万円まで相続財産に加算しない)
相続時精算課税制度における基礎控除 (年110万円)	**2023年12月末までの贈与** 相続時精算課税制度を選択後は、全ての贈与について(同制度の対象として)贈与税申告が必要	**2024年1月以降の贈与** 相続時精算課税制度を選択後も、毎年110万円(基礎控除)以下の贈与については(非課税となり)贈与税申告が不要
不動産に関する相続登記の義務化	**2024年3月末まで** 不動産に関する相続登記は任意	**2024年4月1日より** 不動産に関する相続登記が義務化 原則、不動産の相続を認知してから3年以内の相続登記が必要
インボイス制度の導入	なし	**2023年10月より** 消費税の仕入税額控除を行うためには、請求書等に(適格請求書発行事業者の)登録番号の記載が必要

はじめに

FPの試験勉強は どうしてこんなに大変なのか

FP２級試験は、６割以上正答すれば合格となり、
合格率も２～５割程度であり、一、二カ月程度の学習期間で合格する受検生もいます。

しかし、書店店頭には細かな情報がぎっしりと掲載された分厚い参考書があふれています。テキストを１回読み通すだけでも相当な時間と労力を要するでしょう。

試験の難易度に比べ、なぜテキストで学ぶことがこんなに多いのでしょうか。FPは人生を通じて関わるお金の知識を学ぶため、保険・金融資産・税金・不動産・相続と学習範囲が非常に広く、多岐にわたります。

そのため、**試験範囲の全てを網羅しようとすると、学習量は膨大なものとなってしまうのです。**

必要以上に手を広げず、 確実に頻出論点を押さえることが合格につながる

過去問を数回分解けばわかるように、頻出問題はパターン化されています。
さらに６割の正答で合格できるため、
めったに問われない論点にまで手を広げる必要は全くありません。

大量にある金融商品の細かい知識や、税金の計算過程における微細なルールなど、全て理解しようとすれば膨大な時間が必要になり、理解しきれずに挫折してしまうこともあるでしょう。学習時間や暗記できる量には限りがあります。**必要以上に手を広げて学習すると、その分、頻出論点の理解や暗記がおろそかになるので、合格が遠のくこともあるのです。**

そのため本書は、
合格ラインを確実に超えるために
必要な情報を厳選して掲載しています。

実際に読者の方から、「最初に他の分厚い参考書を購入したものの、大量の情報をインプットできずに挫折し、本書を買いなおして合格した」という声を多数いただいております。

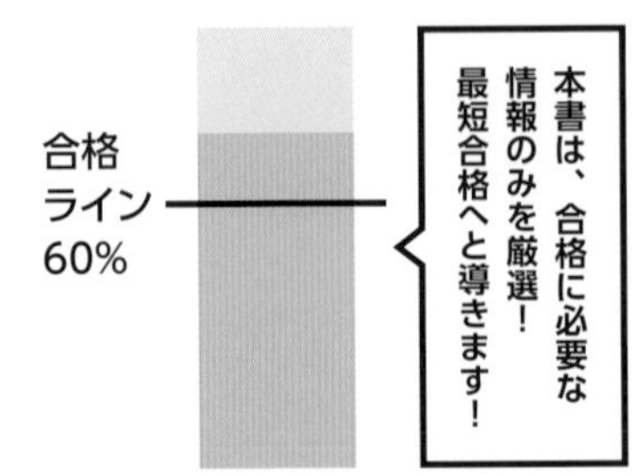

確実に正答する必要がある問題数は 24 問

確実に正答する必要がある問題数について考えてみましょう。

学科試験の問題の 60 問中 24 問（４割）を確実に正答した場合、残りは 36 問あります。残りの 36 問については、4つの選択肢それぞれに「○（正しい）」「×（誤り）」「？（不明）」のしるしをつけて選択肢をしぼっていきます。

	(A) 確率論的に正答できる問題数	(A)＋確実に正答する 24 問
36 問を 2 択にしぼれた場合	36 問 $\times \frac{1}{2}$ ＝ 18 問	18 問＋ 24 問＝ 42 問 合格ライン超え！
36 問を 3 択にしぼれた場合	36 問 $\times \frac{1}{3}$ ＝ 12 問	12 問＋ 24 問＝ 36 問 ギリギリ合格ライン超え！

上記の表のように、24 問確実に正答して、残りの問題を２～３択にまでしぼることができれば、確率論的に 36 ～ 46 問は正答することができ、合格ライン 36 問を突破します。

上記の例はあくまで合格ラインギリギリをねらった場合の話ではありますが、**ＦＰ２級試験は、６割で合格でき、選択式であるため、マイナーな論点にまで手を広げる必要はない**ということがわかります。

効率よく短期間で合格するために

本書では、効率よく短期間で合格するために次のような特徴があります。**①学習のポイントは、頻出論点に的をしぼり、平易な言葉づかいでわかりやすく説明しています。②各項目の後に問題演習がついており、インプットの後にすぐアウトプットができるので、知識が定着しやすくなっています。③第７～９章は実技対策になっており、この１冊で学科・実技試験の学習が完了します。**

頻出論点に的をしぼった本書で、無理なく無駄なく、最短合格を目指しましょう！

FP資格の魅力

FP の資格・知識は、独立・開業したり、会社内で知識を活かしたり、
家庭での資産設計に役立てたり…といったように、あらゆる方面に活用できます。

FP 資格の魅力は、「学習する全ての人に役立つ」ことです。

独立・開業

FP 1級 or CFP®

FP事務所を設立

1級ファイナンシャル・プランニング技能士や CFP® 認定者となれば、独立して FP 事務所を設立することも視野に入ります。

企業内FP

金融機関 ＋ FP　不動産会社 ＋ FP

会社内で知識を活かす

金融機関や不動産会社等に勤めている方は、FP を取得することで社内や顧客からの信頼感がアップします。また、資格取得を奨励している企業も多くあります。

Wライセンス

FPと相性がよい資格

宅地建物取引士、社会保険労務士、税理士、証券外務員、日商簿記など

FP の学習内容は多分野にまたがるため、他の資格と重なる部分が多くあります。他の資格と合わせて取得することで、より専門的な顧客相談に対応できるようになります。

どんな人にも

家庭での資産設計に

年金や社会保険料など、人生に関わるお金について学ぶことで将来に見通しが立ち、合理的な判断ができるようになります。

FPの試験制度

FPの試験は「一般社団法人 金融財政事情研究会（金財)」と
「NPO法人 日本ファイナンシャル・プランナーズ協会（日本FP協会)」の
2団体が主催しています。

試験の種類は2種類

FP技能士（3級〜1級）	国家資格。一度取得すると有効期限はないので、更新の必要はありません。本書はこのFP技能士の試験に対応しています。
AFP・CFP®	日本FP協会認定資格。資格には有効期限があり、定期的に更新する必要があります。

受検の流れ

基本的には**FP技能士の3級から受検**します。一つ前の級の取得が受検資格となっているため、**3級⇒2級⇒1級の順に受検**します。

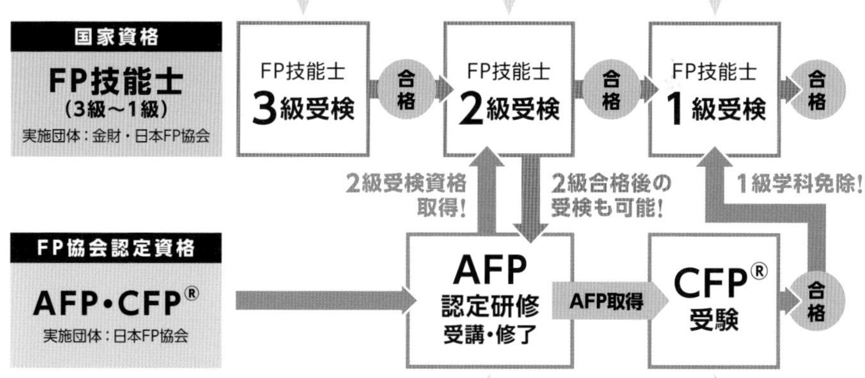

ただし、AFPの認定研修を修了した場合も2級FP技能士の受検資格が得られます。**AFP認定研修⇒2級FP技能士の流れをたどると、一気に2級とAFPの2つの資格取得が可能**となります。

2級取得者は1級を、**AFP取得者はCFP®を受験**することができます。

2級試験について

試験は「学科試験」と「実技試験」の２種類あり、

両方に合格することでＦＰ技能士として認定されます。

学科試験　「学科試験」は金財・日本 FP 協会の両団体ともに共通です。

実　技　「実技試験」は各団体で内容が異なります。「実技」といっても、試験形式は学科と同様のペーパーテスト※です。

※ 2025 年度より CBT 方式に移行

学科・実技のどちらか片方だけ合格した場合は、
残りの試験は、片方の合格から翌々年度の３月末日までに合格する必要があります。

2級　試験概要

受検資格		FP 技能検定３級の合格者・FP 業務に関し２年以上の実務経験を有する者・日本 FP 協会が認定する AFP 認定研修を修了した者・厚生労働省認定 金融渉外技能審査３級の合格者
試験実施団体		金財・日本 FP 協会
試験月		9月・1月・5月※　※ 2025 年5月は金財のみ実施
出題形式	学科	筆記試験（マークシート方式）　四答択一式　60 問
	実技	金財：筆記試験　事例形式　5題（15 問） 日本FP協会：筆記試験　40 問
実技の試験科目		金財：個人資産相談業務・生保顧客資産相談業務・中小事業主資産相談業務・損保顧客資産相談業務（どれか１つを選択） 日本FP協会：資産設計提案業務
合格基準（6割以上）	学科	60 点満点で 36 点以上
	実技	金財：50 点満点で 30 点以上 日本FP協会：100 点満点で 60 点以上

※日本 FP 協会は、2025 年１月試験をもって、ペーパーテストを終了し、2025 年４月より CBT 方式へ移行する。

※金財も 2025 年４月より CBT 方式が実施されるものの、2025 年５月試験ではペーパーテスト（学科、実技個人、実技生保）が並行実施される。

2024年度　2級試験日程（予定）※2025年度以降はCBT化

	2024年 9月	2025年 1月	2025年※ 5月
試験日	2024年 9月8日	2025年 1月26日	2025年 5月下旬
受検申請書請求期間 ※金財の日程	2024年 6月3日～ 7月16日	2024年 10月1日～ 11月26日	2025年 2月上旬～ 3月下旬
受検申請受付期間	2024年 7月2日～ 7月23日	2024年 11月13日～ 12月3日	2025年 3月中旬～ 4月上旬
受検票発送日	2024年 8月22日	2025年 1月8日	2025年 5月上旬
合格発表日 （予定）	2024年 10月21日	2025年 3月7日	2025年 6月下旬～ 7月上旬

※ 2025年5月は金財のみ実施

法令基準日

問題文にとくに断りのない限り、以下の基準日現在の法令等に基づいて出題されます。
（ただし、試験範囲に含まれる時事的問題など、FPとして当然知っておくべき事項については、基準日にかかわらず出題される可能性もあります）

試験日	2024年9月8日	2025年1月26日	2025年5月下旬※
	↑	↑	↑
法令基準日	2024年4月1日	2024年10月1日	2024年10月1日

※ 2025年5月は金財のみ実施

試験情報は変更する可能性があります。最新の試験情報の確認や受検手続は、以下の試験団体のHP等を参照しましょう。

一般社団法人　金融財政事情研究会（金財）
URL https://www.kinzai.or.jp/fp　TEL 03-3358-0771

NPO法人　日本ファイナンシャル・プランナーズ協会（日本FP協会）
URL https://www.jafp.or.jp/　TEL 03-5403-9890

学習方法

本書『スッキリわかるFP技能士２級・AFP』は、

１冊でインプットとアウトプットが完了し、

合格圏内に入れる作りとなっていますが、

シリーズで使用することで本番得点力がさらに高まります。

学習に割ける時間等に応じて、

過去問題集や予想模試を活用しましょう。

基本の1冊！

STEP 1 スッキリわかるを使い倒す

本書『スッキリわかるFP技能士２級・AFP』は、短いテキスト部分の後にすぐ問題演習があり、1冊でインプットとアウトプットが完了する作りとなっています。

1周目

1周目は、わからない部分があってもそのまま読み進め、問題部分も「読む」程度にとどめます。このようにして、まず学習する内容の大枠をざっくりと頭に入れましょう。

2周目以降

そして、２周目、３周目と繰り返し読みながら、少しずつ知識を頭にしみこませていきましょう。赤シートを活用して、覚えているかどうか確認するのも効果的です。

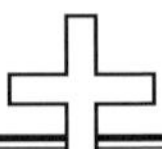

さらに過去問をたくさん解く！

STEP 2 スッキリとける で過去問演習

本書にも頻出の過去問題を掲載していますが、『スッキリとける過去＋予想問題　FP 技能士２級・AFP』でより多くの過去問題を解き、さらに本試験タイプの予想問題を１回分解くことで、本試験に対応する力が養われます。

スッキリわかる ⇄ スッキリとける

『スッキリわかる』を１章読むごとに『スッキリとける』の同じ章の問題を解くことで理解が深まります。

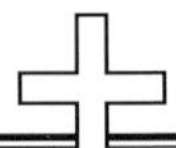

直前対策で総仕上げ！

STEP 3 あてる の予想模試で本試験に備える

『〇年〇月試験をあてる TAC 直前予想模試　FP 技能士２級・AFP』では、本試験形式の予想模試３回分を収載しています。さらに、直前期に暗記すべき項目をコンパクトにまとめた「直前つめこみノート」や、苦手な人が多い計算問題を一気に演習できる「計算ドリル」など、直前対策に役立つコンテンツが盛りだくさんです。

この１冊で試験に向けた最終仕上げをしましょう。

STEP 1 各章ごとに、全体像と頻出論点を把握しよう！

全体像をチェック

最初に章の全体像に目を通すことで、これから学習する内容が頭に入りやすくなります。

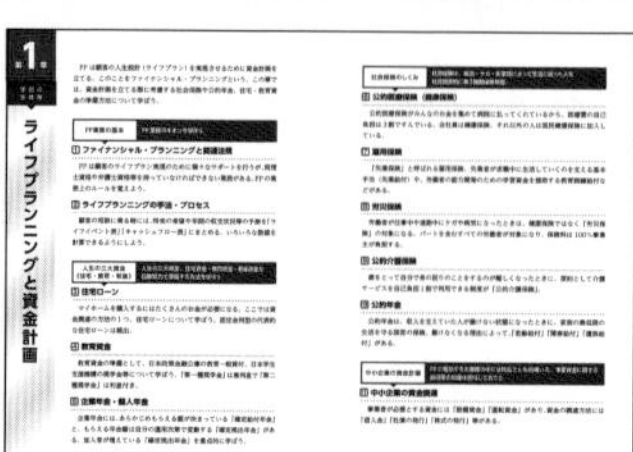

頻出論点ベスト5

試験までの残り時間が少ない場合は、ベスト5の項目だけでも頭に入れましょう。

STEP 2 インプット⇄アウトプットで知識を定着！

第1章 ライフプランニングと資金計画
出題率 90%
難易度 ★★★★★
FP業務の基本
1
ファイナンシャル・プランニングと関連法規
絶対マスター
第1章
ライフプランニングと資金計画
絶対読め！30秒レクチャー
2級学科の試験対策上は「FPが単独でこれをやったらアウト！」を押さえよう。FPは、顧客のライフプランを実現するために様々な問題解決のサポートを行う仕事だが、「業際」や「コンプライアンス（法令遵守）」を意識する必要があることを理解しよう。常識で答えられるし、よく出題されるのでおいしいぞ！
OUT
コンプライアンス
業際

ナナメ読み！ 学習のポイント

1 FP業務を行ううえで意識すべき関連法規

FP業務を行う際には、様々な関連業法を守らなければならない。FPは様々な分野について「一般的な説明を行うのは（有料でも）OKだが、個別具体的なアドバイスや業務は（無料でも）アウト」というケースが多い。

(1) 税理士法に関する注意点

税理士でないFPの、税務申告の代理、個別具体的な税務相談、その他税理士法に規定される行為は有償（有料）・無償（無料）を問わずアウト。ただし、仮定の事例や金額を用いた一般的な説明はOK。

(2) 弁護士法に関する注意点

弁護士でないFPが、法律相談を業として行うことはアウト。公正証書遺言の証人や任意後見人となる場合は、特別な資格は不要。

005

アイコンに注目

出題率ごとに、絶対マスター！（70%以上）、ここで差がつく（50%以上70%未満）、最後のひと押し（50%未満）のアイコンがついています。メリハリをつけて学習しましょう。

出題率と難易度

各項目の出題率と難易度が一目でわかります。
出題率高め、難易度低めの「おいしい論点」は落とさないようにしましょう。

絶対読め！30秒レクチャー

熱血クマ講師Shuzoのイラストと熱いレクチャーで、各項目の要点がすぐにつかめます。

ナナメ読み！学習のポイント

試験対策に必要な知識だけ、極限までしぼりこんでいます。やさしく簡潔な文章だから、どんどん読み進められます。

重要な語句や問題演習の解答は**赤シート**で隠せます。

さらっと一読!

小規模企業共済の細かいポイント　出題率 10%未満

商業・サービス業を営む個人事業主の場合、常時使用する従業員の数が5人以下なら加入できる。

さらっと一読!

出題率低めの論点は、軽く目をとおしましょう。

実務上ではどうなの?

企業年金の制度の見直しに合わせて、確定拠出年金を採用する会社も増えており、確定拠出年金の運用をどのファンドで行うのがよいかという質問を一般のお客様から受けることもあります。

実務上ではどうなの?

独立系FPとして10年以上活躍している著者が語るFPの実務情報。実務の世界の変動がわかれば、本試験の傾向が見えてきます。

問題演習

厳選した頻出の過去問題を掲載しています。学んだ内容をすぐにアウトプットすることで知識を定着させます。
「学習のポイント」でふれていない発展的な知識が問われることもあるので、ここでさらに知識をたくわえましょう。

繰り返し学習

間違えた問題にはチェックを入れて、復習しましょう。

本番得点力が高まる! 問題演習

第1章 ライフプランニングと資金計画

問1 □□□ ファイナンシャル・プランナー（以下「FP」という）の顧客に対する行為に関する次の記述のうち、関連法規に照らし、最も不適切なものはどれか。

1) 税理士資格を有しないFPのAさんは、顧客から所得税における医療費控除について相談を受け、セルフメディケーション税制（特定一般用医薬品等購入費を支払った場合の医療費控除の特例）の対象となる医薬品等に関する一般的な説明を行った。
2) 社会保険労務士資格を有しないFPのBさんは、顧客から公的年金の遺族給付について相談を受け、当該顧客が受給できる年金額を計算して解説し、年金の請求手続きを業務として報酬を得て代行した。
3) 司法書士資格を有しないFPのCさんは、顧客から将来の財産の管理を依頼され、当該顧客の任意後見受任者となった。
4) 損害保険募集人の資格を有しないFPのDさんは、戸建て住宅に居住中の顧客から地震保険についての相談を受け、地震による倒壊などの損害を被ったときの一般的な補償内容を説明した。

《2018年9月学科問題（1）》

問2 ファイナンシャル・プランナーの顧客に対する行為に関する次の記

STEP 3 実技の対策もバッチリ!

充実の実技対策　第7章～第9章

本書だけで学科も実技も攻略できます。金財の個人資産相談業務、生保顧客資産相談業務、日本FP協会の資産設計提案業務に対応しています。

STEP 4 試験直前は、秘伝の書で大逆転!

秘伝の書　袋とじ

試験直前の秘伝が載っています。試験まで数日しか勉強時間がない人は、まずここを開けてみましょう。

CONTENTS

第7章 実技試験 金財 個人資産相談業務

第8章 実技試験 金財 生保顧客資産相談業務

第9章 実技試験 日本FP協会 資産設計提案業務

第1章

ライフプランニングと資金計画

ファイナンシャル・プランナー（FP）に求められる倫理と関連する法規について、まずは理解しよう。社会保険や各種年金、住宅ローンなど、あなたの人生において長期の収支に影響するしくみを学ぼう。ライフプランニングの考え方は、すべてのFP業務の中心となるものだ。こころの炎を燃やして学んでいこう！

いくぞー！

ライフプランニングと資金計画

FPは顧客の人生設計（ライフプラン）を実現させるために資金計画を立てる。このことをファイナンシャル・プランニングという。この章では、資金計画を立てる際に考慮する社会保険や公的年金、住宅・教育資金の準備方法について学ぼう。

FP業務の基本 FP業務のキホンを学ぼう。

1 ファイナンシャル・プランニングと関連法規

FPは顧客のライフプラン実現のために様々なサポートを行うが、税理士資格や弁護士資格等を持っていなければ（単独では）できない業務もある。FPの業務上のルールを覚えよう。

2 ライフプランニングの手法・プロセス

FPが顧客の相談に乗る時には、将来の収支状況や貯蓄残高の推移などの予測を「キャッシュフロー表」にするのが基本だ。いろいろな数値を計算できるようにしよう。

人生の三大資金（住宅・教育・老後） 人生の三大資金、住宅資金・教育資金・老後資金を自助努力で準備する方法を学ぼう。

3 住宅ローン

マイホームを購入するには数千万円レベルのお金が必要になるので、貯蓄だけで準備するのは大変だ。ここでは資金調達の方法の1つ、住宅ローンについて学ぼう。長期固定の「フラット35」は頻出。

4 教育資金

教育資金の準備として、日本政策金融公庫の教育一般貸付、日本学生支援機構の奨学金等について学ぼう。「第一種奨学金」は無利息で「第二種奨学金」は利息付き。

5 企業年金・個人年金

企業年金には、あらかじめもらえる額が決まっている「確定給付年金」と、自分の運用次第でもらえる年金額が変動する「確定拠出年金」がある。加入者が増えている「確定拠出年金」を重点的に学ぼう。

社会保険のしくみ

社会保険は、病気・ケガ・失業等によって生活に困った人を社会政策的に救う強制保険制度。

6 公的医療保険（健康保険）

公的医療保険がみんなのお金を集めて病院に払ってくれているから、小学生以上70歳未満の場合、医療費の自己負担は３割ですんでいる。会社員は健康保険、それ以外の人は国民健康保険に加入している。

7 雇用保険

「失業保険」と呼ばれる雇用保険。失業者が求職中に生活していくのを支える基本手当（失業給付）や、労働者の能力開発のための学習資金を援助する教育訓練給付などがある。

8 労災保険

労働者が仕事中や通勤中にケガや病気になったときは、健康保険ではなく「労災保険」の対象になる。パートを含むすべての労働者が対象になり、保険料は100％事業主が負担する。

9 公的介護保険

歳をとって自分で身の回りのことをするのが難しくなったときに、原則として介護サービスを自己負担１割で利用できる制度が「公的介護保険」。

10 公的年金

公的年金は、収入を支えていた人が働けない状態になったときに、家族の最低限の生活を守る国営の保険。働けなくなる理由によって「老齢給付」「障害給付」「遺族給付」がある。

中小企業の資金計画

FPに相談するお客様の中には社長さんも結構いる。事業資金に関する最低限の知識は習得しておこう。

11 中小企業の資金調達

事業者が必要とする資金には「設備資金」「運転資金」があり、資金の調達方法には「借入金」「社債の発行」「株式の発行」等がある。

頻出論点 Best 5

2級学科 ライフプランニングと資金計画

1位 公的年金

第1章 10

出題率 200%

毎回2問ほど出る公的年金。65歳から受け取れる2つの老齢給付（定額の老齢基礎、報酬比例の老齢厚生）と、その派生（前倒しの特別支給、繰上げ支給による減額、繰下げ支給による増額）を少し理解したら、あとは過去問に出た用語や概念を徹底的にマスターすることで最低1問、できれば2問正解しよう！

2位 企業年金・個人年金

第1章 5

出題率 100%

ここも毎回出ていて、最近は2問出ることもある。確定拠出年金は安定的に出題されている。自営業者や中小企業オーナーに役立つ3つの制度（小規模企業共済、中退共、国民年金基金）も要注意だ。税法上の取扱いも含めて、パーフェクトに理解しよう。

3位 ファイナンシャル・プランニングと関連法規

第1章 1

出題率 90%

学科「問題1」に出ることが多い。FPは関連分野に関して、一般的な説明は（有料でも）OKだが、個別具体的な業務は（無料でも）NG。これだけ理解したら、過去問にチャレンジして得点力を高めよう！

3位 ライフプランニングの手法・プロセス

第1章 2

出題率 90%

昔からよく出ていた「可処分所得」「6つの係数」に加えて最近は「クレジットカード」に関する出題も増えてきた！

5位 公的医療保険（健康保険）

第1章 6

出題率 80%

会社経由で入る「協会けんぽ」「組合健保」、住所地で入る「国保」や「後期高齢者医療」の制度。自己負担の割合（原則3割）や、給付内容の違いを理解しよう！

FP業務の基本

1 ファイナンシャル・プランニングと関連法規

絶対読め！30秒レクチャー

2級学科の試験対策上は「FPが単独でこれをやったらアウト！」を押さえよう。FPは、顧客のライフプランを実現するために様々な問題解決のサポートを行う仕事だが、「業際（ぎょうさい）」や「コンプライアンス（法令遵守）」を意識する必要があることを理解しよう。常識で答えられるし、よく出題されるのでおいしいぞ！

ナナメ読み！ **学習のポイント**

1 FP業務を行ううえで意識すべき関連法規

FP業務を行う際には、様々な関連業法を守らなければならない。FPは様々な分野について「一般的な説明を行うのは（有料でも）OKだが、個別具体的なアドバイスや業務は（無料でも）アウト」というケースが多い。

(1) 税理士法に関する注意点

税理士でないFPの、税務申告の代理、個別具体的な税務相談、その他税理士法に規定される行為は**有償**（有料）・**無償**（タダ）を問わずアウト。ただし、**仮定の**事例や金額を用いた**一般的な**説明はOK！

(2) 弁護士法に関する注意点

弁護士でないFPが、法律相談を業として行ったらアウト！「公正証書遺言の証人」や任意後見人（にんいこうけんにん）となる場合は、特別な資格は不要。

(3) 保険業法に関する注意点

保険募集人でないFPの、**具体的な**保険商品の募集や勧誘はアウト！

(4) 金融商品取引法（通称：キンショウホウ）に関する注意点

金融商品取引業者（投資・助言代理業）の登録をしてないFPが、顧客と**投資顧問契約**を結んで助言を行ってはいけない。また、金融商品取引業者（投資運用業）ではないFPが、投資一任契約に関する業務を行ったらアウト！

(5) 社労士法に関する注意点

社会保険労務士でないFPが「裁定請求書」その他の書類を作成し、公的年金の請求手続き代行業務を行ったらアウト！（公的年金の受給見込み額の計算はOK）

(6) 宅地建物取引業法に関する注意点

宅地建物取引業の免許を受けていない（宅建業者の従業者でない）FPは、顧客の代理人として顧客の宅地や建物を売買することはできない。

(7) 司法書士法に関する注意点

司法書士でないFPが、登記書類の作成や登記手続きの代行を業として行ったらアウト！

(8) その他の注意点

FPは、顧客から提供された個人情報等を（顧客の同意を得ることなく）他者に提供してはいけない。

実務上ではどうなの？

顧客から税金に関する質問があった場合、FP単独では「一般的には、こういうしくみになっています」という一般的なレクチャーにとどめて、具体的な詳細は税務署や税理士に確認するように促します。また、提携税理士と共同業務で（役割分担をして）対応することで、業際問題をクリアしながら顧客にサービスを提供する方法もあります。

本番得点力が高まる！ 問題演習

ファイナンシャル・プランナー（以下「FP」という）の顧客に対する行為に関する次の記述のうち、関連法規に照らし、最も不適切なものはどれか。

1）税理士資格を有しないFPのAさんは、顧客から所得税における医療費控除について相談を受け、セルフメディケーション税制（特定一般用医薬品等購入費を支払った場合の医療費控除の特例）の対象となる医薬品等に関する一般的な説明を行った。

2）社会保険労務士資格を有しないFPのBさんは、顧客から公的年金の遺族給付について相談を受け、当該顧客が受給できる年金額を計算して解説し、年金の請求手続きを業務として報酬を得て代行した。

3）司法書士資格を有しないFPのCさんは、顧客から将来の財産の管理を依頼され、当該顧客の任意後見受任者となった。

4）損害保険募集人の資格を有しないFPのDさんは、戸建て住宅に居住中の顧客から地震保険についての相談を受け、地震による倒壊などの損害を被ったときの一般的な補償内容を説明した。

《2018年9月学科問題（1）》

ファイナンシャル・プランナー（以下「ＦＰ」という）の顧客に対する行為に関する次の記述のうち、関連法規に照らし、最も不適切なものはどれか。

1）金融商品取引業の登録を受けていないＦＰのAさんは、投資一任契約に基づき、顧客から株式投資に関する必要な権限を有償で委任され、当該顧客の資金を預かって値上がりが期待できる株式の個別銘柄への投資を行った。

2）生命保険募集人の登録を受けていないＦＰのBさんは、ライフプランの相談に来た顧客に対して、生命保険の一般的な商品内容や目的別の活用方法を有償で説明した。

3）税理士の登録を受けていないＦＰのCさんは、顧客から「直系尊属から教育資金の一括贈与を受けた場合の贈与税の非課税」について相談を受け、関連法令の条文を示しながら、制度の概要を無償で説明した。

4) 弁護士の登録を受けていないＦＰのＤさんは、顧客から配偶者居住権について相談を受け、関連法令の条文を示しながら、制度の概要を無償で説明した。《2022年5月学科問題（1）》

問3 □□□ ファイナンシャル・プランナーの顧客に対する行為に関する次の記述のうち、関連法規に照らし、最も不適切なものはどれか。

1) 社会保険労務士の登録を受けていないＦＰのＡさんは、老齢基礎年金の繰下げ受給について相談に来た顧客に対し、繰下げ受給の仕組みや年金額の計算方法について一般的な説明を行った。

2) 税理士の登録を受けていないＦＰのＢさんは、所得税の確定申告について相談に来た顧客に対し、国税庁のホームページを見せながら確定申告の方法について一般的な説明を行った。

3) 生命保険募集人の登録を受けていないＦＰのＣさんは、子の誕生を機に生命保険に加入したいと相談に来た顧客に対し、家計の状況を聞き取りながら必要保障額の計算を行った。

4) 弁護士の登録を受けていないＦＰのＤさんは、相続人間の遺産分割について相談に来た顧客と代理人契約を締結し、顧客の代理人として、有償で他の相続人との遺産分割協議を行った。

《2023年5月学科問題（1）》

問1 2)……公的年金の請求手続きの代行は、弁護士または社労士でないFPが行ったらアウト！

問2 1)……学習のポイント 1 (4) を参照。投資一任契約に基づく業務は金融商品取引業の登録を受けていなければ行えない。

問3 4)……弁護士資格のないFPが、報酬を得る目的で具体的な法律事務や法律相談を行ったらアウト！

FP業務の基本

2 ライフプランニングの手法・プロセス

絶対読め！30秒レクチャー

実際のFP業務では欠かせない、リアルな現金の流れが把握できる「キャッシュフロー表」。試験でも、作成の手法などが問われるぞ！　それに、2級学科ではキャッシュフロー表に関係する「可処分所得の金額」についても問われることも多いから、しっかりと理解しよう！

ナナメ読み！　学習のポイント

1 ライフイベント表

ライフイベント表は、ライフプラン上の目標を明確にするため、顧客本人とその家族の将来の予定、希望する計画を時系列に表すもの。ライフイベント毎の予算額は現在価値で見積もる。

2 キャッシュフロー表

(1) キャッシュフロー表とは

現在の収支や今後のライフイベントをもとに、将来の収支状況や貯蓄残高を予想し、時系列に並べたもの。現金（キャッシュ）の流れ（フロー）を表にしたものなので、例えば住宅ローンは元本・利息の区別なく返済額を支出とする。作成時点の見通しをもとに、各種変動率を考慮した将来価値で試算する。

●キャッシュフロー表の例

（単位：万円）

年		2024	2025	2026	2027	2028
家族	夫	35（歳）	36	37	38	39
	妻	32（歳）	33	34	35	36
	長男	7（歳）	8	9	10	11
	イベント	入学		車購入		
収入	給与収入（2%）	550	561	572	583	595
	その他の収入	70	70	70	70	70
	一時的な収入			50		
	合計	620	631	692	653	665
支出	基本生活費（2%）	240	245	250	255	261
	住居費	180	180	180	180	180
	教育費	60	50	50	60	80
	保険料	36	36	36	36	36
	その他の支出	40	40	40	40	40
	一時的な支出			250		
	合計	556	551	806	571	597
年間収支		64	80	－114	82	68
貯蓄残高（2%）		450	539	436	526	605

(2) 可処分所得（かしょぶんしょとく）の計算方法

キャッシュフロー表の「収入」は税込の収入から税金・社保を引いた「可処分所得」となっている。

可処分所得＝税込年収－（所得税・住民税＋社会保険料）

(3) 年間収支の計算方法

年間収支＝年間収入の合計額－年間支出の合計額

・収支がプラスの場合は、貯蓄残高を増やす。
・収支がマイナスのときには貯蓄残高を減らす。

(4) 貯蓄残高の計算方法

貯蓄残高＝前年末の貯蓄残高×（1＋運用利率）＋当年の年間収支

左の表（2025年）では、450万円×（1＋0.02）＋80万円＝539万円となる。

(5) 物価変動（上昇）率

記入する数値（基本生活費など）には物価上昇率を考慮する。

1年後の数値＝現在の数値×（1＋物価上昇率）
5年後の数値＝現在の数値×$(1＋物価上昇率)^{5}$

さらっと一読！

ライフプランに関するその他のポイント 出題率 20％未満

① 住宅ローンを利用する場合には、金利水準や収支見通しなどについて十分な検討が必要であり、長期的なキャッシュフロー表を作成することが望ましい。
② 住宅ローンの返済と教育資金の負担が重なり支出が増大する場合には、生命保険の見直しや奨学金・教育ローンの活用など多岐にわたって収支を検討することが望ましい。
③ 給与所得者の定年退職後の生活設計では、受給できる年金や退職金の額などを把握することが望ましい。

3 将来のお金と現在のお金をつなぐ６つの係数

将来のお金や現在のお金など、いろいろな試算をする場合に便利な係数が6つある。「終価」ときたら最終的な価額（金額）を求め、「現価」ときたら現在の価額（金額）を求める。「年金」とつくものは毎年同じ金額のキャッシュフローが生じている。「資本回収」は、カネを貸す（預ける）側の視点でつくられた言葉。

(1) 終価係数：現在の額を一定の利率で運用した場合の将来の額を求める

将来の額＝現在の額×終価係数

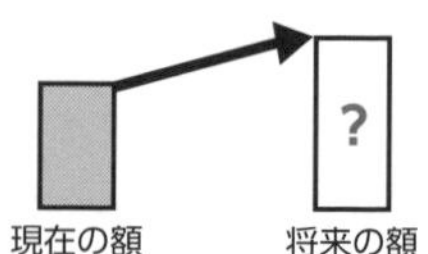

(2) 現価係数：将来の必要金額を得るために、一定の利率で運用する場合の現在の必要金額を求める

現在の必要金額＝将来の必要金額×現価係数

(3) 年金終価係数：毎年の積立額から将来の積立合計額を求める

将来の積立合計額＝毎年の積立額×年金終価係数

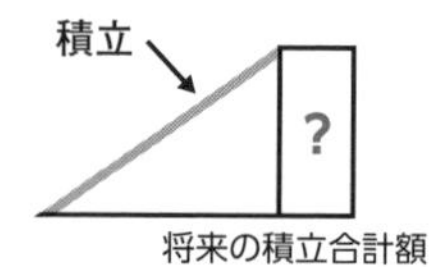

(4) 減債基金係数：目標額を貯めるために必要な毎年の積立額を求める

毎年の必要積立額＝将来の目標金額×減債基金係数

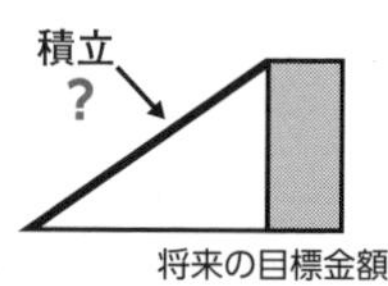

(5) 年金現価係数：目標年金額を受け取るために現在必要な年金原資を求める

必要な年金原資＝毎年の受取年金額×年金現価係数

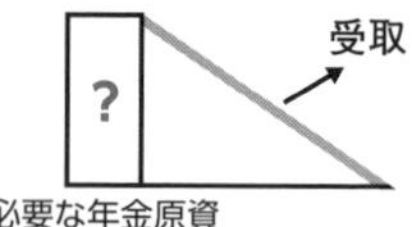

(6) 資本回収係数：保有資産額を毎年の年金として受け取れる額を求める

元本を複利運用しながら、毎年一定金額を一定期間取り崩していくとき、**毎年いくらずつ受取り**ができるかや、借入額に対する利息を含めた毎年の返済額を計算する場合に使用する（銀行が貸し出した**資本**を、毎年いくら**回収**できるかを計算する**係数**が資本回収係数）。

毎年の受取年金額＝保有資産額×資本回収係数

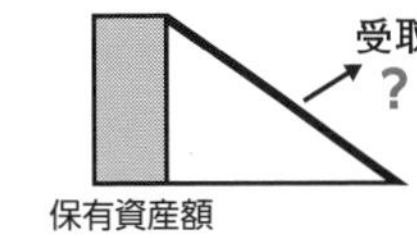

4 個人のバランスシート

特定の時点（年末など）における、個人の資産と負債の状況を整理して示した表のこと。資産は取得価額ではなく**時価**で計上する。

(単位：万円)

[資産]		[負債]	
預貯金等	1,000万円	自動車ローン	100万円
生命保険(解約返戻金相当額)	500万円	負債合計	100万円
不動産			
土地(賃貸アパートの敷地)	3,000万円	[純資産]	4,700万円
建物(賃貸アパートの家屋)	300万円		
資産合計	4,800万円	負債・純資産合計	4,800万円

純資産＝資産合計－負債合計

さらっと一読！

クレジットカード

出題率 **30%未満**

① クレジットカードは、**クレジットカード会社**が所有権を有しており、約款上、カード表面に印字された会員本人以外が使用することはできない。
② クレジットカード会社は、利用者と**クレジット契約**を行う際、その利用者の年収、生活維持費、クレジット債務などから算定される支払可能見込額を調査することが義務付けられている。
③ クレジットカード会社は、加盟する指定**信用情報**機関を通じて、会員の**属性**情報（氏名、生年月日、住所、電話番号、勤務先名等）ならびに、会員の自社以外のクレジットカードの利用状況を閲覧することができる。
④ クレジットカードを使用したキャッシング（無担保借入）は、貸金業法上、**総量規制**の対象となり、キャッシング利用可能額の合計は、原則として、その他の無担保借入残高（他社も含む）と合算して年収額の**3分の1**までとなっている。
⑤ **リボルビング払い**の手数料の支払方式には、月々の一定の支払額の中に手数料を含めて請求される「ウィズイン方式」と、月々の一定の元金支払額に手数料を上乗せして請求される「ウィズアウト方式」とがある。
⑥ クレジットカードのショッピングの利用可能枠を換金する目的で利用する「**ショッピング枠現金化**」は、クレジットカード会員規約に規定されている禁止行為に該当する。

本番得点力が高まる！ 問題演習

問1 □□□ ライフプランの作成の際に活用される下記〈資料〉の各種係数に関する次の記述のうち、最も不適切なものはどれか。

〈資料〉年率２％・期間５年の各種係数

終価係数	1.1041
現価係数	0.9057
年金終価係数	5.2040
減債基金係数	0.1922
年金現価係数	4.7135
資本回収係数	0.2122

1）現在保有する100万円を５年間、年率２％で複利運用した場合の元利合計額は、「100万円×1.1041」で求められる。

2) 年率２％で複利運用しながら５年後に100万円を得るために必要な毎年の積立額は、「100万円×0.1922」で求められる。

3) 年率２％で複利運用しながら５年間、毎年100万円を受け取るために必要な元本は、「100万円×5.2040」で求められる。

4) 年率２％で複利運用しながら５年後に100万円を得るために必要な元本は、「100万円×0.9057」で求められる。

《2020年９月学科問題（2）》

問２

ファイナンシャル・プランナーがライフプランニングに当たって作成する一般的な各種の表に関する次の記述のうち、最も不適切なものはどれか。

1) 個人の資産や負債の状況を表すバランスシートの作成において、株式等の金融資産や不動産の価額は、取得時点の価額ではなく作成時点の時価で計上する。

2) ライフプランニング上の可処分所得は、年間の収入金額から所得税、住民税および生命保険料を差し引いた金額を使用する。

3) キャッシュフロー表の作成において、収入および支出項目の変動率や金融資産の運用利率は、作成時点の見通しで設定する。

4) ライフイベントごとの予算額は現在価値で見積もり、キャッシュフロー表の作成においてはその価額を将来価値で計上する。

《2018年１月学科問題（3）》

問3 □□□

会社員Aさんの2024年分の収入等の金額は、下記〈資料〉のとおりである。下記〈資料〉から算出されるAさんの可処分所得の金額として、最も適切なものはどれか。なお、記載のない事項については考慮しないものとする。

〈資料〉

【収入金額等】	
給与収入	700万円
給与所得控除	180万円
【税金・社会保険料】	
所得税・住民税	60万円
社会保険料	90万円
【所得税の所得控除】	
配偶者控除	38万円
基礎控除	48万円

1）434万円
2）464万円
3）520万円
4）550万円

《2021年1月学科問題（2）改題》

問1 3）…… 学習のポイント **3** を参照。目標年金額を受けとるために現在必要な元本を求めるのは、(年金終価係数ではなく) 年金現価係数である
必要な元本＝100万円×4.7135

問2 2）…… 学習のポイント **2** **(2)** を参照
可処分所得＝税込年収－(所得税・住民税＋**社会保険料**)

問3 4）…… 学習のポイント **2** **(2)** を参照。**収入（額面）**から**税金と社保**を引けばよい。他の情報にまどわされないように！
700万円－(60万円＋90万円)＝550万円

3 人生の三大資金〈住宅・教育・老後〉住宅ローン

絶対読め！30秒レクチャー

住宅ローンでポイントとなるのは「金利の種類」と「返済方法」だ。通常返済には「元利均等返済」と「元金均等返済」の2通りの方法があるぞ。ローンの一部を返済する繰上げ返済も「期間短縮型」と「返済額軽減型」の違いを説明できるように！　2級学科では住宅ローンの計算問題が出るので過去問で練習しておこう。

ナナメ読み！ 学習のポイント

1 住宅ローンの金利

(1) 固定金利型（全期間固定タイプ）

返済終了まで借入金利は変わらない。フラット35は全期間固定金利型の住宅ローン。

(2) 変動金利型

市場金利の変動に応じて借入金利が変わる。銀行の住宅ローンでは「半年ごとに金利の見直し、5年ごとに返済額の見直し」が一般的。

(3) 固定金利選択型

返済当初の一定期間は固定金利。その後は固定金利とするか変動金利とするかを選択できる。

2 返済方法

(1) 元利均等返済（がんりきんとう）

元金と利息を合計した返済額（元＋利）が毎回一定。

・メリット　→返済計画を立てやすい

・デメリット→返済開始当初は返済額に占める利息部分が多く、元金がなかなか減らない。元金均等返済に比べ、返済総額が大きくなる

(2) 元金均等返済（がんきんきんとう）

毎回の返済額のうち元金部分が一定。借入当初の毎回の返済額は大きいが、元利均等返済に比べ、（他の条件が同じなら）返済総額は小さくなる。

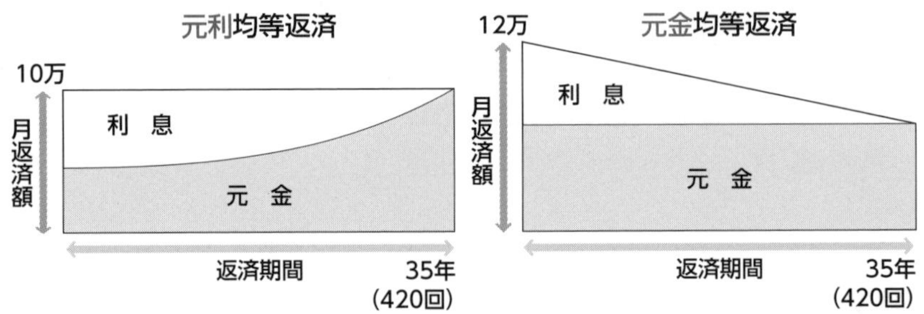

3 繰上げ返済（くりあ）

通常の返済とは別に、元金の一部や全部を返済すること。(1)(2) のいずれの場合も、実行時期が早いほど総返済額を減少させる効果が大きい。

(1) 返済期間短縮型

毎月の返済額は変えず、返済期間を短くする方法。

(2) 返済額軽減型

返済期間は変えず、毎月の返済額を少なくする方法。

※　総利息や総返済額は（他の条件が同一であれば）期間短縮型の方が少なく、軽減効果が大きくなる。

4 フラット35

住宅金融支援機構（しえんきこう）と民間の金融機関が提携して提供する、最長35年の全期

間固定金利の住宅ローン。

①融資金額の上限は**8,000万**円。②資金使途は新築・中古住宅の購入用。リフォーム資金は不可。③金利は融資**実行**時の金利が適用され、取扱金融機関により異なる。④申込み時の年齢は満70歳未満が原則。⑤融資期間の下限は15年、上限は申込者が80歳になるまでの年数と35年のいずれか短い年数。⑥返済方法は、元利均等・元金均等の**いずれも**可能。

さらっと一読!

フラット35の細かいポイント

出題率 20%未満

① フラット35も（所定の要件を満たせば）既存の住宅ローンの借換えに利用できる。

② 住宅金融支援機構のインターネットサービス「住(すまい)・My Note」を利用して一部繰上げ返済を申し込む場合、返済可能な金額は原則10万円以上である。

③ フラット35（買取型）は、マンションの場合には専有面積は**30㎡**以上、一戸建ての場合には**70㎡**以上であることが条件。

④ フラット35（買取型）の利用者は総返済負担率（年間返済総額を年収で割った%）の基準を満たす必要があり、総返済負担率は収入が給与のみで年収**400**万円以上の者の場合、**35**%以下（年収400万円未満なら30%以下）でなければならない。

⑤ フラット35（買取型）において、住宅金融支援機構は、融資を実行する金融機関から住宅ローン債権を買い取り、対象となる住宅の**第1順位**の抵当権者となる。

⑥ 店舗併用住宅の場合、住宅部分の床面積割合が**2分の1**以上であることが必要。

実務上ではどうなの？

実際の住宅ローン相談は、住宅ローンの3大コスト（金利、団体信用保険、保証料）のトータルで比較したり、住宅ローンのキャンペーンに関して当初優遇と全期間優遇を比べたり、「変動 vs 全期間固定」など、複雑な論点がいろいろと出てきますが、最終的には「お客様が望むライフプランが実現しやすい」意思決定をお客様と一緒に考えるのがFPとしての正解です。

5 借換え

新たに借入れをして、現在返済中の住宅ローンを完済すること。

負担減少額 ＝	現在返済中のローンの総返済額 （毎年返済額×残存年数）	－	借換えるローンの総返済額 （毎年返済額×返済年数）	－	借換え費用

※　借入残高（借入金額）から毎年返済額を出すには「資本回収係数」を使う。

本番得点力が高まる！ 問題演習

問 1 □□□

住宅ローンの借換えを検討しているAさんが、仮に下記〈資料〉のとおり住宅ローンの借換えをした場合の総返済額（借換え費用を含む）に関する次の記述のうち、最も適切なものはどれか。

〈資料〉

［Aさんが現在返済中の住宅ローン］
- 借入残高：2,000万円
- 利率：年2％の固定金利
- 残存期間：11年
- 返済方法：元利均等返済（ボーナス返済なし）
- 返済額：毎年2,027,016円

［Aさんが借換えを予定している住宅ローン］
- 借入金額：2,000万円
- 利率：年1％の固定金利
- 返済期間：10年
- 返済方法：元利均等返済（ボーナス返済なし）
- 返済額：毎年2,102,498円
- 借換え費用：40万円

※他の条件等は考慮しないものとする。

1）完済までに1,272,196円の負担増加となる。

2）完済までに1,272,196円の負担減少となる。

3）完済までに872,196円の負担増加となる。

4）完済までに872,196円の負担減少となる。《2018年9月学科問題（8）》

問2 □□□ 住宅ローン（全期間固定金利型）の一部繰上げ返済に関する次の記述のうち、最も不適切なものはどれか。

1）住宅ローンの一部繰上げ返済には、毎月の返済額を変更せずに残りの返済期間を短くする返済期間短縮型と、返済期間を変更せずに毎月の返済額を減額する返済額軽減型がある。

2）繰上げ返済額などの他の条件が同一であれば、返済額軽減型の繰上げ返済は返済期間短縮型の繰上げ返済よりも利息の軽減効果が大きい。

3）繰上げ返済は、繰上げ返済額が一定額であれば、返済期間短縮型、返済額軽減型ともに、繰上げ実行時期が早ければ早いほど利息の軽減効果が大きくなる。

4）民間金融機関の住宅ローンを繰上げ返済する場合、金融機関により最低返済額や必要となる手数料が異なるため、事前に確認する必要がある。《2014年5月学科問題（8）》

問3 □□□ 住宅金融支援機構と金融機関が提携した住宅ローンであるフラット35（買取型）に関する次の記述のうち、最も適切なものはどれか。

1）フラット35の融資額は、住宅の建設費または購入価額以内で、最高1億円である。

2）フラット35の返済方法は、元利均等返済に指定されている。

3）店舗付き住宅などの併用住宅を建築する場合、住宅部分・非住宅部分の床面積の割合に関係なく、フラット35を利用することができる。

4）住宅金融支援機構は、融資を実行する金融機関から住宅ローン債権を買い取り、対象となる住宅の第1順位の抵当権者となる。

《2022年9月学科問題（9）》

問1　4)……現在の住宅ローンで今後11年間返済した場合、
　今後の総返済額＝2,027,016円×11年＝22,297,176円
借り換えた場合
　10年間の総返済額＝2,102,498円×10年＝21,024,980円
よって
　10年間の返済軽減額＝22,297,176円－21,024,980円
　　　　　　　　　　＝1,272,196円
借換え費用40万円を控除して
　1,272,196円－400,000円＝872,196円　の負担減少となる

問2　2)……一部繰上げ返済を行う場合、返済**期間短縮**型のほうが、利息の軽減効果が大きい

問3　4)……1）融資金額の上限は**8,000**万円
2）返済方法は元利均等、元金均等のいずれも可能
3）店舗併用住宅の場合、**住宅**部分の床面積割合が**2分の1**以上であることが必要

4 人生の三大資金〈住宅・教育・老後〉 教育資金

最後のひと押し

絶対読め！30秒レクチャー

日本政策金融公庫
国の教育ローンがあった！

教育資金は、2級学科では忘れた頃に出る。日本政策金融公庫による「国の教育ローン」を頭にたたき込もう！　金利は固定、保護者の年収に制限があることがポイントだ。また、学生支援機構の奨学金（貸与型）は、無利息の「第一種」と利息付の「第二種」を覚えておこう。

ナナメ読み！ 学習のポイント

1 日本政策金融公庫（国の教育ローン）

資金使途は、学校納付金だけでなく、受験料や**下宿**代も含まれる。教育一般貸付は1人**350万円**（自宅外通学、5年以上の大学、大学院、3カ月以上の海外留学資金は**450万円**）以内。最長**18**年固定金利。保護者の年収制限あり。日本学生支援機構の奨学金との**重複利用可能**。親が申込人になるのが原則だが、成人して安定した収入のある学生本人も申込人になれる。

2 日本学生支援機構の奨学金（貸与型）

貸与型（貸付けタイプ）には、無利息の「**第一種奨学金**」と、利息付の「**第二種奨学金**」があり、両者を併せて申し込むことも可能。保護者の年収制限あり。借りる際は「**人的保証**」または「**機関保証**（日本国際教育支援協会に保証料を払う）」のいずれかの保証制度を選ぶ必要があり、海外留学資金として利用する場合は**両方**の保証が必要となる。

●日本学生支援機構の奨学金（貸与型）

	第一種	第二種	参考
利息	なし	あり	第二種も**在学中**は無利息
選考	厳しい	緩やか	第一種は特に優れた学生で経済的理由により著しく修学困難な人に貸与
返済義務※	あり	あり	貸与方式といい、卒業後に返済義務あり

※　返済が困難になった場合、減額返済か、返済期限猶予を願い出ることができる。

実務上ではどうなの？

まとまった教育資金がかかるタイミングは事前に予想できるので、子供が生まれてから10〜15年の間にしっかりとためて準備するのがファイナンシャルプランのある家庭となります。どうしても間に合わないときにのみ、国の教育ローンや奨学金を検討すべきです。

 本番得点力が高まる！ 問題演習

問1 □□□ 教育ローンおよび奨学金に関する次の記述のうち、最も不適切なものはどれか。

1) 日本政策金融公庫の「教育一般貸付（国の教育ローン）」の融資限度額は、学生・生徒１人につき、自宅外通学・５年以上の大学・大学院・３カ月以上の海外留学資金の場合を除き350万円である。

2) 日本政策金融公庫の「教育一般貸付（国の教育ローン）」は、主に親が申込人となるもので、成人していても学生本人が申し込むことはできない。

3) 日本学生支援機構の貸与型奨学金には、無利息で貸与を受けられ

る「第一種奨学金」と、利息付（在学中は無利息）貸与の「第二種奨学金」がある。

4) 日本政策金融公庫の「教育一般貸付（国の教育ローン）」と日本学生支援機構の奨学金は、重複して利用することが可能である。

《2018年5月学科問題（9）改題》

問2 □□□ 日本学生支援機構の貸与型奨学金および日本政策金融公庫の教育一般貸付（以下「国の教育ローン」という）に関する次の記述のうち、最も不適切なものはどれか。

1) 貸与型奨学金の一つである第一種奨学金の貸与を受けられるのは、国内の大学等に在学する特に優れた学生等であって、経済的理由により著しく修学に困難がある者とされている。

2) 国の教育ローンを利用するためには、世帯年収（所得）が申込人の世帯で扶養している子の人数に応じて定められた額以下でなければならない。

3) 国の教育ローンの融資金利は固定金利であり、返済期間は、18年以内とされている。

4) 国の教育ローンの資金使途は、受験にかかった費用（受験料、受験時の交通費・宿泊費など）と学校納付金（入学金、授業料、施設設備費など）に限定されている。 《2021年1月学科問題（9）改題》

問1 2)……学習のポイント 1 を参照。親が申込人となるのが原則であるが、成人した安定収入のある学生本人も申込人になれる

問2 4)……国の教育ローンは、学校納付金だけでなく、受験料や下宿代やパソコン購入費など多様な教育資金ニーズに対応している

---

5 人生の三大資金〈住宅・教育・老後〉企業年金・個人年金

絶対読め！30秒レクチャー

2級学科の企業年金の問題では、圧倒的に出題例が多い「確定拠出年金」の項目をマスターしよう！　確定拠出年金には「企業型」と「個人型」がある。「個人型」に加入できるのはどんな人なのか？　拠出できる掛金の上限はいくらか？　何歳から年金を受け取ることができるのか？　などを、過去問演習を通じて押さえておこう！　仕上げに「小規模企業共済」を「中退共」や「国民年金基金」との比較で覚えればパーフェクトだ！

ナナメ読み！ 学習のポイント

1 企業年金とは？

企業が主体となって、退職金などを年金として支給する制度。確定給付型と確定**拠出**型がある。

2 確定給付型の企業年金

もらえる給付額があらかじめ確定している企業年金。**厚生年金基金**、**確定給付企業年金**などがある。

確定給付企業年金には、年金規約を作成して制度を運営する**規約型**と、別法人（年金基金）を設立して制度を運営する基金型がある。

3 確定拠出年金

加入期間が10年以上あれば60歳から年金がもらえる。拠出する（支払う）掛金額は確定（固定）しているが、もらえる年金額は自分の運用次第で変動する。主に事業主が掛金を負担する企業型と、個人が掛金を負担する個人型がある。加入者自身が拠出した掛金は、その全額が小規模企業共済等掛金控除の対象となる。

(1)「企業型」確定拠出年金

企業型確定拠出年金を導入した企業の従業員が対象。年間の拠出限度額は他の企業年金等を導入していない場合66万円、他の企業年金等を導入している場合は33万円となる。なお、企業型の加入者も自分で上乗せして掛金を出す（マッチング拠出）ことが可能であるが、事業主掛金以下でなければならない。

(2)「個人型」確定拠出年金（iDeCo）

以前は「自営業者」「企業年金制度を持たない企業の従業員」などが対象だったが、2017年から個人型年金の加入者の範囲が拡大され、公務員や私学共済加入者も原則として加入できるようになっている。

加入対象者	拠出限度額 ※2024年11月まで
第1号被保険者（自営業者・学生等）	年額 816,000円（月額 68,000円相当）
企業年金制度を持たない企業の従業員	年額 276,000円（月額 23,000円相当）
「企業型」確定拠出年金加入者（他の企業年金がない場合）	年額 240,000円（月額 20,000円相当）
「企業型」確定拠出年金加入者（他の企業年金がある場合）	年額 144,000円（月額 12,000円相当）
確定給付企業年金のみ加入者および公務員等共済加入者	年額 144,000円（月額 12,000円相当）
第3号被保険者	年額 276,000円（月額 23,000円相当）

さらっと一読！

■個人型確定拠出年金（iDeCo）の細かいポイント

出題率 **30%未満**

① 企業の従業員である個人型年金加入者（第２号加入者）は、原則として、その者に支払われる給与からの天引きによって事業主経由で掛金を納付することができる。

② 企業型年金加入者掛金（マッチング拠出による加入者が拠出する掛金）は、小規模企業共済等掛金控除として全額**所得控除**できる。事業主が拠出した掛金は全額**損金算入**。

③ 解約して脱退一時金の支給を請求するには、通算拠出年数が（１カ月以上）５年以下、または個人別管理資産が25万円以下等の要件を満たす必要がある。

④ 国民年金の第１号被保険者のうち、国民年金保険料の納付を免除されている者は（障害基礎年金の受給権者等を除き）個人型年金に加入できない。

⑤ 企業型年金や確定給付企業年金等を実施していない（一定規模以下の）中小企業の事業主は、労使の合意かつ従業員の同意のもとに、個人型年金の加入者掛金に（一定額の）事業主掛金を上乗せして納付することができる。

(3) 確定拠出年金を受け取る際の税金

① 年金として受給する場合は、雑所得（公的年金等控除の対象）として総合課税。

② 一時金として受給する場合は、退職所得（退職所得控除の対象）として分離課税。

実務上ではどうなの？

企業年金の制度の見直しに合わせて、確定拠出年金を採用する会社も増えており、確定拠出年金の運用をどのファンドで行うのがよいかという質問を個人のお客様から受けることもあります。40代以下など、受取開始まで10年以上ある人なら、一定割合は株式型のファンドを組み入れたいものです。

4 国民年金基金・小規模企業共済・中小企業退職金共済

●自営業者や中小企業オーナーが知っておきたい3つの制度

	国民年金基金	小規模企業共済	中小企業退職金共済
対象となる者	国民年金の第1号被保険者	小規模企業の事業主・役員	中小企業の従業員
掛金 負担者	国民年金の第1号被保険者	事業主・役員	事業主
掛金 税法上の取扱い	全額を社会保険料控除とすることができる	全額を小規模企業共済等掛金控除（所得控除）とすることができる	全額を損金または必要経費とすることができる
掛金 国の助成	なし	なし	あり
掛金 限度額等	月々の掛金額は68,000円（確定拠出年金にも加入の場合は、国民年金基金と確定拠出年金の掛金額の合計が68,000円）が限度額	月々の掛金額は1,000～70,000円の範囲内	掛金月額は、5,000～30,000円までの16種類。事業主は、この中から従業員ごとに任意に選択
中途脱退等	原則として任意に脱退できない	解約可能	可能
受取方法	年金（運用状況による変動はない）	一括受取、分割受取 一括受取と分割受取の併用	一括受取、分割受取 一括受取と分割受取の併用
受取時の所得区分	雑所得	一括受取⇒退職所得 分割受取⇒雑所得	一括受取⇒退職所得 分割受取⇒雑所得

対象となる者、掛金払込時や受取時の税金の取扱い、掛金負担者などの違いをよくチェックしておこう。

さらっと一読！

国民年金基金（こくみんねんきんききん）の細かいポイント

出題率 **20%未満**

① 日本国内に住所を有する**60歳以上65歳未満**の国民年金の**任意加入**被保険者も、国民年金基金に加入することができる。

② 加入は口数制で（年齢が50歳以下の場合）1口目は「**2種類の終身年金**」から選択、2口目以降は「**2種類の終身年金、5種類の確定年金**」の計**7**種類から選択できる。

③ 加入者が国民年金の保険料を納付しなかった場合、その未納期間に係る国民年金基金の加入期間は、国民年金基金の年金給付の対象とされない。

④ 給付には老齢年金、遺族一時金はあるが、障害に対する給付はない。

さらっと一読！

小規模企業共済（しょうきぼきぎょうきょうさい）の細かいポイント

出題率 **10%未満**

商業・サービス業（宿泊業・娯楽業を除く）を営む個人事業主の場合、常時使用する従業員の数が**5人**（建設業・製造業等は20人）以下なら加入できる。

さらっと一読！

中退共の細かいポイント

出題率 **10%未満**

① 事業主と生計を一にする同居の親族は、**使用従属**関係等が認められる場合、従業員として中退共に加入することができる。

② 中退共の加入企業の被共済者（従業員）が退職し、他の中退共の加入企業に雇用されて再び被共済者となった場合、（一定の要件を満たせば）前の企業での掛金納付月数を**通算**できる。

③ 中退共の加入企業が中小企業者でなくなった場合は、中退共の**解約手当金**相当額を、確定給付**企業年金**制度や確定拠出年金制度（企業型年金）に移換できる。

④ 中退共に新規で加入する事業者は、加入後**4カ月目**から**1年間**、掛金月額の**2分の1**相当額について、国の助成を受けることができる。

本番得点力が高まる！ 問題演習

問1 □□□

確定拠出年金に関する次の記述のうち、最も不適切なものはどれか。

1）国民年金の第1号被保険者のうち、国民年金保険料の納付を免除されている者は、障害基礎年金の受給権者等を除き、個人型年金に加入することができない。

2）企業型年金の加入者が60歳未満で退職し、国民年金の第３号被保険者となった場合、その者は、個人型年金の加入者となることができる。

3）一時金で受け取った老齢給付金は、退職所得として所得税の課税対象となる。

4）個人型年金の加入者が60歳から老齢給付金を受給するためには、通算加入者等期間が20年以上なければならない。

《2021年5月学科問題（8）》

問２ □□□

確定拠出年金に関する次の記述のうち、最も不適切なものはどれか。

1）個人型年金の加入者が国民年金の第３号被保険者である場合、掛金の拠出限度額は年額276,000円である。

2）企業型年金において、加入者が掛金を拠出できることを規約で定める場合、加入者掛金の額は、その加入者に係る事業主掛金の額を超える額とすることができる。

3）企業型年金の加入者が60歳未満で退職し、国民年金の第３号被保険者となった場合、企業型年金の個人別管理資産を国民年金基金連合会に移換し、個人型年金加入者または個人型年金運用指図者になることができる。

4）老齢給付金を年金で受け取った場合、当該給付金は雑所得として所得税の課税対象となり、雑所得の金額の計算上、公的年金等控除額を控除することができる。

《2020年9月学科問題（8）》

問３ □□□

国民年金基金、小規模企業共済および中小企業退職金共済に関する次の記述のうち、最も適切なものはどれか。

1）国民年金基金には、国民年金の第１号被保険者だけでなく第３号被保険者も加入することができる。

2）国民年金基金には、国内に住所を有する60歳以上65歳未満の国民年金の任意加入被保険者も加入することができる。

3）小規模企業共済に加入した場合、支払った掛金額に２分の１を乗じた額が小規模企業共済等掛金控除として所得税の所得控除の対象となる。

4）中小企業退職金共済に新規で加入する事業主は、加入月から１年間、掛金月額の２分の１相当額従業員ごとに5,000円が上限）について国の助成を受けることができる。

《2022年9月学科問題（6）》

問４ □□□ 確定拠出年金に関する次の記述のうち、最も不適切なものはどれか。

1）確定拠出年金の通算加入者等期間が10年以上である場合、老齢給付金は原則として60歳から受給することができる。

2）個人型年金の加入者が拠出した掛金は、税法上、小規模企業共済等掛金控除として所得控除の対象となる。

3）企業型年金を実施していない企業の従業員である個人型年金の加入者は、原則として、その者に支払われる給与からの天引きにより、事業主を経由して掛金を納付することができる。

4）個人型年金の加入者は、個人別管理資産の額にかかわらず、脱退一時金の支給を請求することができる。　《2019年9月学科問題（8）》

問１ 4）……老齢給付金を60歳から受給するためには、60歳時点で確定拠出年金の通算加入者等期間が10年以上なければならない

問２ 2）……企業型年金の加入者の拠出額は事業主の掛金額以下でなければならない。加入者掛金と事業主掛金の合計は拠出限度額まで

問３ 2）……1）国民年金基金では国民年金の第３号被保険者は加入できない
3）掛金全額が小規模企業共済等掛金控除の対象
4）中退共の新規加入後４カ月目から１年間、掛金月額の２分の１相当額の助成がある

問４ 4）……学習のポイント３ **(2) さらっと一読！**③を参照。iDeCoの解約・脱退一時金の支給は（一定の要件を満たした）短期または少額の場合に限られている

---

6 社会保険のしくみ 公的医療保険（健康保険）

絶対読め！30秒レクチャー

ここも2級学科では年2〜3回出る。医療費の自己負担は原則3割となっているが、残りの7割は「協会・組合・市区町村等」などの運営者がお金を回してくれるのだ！　それぞれの違いを押さえておこう。

また、退職後に使える健康保険のニンケイ（任意継続）と、原則75歳以上のコーキコーレイシャ（後期高齢者医療）も要チェックだ！

ナナメ読み！ 学習のポイント

公的な医療保険制度は、協会や組合による**健康保険**などの「被用者保険（従業員の保険）」と**国民健康保険**の「地域保険」とに分かれる。また、75歳になると健康保険（協会や組合）や国民健康保険から脱退し、**後期高齢者医療制度**に自動的に加入する。

1 健康保険（被用者保険）

① 従業員本人とその被扶養者の**業務外**の病気・ケガなどについて給付を行う制度。

② 運営主体（保険者）：全国健康保険協会が運営する協会けんぽ（**協会管掌**健康保険）と、大企業などが自前で設立した組合が運営する組合健保（**組合管掌**健康保険）がある。

③ 保険料の負担：協会けんぽの場合は、事業主と被保険者が**折半**であり、都

道府県ごとに少しずつ異なる保険料率になっている。組合健保の場合は、規約で定められる。

④　医療費：70歳未満の人は原則**3**割、70歳から74歳までの人は原則2割（現役並み所得者は3割）が自己負担となる。また、自己負担分が高額になる場合は**高額療養費**（こうがくりょうようひ）という負担が軽減されるしくみがある。

⑤　傷病手当金（しょうびょうてあてきん）：被保険者が療養のために、連続する**3**日間を含む4日以上仕事を休む場合に、一定の要件のもとに、通算して最長**1年6カ月**給付される。手当金の額は、休業1日につき、支給開始日の以前12カ月間の各標準報酬月額の平均を30日で割った額の**3**分の**2**に相当する額。

⑥　出産育児一時金：被保険者が出産した場合は出産育児一時金が支給され、その被扶養者が出産した場合には、家族出産育児一時金が支給される。金額はいずれも1児につき原則**50万**円。

⑦　退職後も、これまでの健康保険に希望すれば加入できる「**任意継続**被保険者」（にんいけいぞくひほけんしゃ）制度（通称：ニンケイ）がある。保険料は**全額**自己負担、加入期間は最長**2**年間。退職日までの被保険者期間が継続して**2**カ月以上あることが必要で、資格喪失後（退職日の翌日から）**20**日以内に申請する。

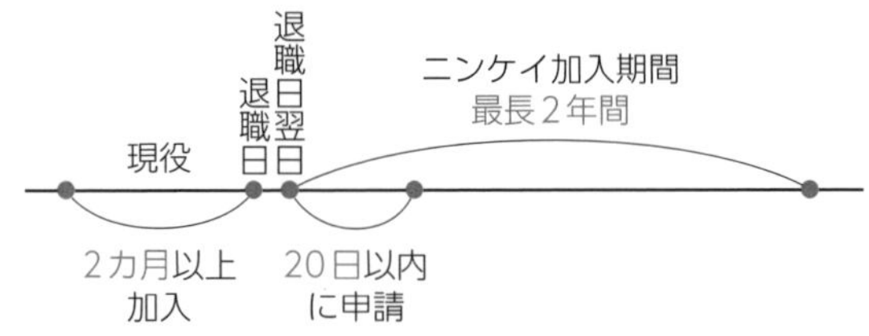

さらっと一読！

健康保険（被用者保険）の細かいポイント　出題率 **20**%未満

① 健康保険における標準報酬月額等級（給与水準に応じた保険料の表）は、50等級に区分されている。

② 被扶養者となれる配偶者は「年間収入が**130万**円未満（60歳未満）」かつ「被保険者の年間収入の**2**分の**1**未満」である者（原則として国内居住者）。

③ 業務災害や通勤災害以外の事由で死亡した場合、生計を維持されていた者で埋葬を行う者に対して「埋葬料」として5万円が支給される（なお、業務上の事故等で死亡した場合は労災保険の「葬祭料」が支給される）。

2 国民健康保険（地域保険）

自営業者や年金受給者などが加入する。

① 運営主体（保険者）：市区町村と都道府県、または国民健康保険組合。

② 被保険者は（健康保険の被保険者等を除く）市町村に住所のある人。被扶養者という区分はなく、加入者全員が被保険者となる。

医療費の自己負担割合は健康保険の内容と同様だが、業務上の病気・けがも対象となるところや、傷病手当金（療養中）および出産手当金（産前産後）の休業補償的な給付がないなど、異なる点がある。

3 後期高齢者医療制度

① 被保険者は75歳以上、医療費の自己負担割合は原則1割、保険料は原則として年金から徴収というのが基本。

② 「65歳から74歳で、一定の障害状態にあることについて認定を受けた人」もこの制度の加入者となる。

実務上ではどうなの？

退職したあとの公的医療保険制度について、相談を受けた場合は、次の3つについて一般的なレクチャーを行います。

① コクホ：国民健康保険に加入する。

② ニンケイ：一定の要件を満たせば、退職時に加入していた健康保険の任意継続被保険者になる。

③ ヒフヨウシャ：一定の要件を満たせば、家族が加入している健康保険等の被扶養者になる。

まずは③になれないか確認して、難しければ①か②を選びます。どのくらいの保険料となるのか、退職後に再就職の予定はあるのか、などを考慮する必要があります。

本番得点力が高まる！ 問題演習

問1
□□□

公的医療保険に関する次の記述のうち、最も不適切なものはどれか。

1）健康保険の被保険者の甥や姪が被扶養者になるためには、被保険者と同一世帯に属していることが必要である。

2）国民健康保険の被保険者が75歳に達すると、その被保険者資格を喪失し、後期高齢者医療制度の被保険者となる。

3）全国健康保険協会管掌健康保険（協会けんぽ）の場合、一般保険料率は全国一律であるのに対し、介護保険料率は都道府県ごとに定められており、都道府県によって保険料率が異なる。

4）健康保険の被保険者資格を喪失する日の前日までに引き続き２ヵ月以上被保険者であった者は、原則として、被保険者資格を喪失した日から20日以内に申請することにより、最長で２年間、健康保険の任意継続被保険者となることができる。

《2022年1月学科問題（3）》

問2
□□□

公的医療保険に関する次の記述のうち、最も不適切なものはどれか。

1）健康保険の被保険者の３親等内の親族（直系尊属、配偶者、子、孫および兄弟姉妹を除く）が被扶養者になるためには、被保険者と同一世帯に属していることが必要である。

2）国民健康保険の加入者は、全員が被保険者であり、被扶養者という区分はない。

3）退職により健康保険の被保険者資格を喪失した者が、健康保険の任意継続被保険者となるためには、資格喪失日の前日までの被保険者期間が継続して１年以上なければならない。

4）健康保険や国民健康保険の被保険者が75歳になると、原則として、その被保険者資格を喪失して後期高齢者医療制度の被保険者となる。

《2021年5月学科問題（4）》

問3
□□□

全国健康保険協会管掌健康保険（協会けんぽ）の保険給付に関する次の記述のうち、最も適切なものはどれか。

1）被保険者が療養の給付を受ける場合の一部負担金（自己負担額）の割合は、その者の年齢にかかわらず、一律3割である。

2）70歳未満の被保険者が受けた療養に係る高額療養費の自己負担限度額は、被保険者の所得状況等に応じて設定されている。

3）被保険者が、業務外の事由による負傷または疾病の療養のため仕事を連続して4日以上休み、その期間について報酬を受けられなかった場合は、労務に服することができなかった日の初日から傷病手当金が一定期間支給される。

4）妊娠期間中の定期的な検診である妊婦健康診査は、療養の給付の対象となる。 《2016年5月学科問題（3）》

問4

□□□

公的医療保険に関する次の記述のうち、最も適切なものはどれか。

1）全国健康保険協会管掌健康保険（協会けんぽ）の一般保険料率は、都道府県ごとに算定され、保険料は、原則として、労使で折半して負担する。

2）自営業者や農林漁業従事者などが被保険者となる国民健康保険は、国が保険者として運営している。

3）退職により健康保険の被保険者資格を喪失した者が、健康保険の任意継続被保険者になるためには、資格喪失日の前日まで継続して1年以上の被保険者期間がなければならない。

4）健康保険や国民健康保険の被保険者は、原則として、70歳に達したときに、その被保険者資格を喪失して後期高齢者医療制度の被保険者となる。 《2023年1月学科問題（3）》

問1 3)……協会けんぽの保険料率は都道府県によって異なる。また、介護保険料率は全国一律である。第1章 9 公的介護保険 学習のポイント 2 (2)②を参照

問2 3)……学習のポイント 1 ⑦を参照。ニンケイの被保険者となるためには、資格喪失日の前日までの被保険者期間が継続して2ヵ月以上あることが必要

問3 2)……1) 0歳から小学校入学前まで、または一般所得者である70歳以上75歳未満の被保険者の自己負担割合は2割

3) 傷病手当金は、ケガや病気で休んだ日が3日間連続したことが必要で、4日目以降から支給される

4) 妊娠期間中の定期的な検診である妊婦健康診査は、病気ではないため、療養の給付の対象外

問4 1)……2) 学習のポイント 2 ①を参照。国民健康保険は、市区町村と都道府県または国民健康保険組合が保険者として運営している

3) 学習のポイント 1 ⑦を参照。継続して2カ月以上の被保険者期間があれば加入できる

4) 学習のポイント 3 ①を参照。後期高齢者医療制度の被保険者となるのは原則75歳から

7 社会保険のしくみ 雇用保険

絶対読め！30秒レクチャー

一般の人が「失業保険」と呼ぶ、コヨウ保険。失業した場合などに、国が保険者となってお金を出してくれる制度だ。給付対象や給付日数など、基本的な数字はしっかり覚えておこう。2級学科では、ほかにも「教育訓練給付」や「高年齢雇用継続給付」が出題の対象になっているから注意しよう！

ナナメ読み！ 学習のポイント

1 雇用保険のしくみ

① 保険者（お金を集めて支払う運営者）：政府

② 保険料負担：事業主負担分と被保険者負担分がある

③ 窓口：ハローワーク（公共職業安定所）

※ パートやアルバイトも、「週20時間以上の勤務」かつ「31日以上の継続雇用」が見込まれる場合には、雇用保険の被保険者となる。

2 雇用保険の給付

(1) 求職者給付

求職活動中の失業者の生活を安定させるために給付するもので、いわゆる**基本手当**（失業給付）がある。その日額は、賃金日額（直前6カ月の賞与を除く給料÷180）×給付率（45～80％など）で求められる。

① 基本手当を受給するためには、公共職業安定所(ハローワーク)に離職票・求職の申込み書類を提出して、失業の認定を受けなければならない。

② 基本手当の受給資格は、離職の日以前2年間に雇用保険の被保険者期間が**12カ月以上**（倒産・解雇の場合は離職の日以前1年間に6カ月以上）あること。

③ 基本手当の支給を受けられる期間（受給期間）は、原則として離職した日の翌日から1年間。もし受給期間内に出産や病気などにより30日以上職業に就けない場合、申出によりこれを延長できる。

④ 離職の理由、年齢、被保険者であった期間（算定基礎(さんていきそ)期間）などによって給付日数の上限が異なる。**定年**を離職の事由とする者に対する基本手当（失業給付）の所定給付日数の上限は、被保険者であった期間が20年以上あった場合には、150日となっている。

●通常の離職者の所定給付日数の上限

区分＼被保険者であった期間	1年未満	1年以上10年未満	10年以上20年未満	20年以上
全年齢	—	90日	120日	150日

⑤ 会社都合退職の場合、基本手当は退職後7日間の待期期間の後に給付される。自己都合退職の場合は、7日間に加えて、さらに原則2カ月の給付制限期間（5年間のうち2回の離職まで。3回目以降は3カ月）がある。

⑥ 基本手当の所定給付日数を3分の1以上残して安定した職業に就いた場合、要件を満たすと再就職手当が支給される。

(2) 再就職促進給付(さいしゅうしょくそくしん)

再就職の援助・促進のための給付。

(3) 教育訓練給付(きょういくくんれん)

労働者の主体的な能力開発をサポートする給付。厚生労働大臣が指定する講座を受講して修了した場合に、かかった費用の一部が支給される。

① 支給額は、被保険者が実際に支払った費用の**2割**（**10万**円を上限とする）。

② 原則として、被保険者期間が3年以上（はじめての利用は1年以上）の人が対象となる。

(4) 雇用継続給付

高齢者や介護をする人などの職業生活継続をサポートする給付。60歳以後に再就職した人などに支給される「高年齢雇用継続給付金」、家族を介護するための休業期間に支給される「介護休業給付金」などの給付がある。

① 高年齢雇用継続給付のポイント

・60歳以上65歳未満を対象としたもので、60歳到達時に通算**5**年以上の被保険者期間があることや、60歳以降の**賃金月額**が**60**歳到達時点の**75**%未満であること等が支給要件。

・退職後も基本手当（失業給付）を受けずに働いている人には、「**高年齢雇用継続基本給付金**」がある。基本手当を受けていて基本手当の支給残日数を再就職の前日において**100**日以上残して給料が下がる再就職をした人には「**高年齢再就職給付金**」がある。

さらっと一読！

育児や介護のための休業給付　出題率 **30**%未満

① 育児休業給付金の支給額は、**180**日目までは休業開始時賃金日額の**67**%、181日目からは**50**%。

② 育児休業給付金は休業開始前2年間にみなし被保険者期間が**12カ月**以上あることが必要。

③ 2022年10月1日以降、子の出生後8週間のうち4週間分を限度として「産後パパ育休（出生時育児休業）」を取得した場合に出生時育児休業給付金が支給される。

④ 介護休業給付金で介護の対象として認められる家族とは、配偶者・父母・子・**配偶者の父母**。同居していれば祖父母・兄弟姉妹・孫も対象。

⑤ 介護休業給付金は**93**日に達するまでに、**3**回を限度に支給される。

本番得点力が高まる！ 問題演習

問1 □□□

雇用保険法に基づく育児休業給付および介護休業給付に関する次の記述のうち、最も適切なものはどれか。

1）育児休業給付金は、一般被保険者の休業開始日前1年間に、みなし被保険者期間が通算して6ヵ月以上なければ支給されない。

2）育児休業給付金の支給額は、1支給単位期間について、休業開始日から休業日数が通算して300日に達するまでの間は、原則として、休業開始時賃金日額に支給日数を乗じて得た額の67%相当額である。

3) 介護休業給付金は、同一の対象家族について介護休業を分割して取得する場合、休業開始日から休業日数が通算して93日に達するまでに5回を限度として支給される。

4) 一般被保険者の配偶者の父母は、介護休業給付金の支給対象となる家族に該当する。 《2022年9月学科問題(3)》

問2 □□□

雇用保険の雇用継続給付に関する次の記述のうち、最も不適切なものはどれか。

1) 高年齢雇用継続基本給付金の支給を受けるためには、原則として60歳到達時に雇用保険の一般被保険者であった期間が通算して3年以上あること等の要件を満たすことが必要である。

2) 高年齢再就職給付金の支給を受けるためには、再就職した日の前日における基本手当の支給残日数が100日以上あること等の要件を満たすことが必要である。

3) 育児休業給付金の支給額は、原則として、育児休業給付金の支給に係る休業日数が通算して180日に達するまでの間は、1支給単位期間当たり、「休業開始時賃金日額×支給日数×67%」相当額とされる。

4) 介護休業給付金の支給において介護の対象となる家族には、雇用保険の被保険者の配偶者の父母も含まれる。

《2019年5月学科問題(4)》

問3 □□□

雇用保険の失業等給付に関する次の記述のうち、最も不適切なものはどれか。

1) 雇用保険の一般被保険者が失業した場合、基本手当を受給するためには、原則として、離職の日以前2年間に被保険者期間が通算して12ヵ月以上あること等の要件を満たす必要がある。

2) 正当な理由がなく自己都合により退職し、基本手当の受給を申請した場合、7日間の待期期間経過後、4ヵ月間は給付制限期間として基本手当を受給することができない。

3) 基本手当の受給期間内に、出産、疾病等の理由で引き続き30日以上職業に就くことができない場合、所定の申出により、受給期間を離職日の翌日から最長４年まで延長することができる。

4）雇用保険の高年齢被保険者が失業した場合、高年齢求職者給付金を受給するためには、原則として、離職の日以前１年間に被保険者期間が通算して６ヵ月以上あること等の要件を満たす必要がある。

《2023年9月学科問題（4）》

問１　4）……1）育児休業給付は、休業開始前２年間に、みなし被保険者期間が12ヵ月以上あることが必要

2）育児休業給付金の支給額は、休業日数が180日に達するまでは休業開始時賃金の67％

3）介護休業給付金は、93日に達するまでは３回を限度に支給される

問２　1）……雇用保険の加入期間が通算５年以上あること等が必要

問３　2）……学習のポイント **2**（1）⑤を参照。基本手当の待期期間は会社都合退職の場合7日間、自己都合の場合、さらに2カ月または3カ月の給付制限期間がある

---

8 社会保険のしくみ 労災保険

絶対読め！ 30 秒レクチャー

勤め人の仕事中のケガは、ケンコウ保険ではなく、ロウサイ保険の給付対象だ。どんな場合に保険給付が行われるのか、被保険者となる人の範囲はどこまでか、保険料の負担はどうなっているか、健康保険との違いを理解しよう！　2級学科では、忘れたころにねらわれるから気をつけろ！

ナナメ読み！ **学習のポイント**

1 労災保険

(1) 給付の対象

労働者災害補償保険（通称：ロウサイホケン）は、**業務**災害または**通勤**災害による負傷・疾病（しっぺい）・障害・それに伴う介護や死亡に対して、給付が行われる。

(2) 被保険者

適用事業所で働く**パート**、**アルバイト**を含む**すべての労働者**。

(3) 保険料

全額**事業主**が負担する。また、事業の種類により、（業務災害の発生率が異なるため）保険料率（労災保険率（ろうさいほけんりつ））は異なっている。

(4) 主な給付

① 療養（りょうよう）（補償）給付

労災病院で無料で治療を受けられる「療養の給付（**労働者の一部負担金なし**）」と、他の病院の費用全額の支給を受けられる「療養の費用の支給」がある。

② 休業（補償）給付

業務災害や通勤災害により賃金を受けていないとき、その第4日目から支給される。

③ 障害（補償）給付

業務上の負傷または疾病が治癒し、身体等に一定の障害が残った場合に、その障害の程度が労働者災害補償保険法で規定する障害等級に該当するときは、障害補償給付（重度なら年金、軽度なら一時金）が支給される。

④ 葬祭料（そうさい）（葬祭給付）

葬祭を行う者（遺族または会社）に支給される。

⑤ 遺族（いぞく）（補償）給付

対象となる遺族に対し、遺族補償年金または遺族一時金が支給される。遺族の人数（受給権者と生計を同じくする受給資格者）に応じて年金額は異なる。

(5) 労災保険の特別加入

① 常時使用する労働者の数が一定以下（例：小売業なら50人以下）の事業主は、労災保険の特別加入者になれる。

② 国内の事業主から派遣されて海外で就業する人は、労災保険の特別加入者になれる。

本番得点力が高まる！ 問題演習

問1 □□□ 労働者災害補償保険（以下「労災保険」という）に関する次の記述のうち、最も不適切なものはどれか。

1) 労災指定病院で療養補償給付として受ける療養の給付については、労働者の一部負担金はない。

2) 労災保険の適用を受ける労働者には、雇用形態がアルバイトやパートタイマーである者は含まれるが、日雇労働者や外国人労働者は含まれない。

3) 業務災害により労働者が死亡した場合、対象となる遺族に対し、遺族補償給付として遺族補償年金または遺族補償一時金が支給される。

4) 労働者が業務上の負傷または疾病による療養のため労働することができず賃金を受けられない場合、賃金を受けられない日の第4日目から休業補償給付が支給される。《2023年1月学科問題（4)》

問2 □□□

労働者災害補償保険（以下「労災保険」という）に関する次の記述のうち、最も適切なものはどれか。

1) 労災保険の保険料を計算する際に用いる労災保険率は、常時使用する従業員数に応じて定められている。

2) 労働者が業務上の負傷または疾病による療養のために労働することができず、賃金の支給を受けられない場合、賃金の支給を受けられない日の1日目から休業補償給付が支給される。

3) 労働者が業務上の負傷または疾病により、労災指定病院で療養補償給付として受ける療養の給付については、労働者の一部負担金はない。

4) 労働者が業務上の負傷または疾病が治癒したときに一定の障害が残り、その障害の程度が所定の障害等級に該当するときは、障害補償年金または障害補償一時金のいずれかを選択して受給することができる。《2022年5月学科問題（3)》

問3 □□□

労働者災害補償保険（以下「労災保険」という）に関する次の記述のうち、最も適切なものはどれか。

1) 労災保険の適用を受ける労働者には、雇用形態がアルバイトやパートタイマーである者は含まれない。

2) 業務上の負傷または疾病が治癒したときに身体に一定の障害が残り、その障害の程度が労働者災害補償保険法に規定する障害等級に該当する場合、障害補償給付が受けられる。

3) 労災保険の適用事業所の事業主は、その営む事業において使用する労働者数の多寡にかかわらず、労災保険の特別加入の対象となる。

4) 労災保険の保険料を計算する際に用いる保険料率は、適用事業所の事業の種類による差異はない。《2021年9月学科問題（3)》

問1 2)……1) 学習のポイント 1 (4) ①を参照。一部負担金はない

2) 学習のポイント 1 (2) を参照。すべての労働者が含まれる

3) 学習のポイント 1 (4) ⑤を参照

4) 学習のポイント 1 (4) ②を参照

問2 3)……1) 学習のポイント 1 (3) を参照。事業の種類により定められている

2) 学習のポイント 1 (4) ②を参照。4日目から支給される

3) 学習のポイント 1 (4) ①を参照

4) 障害等級に該当するときには、障害が重度の場合には障害補償年金が、軽度の場合は障害補償一時金が支給される

問3 2)……1) 学習のポイント 1 (2) を参照

2) 障害補償給付は、業務上の負傷または疾病が治癒したときに障害等級に該当する場合に受けられる

3) 事業主は、常時使用する労働者数が一定数以下の場合、労災に**特別加入**できる

4) 労災保険料率は業種により**異なる**

9 社会保険のしくみ 公的介護保険

絶対読め！30秒レクチャー

ここは2級学科では年1回ねらわれている。市町村が運営する公的介護保険の制度によって、年をとってから、介護サービスが受けられたり、身の回りの世話をしてもらえるんだ。自己負担は原則1割で利用できるぞ！40歳から第2号、65歳から第1号、という被保険者の区分は絶対暗記事項だ！　年寄り1号、中年2号！

ナナメ読み！ 学習のポイント

1 保険者（お金を集めて支払う運営者）

市町村（東京23区では区）が保険者となって運営する制度である。

2 被保険者

(1) 第1号被保険者

① 市町村に住所のある**65**歳以上の人が対象

② 保険料は原則「公的年金から天引き」、年金額が18万円を下回る場合には「市町村に直接納付」。市町村ごとに決められた基準額に応じて保険料が算出される。

③ 要介護・要支援になった原因にかかわらず、介護サービスを受けられる。

(2) 第2号被保険者

① 市町村に住所がある40歳以上65歳未満の健康保険加入者が対象

② 保険料は健康保険料、国民健康保険料などに上乗せで納付。保険料率は全国一律に設定されている。

③ 要介護認定が受けられるのは、老化に伴って生じる特定の病気（または末期がん）を原因とした介護状態に限られる。

④ 介護サービス利用時の自己負担は（所得水準にかかわらず）1割。

3 保険給付

いずれも限度額までなら自己負担1割（第1号被保険者の一定以上所得者は2・3割）で介護サービスを利用できる。さらに、同一月内の自己負担額が一定額を超えた場合は、その超えた額が**高額介護サービス費**として払戻される。ただし、施設利用の場合の居住や食事に要する費用は**全額**自己負担となる。

(1) 要介護（ようかいご）

介護が必要な状態となったときに給付。介護の度合に応じて給付の額が決まる。要介護度1～5の**5段階**となっている。要介護認定を受けた被保険者のケアプランは一般にケアマネージャーに作成を依頼するが、被保険者本人が作成することも可能。介護老人保健施設（老健（ロウケン））は、在宅に復帰させることを目的とする施設。介護老人福祉施設（特養（トクヨウ））は、在宅介護も難しい要介護者のための施設。

(2) 要支援（ようしえん）

社会的な支援が必要な状態で、一部介護が必要となったときに給付。要支援1・要支援2の**2段階**で、対象者は「予防給付」が受けられる。

本番得点力が高まる! 問題演習

問1 □□□ 公的介護保険に関する次の記述のうち、最も不適切なものはどれか。

1）公的介護保険の保険給付は、保険者から要介護状態または要支援状態にある旨の認定を受けた被保険者に対して行われるが、第1

号被保険者については、要介護状態または要支援状態となった原因は問われない。

2) 公的介護保険の第2号被保険者のうち、前年の合計所得金額が220万円以上の者が介護サービスを利用した場合の自己負担割合は、原則として3割である。

3) 要介護認定を受けた被保険者の介護サービス計画（ケアプラン）は、一般に、被保険者の依頼に基づき、介護支援専門員（ケアマネジャー）が作成するが、所定の手続きにより、被保険者本人が作成することもできる。

4) 同一月内の介護サービス利用者負担額が、所得状況等に応じて定められている上限額を超えた場合、所定の手続きにより、その上限額を超えた額が高額介護サービス費として支給される。

《2020年1月学科問題（3）》

問2
□□□

公的介護保険に関する次の記述のうち、最も不適切なものはどれか。

1) 第1号被保険者の介護保険料は、当該被保険者が公的年金制度から年額18万円以上の老齢等年金給付を受給している場合、原則として公的年金から徴収される。

2) 第2号被保険者の介護保険料は、その者が加入している公的医療保険の保険料と合わせて徴収される。

3) 訪問介護や入所介護等の介護サービスの費用における利用者の負担割合は、一律1割である。

4) 同一月内の介護サービス利用者負担額が一定の上限額を超えた場合は、所定の手続きにより、その上限額を超えた額が高額介護サービス費として支給される。

《2018年5月学科問題（3）》

問1　2）……学習のポイント 2 (2) ④を参照。第2号被保険者が介護サービスを利用した場合の自己負担は、所得水準にかかわらず1割負担

問2　3）……学習のポイント 3 を参照。利用者負担は原則1割だが、第1号被保険者については一定以上の所得者は2割、または3割負担となる

10 社会保険のしくみ 公的年金

絶対読め！30秒レクチャー

ここは2級学科では毎回2問前後出るから出題率200%！　公的年金は「収入を支えていた人が働けない状態」になったときに、家族の最低限の生活を守る、国営の「保険」だ。まずは、働けなくなる理由は「老齢」「障害」「死亡（遺族）」の3パターン、支給は「基礎（きそ）」「厚生（こうせい）」の2種類があるという基本を覚えよう！　老齢コウセイ年金では、60歳台前半に前倒しで支給となる「特別支給の老齢コウセイ年金」と、65歳から支給されるフツーの「老齢コウセイ年金」の違いを押さえよう！　遺族年金では「遺族キソ年金を受け取れるのは、高校卒業前の子供が遺族にいる場合」と「遺族コウセイ年金を受け取れるのは、どのような要件に該当している場合なのか」がポイントだ！

ナナメ読み！　学習のポイント

1 公的年金制度（こうてきねんきんせいど）

(1) 公的年金制度のしくみ

国民年金は基礎年金として、**20歳以上60歳未満**のすべての人が加入する。会社員や公務員は、上乗せされた厚生年金に加入する「第2号被保険者」。

会社員や公務員の配偶者で**被扶養者（ひふようしゃ）**となっている（60歳未満の場合、年収130万円未満の）人は「第3号被保険者」。

それ以外の自営業・学生などを「第1号被保険者」という。**付加年金**は、月**400**円を払うと年「**200**円×納付月数」が将来の基礎年金に上乗せされる第1号被保険者限定の制度。

●職業ごとの年金制度のしくみ

国民年金基金	付加年金	厚生年金	
基礎年金（国民年金）			
第1号被保険者		第2号被保険者	第3号被保険者
自営業・学生など		会社員・公務員など	夫が会社員・公務員等の専業主婦など

（2）保険料の納付

① 第1号被保険者：保険料は定額。免除制度や学生納付特例制度などがあって、要件に該当する人は保険料の負担が軽くなる。

② 第2号被保険者：厚生年金保険料は労使折半。

③ 第3号被保険者：保険料の負担はない。

さらっと一読！

コクミン年金の支払いが難しい場合の制度 出題率 20%未満

① **学生**納付**特例**制度は、本人の所得が扶養親族等の数に応じて一定額以下である場合に対象となる。

② 納付**猶予**制度は、**50**歳未満の第1号被保険者で、本人と配偶者の前年の所得が一定金額以下であれば、適用される。

③ 国民年金の免除分は、2009年3月分までは「全額免除：**1／3**、4分の3免除：1／2、半額免除：**2／3**、4分の1免除：5／6」の割合で、老齢基礎年金額に反映される。

④ 免除期間の保険料は、過去**10**年までさかのぼって追納できる。

⑤ 「障害基礎年金」や「生活保護法による生活扶助」を受けている者は、国民年金保険料の**法定**免除の対象となる。

⑥ 第1号被保険者が出産する場合、出産予定月の前日から原則4カ月間、保険料の納付が免除される。

さらっと一読！

▍国民年金の任意加入被保険者　出題率 **10**%未満

老齢基礎年金の受給資格を満たしていない場合や、年金額の増額を希望する場合、次の要件などを満たせば国民年金に任意加入できる。

① 国内に住所がある60歳以上65歳未満の人
② 20歳以上60歳未満までの保険料の納付月数が480月（40年）未満の人
③ 年金の受給資格期間を満たしていない65歳以上70歳未満の人
④ 日本国籍を有するが国内に住所がない20歳以上65歳未満の人

さらっと一読！

▍コウセイ年金の細かいポイント　出題率 **30**%未満

① 厚生年金保険の保険料は、被保険者の標準報酬月額（報酬月額に基づき区分され、**65万**円が上限）および標準賞与額にそれぞれ保険料率を乗じて算出される。
② 標準報酬月額の**定時**決定は、原則、毎年7月1日現在の被保険者を対象に行われる。
③ 産前産後休業期間中や育児休業中の厚生年金保険料は、事業主・被保険者とも負担免除となる。
④ 個人事業所でも常時**5**人以上の従業員を使用している場合は、厚生年金保険の強制適用事業所となる。
⑤ （70歳未満の者が）65歳以降も厚生年金のある会社に常時使用される形で勤務する場合、厚生年金保険の被保険者となる。

(3) 給付の種類

基礎年金（国民年金）、厚生年金のそれぞれに、「**老齢給付**」「**障害給付**」「**遺族給付**」がある（2×3＝6種類の給付がある）。

2　公的年金の老齢給付

(1) 老齢基礎年金→計算式は第7章 1 **1** 参照

受給するためには「保険料納付済期間」および「保険料免除期間」「合算対象期間」を合わせて**10**年以上の期間が原則として必要。

もらい始める年齢は原則65歳だが、60歳から65歳になるまでの間に前倒しで受給する「繰上げ受給」（1カ月あたり**0.4**%の**減額**）や、65歳から75歳になるまでの間に後ろ倒しで受給する「繰下げ受給」（1カ月あたり**0.7**%の増額）をすることもできる。なお、老齢基礎年金を繰上げ（または繰下げ）した場合は、付加年金も同じ減額率（または増額率）で繰上げ（または繰下げ）して受給する。

	繰上げ受給	繰下げ受給
減額・増額	0.4％×月数の減額	0.7％×月数の増額
最大増減	24％（0.4×60カ月）の減額	84％（0.7×120カ月）の増額

(2) 老齢厚生年金（ろうれいこうせい）→計算式は第7章1 2 3参照

厚生年金保険の被保険者は、適用事業所に常時使用される者で、70歳未満の者（70歳以上の者で、老齢基礎年金の受給権を有する者は、被保険者とならない）。老齢基礎年金を受給できる人が1カ月でも厚生年金の加入期間があれば、65歳から老齢基礎年金に上乗せで支給される。65歳からの「老齢厚生年金」が原則的な支給。

さらに、一定以上の世代には特別に前倒しで支給される「特別支給の老齢厚生年金」もある。特別支給においては、厚生年金保険に1年以上加入していることが条件となる。かつては60歳からもらえた老齢年金が「原則65歳から支給」に変更されたので、世代が若くなるにつれて少しずつ受給が遅くなるようにごまかして…いや配慮して、ショックをやわらげている。

●特別支給の老齢厚生年金がもらえる年齢

（前倒しがなくなる男性の生年月日だけ覚えよう！）

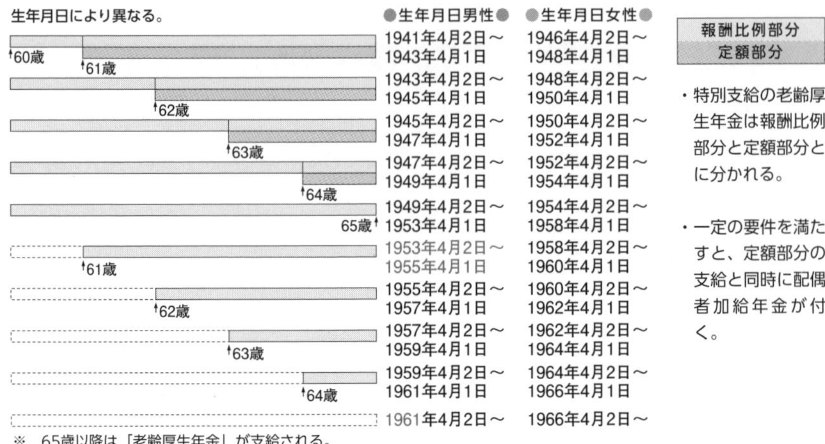

さらっと一読！

老齢コウセイ年金の繰下げ支給

出題率 **10%未満**

① 老齢厚生年金の支給繰下げは、老齢基礎年金と同時繰下げや、いずれか一方だけの繰下げも可能。

② 支給繰下げをした場合（キソ年金の場合と同様に）1カ月あたり0.7%の増額となる。

●「特別支給の老齢厚生年金」と「老齢厚生年金」の年金額

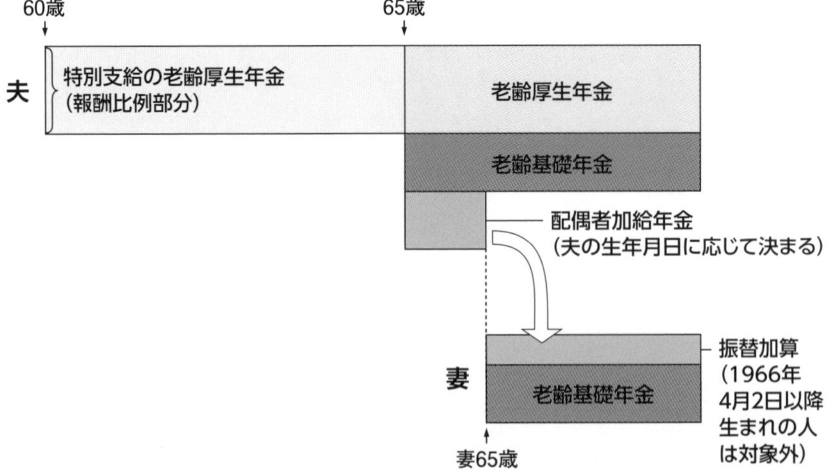

さらっと一読!

加給年金のポイント　出題率 10%未満

① 配偶者が「加給年金」を受けるためには、老齢厚生年金の受給権者本人の厚生年金保険の被保険者期間が原則として20年以上あることなどの要件を満たす必要がある。
② 配偶者の加給年金は、配偶者が65歳になって老齢基礎年金をもらえるようになると、一定額が「振替加算」として、65歳になった月の翌月分から、配偶者の老齢基礎年金額に加算される（年齢制限あり）。
③ 加給年金は配偶者の生年月日の違いによる金額の多寡はない。配偶者加給年金の特別加算額は、老齢厚生年金を受けている人の生年月日に応じて異なる。
④ ここでいう配偶者は「事実上の婚姻関係にある者」を含む。
⑤ 加給年金は「繰下げによる増額」の対象とならない。
⑥ 在職老齢年金のしくみにより全額停止になる場合、加給年金も支給されない。

なお、60歳以降も企業でフルタイム等で働く場合、70歳未満で厚生年金の被保険者になっている場合は「在職老齢年金（ざいしょく）」の制度により、調整（減額）された年金額が支給される。また、在職者であっても、**70歳**になると原則として**厚生年金の被保険者**でなくなる。

さらっと一読!

60代からもらう老齢コウセイ年金の細かいポイント　出題率 20%未満

① （特別支給の）老齢厚生年金は、「基本月額」と総報酬月額相当額の合計が**50万円**を超える場合、（在職老齢年金の制度により）年金額の全部または一部が支給停止となる。
② **特別支給**の老齢厚生年金（報酬比例部分）の支給開始年齢が**61**歳から**64**歳とされている者で、かつ、当該年金の受給に必要な要件を満たしている**60**歳以上の者は、その支給開始年齢到達前に老齢厚生年金の**繰上げ**支給を請求することができる。

3 公的年金の遺族給付（いぞくきゅうふ）

被保険者が死亡した場合、遺族に対して遺族給付が支給される。

(1) 遺族基礎年金（いぞくきそ）→計算式は第7章1 5参照

この年金を受給できる遺族は、「子のある配偶者」と「子」。

「子のある配偶者」とは、死亡した人の妻または夫であって、「子（＝18歳に達する日以後、最初の3月31日までにある子）」と生計を同じくしている者。つまり、遺族基礎年金は、高校卒業前の子供を養うために支給される「育英年金」のようなものだ。

さらっと一読！

▌遺族キソ年金をもらえない妻のオマケの給付 出題率 **10%未満**

① 寡婦（かふ）年金：夫が死亡したときに婚姻期間が10年以上ある妻が、60歳から65歳になるまでの間、夫がもらえたはずの老齢基礎年金の4分の3を受け取れるもの。

② 死亡一時金：国民年金保険料を3年以上おさめた人が基礎年金をもらわずに死んだとき、家族が受け取れるもの。

(2) 遺族厚生年金（いぞくこうせい）→計算式は第7章1 6参照

この年金を遺族が受給できるのは、以下のような要件に該当したとき。

① 厚生年金の加入者が在職中に死亡したとき

② 退職後、厚生年金の加入中（在職中）に初診日のある傷病で、初診日から5年以内に死亡したとき

③ 「障害等級1級または2級の障害厚生年金の受給権者」「老齢厚生年金の受給権者」「老齢厚生年金の受給資格期間が25年以上ある人」などが死亡したとき

(3) 中高齢寡婦（かふ）加算

遺族厚生年金の加算給付の1つ。夫が死んだときに40歳以上で子のない妻（夫の死亡後40歳に達した当時、子がいた妻も含む）が受ける遺族厚生年金には、遺族基礎年金を受けられない期間で40～65歳の間、毎年約60万円が加算されるもの。

さらっと一読！

遺族コウセイ年金の細かいポイント

出題率 30%未満

① 遺族厚生年金は、被保険者資格喪失後であっても、被保険者期間中の傷病により**初診**の日から**5**年以内に**死亡**した場合は、一定の要件を満たす遺族に支給される。

② 厚生年金保険の被保険者等の死亡の当時**胎児**であった子（結婚していない場合を除く）は、死亡の当時その者によって生計を維持されていた子とみなされ、遺族厚生年金を受けることができる遺族となる。

③ 遺族厚生年金を受けることができる父母は、厚生年金保険の被保険者等の死亡の当時、その人によって**生計を維持されていた**55歳以上の**父母**で、60歳から支給開始されるが、配偶者の父母は含まれない。

④ 遺族厚生年金の受給権者が65歳以降に老齢基礎年金の受給権を取得した場合、**老齢基礎**年金と**遺族厚生**年金は**併給**できる。

さらっと一読！

障害キソ年金・障害コウセイ年金のポイント

出題率 20%未満

〈障害キソ年金〉

① 障害等級１級に該当する者に支給される障害基礎年金の額は、障害等級２級に該当する者に支給される障害基礎年金の額の**1.25**倍

② 国民年金の被保険者ではない20歳未満の期間に初診日および障害認定日があり、20歳に達した日に障害等級１級または２級に該当する者には、障害基礎年金が支給される（所得による支給制限あり）。

〈障害コウセイ年金〉

① 障害等級１級に該当する者に支給される障害厚生年金の額は、障害等級２級に該当する者に支給される障害厚生年金の額の**1.25**倍

② 障害等級３級に該当する者に支給される障害厚生年金の額については、障害等級２級に該当する者に支給される障害基礎年金の額の**4分の3**相当額が最低保障される。

③ 障害等級１級・２級に該当する障害厚生年金の受給権者が、所定の要件を満たす配偶者を有する場合は加給年金額が加算される。障害等級３級の場合は加算なし。

④ 障害厚生年金の額を計算する際に、その計算の基礎となる被保険者期間の月数が300月に満たない場合は**300月**として計算する。

さらっと一読！

公的年金に関するその他のポイント

出題率 20%未満

① 遺族基礎年金の受給権者であっても、第２号や第３号に該当しなければ、第１号被保険者として自ら保険料を納付する必要がある。

② 国民年金の被保険者の死亡により、**死亡一時金**の支給を受けることができる人が、**寡婦年金**の支給も受けることができる場合は、その人の選択によりその一方のみが支給される（併給はできない）。

4　公的年金の併給調整

1人の人が複数の年金の受給者となる場合、1つの年金を選択するか、金額の調整が行われる。ただし、老齢基礎年金と老齢厚生年金など、同じ種類の年金は両方受け取ることができる。

●併給できる組合わせ

	老齢基礎年金	障害基礎年金	遺族基礎年金
老齢厚生年金	○併給	65歳以降は併給	×併給できない
障害厚生年金	×併給できない	○併給	×併給できない
遺族厚生年金	65歳以降は併給	65歳以降は併給	○併給

※　65歳以降は老齢厚生年金を全額受給し、遺族厚生年金が老齢厚生年金を上回る場合、その差額を遺族厚生年金として受給できる。

実務上ではどうなの？

FPとしてキャッシュフロー表を作成する際にも、必要保障額を算出する際にも、公的年金の知識は不可欠です。また、「ねんきん定期便」「ねんきんネット」の情報を読みこんだり、必要に応じてお客様自身に年金事務所などで確認してもらうのも手堅い対応方法です。

本番得点力が高まる！ 問題演習

問1 □□□　公的年金に関する次の記述のうち、最も不適切なものはどれか。

1）産前産後休業を取得している厚生年金保険の被保険者の厚生年金保険料は、所定の手続きにより、被保険者負担分と事業主負担分がいずれも免除される。

2）厚生年金保険の適用事業所に常時使用される者のうち、65歳以上の者は、厚生年金保険の被保険者とならない。

3) 国民年金の保険料免除期間に係る保険料のうち、追納することができる保険料は、追納に係る厚生労働大臣の承認を受けた日の属する月前10年以内の期間に係るものに限られる。

4) 日本国籍を有するが日本国内に住所を有しない20歳以上65歳未満の者は、国民年金の第2号被保険者および第3号被保険者に該当しない場合、原則として、国民年金の任意加入被保険者となることができる。 《2020年1月学科問題（5）》

問2 □□□

老齢厚生年金に関する次の記述のうち、最も不適切なものはどれか。

1) 65歳からの老齢厚生年金が支給されるためには、老齢基礎年金の受給資格期間を満たし、厚生年金保険の被保険者期間が1ヵ月以上あることが必要である。

2) 老齢厚生年金に加給年金額が加算されるためには、老齢厚生年金の受給権者本人の厚生年金保険の被保険者期間が原則として20年以上あることが必要である。

3) 老齢厚生年金の繰下げ支給を申し出る場合、老齢基礎年金の繰下げ支給と同時に申し出なければならない。

4) 老齢厚生年金の繰下げ支給による年金の増額率は、繰り下げた月数に0.7%を乗じて得た率で、最大84%となる。

《2017年9月学科問題（6）改題》

問3 □□□

国民年金に関する次の記述のうち、最も適切なものはどれか。

1) 第1号被保険者は、日本国内に住所を有する20歳以上60歳未満の自営業者や学生などのうち、日本国籍を有する者のみが該当する。

2) 第1号被保険者である大学生は、本人の所得金額の多寡にかかわらず、所定の申請により、学生納付特例制度の適用を受けることができる。

3) 保険料免除期間に係る保険料のうち、追納することができる保険料は、追納に係る厚生労働大臣の承認を受けた日の属する月前5年以内の期間に係るものに限られる。

4）遺族基礎年金を受給することができる遺族は、国民年金の被保険者等の死亡の当時、その者によって生計を維持し、かつ、所定の要件を満たす「子のある配偶者」または「子」である。

《2021年5月学科問題（6）》

問4 □□□ 老齢基礎年金の繰上げ支給および繰下げ支給に関する次の記述のうち、最も不適切なものはどれか。

1）1962年4月2日以降生まれの者が老齢基礎年金の繰上げ支給の請求をした場合、老齢基礎年金の額は繰上げ月数1月当たり0.4%の割合で減額される。

2）老齢基礎年金の繰上げ支給の請求後は、その請求の取消しまたは受給開始年齢の変更をすることはできない。

3）65歳到達時に老齢基礎年金の受給権を有する者が、老齢基礎年金の繰下げ支給の申出をする場合、その申出は66歳到達日以降に行うことができる。

4）付加年金を受給できる者が老齢基礎年金の繰下げ支給の申出をした場合、付加年金は、支給開始は繰り下がるが、繰下げによる増額はない。

《2013年5月学科問題（5）改題》

問5 □□□ 公的年金の併給調整に関する次の記述のうち、最も不適切なものはどれか。

1）遺族厚生年金を受給している者が、65歳以降に老齢基礎年金の受給権を取得した場合、遺族厚生年金と老齢基礎年金は併給される。

2）障害基礎年金を受給している者が、65歳以降に老齢厚生年金の受給権を取得した場合、障害基礎年金と老齢厚生年金は併給される。

3）障害基礎年金を受給している者が、65歳以降に遺族厚生年金の受給権を取得した場合、障害基礎年金と遺族厚生年金は併給される。

4）障害厚生年金を受給している者が、65歳以降に老齢基礎年金の受給権を取得した場合、障害厚生年金と老齢基礎年金は併給される。

《2015年9月学科問題（7）》

問6 □□□ 国民年金に関する次の記述のうち、最も適切なものはどれか。

1）学生納付特例期間は、その期間に係る保険料の追納がない場合、老齢基礎年金の受給資格期間に算入されない。

2）生活保護法による生活扶助を受けることによる保険料免除期間は、その期間に係る保険料の追納がない場合、老齢基礎年金の受給資格期間には算入されるが、老齢基礎年金の年金額には反映されない。

3）保険料免除期間に係る保険料のうち、追納することができる保険料は、追納に係る厚生労働大臣の承認を受けた日の属する月前5年以内の期間に係るものに限られる。

4）産前産後期間の保険料免除制度により保険料の納付が免除された期間は、保険料納付済期間として老齢基礎年金の年金額に反映される。

《2023年5月学科問題（5）》

国民年金の保険料に関する次の記述のうち、最も不適切なものはどれか。

1）国民年金の付加保険料は、将来の一定期間の保険料を前納することができ、前納する期間に応じて所定の額が控除される。

2）第1号被保険者で障害基礎年金または障害等級1級もしくは2級の障害厚生年金を受給している者は、原則として、所定の届出により、保険料の納付が免除される。

3）第1号被保険者が出産する場合、所定の届出により、出産予定月の前月から4ヵ月間（多胎妊娠の場合は出産予定月の3ヵ月前から6ヵ月間）、保険料の納付が免除される。

4）保険料免除期間に係る保険料を追納する場合、追納保険料は、追納する時期にかかわらず、免除された時点における保険料の額となる。

《2022年9月学科問題（4）》

問8 □□□

厚生年金保険に関する次の記述のうち、最も不適切なものはどれか。

1）厚生年金保険料を算定するときの標準報酬月額の定時決定は、原則として、毎年7月1日現在の被保険者を対象に行われる。

2）厚生年金保険の適用事業所に常時使用される者であっても、原則として、70歳以上の者は厚生年金保険の被保険者とならない。

3）産前産後休業期間中の厚生年金保険の被保険者に係る厚生年金保険料は、所定の手続きにより被保険者負担分は免除されるが、事業主負担分は免除されない。

4) 厚生年金保険法に定める業種であって、常時5人以上の従業員を使用している個人事業所は、厚生年金保険の強制適用事業所となる。

《2019年5月学科問題（5)》

問1 2)……学習のポイント **1** **(2) さらっと一読！「コウセイ年金の細かいポイント」**⑤を参照

問2 3)……年金の支給繰下げは、老齢基礎年金と老齢厚生年金の同時繰下げや、いずれか一方だけの繰下げも可能

問3 4)……1) 日本国籍の有無は問わない

2) 本人の所得が扶養親族等の数に応じて一定額以下である場合に対象となる

3) 追納できる保険料は過去10年までさかのぼれる

問4 4)……老齢基礎年金を繰下げ支給した場合、付加年金についても老齢基礎年金と同様に支給開始が繰り下がり、増額となる

問5 4)……**老齢基礎**年金と**障害厚生**年金は併給できない

問6 4)……1) 追納はなくても、受給資格期間には算入される

2) 追納がなくても受給資格期間に算入され、所定の割合で年金額に反映される

3) 過去10年までさかのぼって追納できる

問7 4)……免除を受けた翌年度から起算して3年度以降に追納すると、それより前の保険料には、加算額が上乗せされる

問8 3)……学習のポイント **1** **(2) さらっと一読！「コウセイ年金の細かいポイント」**を参照。産前産後休業期間中の厚生年金保険料は、事業主・被保険者ともに免除となる

---

11 中小企業の資金計画 中小企業の資金調達

絶対読め！30秒レクチャー

最近の2級学科でよくねらわれているのがココ。FPに相談するお客様の中には、中小企業の社長さんもいるので、その関心事は押さえておくようにしろ！

中小企業の資金調達に関しては、過去問を解きながら（読みながら？）「調達資金の性格」「資金調達の方法」「財務諸表」の3つを集中的に理解すれば、試験対策は終了だ！

ナナメ読み！ **学習のポイント**

1 調達資金の性格

(1) 運転資金等（短期資金）

事業の通常の運転資金のほか、一時的な運転資金（季節的な仕入れ増や売上減に伴うものなど）も考慮する必要がある。

(2) 設備資金等（長期資金）

機械、設備、土地、建物などを購入する場合など。

2 資金調達の方法

(1) 借入金

公的機関（日本政策金融公庫など）および銀行等（中小企業は信用保証協会による保証制度の利用《マル保融資》が多い）からの資金調達。証書貸付（通常のローン）、手形貸付（手形を担保に入れて借りる金銭消費貸借契約）、当座貸越（預金残高を越えて引き出す場合に定期預金等を担保として自動的にお金を借りられる）、インパクトローン（米ドル等の外貨によって資金を調達）などの手段がある。

(2) 株式の発行

① 第三者割当増資：株券を新たに発行して、出資を引き受けてくれる相手先に割り当てて資金を受け取る。「第三者」とは、その企業と企業の株主以外の者を指しており、以前から縁のある人や企業などが多い。返済を要しない資金調達である。

② 公募増資：不特定多数の投資家を対象として、株式を発行して資金を調達する方法。

3 財務諸表

会社の経営成績や財政状況をまとめ、株主や債権者に知らせたり、会社内の経営管理をするために作成される。上場企業には作成義務がある。

(1) 貸借対照表

一定時点における企業の財務状態を示す表。バランスシートともいう。会社の資産を左側に、会社の負債と資本を右側に表示して「会社が事業資金をどうやって集めて、どのように保有をしているか」を表している。

(2) 損益計算書

一定期間における企業の収益と費用の状態を示す表のこと。「期間ごとの経営成績（もうけ具合）」を表している。

(3) キャッシュフロー計算書

お金の流れで会社の実体を表す財務諸表。「営業活動によるキャッシュフロー」「投資活動によるキャッシュフロー」「財務活動によるキャッシュフロー」の3つに分かれる。金融機関からの借入れは「財務活動によるキャッシュフロー」に反映される。

(4) 資金運用表

連続する2期分の貸借対照表を比べて、その1年間の資金調達、運用の結果を把握する表。その間にいくら資金を調達し、どのようなことに、いくら支出したかが示される。資金の運用状況を分析するのに適している。

(5) 資金繰り表

日、月、年次など一定の期間内で、収入と支出を一覧にして収支の過不足を明らかにした表。資金の使途と調達のバランスを図るために使う。

さらっと一読！

財務諸表に関するその他のポイント

出題率 20%未満

① 売上原価＝期首棚卸高＋当期仕入高－期末棚卸高

② 販売費及び一般管理費は、会社の販売や一般管理業務に関して発生した費用であり、役員報酬、従業員給与、通信費、商品保管のための倉庫賃借料、減価償却費などが該当する。

③ 営業外費用は、本来の営業活動以外に要した費用であり、支払利息や社債利息などが該当する。

④ 当期純利益は、1事業年度に計上される最終的な純利益であり、売上高に対するこの当期純利益の割合を売上高当期純利益率という。

⑤ 当座比率＝$\dfrac{\text{当座資産}}{\text{流動負債}}\times 100$（%）

⑥ 流動比率＝$\dfrac{\text{流動資産}}{\text{流動負債}}\times 100$（%）

⑦ 自己資本比率＝$\dfrac{\text{自己資本}}{\text{総資産}}\times 100$（%）

⑧ 固定比率＝$\dfrac{\text{固定資産}}{\text{自己資本}}\times 100$（%）

※ （有形）固定資産には土地、建物、設備などが含まれるが、土地は減価償却の対象とならない。

⑨ 損益分岐点売上高＝$\dfrac{\text{固定費}}{\text{限界利益率}}$

⑩ 限界利益率＝$\dfrac{\text{限界利益（売上高－変動費）}}{\text{売上高}}\times 100$（%）

⑪ 固定長期適合率＝$\dfrac{\text{固定資産}}{\text{固定負債＋自己資本}}\times 100$（%）

本番得点力が高まる! 問題演習

問1 □□□

決算書に基づく経営分析指標に関する次の記述のうち、最も適切なものはどれか。

1) 損益分岐点比率は、実際の売上高に対する損益分岐点売上高の割合を示したものであり、一般に、この数値が低い方が企業の収益性が高いと判断される。

2) 自己資本比率は、総資本に対する自己資本の割合を示したものであり、一般に、この数値が低い方が財務の健全性が高いと判断される。

3) 固定長期適合率は、自己資本に対する固定資産の割合を示したものであり、一般に、この数値が低い方が財務の健全性が高いと判断される。

4) ROEは、自己資本に対する当期純利益の割合を示したものであり、一般に、この数値が低い方が経営の効率性が高いと判断される。

《2022年5月学科問題（10）》

問2 □□□

下記〈X社の貸借対照表〉に関する次の記述のうち、最も不適切なものはどれか。

〈X社の貸借対照表〉　（単位：百万円）

項　目	金　額	項　目	金　額
（資産の部）		（負債の部）	
流動資産		流動負債	
現金及び預金	100	流動負債合計	300
売掛金	100	固定負債	
商品	300	固定負債合計	300
流動資産合計	500	負債合計	600
		（純資産の部）	
固定資産		株主資本	
固定資産合計	700	資本金	200
		利益剰余金	400
		株主資本合計	600
		純資産合計	600
資産合計	1,200	負債・純資産合計	1,200

1) 流動資産のうち、「現金及び預金」「売掛金」などの換金しやすい

資産を当座資産という。

2）負債の部において、1年以内に返済しなければならないものは流動負債となり、返済期間が1年を超えるものは固定負債となる。

3）X社の流動比率は、「$\frac{500}{300}$×100（%）」で計算される。

4）X社の自己資本比率は、「$\frac{200}{600}$×100（%）」で計算される。

《2017年5月学科問題（9）》

問3 □□□

中小企業の資金調達に関する次の記述のうち、最も不適切なものはどれか。

1）金融機関からの資金調達の手段には、手形貸付、証書貸付および当座貸越などがある。

2）第三者割当増資は、特定の既存株主に限定して新株引受権を与え、新たに株式を発行して資金を調達する方法である。

3）社債には、不特定多数の投資家を対象として募集する公募債と、特定少数の投資家が直接引き受ける私募債がある。

4）資金調達は、月次ベースでの資金繰りだけを考慮しても、月の途中で一時的に資金不足となることもあるため、日次ベースの資金繰りも考慮したうえで行う必要がある。

《2014年9月学科問題（10）改題》

問4 □□□

下記〈物品販売業A社の損益計算書〉に関する次の空欄（ア）～（エ）にあてはまる語句の組み合わせとして、最も適切なものはどれか。

〈物品販売業A社の損益計算書〉（単位：百万円）

売上高	500
売上原価	300
［（ア）］	200
販売費及び一般管理費	120
［（イ）］	80
営業外損益	10
［（ウ）］	90
特別損益	10
［（エ）］	100
法人税等	20
当期純利益	80

1) (ア) 売上総利益　(イ) 経常利益
(ウ) 営業利益　(エ) 税引前当期純利益
2) (ア) 売上総利益　(イ) 営業利益
(ウ) 経常利益　(エ) 税引前当期純利益
3) (ア) 営業利益　(イ) 売上総利益
(ウ) 経常利益　(エ) 税引前当期純利益
4) (ア) 売上総利益　(イ) 営業利益
(ウ) 税引前当期純利益　(エ) 経常利益

《2018年9月学科問題（10）》

問1 1) …… 2) 自己資本比率は総資産に対する自己資本の割合であり、高い方が財務的に健全性は高いといえる

3) $$固定長期適合率(\%)=\frac{固定資産}{固定負債+自己資本}\times 100$$

4) ROEは高い方が経営の効率性が高いといえる

問2 4) …… $$自己資本比率(\%)=\frac{自己資本}{総資産}\times 100$$

$$X社の自己資本比率=\frac{純資産600}{総資産1{,}200}\times 100=50\%$$

問3 2) …… 既存の株主であるか否かを問わず、特定の第三者に新株引受権を付与して行う増資のこと

問4 2) …… (ア) 売上総利益(粗利)＝売上高－売上原価
(イ) 営業利益＝売上高－売上原価－販売費・一般管理費
(ウ) 経常利益＝営業利益＋営業外損益
(エ) 税引前当期純利益＝経常利益＋特別損益

第2章

リスク管理

人生における様々なアクシデントに備える手段の1つである「生命保険」「損害保険」に関する知識が本章の中心となる。保険の種類によって異なるしくみや保障の範囲、税金に対する理解もしっかりと身につけておこう！

第2章

学習の全体像

リスク管理

保険は「不幸の宝くじ」。保険会社が多くの人からお金（保険料）を集めて運用し、ケガ・死亡などの不幸があった人に決まったお金（保険金）を支払うものだ。この流れをまずイメージして学習にとりくもう。

生命保険（第1分野）	第3分野の保険	損害保険（第2分野）
「人」の生死にかかわるリスクを保障。	生命保険と損害保険の中間。医療・傷害・介護に対して保険金が支払われる。	偶然の事故や災害によるリスクを保障。
▌定期保険 ▌養老保険 ▌終身保険 ▌個人年金保険　など	▌医療保険 ▌特定疾病保障保険 ▌ガン保険　など	▌自動車保険 ▌火災保険 ▌地震保険　など

保険の契約者保護のしくみ　保険会社の健全な運営のためのルールがある。

1 契約者保護に関する制度

保険の契約者を保護する法律には、保険募集の公正が確保されるように禁止行為等を定める「保険業法」と、契約当事者間のルールを定める「保険法」がある。一定の場合に、消費者が無条件で契約を解除できる「クーリング・オフ制度」もある。

生命保険　「人」にかかわるリスクを保障。病気やケガ、死亡等に備える保険。年金タイプの保険など、貯蓄の側面を持つものもある。

2 生命保険商品の種類と内容

生命保険は「保障」重視のものと「貯蓄」重視のものがある。その観点から各保険商品を分類し、細かな特徴を覚えていこう。

3 生命保険に関する税金

保険料を支払った時に個人の税負担が軽くなる「生命保険料控除」と、保険金をもらった時などにかかる税金について学ぼう。

損害保険

偶然の事故や災害によるリスクを保障。
保障の対象は「物」「人」「賠償責任」。

4 損害保険商品　火災と地震

火災保険では「住宅火災保険」と「住宅総合保険」のカバーする補償の範囲の違いを押さえよう。地震保険は単独で加入することができず、火災保険に付帯する。

5 損害保険商品　自動車・傷害

自動車保険には、強制加入の「自賠責（じばいせき）保険」と任意加入の保険がある。傷害保険は「急激かつ偶然な外来の事故」による傷害を保障する。

6 損害保険商品　賠償責任・事業者向け

偶然の事故で他人の身体や財物を害した場合の賠償リスクをカバーするのが「賠償責任保険」。事業者向けにも様々な保険がある。

7 損害保険に関する税金

個人の税負担が軽くなる地震保険料控除や、法人契約の損害保険の税務処理について学ぼう。

第3分野の保険

生命保険（第1分野）と
損害保険（第2分野）の中間に入る保険。

8 第３分野の保険

生命保険と損害保険の中間に入る第３分野の保険。医療保険やガン保険等がある。

頻出論点 Best 5

2級学科 リスク管理

生命保険商品の種類と内容

第2章 2

出題率 100%

毎回2問出ることが多くなった、リスク管理の超頻出項目！　様々な保険商品の内容理解に集中的に時間を注ごう。低解約返戻型の終身保険、収入保障保険、無選択型の保険、団体信用生命保険なども、わかりやすく説明できるレベルになろう！

生命保険に関する税金

第2章 3

出題率 95%

ほとんど毎回出て、2問出ることもある頻出項目。税金は原則を理解した上で、例外を覚えれば大丈夫。法人における生命保険の経理処理は「貯蓄性のありなしで、資産計上か損金計上が決まる」というイメージを持って問題演習を繰り返そう。

第3分野の保険

第2章 8

出題率 90%

個人の相談ニーズが高い分野だけに、医療保険やガン保険がほぼ毎回出る。「先進医療特約」「無選択型」「限定告知型」はさらに出題が増える可能性が高いので、細かい点も調べておこう。

損害保険商品　自動車・傷害

第2章 5

出題率 75%

ここは年2～3回出ているが、最近はさらに複数問出ることもあるので要マーク！　自動車か傷害のどちらかは出ると思って特に直前は頭にたたき込もう！

損害保険商品　賠償責任・事業者向け

第2章 6

出題率 75%

事業活動のリスク管理の一環として利用する保険や、賠償責任保険については、このところ出題率が上昇。しばらくは毎回出ると思って、過去問に出た知識を完璧にしよう！

1 保険の契約者保護のしくみ 契約者保護に関する制度

絶対読め！30秒レクチャー

2級学科で年1～2回はねらわれる、保険の契約者を保護する制度や規制について理解しよう。ズバリ、頻出事項は生保と損保の「契約者保護機構の補償割合」だ。補償割合が80%、90%、100%などと異なるケースを理解したら、あとは「保険法」を中心に押さえるだけでOKだ！

ナナメ読み！ 学習のポイント

1 保険業法（ほけんぎょうほう）

保険契約者の利益の保護や、保険会社の健全な運営に必要なことなどが定められた法律。「ウソの告知を勧める」「告知すべきことをしないように勧める」「顧客の求めに応じて保険料の割戻しをする」などは、保険業法の中の**禁止行為**にあたるので注意。

2 保険契約のクーリング・オフ制度

保険契約は諾成（だくせい）契約。クーリング・オフ制度は、いったん契約の申込みや締結をした場合でも、一定の期間内であれば無条件で契約の申込みの撤回や、契約の解除を認めることで、「押し売り」されがちな消費者の保護を図る制度。この意思表示は**書面**または電磁的記録で行う。

保険の契約者は「クーリング・オフの案内が載った書面等を受け取った日」

または「申込日」のいずれか遅い日から起算して8日以内であれば、申込みの撤回、解除の通知ができる。

ただし、以下はクーリング・オフの適用から除外される。

① 保険期間が1年以下の契約

② 保険会社・生命保険募集人・損害保険代理店等の営業所、事務所等において（自ら出向いて）保険契約を締結した場合

③ 保険の加入が法律上義務づけられている場合（自賠責保険）

3 ソルベンシー・マージン比率

保険会社における保険金などの支払い余力を表す指標。保険会社の経営状況を判断し、健全性の確保を図る基準になる。200％以上が健全性の目安。

4 保険契約者保護機構（ほけんけいやくしゃほごきこう）

(1) 保険会社が破綻（はたん）した場合にも契約者が保護されるようにセーフティネットとして設立された機構。生命保険（契約者保護機構）と損害保険（契約者保護機構）の2つの機構があり、救済する保険会社への資金援助などを行う。その財源は、会員である保険会社各社が出し合っている。国内で営業する外資系の保険会社や民営化後のかんぽ生命は会員だが、各種共済や少額短期保険業者は加入していない。

(2) 生命保険（契約者保護機構）の補償割合：原則として責任準備金（せきにんじゅんびきん）（将来の保険金・給付金の支払いに備え、積立てが義務づけられている準備金）の90％（高予定利率契約を除く）。

(3) 損害保険（契約者保護機構）の補償割合：

① 自賠責保険、地震保険→保険金の100％補償

② 自動車保険、火災保険など→破綻後3カ月間は保険金の100％補償、3カ月経過後は80％補償

③ 年金払積立傷害保険、その他の疾病・傷害保険→保険金の90％補償（高予定利率契約を除く）

5 保険法(ほけんほう)

保険契約に関する一般的なルールを定めた法律。保険契約だけでなく共済契約にも適用する。

(1) 告知制度(こくちせいど)のルール

告知義務の内容は「保険会社が告知を求めた事項に**応答**する義務」として定められている。故意または重大な過失による告知義務違反があった場合、保険会社は原則として契約解除できる。

(2) 被保険者の同意のルール

契約者と被保険者が異なる死亡保険契約は、被保険者の**同意**が必要。

(3) 保険金の支払時期のルール

約款(やっかん)で定めた支払期限が、支払いにあたって必要な事項の確認のための相当の期間を超えている場合には、保険会社は遅滞(ちたい)の責任を負う。この規定は保険法の施行日**以前**の契約にも適用される。

(4) 保険会社が保険契約を解除できるルール

モラルリスクの防止のため、契約者または被保険者の行為により保険契約の存続を困難にする重大なトラブルが生じた場合、保険会社は保険契約を解除できる。

(5) 片面的(へんめんてき)強行規定

保険法の規定よりも保険契約者等に不利な内容の約款の定めは原則として無効。なお、約款の所定の事項を変更する場合は、内閣総理大臣の認可が必要。

実務上ではどうなの？

実際の保険相談においても「保険会社の安全性」は大切なポイントの1つですが、実務上では、ソルベンシー・マージン比率よりも、S&Pやムーディーズなどの格付け会社が公表する「保険財務格付け」が少なくともBBB（トリプルビー）以上あることをまず確認しています。

本番得点力が高まる！ 問題演習

問1 □□□

保険契約者保護機構に関する次の記述のうち、最も適切なものはどれか。

1）日本国内で営業する保険会社であっても、その本社が日本国外にある場合は、保険契約者保護機構への加入は義務付けられていない。

2）国内銀行の窓口で加入した生命保険契約については、生命保険契約者保護機構による補償の対象とならず、預金保険制度による保護の対象となる。

3）生命保険契約については、保険会社破綻時の保険金・年金等の額の90％までが生命保険契約者保護機構により補償される。

4）自動車損害賠償責任保険契約については、保険会社破綻後3ヵ月以内に保険事故が発生した場合、支払われるべき保険金の全額が損害保険契約者保護機構により補償される。

《2016年1月学科問題（11）》

問2 □□□

生命保険契約や保険約款に関する次の記述のうち、最も不適切なものはどれか。

1）生命保険会社は、保険契約者等の保護の観点から、普通保険約款の所定の事項を変更する場合、内閣総理大臣の認可を受けなければならない。

2）生命保険契約は、保険契約者と生命保険会社との合意により契約が成立する諾成契約である。

3）生命保険契約の締結に際し、保険契約者または被保険者になる者は、生命保険会社から告知を求められた事項以外に保険事故の発生の可能性に関する重要な事項があれば、その者が自発的に判断して事実の告知をしなければならない。

4）保険金の支払時期に関して、保険法の規定よりも保険金受取人にとって不利な内容である保険約款の定めは無効となる。

《2021年5月学科問題（11）》

問3 □□□ わが国における保険契約者保護機構の補償対象となる保険契約の補償割合に関する次の記述のうち、最も適切なものはどれか。

1) 医療保険契約は、保険会社破綻時の責任準備金等の70%までが補償される。

2) 個人年金保険契約は、保険会社破綻時の責任準備金等の80%までが補償される。

3) 地震保険契約は、保険会社破綻後3ヵ月以内に保険事故が発生した場合、支払われるべき保険金の額の90%までが補償される。

4) 自動車損害賠償責任保険契約は、保険会社破綻後3ヵ月以内に保険事故が発生した場合、支払われるべき保険金の全額が補償される。

《2014年9月学科問題（11)》

問1 4)……1) 本社が外国にある保険会社も日本国内で営業する場合は、保険契約者保護機構への加入が義務付けられている

2) 銀行の窓口で加入した生命保険契約であっても生命保険契約者保護機構の補償対象

3) 保険金・年金等の額ではなく、**責任準備金等**の90%が補償される

4) 学習のポイント 4 (3) ①を参照

問2 3)……保険会社から告知を求められた事項以外に応答する義務はない

問3 4)……1) 2) 医療保険、個人年金保険など生命保険会社の保険契約は、**責任準備金**等の90%が補償される

3) 地震保険や自賠責保険は、保険金の100%が補償される

出題率 100% | 難易度 ★★★★★

2 生命保険 生命保険商品の種類と内容

絶対読め！30秒レクチャー

生命保険の種類は数多くあり、一見すると複雑だが、実はカンタンだ。支払った保険料は、必ず「保障」または「貯蓄（運用）」のどちらかに回る。そして、そのブレンド割合や、保障や貯蓄（運用）を行う期間によって様々な商品ができるのだ。そういう観点から様々な保険商品を理解すれば、2級学科では毎回1～2問出題されているこの分野を制覇できるはずだ！

ナナメ読み！ 学習のポイント

1 保障機能を重視した保険

(1) 定期保険

保険期間を（10年や60歳などと）定めて、その期間内に死亡または高度障害になった場合に保険金を受け取れる保険。

(2) 終身保険

保険期間が終身で、一生涯の死亡保障が確保できる保険。相続対策に用いられることもある。低解約返戻金型の終身保険は保険料が割安だが、保険料払込期間中（例：60歳まで）に解約した場合の解約返戻金が低い（例：通常の70%相当）。一時払終身保険では、加入から数年たつと解約返戻金が払込保険料を上回ってくるのが一般的。

さらっと一読！

終身保険の細かいポイント 出題率 30%未満

① 終身保険の保険料の払込方法には、有期払込、終身払込、一時払いがある。
② 一時払終身保険は、短期間で解約すると、解約返戻金が払込保険料を下回ることがある。
③ 無選択型終身保険（告知や医師の診査が不要）は、他の条件が同一であれば、告知や診査を必要とする終身保険に比べて高い保険料が設定されている。
④ 低解約返戻金型終身保険は、「解約返戻金の金額を低く設定する期間」について、任意に指定することはできず、あらかじめ保険会社が設定した範囲の期間の中から選択する。なお、保険料払込終了後に解約すれば通常の（低くない）解約返戻金が支払われる。
⑤ 外貨建て終身保険は、「円換算支払特約」を付加することで保険金等を円貨で受け取ることができるが、為替リスクを回避することはできない。

(3) 定期保険特約付終身保険（定期付終身）

終身保険に、特約として定期保険を付けたもの。一定期間（若いとき）は高額な死亡保障が得られ、その後も一生涯の死亡保障が残る。更新型の場合、更新時の告知は不要だが、自動更新すると保険料はアップする。

(4) その他

逓増定期保険や逓減定期保険は、支払う保険料は一定だが、もらえる死亡保険金額が増えていったり（逓増）、減っていったり（逓減）する保険。告知や診査が不要の死亡保険（無選択型）や告知項目が少ない医療保険（限定告知型）は、他の条件が同じなら、保険料は高くなる。

2 保障と貯蓄の両方の機能がある保険

養老保険は、満期前に死亡すれば死亡保険金、満期まで生存していれば死亡保険金と同額の満期保険金を受け取ることができる保険。

3 貯蓄または運用の機能がある保険

(1) 学資保険（こども保険）

契約者である親が死亡した場合、（死亡給付金はないが）それ以降の保険料は免除される。その場合でも保険契約は続くので、受取人は保険金（祝い金、満期金など）を受け取ることができる。被保険者である子が死亡した場合、死亡給付金を受け取ることができる。

(2) 個人年金保険（定額・変額）

積み立てたお金を年金形式で受け取れる保険。生存を条件に一定期間支払われる**有期**年金、生死にかかわらず一定期間支払われる**確定**年金、生きている限り支払われる（保証期間付）**終身**年金、の3つがある。

① 定額の場合、契約時に年金額が決まっているが、もし年金受取前に本人が死んだら家族が既払込保険料相当額を受け取る。

② 変額の場合、年金額や解約返戻金額が（特別勘定における）運用実績に応じて変動する。特別勘定における運用収益に対して（運用期間中は課税されず）解約時や年金支払時まで課税が繰り延べられる。

③ 終身年金の保険料は（他の条件が同じ場合）被保険者が男性であるよりも女性である方が（平均余命が長いので）高くなる。

(3) 変額保険

特別勘定によって保険料を運用し、その運用次第で保険金額や解約返戻金などが変動する保険。死亡保険金は、**基本保険金額**が保障されるという最低保証が付いている。有期型と終身型の2タイプある。

4 その他の保険

(1) 利率変動型積立終身保険

アカウント型保険ともいわれ、契約者は毎回一定額の保険料を支払い、そのうちいくらかを主に定期保険や医療保険などで構成される保障部分に充て、残りを積立金として貯蓄する保険。主契約の適用利率が契約後一定期間ごとに見直されるが、最低保証利率が設定されている。

(2) 特定疾病保障保険

がん、急性心筋梗塞、脳卒中と診断されたときに、特定疾病保険金が支払われ、特定疾病保険金が支払われることなく死亡した場合は**死亡保険金**が支払われる。

(3) 収入保障保険

被保険者が死亡した場合、所定の期間（例：60歳相当まで）、死亡保険金が年金形式で支払われる。一時金での受け取りが選べるものもあるが、その場合は年金形式で受け取る場合の受取総額よりも少なくなる。

(4) 共済

協同組合（農協、生協など）が組合員に対して、生命保険に似た商品を扱うこと。保険料（掛金）と保険金の額が小さいのが主な特徴。**JA共済、こくみん共済coop**などが有名。

(5) 団体信用生命保険（通称：ダンシン）

住宅ローンの債務者が死亡・高度障害になった時に、生命保険会社が（銀行等に）住宅ローンの残債を支払う保険。

被保険者を住宅ローン利用者（債務者）、契約者および受取人を**金融機関**等（債権者）とする。保険料は**債務残高**のみに応じて算出され、生命保険料控除の対象とならない。

(6) 少額短期保険

少額・短期・掛捨ての商品に限定して、少額短期保険業者が取扱う保険。

被保険者１人につき加入できる保険金額は（原則）合計1,000万円が上限。

保険期間の上限は、生命保険と傷害疾病保険が１年、損害保険が２年、各種保険料控除の対象外で、（生・損）保険契約者保護機構の対象外。

実務上ではどうなの？

家族の主たる収入者の万一に備える死亡保障に関して、実務上では、「逓減定期保険」や「収入保障保険」といった、年々保険金額が下がる死亡保険を提案するケースがほとんどです。なぜなら、必要な遺族生活保障の金額は子供の成長などとともに減っていくからです。

さらっと一読!

保険料を決める3つの予定率（死亡率・利率・事業費率）

出題率 30%未満

① 予定死亡率とは、保険料の算出に用いる一定年齢ごとの年間死亡確率のこと。予定死亡率が高く設定された場合、一般に保険料は高くなる。
② 予定利率とは、運用収益を予測してあらかじめ一定の利率で保険料を割り引くもののこと。予定利率を低く設定する場合、一般に保険料は高くなる。
③ 予定事業費率とは、生命保険会社が保険事業の運営上必要な経費として組み込むもののこと。予定事業費率を低く設定する場合、一般に保険料は安くなる。
④ 純保険料は、予定死亡率および予定利率に基づいて計算される。
⑤ 付加保険料は、予定事業費率に基づいて計算される。

さらっと一読!

保険料の支払いが難しくなった場合の様々なしくみ

出題率 30%未満

① 保険会社が**解約返戻金**の範囲内で保険料を自動的に貸し付けて、契約を有効に継続する「**自動振替貸付**」制度がある。
② 保険料払込期間の途中から保険金額を「減額」することにより、保険料の負担を軽減することができる。
③ 保険料払込期間の途中で保険料の払込みを中止して、その時点での解約返戻金相当額をもとに、元契約の保険金額と**同額**の一時払**定期**保険に変更する「**延長保険**」がある。これに変更した場合、特約はすべて消滅する。
④ 保険料払込期間の途中で保険料の払込みを中止して、その時点での解約返戻金相当額をもとに、元契約の保険期間を変えずに保障額の少ない一時払保険に変更する「**払済保険**」がある。これに変更した場合、特約はすべて消滅する。

本番得点力が高まる! 問題演習

問1 □□□

生命保険の保険料の払込みが困難になった場合に、保険契約を有効に継続するための方法に関する次の記述のうち、最も不適切なものはどれか。

1) 保険金額を減額することにより、保険料の負担を軽減する方法がある。
2) 保険料を払い込まずに保険料払込猶予期間が経過した場合、保険会社が解約返戻金の範囲内で保険料を自動的に立て替えて、契約を有効に継続する自動振替貸付制度がある。

3）保険料の払込みを中止して、その時点での解約返戻金相当額を基に、元の契約の保険金額を変えずに一時払定期保険に変更する延長保険がある。

4）保険料の払込みを中止して、その時点での解約返戻金相当額を基に、元の契約よりも保険金額が少なくなる保険（元の主契約と同じ保険または養老保険）に変更する払済保険があり、特約はすべて継続される。

《2019年9月学科問題（11）》

問2 □□□

生命保険の保険料等の一般的な仕組みに関する次の記述のうち、最も不適切なものはどれか。

1）収支相等の原則は、保険会社が受け取る保険料等の総額が、保険会社が支払う保険金等の総額と等しくなるように保険料を算定する原則をいう。

2）保険料のうち、将来の保険金等の支払財源となる純保険料は、予定死亡率に基づいて計算され、保険会社が保険契約を維持・管理していくために必要な経費等の財源となる付加保険料は、予定利率および予定事業費率に基づいて計算される。

3）終身保険について、保険料の算定に用いられる予定利率が引き上げられた場合、新規契約の保険料は安くなる。

4）保険会社が実際に要した事業費が、保険料を算定する際に見込んでいた事業費よりも少なかった場合、費差益が生じる。

《2023年5月学科問題（11）》

生命保険の一般的な商品性に関する次の記述のうち、最も不適切なものはどれか。

1）低解約返戻金型終身保険は、他の契約条件が同じで低解約返戻金型ではない終身保険と比較して、保険料払込期間中の解約返戻金が低く抑えられており、割安な保険料が設定されている。

2）養老保険は、被保険者に高度障害保険金が支払われた場合、保険期間満了時に満期保険金から高度障害保険金相当額が控除された金額が支払われる。

3）収入保障保険の死亡保険金を年金形式で受け取る場合の受取総額

は、一時金で受け取る場合の受取額よりも多くなる。

4）定期保険特約付終身保険（更新型）では、定期保険特約を同額の保険金額で自動更新すると、更新後の保険料は、通常、更新前よりも高くなる。《2020年1月学科問題（11）》

問4 □□□ 個人年金保険の一般的な商品性に関する次の記述のうち、最も適切なものはどれか。

1）終身年金では、他の契約条件が同一の場合、保険料は被保険者が女性であるよりも男性である方が高くなる。

2）確定年金では、年金受取期間中に被保険者が死亡した場合、死亡保険金受取人が既払込保険料相当額の死亡保険金を受け取ることができる。

3）外貨建て個人年金保険は、契約時に円換算支払特約を付加することで、為替変動があっても、円貨で受け取る年金受取総額が既払込保険料総額を下回ることはない。

4）変額個人年金保険は、特別勘定による運用実績によって、将来受け取る年金額や解約返戻金額が変動する。《2022年5月学科問題（12）》

問1 4）……払済保険に変更した場合、特約はすべて消滅する

問2 2）……**さらっと一読！「保険料を決める３つの予定率」**の④⑤を参照。

問3 2）……養老保険は、高度障害保険金や死亡保険金が支払われると契約は終了するため、満期保険金は支払われない

問4 4）……1）学習のポイント **3** **(2)** ③を参照。男性より長寿傾向にある女性の方が多くの年金を受けとりやすい分、保険料は高くなる

2）確定年金では、年金受取期間中に被保険者が死亡した場合、残りの期間に応じた年金または一時金を遺族が受け取れる

3）円換算特約を付加しても、為替レートの変動による影響を受けるため、既払込保険料総額を下回ることもある

---

3 生命保険
生命保険に関する税金

絶対読め！30秒レクチャー

貯蓄性のあるものは資産。
掛け捨ては費用。
これはどっちだ？
法人
保険

最近の2級学科では毎回1～2問出ているぞ！　生命保険は、お金を支払うときに「○○保険料控除」という税の優遇がある。一方、お金を受け取るときは3パターンの税金がかかる。お父さんが自分に保険をかけた場合、万一のときに遺族がもらう保険金は相続税の対象。お父さんがお母さんに保険をかけて、自分で保険金を受け取る場合は、所得税の対象。お父さんが自分以外に保険をかけて、子供が保険金を受け取ったら贈与税の対象。この3つを感覚的に理解できれば、保険の税金の8割はマスターしたも同然だ！

また、法人保険の経理処理では、貯蓄性のある保険料は資産、掛捨ての保険料は費用という大原則を理解したうえで「ハーフ・タックス」などの例外を押さえておこう。

ナナメ読み！　学習のポイント

1　保険料に関する税の優遇

(1) 生命保険料控除（せいめいほけんりょうこうじょ）

生命保険料を支払った場合に、一定の金額を所得から差し引くことで税負担が少し軽くなる制度。実際に保険料の払込みをした年において控除対象となる。勤務する会社で年末調整によって適用を受けることも可能。なお、傷害特約や災害割増特約などの保険料は、新制度（2012年以降の契約・更新）では控除の対象とならない。自動振替貸付によって保険料の払込みに充当された金額も控除の対象となる。

(2) 一般の生命保険料控除

対象となる保険料は、生命保険会社との保険契約の保険料、農協などの生命共済などの掛金。

(3) 個人年金保険料控除

この適用を受けるには、払込期間が10年以上、**年金受取人**が契約者本人かその配偶者などの要件がある「個人年金保険料税制適格特約」が付加される必要あり。

さらっと一読！

個人年金保険の税金に関する細かいポイント 出題率 **10%未満**

① 個人年金保険から受け取る年金は、雑所得であるが、公的年金等控除の対象外。
② 個人年金保険料控除の対象となる税制適格特約には特約保険料は不要。
③ 個人年金保険料控除の対象となる税制適格特約は、中途付加可能。

(4) 介護医療保険料控除

対象となる契約は、2012年以降に締結した保険契約のうち、医療・介護等に関する給付金が支払われるもの。身体の傷害のみに基因して給付金が支払われる契約（傷害特約や災害割増特約）は対象外。

(5) 控除額はいくら？（2012年以降の契約や更新の場合）

所得税における控除額は、年間の払込保険料が2万円以下なら保険料の全額、8万円超なら一律**4万**円、それ以外は2万円から4万円の間の金額となる。個人年金保険料、介護医療保険料も同様。3種類の保険料控除の合計適用限度額は**12万**円。

※ 2011年12月末までの契約の場合、生命保険料控除・個人年金保険料控除それぞれ所得税における年間の控除限度額は**5万**円。ただし、そのような契約でも2012年以降に増額や減額・特約の更新などを行った場合は、年間の控除限度額は4万円に下がる。

さらっと一読！

生命保険料控除に関するその他のポイント 出題率 10%未満

① 少額短期保険業者と締結した保険は、生命保険料控除の対象とならない。

② 死亡保険金受取人が契約者（＝保険料負担者）の配偶者または親族である終身保険は、一般の生命保険料控除の対象となる。

2 死亡保険金にかかる税金

(1) 相続税の課税を受ける場合

自分で自分に保険をかけている（契約者と被保険者が同じ）場合、遺族が受け取る死亡保険金は、相続税の対象。

(2) 所得税の課税を受ける場合

お金を払った本人がお金を受け取る（契約者と受取人が同じ）場合、受け取る死亡保険金は一時所得として所得税の対象となる。

$$\text{総所得に含める一時所得の金額} = \left\{ \left(\text{死亡保険金} - \text{正味払込保険料総額} \right) - \text{特別控除額(50万円)} \right\} \times \frac{1}{2}$$

(3) 贈与税の課税を受ける場合

3者（契約者、被保険者、受取人）がそれぞれ異なる場合、贈与税の対象となる。その場合、受取人が1年間に個人から贈与された財産と合算され、その合計額から110万円を差し引いた部分に課税される。

3 満期金・解約返戻金・給付金にかかる税金

(1) 満期保険金・解約返戻金を受け取った場合

満期保険金や解約返戻金を受け取った場合、契約者と受取人が同じ場合は所得税（一時所得）、異なる場合は贈与税の対象となる。なお、一時払の保険を契約から5年以内に解約した場合、受取差益は金融類似（きんゆうるいじ）商品として約20％の源泉分離課税の対象となる。また、満期のない（一時払）終身保険は、金融類似商品に該当せず、5年以内に解約した場合、解約返戻金は一時所得として総合課税の対象となる。

(2) 非課税財産の給付金・保険金

入院給付金、手術給付金、高度障害給付金、所得補償保険金など、ケガや病気などの出費を補てんする意味合いの給付金は（受取人が本人でも家族でも）**非課税**。また、リビングニーズ特約（→第2章8 2参照）の生前給付金も非課税。

(3) 契約者を変更した場合

変更前の名義人から変更後の名義人に**解約返戻金**相当額の資産の移転があったものとみなされ、贈与税などの対象となりうる。

4 法人契約の生命保険の経理処理

(1) 法人が払う保険料の経理処理ルールの大原則

貯蓄性のある保険（終身保険など）の保険料は「保険料積立金」として**資産**に計上し、貯蓄性のない保険（定期保険や医療保険など）の保険料は**損金**（費用）とするのが原則。

(2) ハーフタックスプラン（福利厚生（ふくりこうせい）目的の養老保険加入）

法人契約の養老保険で「被保険者＝役員・従業員、満期受取人＝法人、死亡受取人＝被保険者の**遺族**」とする**全従業員**が加入する契約は、貯蓄性があっても全額資産計上にはならない。一定の要件を満たせば、**半分**は**資産計上**、**半分**は**損金算入**となる。（なお、死亡保険金受取人を法人にすると、全額資産計上となる）

(3) 個人年金保険

お金が貯まる個人年金で受取人を法人にしても、「被保険者＝役員・従業員、死亡保険金受取人＝被保険者の遺族」とする全員加入にすれば、保険料の1割を損金に算入できる（9割は資産計上）。

(4) 定期保険等（最高解約返戻（へんれい）率50％以下）

保険期間の中で最も高い解約返戻率（最高解約返戻率）が50％以下の定期保険等の保険料は全額損金。例えば、死亡保険金の受取人を従業員の遺族とする掛け捨て（最高解約返戻率50％以下）の定期保険の場合、全員加入（公平な条件の加入）なら福利厚生費、そうでない場合は給与扱いだが、いずれも損金となる。また、最高解約返戻率にかかわらず、保険期間が3年未満の保険料は全額損金。

(5) 貯蓄性のある定期保険等

① 最高解約返戻率が50％超70％以下の場合、保険期間の前半４割は「保険料の４割は資産計上、６割は損金算入」となる。

② 最高解約返戻率が**70**％超**85**％以下の場合、保険期間の前半４割は「保険料の６割は資産計上、**４**割は**損金**算入」となる。

③ 最高解約返戻率が85％超の場合、当初10年は「保険料×最高解約返戻率の90％は資産計上、残りは損金算入」となる。

(6) 配当金

配当金は（単にお金が入ってくるので）**益金**に算入する。

(7) 保険金・解約返戻金

法人に各種保険金のお金が入ってきた場合、その保険契約に関して**資産**として計上されている「**保険料積立金**」との**差額**が**雑収入**（または雑損失）となる。つまり、掛け捨ての保険に関する保険金が会社に入ってきた場合は、いったん全額を雑収入として計上する必要があるのだ。

実務上ではどうなの？

中小企業における生命保険は、単に保障を得るための商品というだけでなく、中期的な財務の安定を図るツールとしての役割があります。利益が多い年に損金計上できる保険料を多くして、損失が出そうな年に一定の保険を解約して益金を増やす、という財務調整を図る会社もあります。しかし、税務メリットの大きい保険ほど税改正リスクも高いので、法人の保険活用は将来の変化を見通した慎重さが必要です。

本番得点力が高まる！ 問題演習

問１ □□□

生命保険の税金に関する次の記述のうち、最も不適切なものはどれか。なお、いずれも契約者（＝保険料負担者）および保険金・給付金等の受取人は個人であるものとする。

1）契約者および保険金受取人が夫、被保険者が妻である終身保険に

第２章 リスク管理

おいて、妻が死亡して夫が受け取る死亡保険金は、相続税の課税対象となる。

2）契約者が夫、被保険者および年金受取人が妻である個人年金保険において、妻が受け取る年金の年金受給権は、年金支払開始時に夫から妻への贈与とみなされ、贈与税の課税対象となる。

3）契約者、被保険者および年金受取人が同一人である個人年金保険（保証期間付終身年金）において、保証期間内に被保険者が死亡し、残りの保証期間について相続人が受け取る年金の年金受給権は、相続税の課税対象となる。

4）契約から５年を超えた一時払変額個人年金保険（10年確定年金）を解約して契約者が受け取った解約返戻金は、一時所得として所得税（総合課税）の課税対象となる。《2021年９月学科問題（14）》

問２ □□□

生命保険の税金に関する次の記述のうち、最も不適切なものはどれか。なお、いずれも契約者（＝保険料負担者）、保険金受取人、年金受取人は個人であるものとする。

1）身体の傷害または疾病を原因とする入院により、医療保険の被保険者が受け取った入院給付金は、非課税である。

2）契約者と被保険者が同一人である終身保険契約で、相続人以外の者が受け取った死亡保険金は相続税の課税対象となり、相続税における生命保険金等の非課税規定（相続税法第12条の「相続税の非課税財産」の規定）が適用される。

3）一時払い終身保険を契約から５年以内に解約した場合に受け取る解約返戻金は、一時所得として所得税・住民税の課税対象となる。

4）個人年金保険において契約者と年金受取人が異なる場合、年金受取人は年金支払開始時に年金受給権を取得したものとみなされ、当該受給権については贈与税の課税対象となる。

《2017年５月学科問題（15）》

2012年１月１日以後に締結した保険契約の保険料に係る生命保険料控除に関する次の記述のうち、最も適切なものはどれか。なお、各選択肢において、ほかに必要とされる要件等はすべて満たしているものとする。

1）一般の生命保険料控除、個人年金保険料控除および介護医療保険料控除の控除限度額は、所得税では各５万円である。
2）生命保険契約に付加された傷害特約の保険料は、介護医療保険料控除の対象となる。
3）変額個人年金保険の保険料は、個人年金保険料控除の対象とはならず、一般の生命保険料控除の対象となる。
4）少額短期保険の保険料は、一般の生命保険料控除や介護医療保険料控除の対象となる。

《2022年5月学科問題（15）改題》

問４ □□□

契約者（＝保険料負担者）を法人とする生命保険契約の保険料や給付金等の経理処理に関する次の記述のうち、最も不適切なものはどれか。なお、特約については考慮しないものとし、いずれも保険料は毎月平準払いで支払われているものとする。

1）被保険者が役員、死亡保険金受取人および満期保険金受取人が法人である養老保険の支払保険料は、その２分の１相当額を資産に計上し、残額を損金の額に算入することができる。
2）被保険者が役員、死亡保険金受取人が法人である終身保険を解約して受け取った解約返戻金は、資産に計上していた保険料積立金との差額を雑収入または雑損失として計上する。
3）被保険者が役員・従業員全員、死亡給付金受取人が被保険者の遺族、年金受取人が法人である個人年金保険の支払保険料は、その10分の９相当額を資産に計上し、残額を損金の額に算入することができる。
4）給付金受取人である法人が受け取った医療保険の入院給付金は、全額を雑収入として益金の額に算入する。

《2019年5月学科問題（15）》

問５ □□□

法人を契約者（＝保険料負担者）とする生命保険に係る保険料の経理処理に関する次の記述のうち、最も不適切なものはどれか。なお、いずれも保険料は年払いで、いずれの保険契約も2024年４月に締結したものとする。

1）被保険者が役員・従業員全員、死亡保険金受取人が被保険者の遺族、満期保険金受取人が法人である養老保険の支払保険料は、その２分の１相当額を資産に計上し、残額を損金の額に算入することができる。

2）被保険者が役員、死亡保険金受取人が法人である終身保険の支払保険料は、その全額を資産に計上する。

3）被保険者が役員、死亡保険金受取人が法人で、最高解約返戻率が80％である定期保険（保険期間10年）の支払保険料は、保険期間の前半４割相当期間においては、その40％相当額を資産に計上し、残額を損金の額に算入することができる。

4）被保険者が役員、給付金受取人が法人である解約返戻金のない医療保険の支払保険料は、損金の額に算入することができる。

《2020年9月学科問題（15）改題》

問１ 1）……学習のポイント **2**(2) を参照

問２ 2）……契約者（＝保険料負担者）と被保険者が同一の生命保険の死亡保険金を、相続人以外の人が受け取ると、全額が相続税の課税対象となり、相続税の非課税財産の規定は適用されない（第６章 7 **2**(1) を参照）

問３ 3）……1）学習のポイント **1**(5) を参照

2）学習のポイント **1**(4) を参照。傷害特約は対象外

4）少額短期保険の保険料は対象外

問４ 1）……学習のポイント **4**(2) を参照。死亡時の受取人を（遺族ではなく）法人にしたり、被保険者を役員のみ（従業員を含まない）にしたりすると、福利厚生の性質がなくなるのでハーフタックスプランとして認められず、全額資産計上となる

問５ 3）……学習のポイント **4**(5) ②を参照。最高解約返戻率70％超85％以下の定期保険等において、保険期間の前半４割は保険料の４割を（資産計上ではなく）損金算入できる

損害保険

4 損害保険商品 火災と地震

絶対読め！30秒レクチャー

火災保険は、「住宅火災」（火災に限らずいろいろOK）と「住宅総合」（さらに水災・盗難もセット）の違いを押さえよう！地震保険は「建物5,000万円、家財1,000万円」を上限に、主契約の保険金額の30～50％の範囲で設定すると覚えておこう！　2級学科でも地震保険がよく出ているので注意！

ナナメ読み！ **学習のポイント**

1 火災保険の種類と特徴

(1) 住宅火災（じゅうたくかさい）保険

「住居のみに使われる建物」「建物内の家財」にかける保険。火災に限らず、落雷や破裂・爆発、風災、ひょう災、雪災による損害のほかに、臨時費用・残存物片付け費用・失火見舞い費用・損害防止費用などの諸費用についても補償されるが、**水災・盗難**は**対象外**。保険料は建物の構造によりM（マンション）構造・T（タイカ）構造・H（ヒタイカ）構造の3つに区分されて算出される。

(2) 住宅総合（じゅうたくそうごう）保険

住宅火災保険と同じ補償内容に加えて、さらにカバーする範囲が広くなっている。**水災**・**盗難**などもOK。

(3) その他

普通火災保険は、店舗、工場、倉庫の建物およびその建物に収容されている動産が対象。団地保険は、鉄筋コンクリート造りの団地・マンションを対象とした保険だが、水災は補償されない。

2 地震保険（じしんほけん）

(1) 地震保険がカバーする対象

「火災保険では免責」となっている地震による被害をカバーするには、地震保険への加入が必要。居住用の建物および収容されている家財が対象で、地震・噴火・津波によって起きた火災、損壊、埋没を補償する。ただし、地震発生日の翌日から10日経過した後に生じた損害は対象外。

(2) 地震保険の付け方

地震保険は単独で契約することはできず、火災保険に付帯する形をとっている。付帯しない場合は申込書に申込しない旨の押印が必要。保険金額は「建物5,000万円、家財1,000万円」を上限に、火災保険の保険金額の30～50%の範囲で定めることができる。保険期間中の中途付帯も可能。

(3) 地震保険料・保険金のしくみ

① 地震保険の保険料は建物の構造と所在地によって算出されるが、（同じ条件なら）各保険会社によって違いがない。建物の構造級別には「M構造」「T構造」「H構造」の３区分がある。

② 地震保険の保険料は「建築年」「耐震等級」「免震建築物」「耐震診断」の４つの割引制度（10～50%の割引）があるが、これらの重複適用は受けられない。

③ 地震保険の対象となる建物や家財の損害の程度は「全損」「大半損」「小半損」「一部損害」の４段階に区分して、保険金が支払われる。

損害の程度	支払われる保険金
全損	地震保険金額の100%（時価が限度）
大半損	地震保険金額の60%（時価の60%が限度）
小半損	地震保険金額の30%（時価の30%が限度）
一部損害	地震保険金額の5%（時価の5%が限度）

実務上ではどうなの？

地震保険は「火災保険の50％まで」しか付けられないのに、保険料の水準は2倍以上なので、地震保険を付けるかどうかは家計と相談すべき悩ましい問題なのです。

 本番得点力が高まる！ 問題演習

問1 □□□

火災保険および地震保険の一般的な商品性に関する次の記述のうち、最も不適切なものはどれか。

1）地震保険は、火災保険の契約時に付帯する必要があり、火災保険の保険期間の中途で付帯することはできない。

2）地震保険の保険料には、「建築年割引」、「耐震等級割引」、「免震建築物割引」、「耐震診断割引」の割引制度があるが、これらは重複して適用を受けることはできない。

3）保険始期が2017年1月1日以降となる地震保険における損害の程度の区分は、「全損」「大半損」「小半損」「一部損」である。

4）専用住宅を対象とする火災保険の保険料を決定する要素の1つである建物の構造級別には、「M構造」「T構造」「H構造」の区分がある。

《2023年1月学科問題（16）》

問2 □□□

住宅用建物および家財を保険の対象とする火災保険の一般的な商品性に関する次の記述のうち、最も適切なものはどれか。なお、特約については考慮しないものとする。

1）家財を保険の対象として契約した場合、自宅で飼っている犬や猫などのペットも補償の対象となる。

2）家財を保険の対象として契約した場合、同一敷地内の車庫にある自動車が火災により被った損害は補償の対象となる。

3）住宅用建物を保険の対象として契約した場合、急激な気象変化により生じた竜巻による損害は補償の対象となる。

4）住宅用建物を保険の対象として契約した場合、時間の経過により

その建物の壁に発生したカビによる損害は補償の対象となる。

《2018年9月学科問題（15）》

問3 □□□ 住宅用建物および家財を保険の対象とする火災保険の一般的な商品性に関する次の記述のうち、最も不適切なものはどれか。なお、特約については考慮しないものとする。

1）火災保険の保険料は、対象となる住宅用建物の構造により、M構造、T構造、H構造の3つに区分されて算定される。

2）保険金額が2,000万円（保険価額と同額）の火災保険に加入した後、火災により住宅用建物が損害を被り、損害保険金1,000万円が支払われた場合、保険契約は継続するが、保険期間満了日までの保険金額が1,000万円に減額される。

3）火災保険では、隣家の火災の消火活動により住宅用建物に収容されている家財が損壊した場合、補償の対象となる。

4）火災保険では、雪災により住宅用建物の屋根が損壊して100万円の損害が発生した場合、補償の対象となる。

《2022年9月学科問題（17）》

問1 1）…… 火災保険に加入している場合、保険期間中の中途付帯も可能

問2 3）…… 1）火災保険や家財保険では、ペットは補償対象外

2）自動車は火災保険の「家財」に含まれない。この場合、自動車（車両）保険において補償対象になる

4）時間の経過による建物の風化や劣化は補償対象外

問3 2）…… 保険金支払額が保険金額に満たない場合は、保険金額が減額されることなく保険契約は存続する

損害保険

5 損害保険商品 自動車・傷害

絶対
マスター

絶対読め！30秒レクチャー

ここも2級学科で年2〜3回出る。自動車保険には強制と任意の2つがあるが、強制のジバイセキは対人賠償事故（他人を死傷させた場合）に限定されることを頭にたたき込んでおこう！　傷害保険は、飛んできたテニスボールが頭に当たるイメージで、「急激かつ偶然な外来の事故」の意味を理解しよう！　そして、傷害保険でいう「家族」は、生計をともにする同居の親族や、仕送りが必要な大学生まで含むことを覚えておこう！

ジバイセキは
モノの補償には
お金が出ない
のか…
救急
自賠責
保険

ナナメ読み！ **学習のポイント**

1 自動車保険

クルマの保険は、人や物にぶつかった場合の（対人・対物）賠償保険が特に重要。損害賠償として支払われる保険金の額は、被害者の過失割合に応じて減額される。

(1) 自賠責保険

自動車損害賠償責任保険は強制加入の保険。自動車事故の「被害者救済」と「加害者の賠償能力確保」を目的とし、補償対象は**対人賠償**事故に限られる。支払限度額は、被害者1人あたり「死亡：**3,000万**円、後遺障害：4,000万〜75万円、傷害：**120万円**」だが、1事故あたり限度額はない。

自賠責保険では、被保険者（加害者）だけでなく被害者からも、保険会社に対して保険金の支払いを請求することができる。

(2) 任意加入の自動車保険

① 対人賠償保険：自賠責保険の支払額を超える部分の対人賠償（(家族以外の) 他人への賠償）を補償。保険金額を無制限（上限なし）とすることができる

② 対物賠償保険：自動車事故で他人の物を壊した場合の賠償責任を補償

③ 車両保険：偶然の事故（地震・噴火・津波は対象外）によって自動車が損害を受けた場合の補償

④ 自損事故保険：自損事故で運転者・搭乗者などが死傷したときの補償

⑤ 無保険車傷害保険：無保険車（対人賠償保険に入っていない等）との事故で被保険者が死亡・後遺障害となったときの補償

⑥ 搭乗者傷害保険：乗車中の人が事故で死傷した場合の補償

⑦ 人身傷害補償保険：自動車事故で死傷した場合などに、過失割合にかかわらず（自己の過失部分も含め）損害すべてが補償される保険

2 傷害保険

(1) 傷害保険が支払われる場合とは

「急激かつ偶然な外来の事故」によって、身体に傷害を負った場合

① 急激：事故発生の直後に傷害を受けること

② 偶然：原因または結果の発生が予測できないこと

③ 外来：身体の外部からの作用によること

※ 身体傷害には、「ガス中毒」「微傷による創傷伝染病」などは含まれるが、熱中症や細菌性食中毒は原則として対象外。また、自殺の場合も支払われない。

(2) 傷害保険の種類

① 普通傷害保険：国内外を問わず急激かつ偶然な外来の事故による傷害（病

気は含まない）を補償。仕事中のケガも対象。保険料は**年齢・性別**にかかわらず**同一**だが、職種による保険料の差異が生じることはある。

② 家族傷害保険：内容は普通傷害保険と同じ。本人と家族（事故発生時における（i）本人の配偶者、（ii）本人または配偶者と生計を共にする同居の親族、（iii）本人または配偶者と**生計を共にする別居の未婚の子**）が対象。家族の人数により保険料が異なることはない。

家族傷害保険は、保険契約締結後に誕生した子も被保険者となる（「家族」の範囲に含まれる）。

③ 海外旅行傷害保険：海外旅行のために、国内の**住居を出発**してから**帰宅**するまでの間に被ったケガなど（注：国外での地震・噴火・津波や、**細菌性食中毒**による傷害も含む）を補償。同様に、国内旅行を対象とした国内旅行傷害保険もある（注：国内での地震・噴火・津波による傷害は含まない。細菌性食中毒による傷害は含む）。

④ 交通事故傷害保険：乗り物（車や電車のほかエレベーター等も含む）での事故や歩行中の交通事故によるケガなどを補償。国外の事故も対象。

本番得点力が高まる！ 問題演習

問1 □□□

傷害保険の一般的な商品性に関する次の記述のうち、最も不適切なものはどれか。なお、特約については考慮しないものとする。

1）交通事故傷害保険では、海外旅行中に遭遇した交通事故によるケガは補償の対象となる。

2）海外旅行傷害保険では、海外旅行中に発生した地震によるケガは補償の対象となる。

3）国内旅行傷害保険では、国内旅行中にかかった細菌性食中毒は補償の対象となる。

4）家族傷害保険では、保険期間中に被保険者本人に生まれた子を被保険者とするためには、追加保険料を支払う必要がある。

《2021年5月学科問題（16）》

問2 □□□

任意加入の自動車保険の一般的な商品性に関する次の記述のうち、最も不適切なものはどれか。なお、記載のない事項については考慮しないものとする。

1）被保険自動車を運転中に飛び石により窓ガラスにひびが入った場合、一般車両保険の補償の対象となる。
2）被保険自動車を運転中に、通行人が連れていたペットに誤って衝突して死亡させ、法律上の損害賠償責任を負った場合、対物賠償保険の補償の対象となる。
3）被保険自動車を運転中に衝突事故を起こして被保険者がケガをした場合、被保険者の過失割合にかかわらず、人身傷害（補償）保険の補償の対象となる。
4）被保険自動車を運転中に衝突事故を起こして被保険者の配偶者がケガをした場合、対人賠償保険の補償の対象となる。

《2023年1月学科問題（17）》

問3
□□□

傷害保険の一般的な商品性に関する次の記述のうち、最も不適切なものはどれか。なお、特約については考慮しないものとする。

1）傷害保険では、他の契約条件が同一の場合、保険料は被保険者が男性の方が女性よりも高くなる。
2）普通傷害保険では、細菌性食中毒は補償の対象とならない。
3）家族傷害保険では、記名被保険者またはその配偶者と生計を共にする別居の未婚の子は被保険者となる。
4）海外旅行傷害保険では、海外旅行中に発生した地震によるケガは補償の対象となる。

《2020年9月学科問題（16）》

問4
□□□

任意加入の自動車保険の一般的な商品性に関する次の記述のうち、最も不適切なものはどれか。なお、記載のない事項については考慮しないものとする。

1）対物賠償保険では、被保険自動車を運転中に、父の自宅の車庫に誤って衝突して車庫を損壊させた場合、補償の対象となる。
2）対人賠償保険では、被保険自動車を運転中に、対人事故を起こした被保険者が法律上の損害賠償責任を負った場合、自動車損害賠償責任保険等によって補償される部分を除いた額が補償の対象となる。
3）人身傷害保険では、被保険者が被保険自動車を運転中に起こした交通事故で死傷した場合、被保険者の過失割合にかかわらず、当該損害額が保険金額を限度として補償の対象となる。

4）一般条件の車両保険では、被保険自動車が洪水で水没した場合、補償の対象となる。《2022年5月学科問題（16）》

問1 4）……家族傷害保険は、保険契約締結後に誕生した子も被保険者となる（「家族」の範囲に含まれる）

問2 4）……自動車保険の対人賠償保険では、運転者自身および家族（父母・配偶者・子）に対する損害は補償対象外

問3 1）……傷害保険は、年齢や性別にかかわらず保険料が同一

問4 1）……学習のポイント 1 (2) を参照。他人でない人（本人・父母・配偶者・子等）に対する損害は補償の対象外

損害保険

6 損害保険商品 賠償責任・事業者向け

絶対読め！30秒レクチャー

最近の2級学科では特によく出るこの分野。事業者に生じるリスクをカバーするのにどんな保険商品を使うのが適切かを判断する問題が出る！　賠償責任保険は、偶然の事故によって、他人の身体を害したり財物を壊したりした場合の賠償リスクをカバーする保険と理解したうえで、様々なバリエーションも覚えておこう。

ナナメ読み！　学習のポイント

1 個人賠償責任保険

(1)　個人の日常生活（住宅の使用・管理を含む）に起因して第三者に損害を与え、賠償責任が生じるリスクをカバーする保険。

(2)　**業務上・自動車・預かっている物**などに関する損害賠償は対象外。

(3)　海外旅行中の賠償責任は、海外旅行保険の補償でカバーされるので、この保険に重ねて入る必要はない。

2 施設所有者賠償責任保険

施設に関するリスクを総合的にカバーする保険。賃貸ビルなど施設の所有者が負担するおそれのある賠償リスクや、業務遂行中の事故に起因して負担するおそれのある賠償リスクを対象としている。ビルの**壁**が崩れて**通行人**にケガをさせるリスクもこの保険の対象。

3 請負業者賠償責任保険

建設工事などの請負工事や、警備・清掃などの**作業を請け負った業者**が、偶然の事故により業務中に他人にケガをさせたり、他人の物を壊したりして賠償責任を負担した場合の損害をカバーする保険。

4 生産物賠償責任保険（PL保険）

第三者に引き渡した物や製品・業務の結果によって賠償責任を負担した場合の損害をカバーする保険。レストランで**食中毒**が生じるリスクもこの保険の対象。

5 店舗賠償責任保険

飲食店や小売店などが、店舗の所有・使用や管理を通じて賠償責任が生じた場合のリスクをカバーする保険。

6 労働災害総合保険

政府労災保険に**上乗せ**して、主に従業員の業務中の災害事故のリスクをカバーする保険。

7 企業費用・利益総合保険

火災や事故などにより、企業活動の休止や一部停止といった**利益の減少**による損失が生じた場合のリスクをカバーする保険。

8 動産総合保険

営業用の什器・備品や商品のほか、様々な動産を対象とする保険。

9 所得補償保険

病気やケガで**就業不能**となり、収入がとだえるリスクをカバーする保険。入院中だけでなく、医師の指示による自宅療養中も補償の対象となる。

10 機械保険

火災・火災による爆発・盗難等を除く事故により、機械が損害を被るリスクをカバーする保険。

本番得点力が高まる! 問題演習

問1 □□□
損害保険を活用した家庭のリスク管理に関する次の記述のうち、最も不適切なものはどれか。

1）隣家の失火が原因で自宅が焼失するリスクに備えて、住宅用建物と家財を対象とした火災保険を契約した。

2）子が店舗で買い物中に誤って陳列されている商品を壊した際に法律上の損害賠償責任を負うリスクに備えて、個人賠償責任保険（特約）を契約した。

3）自転車通勤中に転倒してケガをするリスクに備えて、普通傷害保険を契約した。

4）勤めている会社が倒産して失業するリスクに備えて、所得補償保険を契約した。

《2018年1月学科問題（20）》

問2 □□□
損害保険を利用した事業活動のリスク管理に関する次の記述のうち、最も不適切なものはどれか。なお、特約については考慮しないものとする。

1）仕出し弁当を調理して提供する事業者が、食中毒を発生させて法律上の損害賠償責任を負うことによる損害に備えて、生産物賠償責任保険（ＰＬ保険）を契約した。

2）製造業を営む事業者が、業務中の災害により従業員やパート従業員がケガを負う場合に備えて、労働者災害補償保険（政府労災保険）の上乗せ補償を目的として労働災害総合保険を契約した。

3) 建設業を営む事業者が、請け負った建築工事中に誤って器具を落とし第三者にケガを負わせて法律上の損害賠償責任を負うことによる損害に備えて、請負業者賠償責任保険を契約した。

4) 貸しビル業を営む事業者が、火災により所有するビル内に設置した機械が損害を被る場合に備えて、機械保険を契約した。

《2020年1月学科問題（20）》

問3 □□□

損害保険を利用した事業活動のリスク管理に関する次の記述のうち、最も不適切なものはどれか。

1) 製造業を営む事業者が、従業員が就業中や通勤途上でケガをする場合に備えて、すべての従業員を被保険者として普通傷害保険に就業中のみの危険補償特約を付帯して契約した。

2) 貸しビル業を営む事業者が、所有するビル内に設置した機械が火災により損害を被る場合に備えて、機械保険を契約した。

3) レストランを営む事業者が、フロア担当従業員が誤って来店客の衣服を汚損する場合に備えて、施設所有（管理）者賠償責任保険を契約した。

4) 小型家電製品を製造する事業者が、製造した製品の欠陥が原因で顧客がケガをする場合に備えて、生産物賠償責任保険（ＰＬ保険）を契約した。

《2023年1月学科問題（20）》

問1 4)……所得補償保険は病気やケガで就業不能になった場合に収入がとだえるリスクをカバーするものであり、会社の倒産による失業で喪失した所得は補償されない

問2 4)……機械保険は、火災による損害は補償されない

問3 2)……学習のポイント 10を参照。

7 損害保険
損害保険に関する税金

絶対
マスター

絶対読め！30秒レクチャー

個人が損害保険金を受け取ってももうけは出ないので、原則は非課税だ！　例外的に課税されるのは、賠償的な意味合いのない死亡保険金と、満期返戻金くらいだ。地震保険料控除・最高５万円（所得税）も頭にたたき込んでおこう！　また、法人の損害保険の経理処理の原則は生命保険と変わらない（掛け捨ては損金、貯蓄性は資産）ので、２級学科でも時々出るがおそれるな！

損害保険金はトクする
わけじゃないから基本的
には、非課税なんだな！
うん
うん

ナナメ読み！　学習のポイント

1 地震保険料控除（じしんほけんりょうこうじょ）

地震保険の保険料を支払った場合には、所得控除を受けることができる。所得税における控除額は、年間保険料が5万円以下の場合は保険料**全額**、5万円を超える場合は**5万円**となる（住民税の場合は**2.5万円**）。長期一括払い（5年など）の場合、総保険料を保険期間の**年数で割った額**が控除の対象となる。

契約者が建物の所有者と異なる場合でも、同一生計の配偶者や親族が所有する建物なら、控除対象となる。店舗併用住宅の場合は、床面積のうち**住居部分**に支払った地震保険料のみ控除対象。火災保険に地震保険を付帯して契約した場合、地震保険料のみが控除の対象となる。

2 火災保険と税金

家屋や家財の損害により個人に支払われる保険金は、非課税。

3 傷害保険と税金

個人に支払われる入院給付金、通院給付金、後遺障害保険金、所得補償保険金などは**非課税**。また、傷害保険の死亡保険金は、契約者が被保険者本人で、相続人が受取人である場合は、**相続税**の対象。契約者（＝保険料負担者）が受取人である場合には、**一時**所得として所得税の課税対象となる。

さらっと一読！

自動車事故と税金　出題率 10%未満

① 被害者の死亡に対する遺族への損害賠償金は非課税。
② 「対人賠償」などの保険金も個人に支払われるものは非課税。

4 満期返戻金（まんきへんれいきん）と税金

損害保険（積立型）の満期返戻金は、個人の契約者が自ら受け取ると**一時所得**として扱われる。

5 法人契約の損害保険と税金

(1) 保険料

掛け捨ての損害保険の保険料は損金となるのが原則。ただし、満期金のある契約の場合、貯蓄性のある積立保険料の部分は資産計上となる。

(2) 満期返戻金・配当金

法人が受け取る配当金は益金となる。満期返戻金が入った場合も益金に算入するが、資産に計上していた積立保険料を取り崩すため、結果としては差額が益金のようなかたちとなる。

(3) 保険金・給付金

損害保険の保険金を法人が受け取った場合は、いったん益金として計上する必要がある。また、受け取った保険金で損傷した資産（建物や車両など）に代わる資産を取得した場合、**圧縮記帳**という課税繰延べの制度を使うことも可能。

損害保険の保険金を従業員やその遺族が直接受け取った場合は、法人は保険金を受け取らないため、経理処理は不要（遺族が受け取った死亡保険金はみなし相続財産となる）。

本番得点力が高まる! 問題演習

問1

契約者（＝保険料負担者）を法人とする損害保険契約の経理処理に関する次の記述のうち、最も不適切なものはどれか。

1）すべての従業員を被保険者とする普通傷害保険の月払保険料は、支払った保険料の全額を損金に算入する。

2）法人が所有する業務用自動車が事故で全損したことにより受け取った自動車保険の車両保険金で同一年度内に代替の車両を取得した場合、所定の要件に基づき圧縮記帳が認められる。

3）業務中の事故で従業員が死亡し、普通傷害保険の死亡保険金を従業員の遺族が保険会社から受け取った場合、法人は死亡保険金相当額を死亡退職金として損金に算入する。

4）積立火災保険の満期返戻金と契約者配当金を法人が受け取った場合、受け取った全額を益金に算入し、それまで資産計上していた積立保険料の累計額を損金に算入する。　《2018年5月学科問題（17）》

問2

個人を契約者（＝保険料負担者）とする損害保険の税金に関する次の記述のうち、最も不適切なものはどれか。

1）2024年４月に加入した所得補償保険の保険料は、介護医療保険料控除の対象となる。

2）2024年４月に住宅用建物および家財を保険の対象とする火災保険に地震保険を付帯して加入した場合、地震保険に係る保険料のみが地震保険料控除の対象となる。

3）契約者と被保険者が同一人である自動車保険の人身傷害（補償）保険において、被保険者が自動車事故で死亡した場合、その遺族が受け取った死亡保険金は、過失割合にかかわらず、その全額が非課税となる。

4）契約者の配偶者が不慮の事故で死亡したことにより、契約者が受け取った家族傷害保険の死亡保険金は、一時所得として課税の対象となる。

《2021年1月学科問題（18）改題》

問3 □□□

地震保険料控除に関する次の記述のうち、最も適切なものはどれか。

1）店舗併用住宅を補償の対象とする地震保険の保険料は、原則として、店舗部分を除いた居住用部分に係る保険料のみが地震保険料控除の対象となる。

2）地震保険を付帯した火災保険については、火災保険の保険料と地震保険の保険料を合計した保険料が地震保険料控除の対象となる。

3）地震保険料控除の控除限度額は、所得税では40,000円、住民税では25,000円である。

4）5年分の地震保険の保険料を一括で支払った場合、その全額が支払った年の地震保険料控除の対象となり、翌年以降の地震保険料控除の対象とはならない。

《2017年9月学科問題（19）》

問1 3)……傷害保険の死亡保険金を従業員の遺族が受け取った場合、法人は保険金を受け取らないので経理処理は不要。学習のポイント5 (3)を参照

問2 3)……死亡保険金のうち（賠償的な意味合いのない）自己の過失割合部分については、相続税の課税対象となる

問3 1)……1）本肢のとおり。学習のポイント1を参照

2）火災保険料は対象外

3）所得税では50,000円

4）一括払いでも、総保険料を保険期間の年数で割った額が毎年の控除対象保険料となる

8 第3分野の保険

第３分野の保険

絶対読め！30秒レクチャー

第１分野の「生命保険」と、第２分野の「損害保険」の中間に入る、医療や傷害や介護に対して保険金が支払われるのが、この第３分野の保険だ！　特約として付加されるものも多いが、単品も増えている。万一のためではなく、生きるための保険の内容をしっかり押さえよう！　２級学科では出ない回のほうが珍しい分野だ。過去問を中心に理解しておこう！

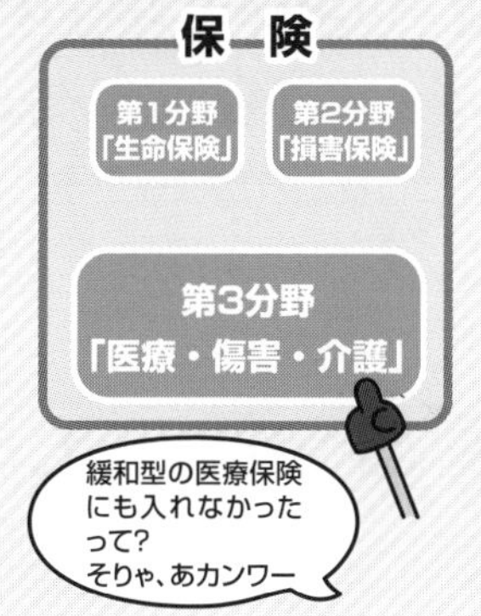

ナナメ読み！　学習のポイント

1 医療保険

まとまった貯蓄を取り崩すレベル（入院や手術が必要）の病気やケガに備える方法として、医療保険や医療特約などがある。①治療を目的としない（美容整形などの）手術や正常分娩（通常の出産）に伴う手術は、給付の対象外。②介護施設への入所は、入院給付金の給付対象外。③終身医療保険の１入院あたりの支払日数（例：60日）と通算の支払日数（例：1,000日）に上限があるのが一般的。④退院後に入院給付金を受け取り、その退院日の翌日から180日以内に同じ病気で再入院した場合、1回の入院とみなされる。⑤「無選択型」や「引受基準緩和型（限定告知型）」の医療保険は加入しやすいが、告知の範囲が限定されているため、通常の医療保険よりも保険料が割高となる。

2 リビングニーズ特約

余命6カ月以内と診断されたときに、死亡保険金の一部または全額が給付される特約。病気の種類は問わず、上限は3,000万円程度の場合が多い。

3 特定疾病保障保険（とくていしっぺいほしょう）

3大疾病（ガン、急性心筋梗塞、脳卒中）によって所定の状態と診断された場合に、特定疾病保険金が支払われる。特定疾病保険金を受け取ると契約は消滅し、受け取らずに死亡した場合は死亡保険金が支払われる。

4 ガン保険・ガン入院特約

ガン（白血病を含む）と診断されたり、入院したり、手術を受けたりしたときに給付金が受け取れる保険。ガン保険の入院給付金や手術給付金は、医療保険と異なり支払日数や支払回数に制限がない。また、ガン保険は（医療保険にはない）加入後90日間の免責期間を設けているのが一般的だ。

5 先進医療特約（せんしんいりょう）

療養を受けた時点において厚生労働大臣が承認している、高度な医療技術を用いた治療（先進医療。その種類や内容は定期的に見直されている）を受けた場合に、その技術料相当額が給付金として支払われる特約。契約後に新しく認められた先進医療も支払いの対象。

6 介護保険（介護保障特約）

介護が必要な状態になったとき（要介護の認定を受けたとき）に契約時に定めた一時金や年金が受け取れる保険。給付は、公的介護保険の（要介護認定とは連動する保険商品もあるが）介護サービスの利用とは関連しない。

7 所得補償保険（就業不能特約）

ケガや病気によって就業不能となった場合に給付金が受け取れる。入院中だけでなく、医師の指示による自宅療養中も支払いの対象となる。

実務上ではどうなの？

主要なFP業務の1つである保険見直し相談の中で、医療保険のコンサルティングは必ず出てきます。実務上では、「入院日額をいくらにするか」「どんな特約を付けるか」「保険料の支払いは短期払いか、終身払いか」などのポイントをレクチャーして、希望を聞くスキルが必要です。

また現在は「先進医療」や「自由診療」の保障ニーズが高まっているほか、持病がある人も入りやすい「緩和型」の医療保険に加入する人も増えています。

本番得点力が高まる！ **問題演習**

問1 □□□

医療保険等の一般的な商品性に関する次の記述のうち、最も適切なものはどれか。

1）人間ドックの受診で異常が認められ、医師の指示の下でその治療を目的として入院した場合、その入院は、医療保険の入院給付金の支払い対象とならない。

2）先進医療特約で先進医療給付金の支払い対象とされている先進医療は、契約時点において厚生労働大臣によって定められたものをいう。

3）がん保険では、180日間または6ヵ月間の免責期間が設けられており、その期間中に被保険者ががんと診断確定された場合であっても、がん診断給付金は支払われない。

4）特定（三大）疾病保障定期保険では、保険期間中にがん、急性心筋梗塞、脳卒中のいずれかの疾病により特定疾病保障保険金が支

払われた場合、当該保険契約は終了する。《2021年5月学科問題（19）》

問2 □□□

第三分野の保険の一般的な商品性に関する次の記述のうち、最も不適切なものはどれか。

1）医療保険（更新型）は、所定の年齢の範囲内であれば、保険期間中に入院給付金を受け取っていても、契約を更新できる。

2）ガン保険は、保障開始後は入院給付金の支払日数には限度がないが、手術給付金の支払回数には限度がある。

3）介護保障保険は、寝たきりや認知症によって所定の要介護状態となりその状態が一定期間継続した場合のほか、公的介護保険の要介護認定に連動して一時金や年金が支払われるものがある。

4）所得補償保険では、ケガや病気によって就業不能となった場合、入院中だけでなく医師の指示による自宅療養中も補償の対象となる。《2018年5月学科問題（18）》

問3 □□□

第三分野の保険の一般的な商品性に関する次の記述のうち、最も適切なものはどれか。

1）就業不能保険では、入院や在宅療養が一定日数以上継続して所定の就業不能状態に該当した場合に、所定の保険金・給付金が支払われる。

2）先進医療特約で先進医療給付金の支払い対象とされている先進医療は、契約時点において厚生労働大臣によって定められたものである。

3）限定告知型の医療保険は、他の契約条件が同一で、限定告知型ではない一般の医療保険と比較した場合、保険料は割安となる。

4）がん保険では、被保険者ががんで入院したことにより受け取る入院給付金について、1回の入院での支払日数は90日が限度となる。《2022年9月学科問題（19）》

問1 4)……1) 人間ドックの受診自体は支払い対象ではないが、医師の指示の下で治療目的で入院した場合は支払い対象

2) 療養を受けた時点において厚生労働大臣が承認している先進医療が対象

3) 学習のポイント 4 を参照。加入後90日免責が一般的

問2 2)……ガン保険は、入院給付金の支払日数・手術給付金の支払回数ともに制限がないのが一般的

問3 1)……2) 学習のポイント 5 を参照。診療・治療を受ける時点において厚生労働大臣によって定められた先進医療が支払いの対象

3) 学習のポイント 1 を参照。限定告知タイプの保険料は一般のタイプと比較して割高となる

4) 学習のポイント 4 を参照。一般にがん保険の入院給付金の支払日数は制限がない

column

熱血クマ講師Shuzoのちょっとウザい合格コラム

～ 諭吉先生の力を借りて、お金の流れを想像しろ！～

こんにちは！　世界一のFP講師のShuzoです。

今日は、江戸から明治にかけて世界を目指した偉人、福沢諭吉のご利益を得る方法を教えよう。FPの勉強は、「個人を起点として出たり入ったりするお金の流れ」を想像することが重要。そこで、あなたの財布の中にある福沢諭吉（2024年7月以降は「渋沢栄一」でもOK！）を1枚出して、目の前に置こう。その状態で、以下を「個人＝あなた」に置き換えて読み、目の前の諭吉先生があなたを起点にどのように流れているかを感じよう！

【個人を起点として出たり入ったりするお金の流れ】

・個人に入る収入と出て行く支出があり、差額が貯蓄として残る流れ
・個人が金融商品に投資したお金が「インカムゲイン（定常収入）」や「キャピタルゲイン（元金増加）」として戻ってくる流れ
・多くの個人が保険会社に少しずつお金（保険料）を支払う一方で、事故が起こった人にまとまったお金（保険金）が渡る流れ
・多くの個人が「公的年金」という大きなドンブリの中にお金を入れる一方、老齢などで労働収入がない人がそのドンブリからお金を持っていく流れ
・個人が不動産を購入する際、最初は銀行がまとまったお金をドーンと貸してくれるが、その後は何十年もチョロチョロとお金を返していく流れ
・個人に入るお金のうち、純粋な「もうけ」の部分に税金がかかるお金の流れ
・会社や金融機関が、個人にお金を払う瞬間に税金を引いて（源泉徴収して）納付する流れ
・個人が亡くなったときには「横（配偶者）」だけでなく、「下（子供）」「上（両親）」「上から下（兄弟姉妹）」にも資産が動くことがある、相続のお金の流れ

ほら、身近な現金がリアルに動くイメージができて、いろいろな項目の理解が深まっただろう？　FPの勉強は「個人を起点として出たり入ったりするお金の流れ」を意識するほど、様々な項目の理解は飛躍的に高まるんだ。　キミも諭吉先生の力を借りて、世界を目指せ！

第3章

金融資産運用

一定のリターンが期待できる一方で、リスクやコストにも注意しなければならない金融資産をどう運用していくか？　お客様のニーズも高い分野だ。株式・債券・投資信託など、様々な金融商品を理解することはもちろん、マーケット情報や基本的な経済知識も欠かせない。過去問の理解を中心に、学習を深めていこう。

第3章

学習の全体像

金融資産運用

一生懸命働いて稼いだお金。使わない分は全額を貯金する？　比較的安全な債券か、リスクももうけも不確定な株式に投資して増やしてみる？　プロに運用を任せられる投資信託を利用する？　もうけはどうやって計算する？　自分で投資するつもりになって、それぞれの金融商品について学ぼう。

金融資産をとりまく環境　まず、マーケット全体を見てみよう。

1 マーケット環境の理解

まず、景気や経済の状況を表す指標（「GDP」など）や、景気や物価の変動と金融商品の利率や価格の変動の関係性や、日本銀行が物価の安定を図るために行う「金融政策」について学ぼう。

様々な金融商品　各金融商品の特徴を学ぼう。

2 預金等の金融商品

銀行で取り扱う様々なタイプの預金と、外国の通貨で運用する「外貨建て金融商品」について学ぼう。

3 債券投資

国や公共団体、銀行、会社等が、必要な資金を借りるために発行する借金の証書が「債券」。債券を購入するのは「お金を貸す」のと同じことなので、定期的に利子がもらえて、満期がくれば元金を返してもらえる。

4 株式投資

株式会社は株式を発行して、それを購入する投資家から資金調達をして事業を行う。投資家（株主）は、会社の収益の分配である配当金を受け取ったり、企業経営に参加したりする権利を持つ。3の債券との違いは、期限がなく、将来得られる収益が不確定であること。

調達した資金をもとに
事業を行う

5 投資信託

「投資信託」は、投資家から集めたお金をひとつのファンド（基金）にまとめ、専門家が株式や債券などに投資・運用し、その運用成果を投資家に分配するタイプの金融商品。

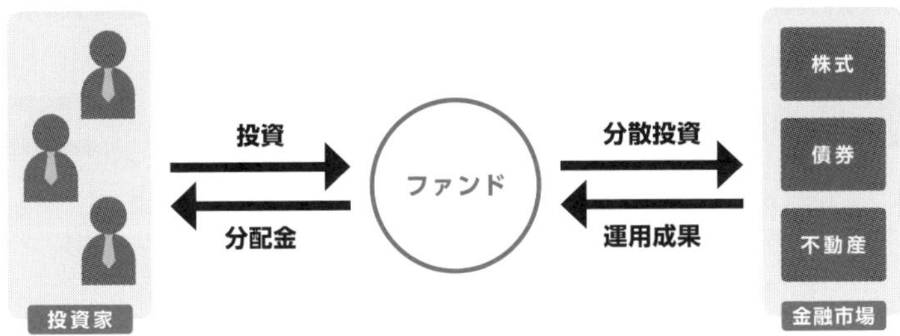

6 ポートフォリオ運用と金融派生商品

「ポートフォリオ運用」とは、いろいろな値動きをする資産に分散して投資することで、すべての資産が同時に下落するリスクを減らしつつ、期待できるリターンは維持する手法のこと。

「金融派生商品」は、ある商品を決められた時期に決められた価格で売り買いする「権利」を売買するなど、もともとの株式、債券等の取引から派生して生まれた金融商品のこと。

金融商品の税金と顧客保護　金融商品にかかる税金、取引に関わる法律や、銀行等が破綻した時に預けていた資産が保護されるセーフティネットについて学ぼう。

7 金融商品の税金

金融商品の税金はもうけの約20％が原則。また、一定の要件を満たすと配当や売却益が非課税になる「NISA（少額投資非課税制度）」という制度がある。

8 金融取引に関する法律

シロウトの投資家が金融商品の取引でだまされたりしないように様々な法律が制定されている。「金融サービス提供法」「金融商品取引法」「消費者契約法」等がある。

9 セーフティネット

「セーフティネット」は銀行・証券会社・保険会社などが破綻した場合に顧客の資産が保護されるしくみのこと。預金を保護する「預金保険制度」、保険契約者を保護する「保険契約者保護機構」、投資家を保護する「日本投資者保護基金」等がある。

頻出論点 Best 5

2級学科 金融資産運用

1位 債券投資

第3章 3

出題率 100%

毎回1～2問出ている頻出項目。債券の利回り計算で1問、その他（債券投資のリスク等）で1問出るケースが多い。基本的には、問題演習を通じて頻出項目を理解したうえで「個人向け国債」だけは試験直前にパーフェクトにしておこう！

1位 株式投資

第3章 4

出題率 100%

毎回1～2問出ている頻出項目。株式の投資指標（PER、PBR、配当性向など）で1問、その他で1問出るというパターンが多いので、ここはキミの人生の貴重な時間を集中投資して学ぼう！

1位 投資信託

第3章 5

出題率 100%

株式・債券・マーケット…そして投信は毎回出ると思っておこう！　投信の様々な分類、3つのプレーヤーの役割、3つの手数料など、覚えるべき項目は多いが、過去問を完璧に理解しておけば、4つの肢のうち3つは消せるはず。キミなら取れる！

4位 ポートフォリオ運用と金融派生商品

第3章 6

出題率 90%

「ポートフォリオの期待収益率の計算」「ポートフォリオ理論に関する知識問題」「オプション取引に関する知識問題」の3つは今後も定期的に出題されると思って勉強しよう！

5位 マーケット環境の理解

第3章 1

出題率 80%

マーケットにおける為替・金利・株式等の相互関係はじっくりと理解したうえで、主な経済指標（GDP、景気動向指数、企業物価指数など）に関連する事項は試験前に徹底的に暗記しよう！　学科「問題21」で出やすい定番問題だ。

1 金融資産をとりまく環境 マーケット環境の理解

絶対
マスター

絶対読め！30秒レクチャー

FPは、保険、運用、住宅ローンなど様々な相談を受けるが、より的確なアドバイスをするには、最新の経済状況や今後の見通しを大まかに把握している必要がある。だから「マーケット環境の理解」は金融資産運用以外でも重要だ！　試験対策上は「金融商品、為替、金利などの相互関係」を押さえよう。2級学科でも出題されないほうが珍しい領域なので、頭にたたき込んで1ポイント奪取しよう！

金融商品
為替
金利
3つの関係を
イメージできる
ように!

ナナメ読み！ 学習のポイント

1 代表的な景気・経済指標

(1) GDP（ジーディーピー）（国内総生産、Gross Domestic Product）

一定期間内に国内の経済活動によって生み出された付加価値（ふかかち）の合計。**民間最終消費支出**が最も高い構成比を占めている。また、政府最終消費支出は、財・サービスの輸出より多くなっている。GDPの増加率が経済成長率と呼ばれる。

経済成長率には、物価変動の影響をそのまま反映した名目値と、物価の上昇・下落分を取り除いた実質値がある。そのため、（物価が下落していれば）名目値が下落していても実質値は上昇することがある。

(2) 景気動向指数（けいきどうこうしすう）

内閣府が毎月発表を行う、総合的な景気状況の判断を行う指数。CIとDIの

2つがある。

① CI（コンポジット・インデックス）

主に景気変動の大きさやテンポ（量感）を測定するためにある。一致CIが上昇中なら景気の拡張局面、下落中なら後退局面であり、一致CIと景気の転換点はおおむね一致する。2008年以降は公表の中心になった。

② DI（ディフュージョン・インデックス）

主に景気拡張の動きの波及度合いを測定するためにある。景気拡張局面では50%を上回り、後退局面では下回る傾向がある。

③ 景気動向指数（CI・DI）の算出に使われる指標の例

・先行系列…景気の動きに先行して動く指標（11指標）

・一致系列…景気の動きと一致して動く指標（10指標）

・遅行系列…景気の動きに遅れて動く指標（9指標）

先行系列	一致系列	遅行系列
新規求人数	大口電力使用量	法人税収入
新設住宅着工床面積	商業販売額など	家計消費支出
東証株価指数など	有効求人倍率など	完全失業率など

(3) 日銀短観（にちぎんたんかん）

全国1万社の経営者を対象とした景気動向に関するアンケート調査。日本銀行が年4回発表する。代表的な指標としては「業況判断DI」がある。業況判断DIは、調査対象の企業が、業況について「良い」「さほど良くない」「悪い」の選択肢から回答し、「良い」と回答した企業の割合から「悪い」と回答した企業の割合を差し引いた数値で表される。

(4) マネーストック（Money Stock）統計

金融部門から（経済全体に）供給されている通貨の総量を示す統計。個人、法人（金融機関は除く）、地方公共団体（中央政府は除く）が保有する通貨量の残高をマネーストックという。

(5) 物価指数（ぶっかしすう）

① 企業（きぎょう）物価指数

企業間の取引および貿易取引における、商品の価格変動を時系列で捉えたもの。サービス価格は含まれない。日本銀行が発表を行う。

② 消費者物価指数（遅行系列）

全国の家計が購入する、商品とサービスの価格変動を時系列で捉えたもの。消費税を**含んだ**価格で集計されている。**総務省**が発表を行う。

(6) 雇用の指数

① 有効求人倍率

公共職業安定所における月間有効求人数を月間有効求職者数で割って求めた倍率。

② 完全失業率

15歳以上で働く意思があるにもかかわらず就労できなかった者の、労働力人口に占める比率。

2 金融商品、為替、金利などの相互関係

景気と金利	景気	生産活動	資金需要	金利
	好景気	活発	増加	上昇
	不景気	停滞	減少	下落
物価と金利	国内物価	インフレ／デフレ	資金需要	金利
	上昇	インフレ懸念	増加	上昇
	下落	デフレ懸念	減少	下落
為替と金利	為替	輸入価格	国内物価	金利
	円安	上昇	上昇	上昇
	円高	下落	下落	下落
景気と株価	景気	企業収益		株価
	好景気	増加期待		上昇
	不景気	悪化懸念		下落
金利と債券※と株価	金利	債券価格	債券の利回り	株価
	上昇	下落	上昇	下落
	低下	上昇	低下	上昇

※　ここでいう「債券」は過去に発行された固定金利の債券をさす。

さらっと一読！

購買力平価説（こうばいりょくへいかせつ）

出題率 **20%未満**

為替レートは各国の物価水準がつり合うように動くという説。一物一価の法則を前提として適正為替レートを判断する。

例えばスタバのトールラテが日本で400円、米国で４ドルなら、妥当な為替レートは１米ドル＝100円と考える（英国の経済誌「The Economist（エコノミスト）」は購買力平価の考えに基づいたスターバックス指数（トール・ラテ指数）を発表している）。

3 日本銀行が行う金融政策

(1) 基準割引率および基準貸付利率の変更

日本銀行が民間金融機関に貸し出す際の基準金利を上下させること。

(2) 預金準備率操作

民間銀行などが日本銀行に預け入れることが義務付けられている預金準備金の比率を操作すること。なお、預金準備金（日本銀行当座預金）に一部マイナス金利を適用する政策は2024年３月に終了した。

(3) 公開市場操作

日本銀行が債券等を売買して流通する通貨量を操作すること。民間金融機関へ債券などを売却して市中のお金を減らすのが売りオペレーション、民間金融機関から債券などを購入して市中のお金を増やすのが買いオペレーション（日本銀行から見た表現）。

(4) 景気と金融政策の関係

金融政策	景気の現状	政策行為	効果	金利
基準貸付利率などの変更	好景気	基準貸付利率などを上げる	金融引締め	上昇
	不景気	基準貸付利率などを下げる	金融緩和	下落
預金準備率操作	好景気	支払準備率を上げる	金融引締め	上昇
	不景気	支払準備率を下げる	金融緩和	下落
公開市場操作	好景気	売りオペ	金融引締め	上昇
	不景気	買いオペ	金融緩和	下落

4 金融商品の選択基準

(1) 安全性、流動性、収益性

① 安全性：元本の安全性は高いか

② 流動性：必要なときに現金にできるか

③ 収益性：高い収益が期待できるか

(2) 変動金利型商品と固定金利型商品の選択

① 金利上昇局面の場合：変動金利型商品を選択

→購入後に金利水準が上昇するとその商品の金利も上がるので有利

② 金利下降局面の場合：固定金利型商品を選択

→購入後に金利水準が下降してもその商品の金利は下がらないので有利

実務上ではどうなの？

FPは将来を予想したり占ったりする仕事ではありませんが、お客様は今後のマーケットの環境や見通しについて、信頼できるFPの個人的な見解を聞きたいものです。その場合、株価や為替に関しては長い期間のチャート（最低10年以上）をお客様の目の前に広げて話を進めることが多くなります。なぜなら、FPにはお客様の10年後、20年後…のライフプランが実現できるような長期の資産管理をサポートする役割があるからです。

 本番得点力が高まる！ **問題演習**

問1 □□□ 為替相場や金利の変動要因に関する次の記述のうち、最も不適切なものはどれか。

1）日本の貿易黒字の拡大は、一般に、円安要因となる。

2）日本の物価が米国と比較して相対的に上昇することは、一般に、円安要因となる。

3）米国が政策金利を引き上げることにより、日本と米国との金利差が拡大することは、一般に、円安要因となる。

4）日本銀行の金融市場調節の主な手段の１つである公開市場操作において、日本銀行が国債の買入れを行うことで市中に出回る資金量が増加することは、一般に、市中金利の低下要因となる。

《2022年9月学科問題（21）》

問2 □□□ 景気動向指数および全国企業短期経済観測調査（日銀短観）に関する次の記述のうち、最も不適切なものはどれか。

1）景気動向指数は、生産、雇用などさまざまな経済活動での重要かつ景気に敏感に反応する指標の動きを統合することによって作成された指標であり、ディフュージョン・インデックス（ＤＩ）を中心として公表される。

2）景気動向指数に採用されている系列は、おおむね景気の１つの山もしくは谷が経過するごとに見直しが行われている。

3）日銀短観は、日本銀行が全国約１万社の企業を対象に、四半期ごとに実施する統計調査であり、全国の企業動向を的確に把握し、金融政策の適切な運営に資することを目的としている。

4）日銀短観で公表される「業況判断ＤＩ」は、回答時点の業況とその３ヵ月後の業況予測について、「良い」と回答した企業の社数構成比から「悪い」と回答した企業の社数構成比を差し引いて算出される。

《2023年9月学科問題（21）》

問3  経済指標に関する次の記述のうち、最も不適切なものはどれか。

1）景気動向指数は、生産、雇用などさまざまな経済活動での重要かつ景気に敏感に反応する指標の動きを統合することによって作成された指標であり、コンポジット・インデックス（ＣＩ）を中心として公表される。

2）消費動向指数は、家計調査の結果を補完し、消費全般の動向を捉える分析用のデータとして作られた指標であり、世帯消費動向指数（ＣＴＩミクロ）と総消費動向指数（ＣＴＩマクロ）の２つの指標体系で構成される。

3）全国企業短期経済観測調査（日銀短観）は、全国の企業動向を的確に把握し、金融政策の適切な運営のために、統計法に基づいて日本銀行が行う調査であり、全国の約１万社の企業を対象に、四半期ごとに実施される。

4）マネーストック統計は、金融部門から経済全体に供給されている通貨の総量を示す統計であり、一般法人、金融機関、個人、中央政府、地方公共団体などの経済主体が保有する通貨量の残高を集計したものである。 《2020年1月学科問題（21）》

問1 1）…… 日本の貿易黒字の拡大は、円の需要が高まるため、円高要因となる

問2 1）…… 学習のポイント **1** **(2)** を参照。2008年以降はＣＩが重視されている

問3 4）…… 学習のポイント **1** **(4)** を参照。マネーストック統計は、（金融機関や中央政府が保有する通貨量を除いた）通貨量の残高

---

2 様々な金融商品 預金等の金融商品

絶対読め！30秒レクチャー

預金の親戚のような金融商品の詳細は、2級学科でも3回に1～2回は出題されている。決済用（けっさいよう）預金の特徴、外貨預金と外貨建てMMFの違いは説明できるようにしておこう！「TTSとTTBは銀行サイドに立った表現」と覚えておくと間違えない。

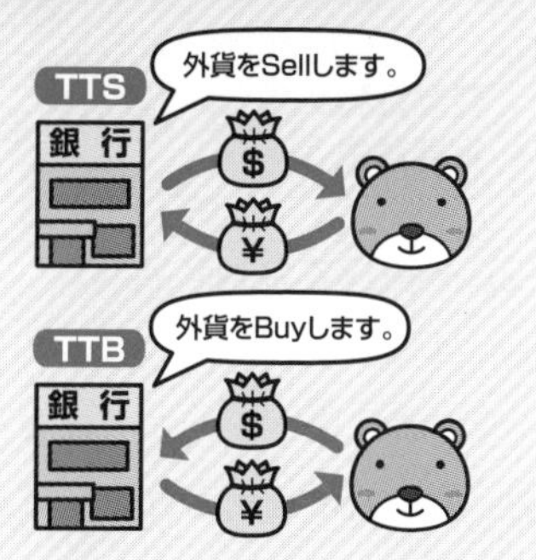

ナナメ読み！ 学習のポイント

1 預金等の金融商品についての特徴

(1) 預金の種類と特徴

種類	金利	特徴
普通預金	変動	いつでも出し入れできる預金
貯蓄預金	変動	いつでも出し入れできるが、公共料金やクレジットカード利用代金等の自動振替口座や給与・年金の受取口座としては利用できない
決済用預金（無利息型普通預金・当座預金）	無利息	「無利息・要求払い・決済サービスを提供できる」の3要件を満たす預金で、預入れ先の金融機関が破綻しても全額保護される
総合口座	変動	普通預金に定期預金や公社債がセットされた口座
スーパー定期	固定	代表的な定期預金。半年複利型は預入期間3年以上の個人のみ選択できる。各金融機関が預金金利を設定

大口定期預金	固　定	預入額が1,000万円以上の定期預金。金利は固定で相対で決定
期日指定定期預金	固　定	据置期間1年。1カ月前に満期日を指定すればペナルティーなしで解約可能 据置期間経過後から最長預入期日までの**任意の日**を満期日として指定できる
変動金利定期預金	変　動	一般に6カ月ごとに金利が見直される定期預金

(2) 外貨建て金融商品

① 外貨預金

米ドル、豪ドル、ユーロなどの外国の通貨で行う預金のこと。

② 取引時に適用される為替レート

・TTS：円を外貨に換えるレート（Sは銀行が外貨をSellする意味）

・TTB：外貨を円に換えるレート（Bは銀行が外貨をBuyする意味）

③ 外貨建てMMF

外貨建ての短期債券などで運用されるMMF。MMFは国内外の公社債などの短期の金融商品を中心に運用する、**追加型公社債投資信託**（→第3章5 2 (2) 参照）。株式は一切組み入れず、安定収益の確保を目標としている。

・購入するためには、**外国証券取引口座**を開設する必要がある

・外貨建てMMFのみの取引なら、外国証券取引口座管理料は不要

・換金代金の受取りは申込日の**翌日**

・換金時における為替差益は20.315％の申告分離課税

・分配金は20.315％の源泉分離課税

さらっと一読!

外貨建て商品の細かいポイント　出題率 20%未満

① 外貨建て金融商品の取引にかかる為替手数料は、取扱金融機関によって違いがある。
② 外貨建てMMFを売却した場合、その為替差益を含む譲渡益は、申告分離課税の対象となる。
③ 外貨建てMMFは、購入時の申込手数料や換金時の信託財産留保額の負担はない。
④ 外貨建て保険は、円換算支払特約を付加することにより、保険金・年金等を円貨で受け取ることができるが、為替変動による損失を回避することはできない。
⑤ 米ドル建て個人年金保険の死亡給付金や年金を円貨で受け取る場合、(米ドルと円の為替レートの変動によっては) 当初の払込保険料相当額を下回ることがある。
⑥ 外国為替証拠金取引では、証拠金にあらかじめ決められた倍率を掛けた金額まで売買できるが、倍率は法令による上限の定めがある。
⑦ デリバティブを組み込んだ仕組預金は (原則として) 中途解約ができず、預入期間の短縮・延長の決定権を銀行がもっているのが一般的。

(3) 郵政民営化後（ゆうちょ銀行）の郵便貯金

① ゆうちょ銀行の定期貯金

固定金利で、預入期間が3年未満のものは**単利型**、3・4・5年物は**半年複利型**の定期貯金がある。

② 貯金の保護

民営化後の貯金については、国の保証はない。ほかの金融機関同様、預金保険制度（→第3章9 1参照）が適用されるので、1人あたり元本**1,000万円**とその利息が保護される。なお、預入限度額は現在**2,600万円**（通常貯金1,300万円、定期性貯金1,300万円。民営化前の郵便貯金も含む）となっている。

 本番得点力が高まる! 問題演習

問1 

金融機関で取り扱う預金の一般的な商品性に関する次の記述のうち、最も適切なものはどれか。

1) 期日指定定期預金は、据置期間経過後から最長預入期日までの間で、金融機関が指定した日が満期日となる。
2) 貯蓄預金は、クレジットカード利用代金などの自動振替口座や、

給与や年金などの自動受取口座として利用することができる。

3) スーパー定期預金は、預入期間が3年以上の場合、単利型と半年複利型があるが、半年複利型を利用することができるのは法人に限られる。

4) 為替先物予約を締結していない外貨定期預金の満期時の為替レートが預入時の為替レートに比べて円高になれば、当該外貨定期預金に係る円換算の利回りは低くなる。　《2022年1月学科問題（21）》

問2 □□□

銀行等の金融機関で取り扱う預貯金の一般的な商品性に関する次の記述のうち、最も不適切なものはどれか。

1) ゆうちょ銀行の預入限度額は、通常貯金と定期性貯金（財形貯金各種を除く）のそれぞれについて1,300万円となっている。

2) 大口定期預金は、1,000万円以上の金額を預け入れることができる固定金利型の預金である。

3) 決済用預金は、「無利息」「要求払い」「決済サービスを提供できること」という3つの条件を満たした預金であり、法人も個人も預け入れることができる。

4) オプション取引などのデリバティブを組み込んだ期間延長特約付きの仕組預金は、預金者が預入日以降に満期日を延長することができる権利を有している預金である。　《2021年9月学科問題（22）》

問3 □□□

個人（居住者）が国内の金融機関等を通じて行う外貨建て金融商品の取引等に関する次の記述のうち、最も適切なものはどれか。

1) 国外の証券取引所に上場している外国株式を、国内店頭取引により売買する場合には、外国証券取引口座を開設する必要がない。

2) 外貨建て金融商品の取引にかかる為替手数料の料率は、どの取扱金融機関も同じであり、外国通貨の種類ごとに一律で決められている。

3) 米ドル建て債券を保有している場合、為替レートが円高・米ドル安に変動することは、当該債券に係る円換算の投資利回りの下落要因となる。

4) 外国為替証拠金取引では、証拠金にあらかじめ決められた倍率を掛けた金額まで売買できるが、倍率の上限は各取扱業者が決めて

おり、法令による上限の定めはない。　《2018年5月学科問題（26）》

問1　4）……1）学習のポイント 1 (1) の「期日指定定期預金」を参照。金融機関ではなく預金者が指定した日が満期日となる

2）貯蓄預金は、公共料金などの自動振替口座や給与・年金などの自動受取口座として利用することはできない

3）学習のポイント 1 (1) の「スーパー定期」を参照。半年複利型を選択できるのは個人に限られる

問2　4）……仕組預金は、預入期間を延長や短縮できる権利を金融機関が有している。

問3　3）……1）海外市場に上場する外国株式を売買する場合は外国証券取引口座を開設する必要がある

2）外貨建て金融商品の取引にかかる為替手数料の料率は取扱金融機関、外国通貨の種類ごとに異なる

3）米ドル建て債券は、利金などのリターンも米ドルで入ってくるので、米ドル安（円高）になれば円ベースの投資利回りも下落する

4）外国為替証拠金取引の証拠金の倍率上限は法令で定められている（現在は25倍）

---

3 様々な金融商品 債券投資

絶対読め！30秒レクチャー

まずは「100円を出すと、1年後に1円、2年後に1円がもらえて、3年後には1円と最初の100円が返ってくる」という債券の基本イメージを持とう。利回り計算の式は「1年あたりのもうけ÷投資額」であることを理解できれば、暗記しなくても解ける。2級学科における出題頻度がほぼ100%なので過去問が完全に理解できるまで集中トレーニングしよう！「債券の利回り計算」「個人向け国債」「債券のリスク」などが頻出だ。

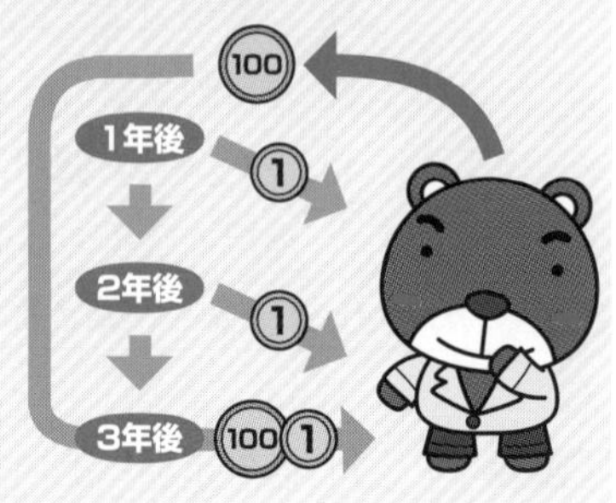

ナナメ読み！ 学習のポイント

1 債券について

資金調達のために発行される「借金の証書」が債券。債券の発行体が国なら**国債**、地方自治体なら**地方債**、企業なら**社債**と呼ぶ。

満期（償還期限）になれば、額面金額（債券購入の単位となる金額）が投資家（購入した人）に償還（払戻し）される。

(1) 債券の分類

利付債と**割引**債に分けることができる。

① 利付債：毎年決まった時期に利息を受取ることができる債券

② 割引債：利息は支払われない代わりに、額面金額から利息相当分を差引いた金額で発行され、満期になれば額面金額を受取ることができる債券。ゼロクーポン債ともいう。

(2) 債券のリスク

① 信用リスク：債券の発行体が元利金を払えなくなるなどのリスク。元利金の支払いの確実性の度合いは、第三者の格付機関が判定した格付けを参考に判断できる。一般に、格付けがトリプルB（BBB）以上の債券を投資適格債券、ダブルB（BB）以下の債券を投機的格付債券という。

② 価格変動リスク：市場金利によって債券の価格が変動するリスク

③ 途中償還（しょうかん）リスク：償還期限前に買入消却や繰上償還することにより、予定どおりの期間や、利回りでの運用ができなくなるリスク

④ カントリーリスク：債券を発行する国における政情不安や財政悪化、戦争などにより、債券の価格が下がるなどのリスク

⑤ 流動性リスク：当該銘柄の取引高が少ないことにより、妥当な価格で取引ができないリスク

(3) 債券、金利、価格の関係

① 市場の「金利」水準と、過去に発行された固定金利の「債券」の売買価格には、一般に「金利が上昇すると債券が下落し、金利が下落すると債券が上昇する」という関係がある。

② 他の条件が同じであれば、格付けの高い債券は、格付けの低い債券に比べてリスクが低く、安全性は高いため、債券価格は高く、利回りは低くなる。

③ 他の条件が同じであれば、償還までの期間が長い債券は、償還までの期間が短い債券に比べて、金利の変動に伴う価格変動幅は大きくなる。

④ 他の条件が同じであれば、表面利率の低い債券は、表面利率の高い債券に比べて、金利の変動に対する価格変動幅は大きくなる。

⑤ 順イールドと逆イールド：(残存期間が)「長い債券の利回り＞短い債券の利回り」の順に利回りが高くなるのが一般的なのでこの状況を「順イールド」という。逆に、(残存期間が)「短い債券の利回り＞長い債券の利回り」の順に利回りが高くなるのは「逆イールド」という。なお、イールドは「利回り」という意味。

(4) 債券の発行（はっこう）時に定められること

① 表面利率：額面金額に対して支払われる1年間の利息のこと。

② 発行価格：額面が100円の場合、発行価格が100円超の発行をオーバーパー発行、発行価格が100円の発行をパー発行、発行価格が100円未満の

発行をアンダーパー発行という（債券価格100円のことを「パー」という。ゴルフの「パー」と同じイメージ）。

③ 償還期限：債券の額面金額が投資家に戻る日。

(5) 債券の流通市場〜取引所または店頭

① 取引所取引：証券取引所に上場された債券を、取引所にて売買を行う。

② 店頭取引：取引所を通さず、金融機関や投資家などが、直接売買を行う。債券の場合、大部分の取引は**店頭**取引で行われている。

(6) サムライ債とショーグン債

ショーグンの方が偉そう（日本国内なのに円でなく外貨で発行するんかい！）と覚えよう。

① サムライ債：外国法人が日本国内で**円**建てで発行する債券。円建てなので為替リスクがない。

② ショーグン債：外国法人が日本国内で**外貨**建てで発行する債券。外貨建てなので為替リスクがある。

さらっと一読！

ちょっと変わった債券の一般的な商品性 出題率 **30**%未満

① 株価指数連動債：参照する株価指数の変動によって償還金額などが変動する債券

② 転換社債型・新株予約権付社債：発行時に決められた転換価額で株式に転換できる権利がついた債券

③ デュアルカレンシー債：「購入代金の払込みおよび利払い」の通貨と償還される通貨が異なる債券

2 個人向け国債（3種類の比較表）

	変動10年	固定5年	固定3年
購入対象者	個人限定、募集価格額面100円につき100円、最低購入額面金額である**1万**円から1万円単位で購入できる。		
満期（償還期限）	10年	5年	3年
償還金額	額面100円につき100円（中途換金も同じ）		
利率（年率）	基準金利×**0.66**	基準金利－0.05%	基準金利－0.03%

利率の下限	0.05%（最低保証金利）
中途換金	第２期利子支払日（発行から１年経過）以降であればいつでも可能。原則として国が額面１万円単位で買い取ってくれる。
中途換金の特例	保有者が死亡した場合または大規模な自然災害により被害を受けた場合は、上記各利子支払期前であっても中途換金可能
中途換金時の換金金額	額面金額＋経過利子相当額－直近2回分の各利子（税引後）相当額
発行頻度	毎月発行

3 債券利回りの計算（単利・年率）

●所有期間別の債券の利回り

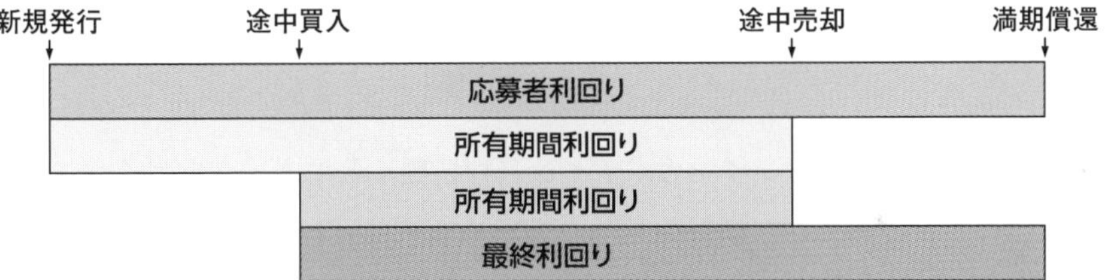

(1) 応募者(おうぼしゃ)利回り

新発債を満期償還時まで保有した場合の利回り。

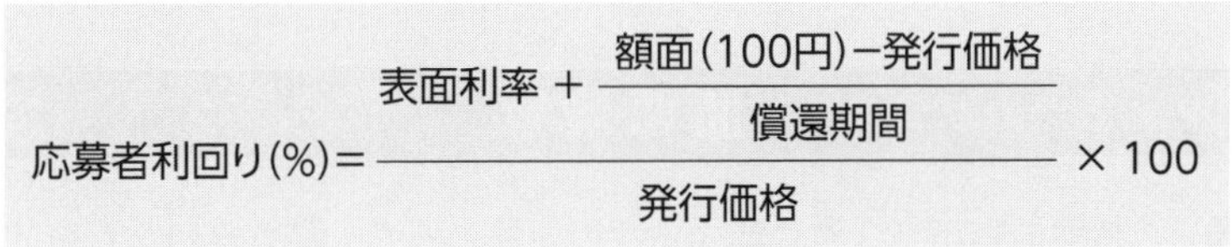

$$応募者利回り(\%)=\frac{表面利率+\dfrac{額面(100円)-発行価格}{償還期間}}{発行価格}\times 100$$

(2) 所有期間利回り

（新発債または既発債を購入して）途中で売却した場合の利回り。

$$所有期間利回り(\%)=\frac{表面利率+\dfrac{売却価格-買付価格}{所有期間}}{買付価格}\times 100$$

(3) 最終利回り

既発債を購入して、満期償還時まで保有した場合の利回り。

$$最終利回り(\%)=\frac{表面利率+\dfrac{額面(100円)-買付価格}{残存期間}}{買付価格}\times 100$$

※　上記3つの式は覚えなくてよい。次の【万能式】が理解できればOK。

$$債券の利回り(\%)=\frac{毎年のインカムゲイン+\dfrac{キャピタルゲイン}{保有年数}}{投資額}\times 100$$

債券のリターンには、インカムゲイン（利払額）とキャピタルゲイン（売値と買値の差）があるが、債券の利回りを求める式は「1年あたりのインカムゲイン」と「1年あたりのキャピタルゲイン」の合計（1年あたりのもうけ）を投資額で割って求める、と理解しておくと、いろいろな式を暗記しなくてすむからラクチンだ。

本番得点力が高まる! 問題演習

問1 □□□ 債券の信用リスクに関する次の記述のうち、最も適切なものはどれか。

1）債券の発行体の財務状況の悪化などにより、その発行する債券の利子や償還金の支払いが債務不履行（デフォルト）となるリスクを、信用リスクという。

2）発行体が同一であれば、劣後債であっても他の債券と同等の信用格付となる。

3) 信用格付において最上級の格付を付された債券については、利子や償還金の支払いに遅延が生じることはない。

4) 市場で流通している信用リスクの高い債券と信用リスクの低い債券を比較した場合、他の条件が同じであれば、信用リスクの高い債券の方が利回りは低くなる。 《2016年5月学科問題（23）》

問2 □□□

固定利付債券の利回り（単利・年率）と価格との関係に関する次の記述の空欄（ア）、（イ）にあてはまる語句の組み合わせとして、最も適切なものはどれか。なお、手数料、経過利子、税金等については考慮しないものとし、計算結果は表示単位の小数点以下第3位を四捨五入するものとする。

> 表面利率が1.00％で、償還までの残存期間が5年の固定利付債券を、額面100円当たり102円で購入した投資家が、2年後に、額面100円当たり101円で売却した。この場合の所有期間利回りは（　ア　）であり、償還期限まで5年間保有した場合の最終利回りよりも（　イ　）。

1)（ア）0.49％　（イ）高い

2)（ア）0.49％　（イ）低い

3)（ア）0.59％　（イ）高い

4)（ア）0.59％　（イ）低い

《2022年9月学科問題（23）》

問3 □□□

債券の仕組みと特徴に関する次の記述のうち、最も不適切なものはどれか。

1) 格付機関が行う債券の信用格付けで、「BBB（トリプルB）」格相当以上の債券は、一般に、投資適格債とされる。

2) 日本国内において海外の発行体が発行する外国債券のうち、円建てで発行するものを「サムライ債」といい、外貨建てで発行するものを「ショーグン債」という。

3) 日本銀行などの中央銀行が金融緩和策を強化すると、一般に、市場金利は低下し、債券価格も下落する。

4) 個人向け国債は、基準金利がどれほど低下しても、0.05％（年率）

の金利が下限とされている。　《2018年9月学科問題（24）》

問 1　1）…… 2）劣後債は、一般債権者よりも債務弁済の順位が劣る社債であるため、発行体が同一であれば、信用格付は低くなる

3）最上級格付であっても、利子・償還金の支払いに遅延が生じるリスクはゼロではない

4）信用リスクの高い債券は相対的に買われにくく、債券価格が低くなるため（満期まで保有した場合の）利回りは高くなる

問 2　2）…… 学習のポイント 3 の最後の万能式にあてはめよう。

$$\text{所有期間利回り(\%)} = \frac{1.00 + \dfrac{101.00\text{円} - 102.00\text{円}}{2\text{年}}}{102.00\text{円}} \times 100 \fallingdotseq 0.49\%$$

$$\text{最終利回り(\%)} = \frac{1.00 + \dfrac{100.00\text{円} - 102.00\text{円}}{5\text{年}}}{102.00\text{円}} \times 100 \fallingdotseq 0.59\%$$

問 3　3）…… 学習のポイント 1 (3)　金利が低下すると、債券価格は上昇する

---

4 様々な金融商品 株式投資

絶対読め！30秒レクチャー

株式をカンタンにいうと「会社のオーナーとしての権利」。会社の所有者としての権利が世界中で売買されているのだ。まずは「PER、PBR、日経平均株価、TOPIX」などの基本用語を完全に理解するところから始めよう！　最近の2級学科では毎回1～2問出題されている項目なので、バッチリ勉強したキミには得点力アップを保証するぞ！

ナナメ読み！ 学習のポイント

1 株式の特徴

資金調達のために会社が発行する「会社の所有権の一部」が株式といえる。株式会社は、株主が出資した資金を利用して事業を行い、その利益を配当金などを通じて株主に還元する。

(1) 株主の権利

① 経営参加権（けいえいさんか）：株主総会で利益処分案や役員の選任などの重要事項を承認することなどを通じて、間接的に企業経営に参加できる権利

② 剰余金配当請求権（じょうよきんはいとう）：株主総会の決議に基づいて、利益の分配である配当を受け取れる権利

③ 残余財産分配請求権（ざんよざいさんぶんぱい）：企業が解散した場合、持ち株数に応じて、負債を返済した後になお残った財産の分配を受けることができる権利

(2) 株式の種類

① 普通株（ふつうかぶ）：種類株を発行する際の標準となる株式で権利、制約や優先権などのない株式

② 優先株（ゆうせんかぶ）：他の株式に比べて、優先的に利益配当・残余財産分配請求権などを受けることができる株式

③ 劣後株（れつごかぶ）：他の株式に比べて、利益配当・残余財産分配請求権などについて劣後性がある株式

2 株式投資の指標

(1) PER（ピーイーアール）（株価収益率、Price Earnings Ratio）

$$\text{PER(倍)} = \frac{\text{株　価}}{\text{1株あたり純利益}}$$

株価を1株あたり（当期）純利益で割った指標で、利益に対する株価の割安感（割高感）がわかる。PERが低いほど割安。約15～20倍が平均的な水準。

実際のPER算出において「純利益」は予想利益が用いられることが多いが、2級学科では主に「当期純利益」が用いられている。

(2) PBR（ピービーアール）（株価純資産倍率、Price Bookvalue Ratio）

$$\text{PBR(倍)} = \frac{\text{株　価}}{\text{1株あたり純資産}}$$

株価を1株あたり純資産で割った指標で、純資産に対する株価の割安感（割高感）がわかる。PBRが低いほど割安。1倍を切ると相当な割安感がある。

(3) ROE（アールオーイー）（自己資本利益率、Return On Equity）

$$\text{ROE(\%)} = \frac{\text{純利益}}{\text{自己資本}} \times 100$$

（当期）純利益を自己資本で割った指標で、自己資本（借入金を含まない純粋な投資）でどれだけ利益を上げたのかがわかる。ROEが高いほど望ましい。通称は自己資本利益率だが正確に「自己資本当期純利益率」と表記されることもある。

(4) 配当利回り

$$配当利回り(\%) = \frac{1株あたり配当金}{株\quad価} \times 100$$

1株あたり配当金を株価で割った指標で、投資額（株価）に対し、1年間で受け取れる配当の割合がわかる。配当利回りが高いほど望ましい。

(5) 配当性向

$$配当性向(\%) = \frac{配当金}{純利益} \times 100$$

配当金を（当期）純利益で割ることで求められる指標で、利益のうち、株主に還元した割合を知ることができる。

3 株式投資の基礎知識

(1) 株式の注文方法

① 指値注文：上限（下限）の値段を指定して行う注文。同じ銘柄に複数の人から注文があった場合、買い注文なら値段が高い方、売り注文なら値段の安い方が優先される。

例)「○○円で○○株を買いたい（売りたい)」

② 成行注文：値段を指定しないで行う注文。

例)「いくらでもいいので○○株を買いたい（売りたい)」

【成行注文優先の原則】

指値注文より成行注文を優先させるというもの。

(2) 株式市場の代表的な指標

2022年4月4日に東証（1部、2部、マザーズ、JASDAQ）上場銘柄が「プライム」「スタンダード」「グロース」の3市場に再編されたことに注意。

① 日経平均株価：東証プライム上場の225銘柄を選び一定の調整をした修正平均株価。株式分割や銘柄入替えなどの要因を除去して指数値の連続性を保っている。株価の高い銘柄の値動きに影響されやすい。

② 東証株価指数（TOPIX）：選択市場にかかわらず継続採用されている。ただし、今後、段階的に流通株式時価総額100億円未満の銘柄はウエイトを低減される。

③　JPX日経インデックス400：東証に上場する銘柄を対象に、ROEや営業利益等の指標等により選定された400銘柄で構成される時価総額加重型の株価指数。

④　ニューヨークダウ工業株30種：米国NY証券取引所やナスダック市場に上場している代表的な30銘柄を対象とする平均株価指数。

⑤　S&P500種株価指数：米国NY証券取引所、アメリカン証券取引所、ナスダック市場に上場している銘柄のうち代表的な500銘柄を対象として算出した指数。

⑥　ナスダック総合指数：米国ナスダック市場に上場している全銘柄を対象とした時価総額加重平均の株価指数。

(3) 株式累積投資と株式ミニ投資

①　株式累積投資（るいとう）：毎月一定金額の株式を継続して購入していくもので、**ドル・コスト**平均法の効果を得ることができる。

【ドル・コスト平均法】

定期的に、継続して、一定金額ずつ購入する投資手法。この手法で購入すると、価格が安いときには多い量、高いときには少ない量を購入することで、平均コストを低く抑える効果を期待できる。

②　株式ミニ投資：単元株の**10**分の**1**の単位で取引ができる制度。売買注文の方法は**成行**注文のみ。

(4) 株式の受渡し

株式の売買は、売買成立の当日から数えて**3営業日目**に決済（株式と代金の受渡し）を行う。営業日とは、証券取引所が営業している日を指すので、土曜、日曜、祝日などは含まれない。

(5) 信用取引

①　委託保証金（または一定の債券や上場株式など）を証券会社に担保として預け、買付資金または売付証券を借りて行う株取引。保有していない銘柄でも「売り」から取引できる。

②　委託保証金率を30%とすると、100万円の売買取引をするのに30万円の委託保証金があれば（ギリギリ）OK。しかし、買った株が下落して実質的にこの比率を割った場合、追加保証金が必要。

③　信用取引の弁済期限（借りたものを返して取引を完了させる期限）は、制

度信用取引（証券取引所の規制に基づく取引）の場合は6カ月、一般信用取引（契約に基づく取引）の場合は証券会社と顧客の間で任意に決められる。

④　金融商品取引法では、株式の信用取引を行う際の委託証拠金の額は「30万円以上かつ当該取引に係る株式の時価の30％以上の金額」とされている。

(6) 将来の株価を予測する手法

①　ファンダメンタルズ分析：企業の業績予想などをもとに将来の株価を予測するもの。

②　テクニカル分析：統計的にわかっている投資家の心理などをもとに将来の株価を予測するもの。株価チャート分析が代表的。

実務上ではどうなの？

独立系FPの実務上で、個々の企業のリスクの見極めが難しい個別株を提案することは原則としてありません。しかし、お客様がすでに保有している株式に関してコメントを求められることはあります。その場合、PBRやPERなどの客観的な指標をわかりやすく説明したうえで「PBRが1倍割れなので割安感がある」「PERが30倍以上なので、今の成長が止まると割高感がある」というようなコメントをすると説得力が増すでしょう。

本番得点力が高まる！ 問題演習

問1 □□□　下記〈X社のデータ〉に基づき算出されるX社の株式指標に関する次の記述のうち、誤っているものはどれか。

〈X社のデータ〉

株価	1,800円
当期純利益	120億円
自己資本（＝純資産）	800億円
総資産	2,000億円
発行済株式数	2億株
配当金総額	36億円

1）ROE（自己資本当期純利益率）は、15.0％である。
2）PER（株価収益率）は、30.0倍である。
3）PBR（株価純資産倍率）は、4.5倍である。
4）配当利回りは、30.0％である。　《2019年5月学科問題（25）》

問2 □□□
株式の信用取引の一般的な仕組みに関する次の記述のうち、最も適切なものはどれか。

1）金融商品取引法では、株式の信用取引を行う際の委託保証金の額は20万円以上で、かつ、当該取引に係る株式の時価に100分の20を乗じた金額以上でなければならないとされている。
2）信用取引では、売買が成立した後に相場が変動し、その日の終値を基に計算される委託保証金率が、証券会社が定める最低委託保証金維持率を下回った場合、追加保証金を差し入れるなどの方法により、委託保証金の不足を解消しなくてはならない。
3）信用取引では、現物株式を所有していなければ、その株式の「売り」から取引を開始することができない。
4）一般信用取引の建株を制度信用取引の建株に変更することはできるが、制度信用取引の建株を一般信用取引の建株に変更することはできない。　《2022年9月学科問題（25）》

問3 □□□
東京証券取引所の市場区分等に関する次の記述のうち、最も適切なものはどれか。

1）スタンダード市場は、「多くの機関投資家の投資対象になりうる規模の時価総額（流動性）を持ち、より高いガバナンス水準を備え、投資者との建設的な対話を中心に据えて持続的な成長と中長期的な企業価値の向上にコミットする企業向けの市場」である。
2）プライム市場は、「高い成長可能性を実現するための事業計画及びその進捗の適時・適切な開示が行われ一定の市場評価が得られる一方、事業実績の観点から相対的にリスクが高い企業向けの市場」である。
3）スタンダード市場の上場会社がプライム市場へ市場区分の変更をするためには、プライム市場の新規上場基準と同様の基準に基づく審査を受ける必要がある。

4）東証株価指数（ＴＯＰＩＸ）は、プライム市場、スタンダード市場およびグロース市場の全銘柄を対象として算出されている。

《2023年9月学科問題（24）》

問1 4）……1）

$$\text{ROE（自己資本利益率）}=\frac{\text{当期純利益}}{\text{自己資本}}\times 100$$

$$\frac{120\text{億円}}{800\text{億円}}\times 100=\underline{15.0\%}$$

2）

$$\text{PER（株価収益率）}=\frac{\text{株価}}{\text{1株あたり当期純利益}}$$

$$\frac{1{,}800\text{円}}{120\text{億円}\div 2\text{億株}}=\underline{30.0\text{倍}}$$

3）

$$\text{PBR（株価純資産倍率）}=\frac{\text{株価}}{\text{1株あたり純資産}}$$

$$\frac{1{,}800\text{円}}{800\text{億円}\div 2\text{億株}}=\underline{4.5\text{倍}}$$

4）

$$\text{配当利回り}=\frac{\text{1株あたり配当金}}{\text{株価}}\times 100$$

$$\frac{36\text{億円}\div 2\text{億株}}{1{,}800\text{円}}\times 100=\underline{1.0\%}$$

問2 2）……1）学習のポイント３(5) ④を参照。30万円以上かつ株式の時価の30％以上が必要

3）学習のポイント３(5) ①を参照。証券会社から株式を借りて「売り」から取引を開始することもできる

4）信用取引には、証券取引所の規則等に基づく**制度**信用取引と、顧客と証券会社の契約に基づく**一般**信用取引があるが、各々の建株の変更は不可

問3 3）……1）本肢は、プライム市場を説明するもの

2）本肢は、グロース市場を説明するもの

4）東証株価指数（TOPIX）は、選択市場にかかわらず継続採用されている。ただし、今後、段階的に流通株式時価総額100億円未満の銘柄はウエイトを低減される。

---

5 様々な金融商品 投資信託

絶対読め！30秒レクチャー

投資信託は、投資家から集めた資金を1つのファンド（基金）にまとめ、それを様々な株や債券などに分散投資する金融商品だ。投資家を取り巻く3つのプレーヤー、3つの手数料、ETFとJ-REITなどを重点学習せよ。2級学科の直近の試験で毎回出題されているので、問題演習でトレーニングして、本番ではスマッシュを決めよう！

ナナメ読み！ 学習のポイント

1 投資信託を構成するプレーヤーと役割

投資家（受益者）	投資信託を購入し、受益権を持つ個人や法人
販売会社	投資信託の**募集・販売**や収益金・償還金の支払い、目論見書、運用報告書の交付などを行う会社（証券会社など）
投資信託委託会社（委託者）	信託財産の**運用の指図**や、目論見書・運用報告書の**作成**を行う会社（最近は「○○アセットマネジメント」という社名の会社が多い）
信託銀行（受託者）	信託財産の**保管・管理**や委託者からの指図にしたがって実際に運用を行う銀行

(1) 情報公開資料（ディスクロージャー）

① **目論見書**（もくろみしょ）：投資信託を募集・販売するときに**必ず交付される資料**で、投資

対象や運用方針、購入手数料、信託報酬などの投資判断の材料となるものが記載されている。

② 運用報告書：決算期ごと（決算が年1回のファンドの場合は1年ごと）に発行されるもので、ファンドの運用成績が記載されている。

2 投資信託の分類

(1) 株式投信と公社債投信

① 株式投資信託：運用対象として株式を組み入れることが可能な投資信託。実際に株式を組み入れるかは関係ない。

② 公社債投資信託：**株式で運用することが一切できない**投資信託。国債等の安全性の高い公社債だけで運用している。MRFやMMFなど。

(2) 単位型と追加型

① 単位型投資信託：当初募集期間しか購入ができない投資信託。

② 追加型投資信託：いつでも自由に時価で購入・換金できる投資信託。

(3) 契約型と会社型

① 契約型投資信託：一般的な投資信託。投資信託委託会社と信託銀行が信託契約を結んでいる投資信託。

② 会社型投資信託：投資法人を設立し、投資家はこの投資主となるので、実態は株式といえるような投資信託。J-REIT（不動産投信）など。

(4) アクティブ運用とパッシブ運用

① アクティブ運用：積極的に運用を行い、**ベンチマーク**（目標となる指標）を**上回る**運用成績を目指す手法。調査コストなどがかかるので、一般にパッシブ運用のファンドより運用コストが高い。

② パッシブ運用：**ベンチマーク**に**連動**した運用を目指す手法。インデックス運用ともいう。

(5) バリュー型運用とグロース型運用

① バリュー型：企業の収益性や資産価値などに照らして、**株価**が**過小評価**されていると思われる企業に投資をする手法。

② グロース型：将来**高い成長性**が見込める企業に投資をする手法。

(6) トップダウンとボトムアップ

この2つのアプローチは併用される場合がある。

① トップダウン・アプローチ：投資環境などの**マクロ的**な分析によって国別組入比率や業種別組入比率などを決定し、その比率の範囲内で組入銘柄を決めていく手法。

② ボトムアップ・アプローチ：各銘柄の投資指標の分析や、企業訪問などのリサーチによって**投資魅力の高い銘柄**を発掘してポートフォリオを構築する手法。

(7) ファンド・オブ・ファンズ

ファンド・オブ・ファンズとは、主として投資対象や運用スタイルなどの異なる複数のファンドに分散投資する形態のファンド。

(8) ブル型とベア型（派生商品型の投信）

① ブル型：ベンチマークとする相場が**上昇**すると基準価額が上昇

② ベア型：ベンチマークとする相場が**下落**すると基準価額が上昇

(9) マーケット・ニュートラル運用

異なる株式の買いと売りを同額程度行うなどして、マーケット全体の変動による影響を抑えた（市場（マーケット）に対して中立的（ニュートラル）な動きをする）運用手法。

(10) 定量（ていりょう）評価と定性（ていせい）評価

① 定量評価：投資信託の過去のリスクやリターンの実績に基づいて運用成果を評価すること

② 定性評価：運用方針や投資哲学などの側面から評価すること

3 投資信託の3つのコスト

① 入口では→**購入時手数料**（こうにゅうじてすうりょう）

投資信託を購入する時にかかる手数料。申込手数料ともいう。購入時手数料のかからないノーロード投信もある。

② 途中では→**信託報酬**（しんたくほうしゅう）（運用管理費用）

投資信託の保有中にかかる手数料。基準価額から日々差し引かれる。この信託報酬の中から、投信委託会社に委託者報酬が支払われたり、販売会社に事務代行手数料が支払われたりしている。

③　出口では→信託財産留保額(しんたくざいさんりゅうほがく)

投資信託を解約する場合に控除される費用。

さらっと一読！

投資信託の基準価額　出題率 **30%未満**

① 基準価額は、ファンド1口あたりの財産的価値を示すもので、投資信託財産の**純資産総額**を受益権総口数で割ることで求められる。
② 基準価額は、新聞や投信会社等のＨＰにも掲載されており、当初「1口＝1円」で設定される投資信託については、原則**1万口**あたりの額が表示される。
③ 受益者は、換金時においては、原則として基準価額に基づいて換金することになる。
④ 換金時に**信託財産留保額**を徴収するファンドについては、基準価額から信託財産留保額を控除した価額で換金することとなる。

4 公社債投資信託(こうしゃさいとうししんたく)の主な商品

	MMF （マネー・マネジメント・ファンド）	ＭＲＦ （マネー・リザーブ・ファンド）
運用対象	短期金融商品など	
購入単位	1円以上1円単位	
利払い	**毎日決算**し、収益分配金は毎月最終営業日に再投資される（1カ月複利）	
解約の条件	30日経過すれば いつでも解約可能	ペナルティーなしで いつでも解約可能

5 上場投資信託(じょうじょうとうししんたく)の主な商品

証券取引所に上場している投資信託。上場株式と同じような売買が可能（→第３章4 3参照）。税金に関しても上場株式と同じ。ETFとREITがある。

(1) ETF(イーティーエフ)（指数連動型上場投資信託(しすうれんどうがたじょうじょうとうししんたく)）

日経平均株価などの株価指数に連動する運用がされるインデックスファンドの一種。業種別の株価指数や商品指数などに連動するものもある。非上場の（通常の）投資信託よりも運用管理費用が低額となりやすい。日経平均レバレッジ・インデックス（日経平均の変動率の2倍の値動きになる指数）に連動するETFもある。

東京証券取引所に上場されているETFには、日本株のほか、外国株・債券・REITなどの指標に連動する銘柄もある。

さらっと一読！

インバース（逆）指数とETF　出題率 10%未満

① TOPIXインバース指数に連動するETFは、信用取引の売建てと同様の性格を有しており、取引に際しては信用取引口座を開設する必要はない。
② TOPIXインバース指数は、TOPIXの日々の動きと反対の動きとして算出される指数。TOPIXが上昇するときは下落し、TOPIXが下落するときは上昇する。

(2) REIT（リート）（不動産投資信託）

会社型の投資信託の一種で、主に不動産で運用するファンド。日本の不動産投資信託を、日本版REIT＝J-REITという。

さらっと一読！

J-REIT（ジェイリート）の細かいポイント　出題率 30%未満

① J-REITの受益者は不動産から生じる賃料収入や不動産の入替えに伴う転売益などを原資として分配金を受け取る。
② J-REITの投資対象は、国内外の不動産、不動産信託受益権である。
③ 上場されているJ-REITは、上場株式と同様に、成行注文や指値注文によって取引することができる。
④ 個人が受け取るJ-REITの分配金は、上場株式の配当金と異なり、配当控除の適用対象外である。

実務上ではどうなの？

独立系FP会社「住まいと保険と資産管理」において、ファイナンシャル・プランナーがお客様の資産管理・運用の相談を受けてプランをつくる場合、個別の株式や債券よりも投資信託（ファンド）が提案の中心になっています。なぜなら、個人の本格的な資産管理においては「リスク軽減」の優先順位が「リターン向上」よりも高いため、数万円の投資でも100銘柄以上に分散投資できるファンドが向いているのです。

本番得点力が高まる！ 問題演習

問1 □□□

投資信託の一般的な運用手法等に関する次の記述のうち、最も不適切なものはどれか。

1）マクロ的な環境要因等を基に国別組入比率や業種別組入比率などを決定し、その比率に応じて、個別銘柄を組み入れてポートフォリオを構築する手法をトップダウン・アプローチという。

2）各銘柄の投資指標の分析や企業業績などのリサーチによって銘柄を選定し、その積上げによってポートフォリオを構築する手法をボトムアップ・アプローチという。

3）ベンチマークの動きにできる限り連動することで、同等の運用収益率を得ることを目指すパッシブ運用は、アクティブ運用に比べて運用コストを低めに抑えられる傾向がある。

4）企業の将来の売上高や利益の成長性が市場平均よりも高い銘柄を組み入れて運用するグロース運用は、配当利回りの高い銘柄中心のポートフォリオとなる傾向がある。　《2020年1月学科問題（22）》

問2 □□□

一般的な投資信託の分類方法に関する次の記述のうち、最も不適切なものはどれか。

1）組入れ資産のほとんどを債券が占め、株式をまったく組み入れていない証券投資信託であっても、約款上、株式に投資することができれば、株式投資信託に分類される。

2）契約型投資信託は、委託者指図型と委託者非指図型に大別され、委託者指図型投資信託は、投資信託委託会社（委託者）と信託銀行等（受託者）との信託契約により、委託者の運用指図に基づいて運用される投資信託である。

3）単位型投資信託は、投資信託が運用されている期間中いつでも購入できる投資信託であり、追加型投資信託は、当初募集期間にのみ購入できる投資信託である。

4）パッシブ型投資信託は、対象となるベンチマークに連動する運用成果を目指して運用される投資信託である。

《2022年9月学科問題（22）》

問3 □□□

上場投資信託（ＥＴＦ）の一般的な特徴に関する次の記述のうち、最も不適切なものはどれか。

1）レバレッジ型ＥＴＦは、日経平均株価などの指標の日々の変動率に一定の正の倍数を乗じて算出される指数に連動した運用成果を目指して運用されるＥＴＦである。

2）インバース型ＥＴＦは、日経平均株価などの指標の日々の変動率に一定の負の倍数を乗じて算出される指数に連動した運用成果を目指して運用されるＥＴＦである。

3）リンク債型ＥＴＦは、所定の指標に連動した投資成果を目的とする債券（リンク債）に投資することにより、ＥＴＦの一口当たり純資産額の変動率を対象指標の変動率に一致させる運用手法を採用するＥＴＦである。

4）ＥＴＦの分配金には、普通分配金と元本払戻金（特別分配金）があり、税法上、普通分配金は課税対象となり、元本払戻金（特別分配金）は非課税となる。

《2023年1月学科問題（22）》

問1　4）……グロース運用は「高い成長性が見込める企業」に投資する手法で、そのような企業は利益を（配当よりも）将来の成長が見込める事業に多く配分する傾向があるため、配当利回りの低い銘柄中心のポートフォリオになりやすい

問2　3）……学習のポイント 2（2）を参照。単位型と追加型の記述が逆である

問3　4）……ETF（上場投資信託）には、一般的な（契約型）投資信託にあるような元本払戻金（特別分配金）が生じることはない

様々な金融商品

6 ポートフォリオ運用と金融派生商品

絶対読め！30秒レクチャー

ポートフォリオ運用は、いろいろな値動きをする資産に分散しておくことで「すべての資産が同時に下落する」リスクを減らしつつ、期待できるリターンは維持する手法だ。金融派生商品は「先物＝将来の一時点で《定価》で売ったり買ったりする約束」と「オプション＝将来の一時点で《定価》で売ったり買ったりする権利」の2つを大まかに理解しておけばOK！　2級学科では出ない方が珍しいと思って準備しよう。

ナナメ読み！　学習のポイント

1　ポートフォリオ運用の基礎知識

(1) 分散投資

リスクの分散には、「投資対象の分散」「投資時期の分散」「投資期間の分散」「資産クラスの分散」「地域の分散」などがある。また、株式、債券、外貨建資産、預貯金など、様々な種類の資産クラス（カテゴリー）に資産を分配する方法をアセット・アロケーションという。

(2) 期待収益率と標準偏差

① 期待収益率：一般的に**リターン**と呼ばれているもので、将来期待される利回りのことをいう。ポートフォリオの期待収益率は、ポートフォリオに組み入れた各資産の期待収益率を組入比率で加重平均した値となる。

② 標準偏差（ひょうじゅんへんさ）：一般的に**リスク**と呼ばれるもので、リターンのばらつきの度合いの大きさのことをいう。なお、ポートフォリオのリスクは、組み入れた各資産のリスクを組入比率で加重平均した値以下となる。

【イメージ】ポートフォリオの期待**収益率（リターン）**が5%で**標準偏差（リスク）**が10%の場合、おおむね3分の2の確率で収益率が5%±10%（－5%から＋15%の範囲内）となるとイメージしておこう。

(3) 相関係数（そうかんけいすう）

複数の証券（投資対象）の値動きの関係を示す係数で、1から－1までの範囲の数字をとる。特徴は以下のとおり。

相関係数	値動きの関係	リスク軽減効果
1	証券の値動きが完全に同じになる	効果はない
0	証券間の値動きに全く相関関係がない	一定の効果はある
－1	証券の値動きが完全に反対の動きとなる	効果は**最大**

(4) シャープレシオ

標準偏差（リスク）の異なるポートフォリオ間のパフォーマンス比較（運用効率の比較）に用いられる指標。シャープレシオは「取ったリスクに対し、どれくらいの収益を得たか」を表わす指標であり、値が**大きい**ほど効率的な運用であったことを示す。

$$\text{シャープレシオ}=\frac{\text{ポートフォリオの収益率}-\text{無リスク資産利子率}}{\text{標準偏差}}$$

さらっと一読！

システマティックリスクと非システマティックリスク

出題率 20%未満

① 市場**全体**の動きによって生じるリスクを、システマティックリスクという。
② 個別銘柄の要因で発生するリスクを、**非**システマティックリスクという。
③ ポートフォリオの組入れ銘柄数を増やすことで、非システマティックリスクは低減できるが、システマティックリスクは低減できない。

2 金融派生商品（デリバティブ）

(1) 先物取引

特定の資産（原資産）を、将来のある時期に特定の条件で売買することを約束する取引のこと。先物取引を利用することで、その資産の価格変動リスクを回避（ヘッジ）できる。ヘッジ取引には、価格下落リスクに備える**売りヘッジ**と価格上昇リスクに備える**買いヘッジ**とがある。

(2) オプション取引

特定の資産（原資産）を、定められた期日または期間内に、定められた価格で買う権利（**コール**オプション）または売る権利（**プット**オプション）を売買する取引。オプションの**買い手**の損失はプレミアム（オプション料）に限定されるが、**売り手**の損失は無限定。なお、他の条件が同じであれば、満期までの期間が長いほどプレミアムは高くなる。

取引最終日までいつでも権利行使できる**アメリカン**タイプと、満期日に限り権利行使できる**ヨーロピアン**タイプがある。

金融商品取引所に上場されている上場オプション、取引所を通さずに相対で取引される店頭オプションがある。

(3) スワップ取引

異なる形態の「お金を受け取る権利」を交換したり、異なる形態の「お金を支払う義務」を交換する手続き。

① **金利スワップ**：同じ通貨の、異なる金利の受取りや支払いの交換のことで、金利部分のみの交換がされる。なお、クーポンスワップは（金利を交換する）金利スワップの一種。

② **通貨スワップ**：異なる通貨の、元本や金利の受取りや支払いの交換のことで、元本部分と金利部分の両方が交換される。

実務上ではどうなの？

独立系FPの資産運用相談において、リスクの軽減を図るポートフォリオ運用の考え方は必須です。様々な資産クラス（カテゴリー）の金融商品の組み合わせに10年以上の長期投資を行うことで、金融資産全体のリスクを限定しながら年3～5%以上のリターンを目指す、というようなイメージを持っておきましょう。

 本番得点力が高まる！ **問題演習**

問1 □□□

投資家Aさんの各資産のポートフォリオの構成比および期待収益率が下表のとおりであった場合、Aさんの資産のポートフォリオの期待収益率として、最も適切なものはどれか。

資　産	ポートフォリオの構成比	期待収益率
預　金	60%	0.1%
債　券	15%	1.0%
株　式	25%	8.0%

1）2.03%
2）2.21%
3）3.03%
4）9.10%　　《2021年5月学科問題（27）》

問2 □□□

金融派生商品に関する次の記述のうち、最も適切なものはどれか。

1）クーポンスワップは、異なる通貨間で将来の金利および元本を交換する通貨スワップである。
2）先物取引を利用したヘッジ取引には、将来の価格上昇リスク等を回避または軽減する売りヘッジと、将来の価格下落リスク等を回避または軽減する買いヘッジがある。
3）オプション取引において、コール・オプションの買い手は「権利行使価格で買う権利」を放棄することができるが、プット・オプションの買い手は「権利行使価格で売る権利」を放棄することができない。

4) オプション取引において、コール・オプションの売り手の最大利益とプット・オプションの売り手の最大利益は、いずれもプレミアム（オプション料）の額となる。　《2023年9月学科問題（27）》

問3 □□□

下記〈資料〉に基づくファンドAとファンドBの過去3年間の運用パフォーマンスの比較評価に関する次の記述の空欄（ア）～（ウ）にあてはまる語句または数値の組み合わせとして、最も適切なものはどれか。

〈資料〉ファンドAとファンドBの過去3年間の運用パフォーマンスに関する情報

ファンド名	実績収益率の平均値	実績収益率の標準偏差
ファンドA	4.2%	4.0%
ファンドB	8.8%	12.0%

> 無リスク金利を1.0%として、〈資料〉の数値によりファンドAのシャープレシオの値を算出すると（　ア　）となり、同様に算出したファンドBのシャープレシオの値は（　イ　）となる。両ファンドの運用パフォーマンスを比較すると、過去3年間は（　ウ　）の方が効率的な運用であったと判断される。

1)（ア）1.05　（イ）0.73　（ウ）ファンドA
2)（ア）1.05　（イ）0.73　（ウ）ファンドB
3)（ア）0.80　（イ）0.65　（ウ）ファンドA
4)（ア）0.80　（イ）0.65　（ウ）ファンドB　《2022年9月学科問題（28）》

問1 2)…… (0.1％×0.6)＋(1.0％×0.15)＋(8.0％×0.25)＝2.21％

加重平均の考えが理解できない人は、お酒の例で考えてみよう。各資産を「お酒」として、期待収益率（％）を「アルコール度数」に見立てて、「3種類のお酒を60：15：25でブレンドすると、アルコール度数が何％のカクテルができるか？」という問題におきかえても、同じ答えが出る

問2 4)…… 1）クーポンスワップは（元本部分は交換せず）金利部分のみ交換する

2）買いヘッジと売りヘッジの説明が逆

3）いずれのオプションも買い手は権利放棄できる

4）コール・プットのいずれのオプションも、売り手の最大利益はプレミアムに限定される

問3 3)……

$$シャープレシオ＝\frac{ポートフォリオの収益率－無リスク資産利子率}{標準偏差}$$

$$ファンドAのシャープレシオ＝\frac{4.2-1.0}{4.0}＝\underline{0.8}$$

$$ファンドBのシャープレシオ＝\frac{8.8-1.0}{12.0}＝\underline{0.65}$$

シャープレシオはリスクに対し、収益率がどのくらいあったかを表わす指標であり、値が**大きい**ほど効率的な運用であったことを示す。

本問では、ファンドAのほうが効率的であったといえる

7 金融商品の税金と顧客保護
金融商品の税金

絶対
マスター

絶対読め！30秒レクチャー

金融商品の税金はもうけの20%が原則だ。あとは、例外（非課税、雑所得など）だけチェックしよう！　また、金融商品の利息や配当はもらう時点で税金が引かれる（ゲンセン徴収）という原則や、投信の分配金のうち税金がかかるのはもうけの分配（フツー分配金）だけ、といったことも理解しよう。そして2級学科でも当面はNISAが頻出すると想定しておこう！

税金はもうけの20%
が原則だけど、例外
もあるんだ。
税務署
税金

ナナメ読み！ 学習のポイント

1 各金融商品の税金

復興特別所得税が所得税に対して2.1%付加される。

(1) 預貯金の税金

預貯金の利子は、もらう時に20.315%（所得税・復興特別所得税15.315%、住民税5%）の税金が差し引かれる。この課税方式を源泉分離課税（げんせんぶんり）という。

(2) 債券の税金

① 利子所得：20.315%（所得税・復興特別所得税15.315%、住民税5%）の源泉分離課税

② 償還差益（しょうかんさえき）：申告分離課税

③ 売買益：申告分離課税

(3) 外貨預金の税金

① 利息：20.315%の源泉分離課税

② 為替差益：雑所得（為替予約をしない場合）

さらっと一読！

外貨預金の税金の細かいポイント 出題率 20%未満

① 外貨預金による雑所得の損失は、他の所得と損益通算できない。

② 外貨預金の預入時に為替先物予約を締結した場合、満期時に生じた為替差益は、源泉分離課税の対象となる。

(4) 株式の税金

① 配当：上場株式などの配当は20.315%の源泉徴収。確定申告する、しないは任意選択だが、課税関係は異なる。配当控除の適用を受けるためには、確定申告で総合課税の対象とする必要がある。

② 譲渡益：20.315%の申告分離課税で、株式などの譲渡益がある人は原則として確定申告が必要。

③ 特定口座（とくていこうざ）（申告・納税サポート口座とイメージしよう）：株式等の譲渡益が申告分離課税になったことによる投資家の負担を考慮し、「特定口座制度」がつくられた。以下の3つの方法を選択できる。

特定口座開設せず（一般口座）	確定申告が必要
特定口座開設（源泉徴収あり）	確定申告が不要（することも可能）
特定口座開設（源泉徴収なし）	年間取引報告書を用いた確定申告が必要

(5) 一般的な投資信託の税金

① 公募株式投資信託：収益分配金は「普通分配金」に対してのみ20.315%が源泉徴収される。収益分配金を2つの部分にわけると以下のとおり。

- 普通分配金：個別元本を上回った利益部分。税金がかかる
- 元本払戻金（はらいもどしきん）（特別分配金）：個別元本の一部が払い戻された部分。これはもうけの分配ではないので、税金がかからない

② 公社債投資信託の収益分配金：利子所得として、20.315%の源泉分離課税。配当控除の対象にはならない。

(6) 指数連動型上場投資信託（ETF）と不動産投資信託（J-REIT）の税金

	ETF	J-REIT
収益分配金	配当所得として20.315％が源泉徴収される	
配当控除	受けられる	受けられない
売却益課税	上場株式と同じ	

2 NISA（ニーサ）（少額投資非課税制度）

毎年一定額を上限とする株や投信の新規購入分を対象に、その配当や売却益を非課税にする制度が2024年1月にリニューアルされた。

(1) NISA（成長投資枠）

① 投資対象商品：上場株式・投資信託等

② 年間投資枠：**240万円**

③ 非課税保有期間：無期限

④ 非課税保有限度額：1,200万円

(2) NISA（つみたて投資枠）

買付方法は積立投資のみ

① 投資対象商品：長期の積立・分散投資に適した一定の**公募株式投資信託**と**上場株式投資信託**（ETF）に限られている

② 年間投資枠：120万円

③ 非課税保有期間：無期限

④ 非課税保有限度額：1,800万円（成長投資枠と合わせた総枠。売却すると投資枠は翌年以降に再利用可能）

(3) NISA全般の注意点

NISA口座で保有する上場株式等に係る**譲渡損失**は、特定口座や一般口座で保有する他の上場株式等の配当金等や譲渡益と通算できない（NISA口座では税務上の損益が生じない扱いのため）

実務上ではどうなの？

金融商品では利益の分配に対して約2割の税が引かれます。そこで、例えば投信を選ぶ場合、これから資産を増やしていく年代の人には税効果を考えてできるだけ分配金を出さない方針の投信を選びます。一方、退職後など（年間収支がマイナスに転じて）資産を運用しながらも受け取りたい人には、税金にこだわらず分配金がコンスタントに出る投信を組み入れた提案をするケースが多いですね。

 本番得点力が高まる！ 問題演習

問1 □□□

2024年中における個人による金融商品取引に係る所得税の取扱いに関する次の記述のうち、最も適切なものはどれか。

1）不動産投資信託（J-REIT）の分配金は、不動産所得として総合課税の対象となる。

2）公社債投資信託の収益分配金は、利子所得として源泉徴収の対象となる。

3）株式投資信託の元本払戻金（特別分配金）は、配当所得として総合課税の対象となる。

4）変額個人年金保険の特別勘定において運用されている株式投資信託の収益分配金は、配当所得として源泉分離課税の対象となる。

《2014年5月学科問題（30）改題》

問2 □□□

2024年から導入された新しいNISAに関する次の記述のうち、最も不適切なものはどれか。

1）NISA成長投資枠で保有することができる金融商品には、米国株式も含まれる。

2）NISA成長投資枠で保有する上場株式の配当金を非課税扱いにするためには、配当金の受取方法として株式数比例配分方式を選択しなければならない。

3）NISA成長投資枠で保有する金融商品を売却することで生じた譲

渡損失の金額は、確定申告を行うことにより、同一年中に特定口座や一般口座で保有する金融商品を売却することで生じた譲渡益の金額と通算することができる。

4）2024年中にNISA成長投資枠を通じて購入することができる限度額（非課税枠）は、240万円である。

《2021年5月学科問題（28）改題》

問1 2）…… 1）不動産投資信託（J-REIT）の収益分配金は配当所得。ただし配当控除の適用は受けられない

3）**特別分配金**は、元本の一部が払い戻されたもの。もうけの分配ではないので税金がかからない

4）保険会社の特別勘定において運用されている株式投資信託の収益分配金は課税されず、年金受取時や解約時まで課税が繰り延べされる

問2 3）…… NISA口座内の譲渡では（税務上の損益が生じないものとされるので）他の特定口座や一般口座で生じた損益との損益通算はできない

---

8 金融商品の税金と顧客保護 金融取引に関する法律

絶対読め！30秒レクチャー

シロウトの投資家が金融商品の取引でだまされたりしないよう保護するために、様々な法律が制定されている。具体的には「金融サービス提供法」と「金融商品取引法」を中心に基本的な内容を確認しておこう。2級学科での出題は年に2回程度のペースだが、出たら確実に得点できるようにしておこう！

ナナメ読み！ 学習のポイント

1 消費者を保護する法律各種

(1) 金融商品取引法（きんゆうしょうひんとりひきほう）

投資者保護のための横断的法制や、貯蓄から投資に向けての市場機能の確保などへの対応を図ることを目的とした法律。

この法律では、金融商品取引業者を第一種金融商品取引業、第二種金融商品取引業、**投資助言・代理業**、投資運用業の4つに分け、「虚偽告知」や「断定的判断の提供」等の禁止などの行為規制をしている。投資家を**特定**投資家（プロ）と**一般**投資家に分けており、前者に対しては広告規制、契約締結前（けいやくていけつまえ）の書面交付義務、**適合性**（てきごうせい）の原則（顧客の知識、経験、財産の状況や目的に合わない勧誘を行ってはならないとする原則）などの行為規制が免除される。

(2) 金融サービス提供法（きんゆうサービスていきょうほう）（金融サービスの提供及び利用環境の整備等に関する法律）

金融商品の販売業者に対し、元本が割れる可能性があるなどの顧客に説明すべき事項（**重要事項**）の説明を怠り、損害が生じた場合に販売業者が**損害賠償**

責任を負う（元本欠損額が損害額と推定される）ことを定めた法律。幅広い金融商品を対象としており、**外国為替証拠金取引**なども適用対象。

(3) 消費者契約法

事業者の一定の行為により契約者が誤認、困惑した場合に、消費者が契約の申込みや承諾を取り消すことができる法律。

(4) 金融サービス提供法と消費者契約法の違い

	金融サービス提供法	消費者契約法
適用範囲	金融サービスの提供契約	**消費者と事業者間**の契約すべて
対　象	個人・事業者（機関投資家以外）	**個　人**
法律の適用効果	**損害賠償請求**	**契約取消**

※　金融サービスの提供において、金融サービス提供法と消費者契約法の両方の規定に抵触する場合には、**両方**の法律が適用される。

さらっと一読！

その他の細かいポイント　出題率 **10%未満**

① **金地金**の販売に係る契約の締結は、金融サービス提供法上の「金融サービスの提供」の対象外。
② 個人事業主は、消費者契約法上の「消費者」には該当しない。
③ 金融商品取引法では、「有価証券デリバティブ取引」や「通貨・金利スワップ取引」も規制の対象とされている。「国内商品先物取引」は対象外。
④ 金融商品取引法における一般投資家への契約締結前交付書面の交付義務は（交付を要しない旨の意思表示があった場合でも）**免除されない**。
⑤ **犯罪収益**移転防止法では、金融機関は顧客の「**本人特定**事項（氏名、住居、生年月日等）」「取引を行う目的」「職業」の確認を行う必要があり、取引記録は７年間の保存が義務付けられている。
⑥ **金融ADR制度**は、金融商品取引において金融機関と利用者との間で苦情・紛争が発生したときに、当事者以外の第三者（金融ADR機関）がかかわり、裁判以外の方法で迅速な解決を図る制度である。
⑦ 盗難カードにより預金が不正に払戻される被害にあった場合でも、本人に過失がなければ（預金者保護法に基づいて）100%補償される。しかし、本人に軽過失がある場合は75%補償となり、重大な過失があった場合には補償されない。
⑧ 消費者契約法における契約取消権は、消費者が追認できるときから１年、あるいは消費者契約の締結時から５年を経過すると消滅する。
⑨ 2021年11月に創設された「金融サービス仲介業」の登録を受けた事業者は、特定の金融機関への所属が不要。

本番得点力が高まる！ 問題演習

問1 □□□

金融サービスの提供及び利用環境の整備等に関する法律（以下「金融サービス提供法」という）および消費者契約法ならびに金融商品取引法に関する次の記述のうち、最も不適切なものはどれか。

1）外国為替証拠金取引は、金融サービス提供法における金融サービスの提供に該当する取引である。

2）金融サービス提供法が規定する金融サービスの提供において、金融サービス提供法と消費者契約法の両方の規定を適用することができる場合は、金融サービス提供法が優先して適用される。

3）消費者契約法では、事業者が消費者に対し、ある重要事項について当該消費者の利益となる旨を告げ、不利益となる事実を故意に告げなかったことにより、消費者が当該事実が存在しないと誤認し、消費者契約の申込みをしたときは、消費者はこれを取り消すことができるとされている。

4）金融商品取引法では、金融商品取引業者等が行う金融商品取引業の内容に関する広告等をする場合、金融商品取引行為を行うことによる利益の見込みなどについて、著しく事実に相違する表現をし、または著しく人を誤認させるような表示をしてはならないとされている。

《2019年9月学科問題（29）改題》

問2 □□□

金融商品の取引等に係る各種法令に関する次の記述のうち、最も適切なものはどれか。なお、本問においては、「金融サービスの提供及び利用環境の整備等に関する法律」を金融サービス提供法、「犯罪による収益の移転防止に関する法律」を犯罪収益移転防止法という。

1）金融商品取引法では、金融商品取引契約を締結しようとする金融商品取引業者等は、あらかじめ顧客（特定投資家を除く）に契約締結前交付書面を交付しなければならないとされているが、顧客から交付を要しない旨の意思表示があった場合、その交付義務は免除される。

2）金融サービス提供法では、金融サービス仲介業の登録を受けた事業者は、銀行、証券、保険、貸金業の分野のサービスを仲介することができるが、特定の金融機関に所属し、その指導および監督を受けなければならないとされている。

3) 消費者契約法では、事業者の不適切な行為によって、消費者が誤認や困惑をし、それによって消費者契約の申込みまたはその承諾の意思表示をした場合、消費者は、当該契約によって生じた損害について賠償を請求することができるとされている。

4) 犯罪収益移転防止法では、金融機関等の特定事業者が顧客と特定業務に係る取引を行った場合、特定事業者は、原則として、直ちに当該取引に関する記録を作成し、当該取引の行われた日から7年間保存しなければならないとされている。

《2023年1月学科問題（30）》

問1 2)……学習のポイント 1 (4) を参照。両方とも適用できる場合は、両方の法律が適用される

問2 4)……1) 契約締結前交付書面は、（交付しなくて良いと言われても）交付義務がある

2) 金融サービス仲介業の登録を受けた事業者は、特定の金融機関への所属が不要

……3) 消費者契約法の要件に該当した場合、契約の申込みや承諾を**取り消す**ことができるが、損害賠償を請求することはできない（別途、金融サービス提供法の要件に該当する必要がある）

9　金融商品の税金と顧客保護　セーフティネット

絶対読め！ 30秒レクチャー

銀行、保険会社、証券会社などに預けている資産について、金融機関が破綻した場合に保護されるしくみを総称して「セーフティネット」という。セーフティネットには「預金保険制度」「保険契約者保護機構」「投資者保護基金」などがある。得点力アップには「預金保険制度」の対象外や例外を中心に頭にたたき込もう！　2級学科のこの分野では最も多く出題されるので、試験直前も目を通すように！

ナナメ読み！ 学習のポイント

1　預金保険制度（よきんほけんせいど）

金融機関が破綻した場合に、預金者を保護する制度。政府、日本銀行、民間金融機関の出資により設立された預金保険機構が運営する。対象金融機関から保険料が納付されている。

(1) 保護対象になるものとならないもの

① 保護の対象になる金融商品

普通預金、貯蓄預金、定期預金、当座預金、預金を用いた財形貯蓄、仕組預金など。

② 保護の対象外の金融商品

外貨預金、元本補てん契約のない金銭信託、譲渡性預金、日本国内に本店のある銀行の海外支店の預金、外国銀行の在日支店の預金など。

(2) 保護の対象額

【原則】保護される金額は、元本1,000万円とその利息が上限

・例外：「**無利息**」「**要求払い**」「**決済サービスの提供**」の3条件を満たした**決済用預金**は全額保護される

(3) 破綻処理(はたんしょり)の2つの方式

① 資金援助方式：救済会社が現れた場合に採用される方式

② ペイオフ方式：救済会社が現れなかった場合に、預金者に保険金が直接支払われる方式

2 その他の保護制度

(1) 保険契約者保護機構(ほけんけいやくしゃほごきこう)（→第2章1 4参照）

保険会社が破綻した場合に、保険契約者を保護するしくみ。

(2) 投資者保護基金(とうししゃほごききん)

証券会社の経営が破綻し、投資家から預かっている有価証券やお金などを返還できなくなる事態に備え、補償するためのしくみ。一般顧客1人あたり**1,000万円**を上限として損失を補償することになっている。証券会社が保護預りしている資産であれば、海外で発行された株式や債券も補償の対象。銀行で購入した投資信託は補償の対象外。

(3) 農水産業協同組合貯金保険制度

農水産業協同組合（JAバンクなど）が破綻した場合に、貯金者を保護する制度。

本番得点力が高まる! 問題演習

問1 □□□ わが国における個人による金融商品取引に係るセーフティネットに関する次の記述のうち、最も不適切なものはどれか。

1）国内銀行に預け入れられている決済用預金は、預入金額にかかわらず、その全額が預金保険制度による保護の対象となる。

2）国内銀行に預け入れられている外貨預金は、預金保険制度による

保護の対象とならない。

3) 破綻した証券会社が分別管理の義務に違反し、一般顧客の顧客資産を返還することができない場合、日本投資者保護基金は、補償対象債権に係る顧客資産について一般顧客1人当たり1,000万円を上限として補償する。

4) 国内証券会社が保護預かりしている一般顧客の外国株式は、日本投資者保護基金による補償の対象とならない。

《2018年9月学科問題（29）》

問2 □□□ わが国における個人による金融商品取引に係るセーフティネットに関する次の記述のうち、最も適切なものはどれか。

1) 国内銀行に預け入れられている円建ての仕組預金は、他に預金を預け入れていない場合、預金者1人当たり元本1,000万円までと、その利息のうち通常の円建ての定期預金（仕組預金と同一の期間および金額）の店頭表示金利までの部分が預金保険制度による保護の対象となる。

2) ゆうちょ銀行に預け入れられている通常貯金は、他に貯金を預け入れていない場合、貯金者1人当たり元本1,300万円までとその利息が預金保険制度による保護の対象となる。

3) 金融機関同士が合併した場合、合併存続金融機関において、預金保険制度による保護の対象となる預金の額は、合併後1年間に限り、全額保護される預金を除き、預金者1人当たり1,300万円とその利息等となる。

4) 国内に本店のある銀行で購入した投資信託は、日本投資者保護基金による補償の対象となる。

《2022年9月学科問題（30）》

問1 4)……国内証券会社が保護預りしている一般顧客の資産（外国株式を含む）は補償の対象

問2 1)……2) ゆうちょ銀行に預け入れた貯金は、元本1,000万円までとその利息等が預金保険制度による保護の対象となる（なお、預入限度額は通常貯金と定期性貯金でそれぞれ1,300万円まで。保護対象の金額とは異なるので注意）

3) 金融機関同士の合併の場合は、全額保護される預金を除き預金者１人あたり「元本1,000万円×合併した金融機関の数とその利息」が合併後１年間に限り保護される

4) 学習のポイント 2 (2) を参照。銀行で購入した投資信託は対象外

第4章

タックスプランニング

一見すると難しそうな税金の世界だが、３つのキーワード「収入」「所得」「控除」を深く理解すれば、どんな項目でも理解することができる。消費税や法人税など、２級になって出題範囲が広がってくる項目もあるから、過去問の理解を中心に重要ポイントを押さえよう！

第4章 学習の全体像

タックスプランニング

みんなが健康で安心で豊かな生活を送るために必要なサービスや施設（道路や信号・ごみ処理・警察・公園など）を維持するために、国や市区町村などが徴収する会費のようなものが税金だ。収入から経費を差し引いた「純粋なもうけ」である「所得」に税金がかかる。

この章では個人のもうけにかかる所得税の計算から納付までの一連の流れや、税金が安くなる各種控除のしくみについて学習しよう！

所得税の基本 所得税のキホンを学ぼう。

1 所得税のしくみ

所得税は国税で直接税。1/1 ～ 12/31 に得た所得に対して課税される「暦年単位課税（れきねんたんい）」で、自分で計算して報告するのが原則の「申告納税方式（しんこくのうぜい）」である。

個人の様々な所得 まず、個人の所得を 10 種類のカテゴリーに分け、それぞれの所得金額を計算する。

2 10 種類の所得

▮給与所得 ▮退職所得	サラリーマン系の所得は「給与所得」と「退職所得」。給与所得は給料や賞与。退職所得は退職金など、勤めを辞めるときにもらうお金が該当する。
▮事業所得	個人として（雇われている人ではなく）自ら事業を行っている人に生じるもうけが「事業所得」。具体的な内容は、農業・漁業・サービス業など様々だ。
▮不動産所得	不動産所得は「大家さん所得」だ。不動産を売ってもうけたお金ではなく、家賃収入など、不動産（土地や建物）を貸してもうけた場合の所得のこと。
▮利子所得 ▮配当所得	金融資産によるもうけが「利子所得」と「配当所得」。預金や債券からは利子が、株式からは配当がもらえる。
▮譲渡所得	譲渡は「譲り渡す」と書くが、タダで渡すのでなければ「売却」になる。つまり「譲渡所得」は、土地や建物、株式や金などの資産を売ってもうけたお金のことだ。
▮一時所得 ▮雑所得	本業によるもうけではない所得が「一時所得」と「雑所得」。懸賞の当選金など、単発で受け取るのが一時所得。年金など、複数年にわたって受け取るのが雑所得。

所得税の損益通算 各カテゴリーの純粋なもうけ（所得金額）を合算する。その際「損益通算」などを行う。

3 所得税における損益通算

不動産・事業・山林・譲渡の４種類の所得（収入－経費）がマイナスになった場合、他の所得のプラスと相殺できるのが損益通算。他の所得はマイナスになっても「所得ゼロ」扱いとなり相殺できない。

所得控除 損益通算も考慮しながら合算した所得金額から、さらにオマケで経費とみなされる「所得控除」を差し引いて、税金が掛かる所得金額（課税所得金額）を計算する。

4 所得控除　物的控除

▌生命保険料控除 ▌地震保険料控除	生命保険料や地震保険料は、１年間で支払った保険料の金額に応じて一定額が「みなし経費」となる。
▌医療費控除	医療費控除は、治療に関連する費用の実質負担額が年 10 万円を超えた場合に、その超過額をみなし経費として認めてもらえる制度だ。セルフメディケーション税制もある。
▌社会保険料控除 ▌小規模企業共済等掛金控除	社会保険料、小規模企業共済や確定拠出年金等の掛金は、原則、全額を差し引ける。

5 所得控除　人的控除

▌基礎控除 ▌扶養控除 ▌障害者控除 ▌勤労学生控除	まず原則 48 万円の「基礎控除」というみなし経費が認められている。また、一定の扶養親族がいる場合に受けられる「扶養控除」、家族に障害者がいる場合に受けられる「障害者控除」、一定の学生が受けられる「勤労学生控除」がある。
▌配偶者控除 ▌配偶者特別控除	その年の本人の合計所得金額が 1,000 万円以下で、配偶者の所得金額が一定額以下の場合に、配偶者控除か配偶者特別控除が受けられる。

税額控除 全て差し引いた後の「課税所得金額」に税率をかけて所得税額を計算。さらに、所得税額から「税額控除」を差し引ける場合もある。これで計算終了!

6 税額控除

最終的に計算された税金額からダイレクトに控除できるのが税額控除。２級では主に「住宅ローン控除」と「配当控除」を学ぼう。

所得税の申告・納付 最終的に計算して出た所得税額を申告 & 納付する。

7 所得税における申告・納付

１月から 12 月までの個人の所得は、翌年の「確定申告」で申告・納付する。会社員の場合は、会社が毎月の源泉徴収＋ 12 月の年末調整でその代わりをやってくれる。

法人その他 法人に関する税務と消費税について学ぼう。

8 法人に関する税務

法人に関わる税金、会社と役員間の取引の税務について学ぼう。

9 消費税

事業者が消費者から預かって納付する、消費税について学ぼう。

頻出論点 Best 5

2級学科 タックスプランニング

1位 法人に関する税務

第4章 8

出題率
150%

毎回2問出ている超頻出項目なので、他の項目の3倍の時間を投入して勉強しよう。過去問に出たすべての知識をマスターしつつ「法人の損金にならないもの」だけは細部に至るまで覚えておこう！　また、「法人と役員間の税務」も超頻出なので注意！

2位 10種類の所得

第4章 2

出題率
100%

近年は複数の所得にまたがって出題されるうえに、2問出るケースも珍しくない。ここは問題演習だけにしぼって勉強したうえで、あとは過去問に取りくんで理解を深めよう！

3位 消費税

第4章 9

出題率
95%

学科「問題39」の前後に毎回出ている定番。3級では範囲外の分野だけに、今後も出題が続く可能性が濃厚だ。消費税に関するルールは丸暗記も辞さない姿勢で取りくもう。

4位 所得税における損益通算

第4章 3

出題率
90%

コンスタントに毎回1問だけ出るようになった！　「10種類の所得」のうち、マイナスが生じたら他の所得のプラスと相殺できるものは4つある。出るポイントは限られているのでカンペキに理解しよう！

5位 税額控除

第4章 6

出題率
85%

このところ毎回のように学科「問題35または36」に住宅ローン控除の要件について出題されている。ここは 学習のポイント を丸暗記するだけでも1問とれるぞ！　要件はすべて覚えろ！

1 所得税の基本
所得税のしくみ

絶対読め！30秒レクチャー

2級学科のタックス分野で最初に出る「所得税のしくみ」。税金を理解するキーワードは「シュウニュウ」「ショトク」「コウジョ」の3つ。入ってくるお金の全部である「収入」から、経費を差し引いたのが「所得」。純粋なもうけである「所得」に税金がかかる。「控除」は差し引くという意味だが、税金の世界では「みなし経費」と覚えよう。税金の世界で迷ったら、この3つのキーワードに戻れば大丈夫だ！

ナナメ読み！ 学習のポイント

1 所得税のしくみ

(1) 所得税は暦年単位課税

所得税は、個人の毎年1月1日から12月31日まで（＝暦年）のもうけ（＝所得）に対して課税される。所得金額を計算する場合、**その年の収入に計上すべきことが確定**しているものは、未収入の売上代金であっても収入金額に含める。

(2) 所得税は超過累進税率

年間の所得が多くなるにつれて、所得税の税率も階段状にアップ（累進）する。現在の税率は最低**5%**、最高**45%**の7段階。

●所得税の速算表

課税される所得金額		税率	控除額
	195万円以下	5%	0円
195万円超	330万円以下	10%	97,500円
330万円超	695万円以下	20%	427,500円
695万円超	900万円以下	23%	636,000円
900万円超	1,800万円以下	33%	1,536,000円
1,800万円超	4,000万円以下	40%	2,796,000円
4,000万円超		45%	4,796,000円

※　この表は覚えずに、使い方（所得金額に税率を掛けて控除額を引く）だけ理解しよう！

(3) 所得税は原則として申告納税方式（しんこくのうぜいほうしき）（⇔住民税は賦課課税方式（ふかかぜいほうしき））

所得税は、本来は各個人が「自分で**申告**して**納税**する」方式をとっている。**納税地**は、原則その個人の**住所地**。税務署長に届出書を提出することで、居所（きょしょ）や事業所の所在地を納税地とすることができる。

(4) 所得税の申告・納税がラクになる源泉徴収制度（げんせんちょうしゅうせいど）

個人に給料・報酬や利子などの支払いをする会社が、（本来なら各個人が申告・納税するところを）特別に税金を天引きして、代わって納付するしくみ。

(5) 所得税の原則は総合課税（そうごうかぜい）

その年の様々な所得を合算してから、金額に応じた税率（超過累進税率）を掛けて計算する方法。これが原則。

(6) 所得税の例外は分離課税（ぶんりかぜい）

一定の譲渡所得※、退職所得、山林所得について、総合課税の対象とは別にして、個々に税率を適用して課税する方法。これが例外。

※　一定の譲渡所得とは「分離短期譲渡所得」「分離長期譲渡所得」「株式等に係る譲渡所得」を指す。

2 納税義務者のカテゴリーと課税される所得のちがい

日本における個人の納税義務者は、日本国内に住所があり1年以上住んでいる**居住者**と、それ以外の**非居住者**の2つに分けられる。居住者は原則※として**国内外**で得たすべての所得に対して課税されるが、非居住者は**国内**で得た所得についてのみ課税される（国外で得た所得は課税されない）。

※　例外として、日本国籍がなく過去10年間の半分以下しか日本に住んでいない人は、**非永住者**といって、国外で得て国外で支払われた所得には課税されない。

実務上ではどうなの？

お客様の相談を受ける際に、税金の質問をされることもありますが、FPが単独で個別の税額を計算することはしません。収入と所得の違いをわかりやすく説明したり、仮の事例で一般的な計算の流れを伝えたうえで、お客様自身に電卓をたたいていただくなりして、詳しくは税務署（経営者の方は顧問税理士）に確認するように促します。

本番得点力が高まる！ 問題演習

問1 □□□　所得税の基本的な仕組みに関する次の記述のうち、最も不適切なものはどれか。

1）所得税では、原則として、納税者本人の申告により納付すべき税額が確定し、この確定した税額を納付する申告納税制度が採用されている。

2）所得税の納税義務を負うのは居住者のみであり、非居住者が所得税の納税義務を負うことはない。

3）所得税では、課税対象となる所得を10種類に区分し、それぞれの所得の種類ごとに定められた計算方法により所得の金額を計算する。

4）所得税額の計算において課税総所得金額に乗じる税率は、課税総

所得金額が大きくなるにつれて段階的に税率が高くなる超過累進税率が採用されている。《2023年9月学科問題（31）》

問2 □□□

所得税の基本的な仕組みに関する次の記述のうち、最も適切なものはどれか。

1）所得税の納税義務者は、日本国籍を有する個人および国内に本社・本店を有する法人のみである。

2）所得税は、納税者に住所地のほか、居所や事業所がある場合には、税務署長に届出書を提出することなく、その居所や事業所の所在地を納税地とすることができる。

3）各種所得の金額の計算上、収入金額には、原則として、その年において収入すべき金額である未収の収入も計上しなければならない。

4）所得税は、納税者が申告をした後に、税務署長が所得や納付すべき税額を決定する賦課課税方式を採用している。

《2021年1月学科問題（31）》

問3 □□□

所得税の原則的な仕組みに関する次の記述のうち、最も不適切なものはどれか。

1）所得税では、課税対象となる所得を10種類に区分し、それぞれの所得の種類ごとに定められた計算方法により所得の金額を計算する。

2）合計所得金額は、損益通算後の各種所得の金額の合計額に、純損失や雑損失の繰越控除を適用した後の金額である。

3）課税総所得金額に対する所得税額は、課税総所得金額に応じて7段階に区分された税率を用いて計算される。

4）所得税では、納税者本人が所得の金額とこれに対応する税額を計算し、申告・納付する申告納税方式を採用している。

《2022年5月学科問題（31）》

問4 □□□ 所得税額の原則的な計算手順として、最も適切なものはどれか。

> （ア）課税対象となる所得を10種類に区分し、それぞれの所得の種類ごとに定められた計算方法により所得の金額を計算する。
> （イ）配当控除や住宅借入金等特別控除などの税額控除を行う。
> （ウ）医療費控除や配偶者控除などの所得控除を行う。
> （エ）所定の税率を乗じて、算出所得税額を計算する。
> （オ）損益通算、純損失・雑損失の繰越控除を行う。

1) （ア）→（ウ）→（エ）→（オ）→（イ）
2) （ア）→（オ）→（ウ）→（エ）→（イ）
3) （ア）→（エ）→（イ）→（ウ）→（オ）
4) （ア）→（オ）→（イ）→（エ）→（ウ）

《2015年5月学科問題（31）》

問1 2)……学習のポイント **2** を参照。非居住者も日本国内で得た所得については課税される

問2 3)……1) 外国人や外国法人も（日本国内における所得など）一定の所得について納税義務者となり得る。学習のポイント **2** を参照
2) 学習のポイント **1** (3) を参照。届出書の提出が必要
4) 所得税は原則として申告納税方式

問3 2)……「合計所得金額」は各種所得の損益通算後の合計額（各種繰越控除前）であり、分離課税の所得も含む

問4 2)……まず、10種類の各所得の金額を計算。次に損益通算し、所得控除を行い、算出所得税額を計算。最後に税額控除を行う

---

2 個人の様々な所得 10種類の所得

絶対読め！30秒レクチャー

所得（＝収入から経費を引いた、純粋なもうけ）が入るハコは10種類ある！　利子所得、配当所得、給与所得、退職所得、事業所得、不動産所得、譲渡所得、一時所得、雑所得、山林所得の10種類。

利子所得と配当所得は金融資産からのインカムゲイン（定期的に入ってくる不労所得）。

給与所得では通勤手当の非課税上限（月15万円）、退職所得では「40万円、70万円、2分の1」の3つの数字を頭にたたき込め！

事業所得は、八百屋さんのお金の流れをイメージすれば理解しやすい。売上から、様々な経費を差し引いて残るお金が所得になる。

不動産所得は「大家さん所得」だ！　不動産を売ってもうける所得ではなく、貸してもうける所得――つまり、家賃収入などから、管理費や固定資産税や減価償却費（資産の価値減少を経費とみなしてくれる、ありがたい制度）など、様々な経費を差し引いて残るお金だ。

譲渡所得は、資産をパアッと売り払って純粋にもうかったお金のことだ！土地・建物や株式などは分離課税だが、それ以外の資産（ゴルフ会員権、貴金属など）は総合課税が原則だ。

一時所得と雑所得は、いずれも本業ではない所得だが、一時所得は「単発でドン」と受け取り、雑所得は「複数年にわたってコツコツ」受け取るとイメージしておけば大丈夫だ！

ナナメ読み！ 学習のポイント

復興特別所得税に対して2.1％付加される（15％×1.021＝15.315％など）。

●課税標準の計算の流れ

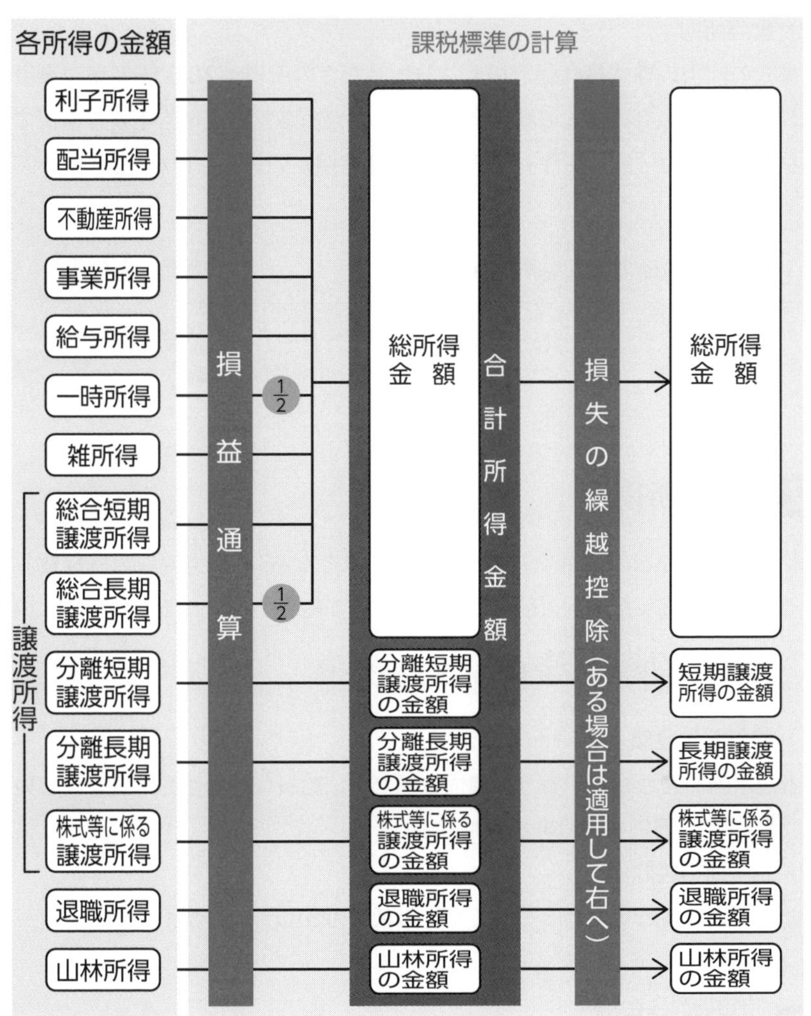

1 利子所得と配当所得

金融資産のインカムゲインをザックリいうと、債券からは利子が、株式からは配当がもらえる。

(1) 利子所得（りししょとく）

公社債や預貯金の利子や公社債投資信託の収益分配金などの所得。所得税・

復興特別所得税15.315%と住民税5%の合計20.315%が源泉徴収される。

(2) 配当所得

株式の配当、株式投資信託の収益分配金などの所得。20.315%が源泉徴収される。また、上場株式の配当金は金額にかかわらず確定申告不要を選択できるが、その場合「配当控除」(→第4章6 2参照)の対象とはならない。

さらっと一読!

その他の細かいポイント 出題率 10%未満

① 特定公社債等に係る利子等は、申告分離課税の対象。
② 発行済株式総数の3%未満を所有する株主が受ける上場株式等に係る配当等は、(金額にかかわらず)申告不要制度を選択できる。

2 給与所得

給料や賞与などの所得で、総合課税の対象となる。「所得=収入-経費」であるため、もらった給料(給与収入)がすべて給与所得になるわけではない。

給与所得=給与収入金額-給与所得控除額

(1) 給与収入金額

各種手当を含む給料や賞与の額面金額だが、給料に通勤手当が含まれていたら、1カ月15万円までは非課税になる。

(2) 給与所得控除額

給与収入によって変わってくるが、最低でも55万円は控除される。

3 退職所得

退職により受ける所得で、(金額にかかわらず)申告分離課税の対象。退職金を一時金でもらったら退職所得だが、年金形式でもらった場合は雑所得になる。なお、死亡退職金は退職所得ではなく、死亡した者の相続財産とみなされる。

退職所得＝(収入金額－退職所得控除額※)×$\frac{1}{2}$

※　退職所得控除額

20年以下の場合：40万円×勤続年数

20年超の場合　：800万円＋70万円×(勤続年数－20年)

→800万円とは40万円×20年のこと

なお、勤続5年以下の人が、短期の退職手当として受けるものに該当する場合は、最後の×$\frac{1}{2}$を行わない。

ただし、役員等以外の者（従業員）の場合、退職金から退職所得控除額を引いた残額が300万円以下の部分については、$\frac{1}{2}$課税を適用する。

実務上ではどうなの？

退職金は、「一時金で受け取る」ほかに「年金で受け取る」「一時金と年金のミックスで受け取る」など様々な方法があるので、お客様から受取り方について相談を受けることはよくあります。その場合、税金の観点だけでなら一時金での受取りを中心に考えればよいのですが、実際には「企業年金の健全性や運用率」「一時金で受け取ったお金の運用率」「今後の推定余命とライフプラン」など考慮すべきポイントが多いため、結論は個々の事情によって異なります。

4 事業所得（じぎょうしょとく）

個人事業主（農業、小売業、サービス業など）の事業から生じたもうけ。総合課税となる。

事業所得＝総収入金額－必要経費

(1) 必要経費に含まれるのは、商品の仕入れにかかるお金、人件費、（資産の価値減少を経費とみなす）減価償却費などの費用（家事費は含まない）。親族に支払った人件費は必要経費に入れられないが、**青色事業専従者**（あおいろじぎょうせんじゅうしゃ）に支払う給与は必要経費に算入できる。

(2) 減価償却費に関して、①使用可能期間が1年未満または取得価額が10万円未満の減価償却資産は、全額を一括で必要経費にできる、②1998年4月以後に取得した**建物**の減価償却は、**定額法**しか認められない、③機械・装置について、その償却方法を納税地の所轄税務署長に届出していない場合は、定額法により計算することになる。④土地や骨董品などの資産は、(価値が減っていくものではないから) 減価償却資産に該当しない。

(3) 事業所得における商品の売上原価は、「年初の棚卸高 (在庫額) に本年中の仕入高を加えて、年末の棚卸高を引く」と求められる。

5 不動産所得

土地や建物などの**貸付け**による収入から、必要経費を差し引いて残ったもうけ。もしその金額がマイナスになった場合、(土地取得に用いたローンの利子を除き) 他の総合課税の所得から差し引く「損益通算」ができる。

(1) 収入に計上するもの

地代や家賃の場合、収入の計上時期は契約における支払日。

収入に計上するものとしては、「家賃や地代」「礼金」「更新料」「保証金・敷金のうち**返還を要しない部分**の金額」などがある。

(2) 必要経費に計上できるもの

必要経費には、管理費、減価償却費、租税公課 (固定資産税、不動産取得税、登録免許税)、借入金の利子、立退き料などがある。

(3) これは不動産所得？ それとも事業所得？

① アパートや下宿の個人経営によるもうけは何所得？

a. 食事を提供しない→不動産所得 (室数や**規模**にかかわらず、**不動産**所得になる)

b. 食事を提供する →事業所得または雑所得 (サービス業になるので)

② 不動産所得が事業的規模かどうかの判定：アパートなど10室以上または独立家屋5棟以上の場合、事業的規模とみなされて「青色申告特別控除が最高65万円」などのメリットがある。

6 譲渡所得

資産の売却によるもうけ。土地・建物や株式を売ってもうかったら申告分離課税となるが、それ以外…例えば金地金（金塊）や骨董品などを売ってもうかった場合には総合課税になる。

(1) 土地・建物・株式等以外の譲渡所得（ゴルフ会員権・書画・骨とうなど）

譲渡所得＝総収入金額－（取得費＋譲渡費用）－特別控除額※

※　特別控除額は、短期と長期を合計して最高50万円

① 短期・長期に区分され（適用される税率が異なる）、総合課税。

・所有期間が５年以内…総合短期譲渡所得

・所有期間が５年超え…総合長期譲渡所得

※　所有期間は「取得日から譲渡した日まで」の期間で判定

② 総合長期譲渡所得は、総所得金額に算入する際に$\frac{1}{2}$にする。

(2) 土地・建物の譲渡所得

譲渡所得＝総収入金額－（取得費＋譲渡費用）

短期・長期に区分され（適用される税率が異なる）、分離課税。

・所有期間が５年以内…分離短期譲渡所得（税率が高い）

・所有期間が５年超え…分離長期譲渡所得（税率が低い）

※　所有期間は「取得日から譲渡日の属する年の１月１日まで」の期間で判定

(3) 株式等の譲渡所得

譲渡所得＝総収入金額－（取得費＋譲渡費用＋負債の利子）

短期・長期の区分はなく、申告分離課税。

(4) その他のポイント

① 取得費が不明な場合、譲渡金額の５％相当を取得費とすることができる。

② 不動産の譲渡日は「契約日」「引渡し日」いずれかを選択できる。

7 一時所得(いちじしょとく)

「本業以外で、一括で（一時に）受け取ったもうけ」をイメージしよう。懸賞の当選金、貯蓄性のある保険商品の満期金などが該当する。総合課税の対象。一時所得の金額は、もうけから50万円引いて求める。さらに総所得金額に算入する時に$\frac{1}{2}$にする。

総所得に算入される一時所得の金額 ＝ (総収入金額 － 収入を得るために支出した金額 － 特別控除(50万円)) × $\frac{1}{2}$

（総収入金額 － 収入を得るために支出した金額 － 特別控除(50万円) ＝ 一時所得の金額）

8 雑所得(ざつしょとく)

本業とは異なる「諸々の所得」で総合課税の対象。複数年にわたって受け取るもうけとイメージしよう。公的年金、公社債の償還差益、生命保険契約に基づく年金、退職金を年金形式でもらった場合などが該当する。

雑所得の計算は、収入から経費（や「みなし経費」）を差し引く原則は変わらないが、公的年金等と公的年金等以外によって異なる。

公的年金等：公的年金等の収入金額－公的年金等控除額
公的年金等以外：（公的年金等以外の）収入金額－必要経費

本番得点力が高まる！ 問題演習

問1 □□□

次のうち、所得税における非課税所得に該当するものはどれか。

1）勤務していた会社を自己都合により退職したことで受け取った雇用保険の基本手当
2）法人からの贈与により個人が受け取った金品
3）年金受給者が受け取った老齢基礎年金
4）賃貸不動産の賃貸人である個人が賃借人から受け取った家賃

《2018年1月学科問題（31）》

問2 所得税における各種所得の金額の計算方法に関する次の記述のうち、最も不適切なものはどれか。

1）利子所得の金額は、「利子等の収入金額－元本を取得するために要した負債の利子の額」の算式により計算される。

2）不動産所得の金額は、原則として、「不動産所得に係る総収入金額－必要経費」の算式により計算される。

3）一時所得の金額は、「一時所得に係る総収入金額－その収入を得るために支出した金額－特別控除額」の算式により計算される。

4）退職所得の金額は、特定役員退職手当等および短期退職手当等に係るものを除き、「(退職手当等の収入金額－退職所得控除額）×1/2」の算式により計算される。 《2023年5月学科問題（32)》

問3 所得税における各種所得に関する次の記述のうち、最も適切なものはどれか。

1）退職一時金を受け取った退職者が、「退職所得の受給に関する申告書」を提出している場合、所得税および復興特別所得税として、退職一時金の支給額の20.42％が源泉徴収される。

2）個人事業主が事業資金で購入した株式について、配当金を受け取ったことによる所得は、配当所得となる。

3）不動産の貸付けを事業的規模で行ったことにより生じた賃貸収入による所得は、事業所得となる。

4）会社員が勤務先から無利息で金銭を借りたことにより生じた経済的利益は、雑所得となる。 《2022年1月学科問題（32)》

問4 所得税における各種所得に関する次の記述のうち、最も適切なものはどれか。

1）個人事業主が事業資金で購入した株式について、配当金を受け取ったことによる所得は、一時所得となる。

2）個人による不動産の貸付けが事業的規模である場合、その賃貸収入による所得は、事業所得となる。

3）会社役員が役員退職金を受け取ったことによる所得は、給与所得となる。

4）個人年金保険の契約者（＝保険料負担者）である個人が、その保

険契約に基づく年金を年金形式で受け取ったことによる所得は、雑所得となる。《2020年9月学科問題（32）》

問1 1）……1）雇用保険から受け取る各種手当はいずれも非課税

2）雇用関係があれば給与所得、なければ一時所得

3）公的年金（老齢）の受け取りは雑所得

4）家賃収入は不動産所得

問2 1）……利子所得の金額は「利子等の収入金額」である

問3 2）……1）「退職所得の受給に関する申告書」を提出していない場合に20.42％が源泉徴収される

3）個人の不動産の賃貸収入は（事業的規模かどうかに関わらず）不動産所得となる

4）給与所得として課税される

問4 4）……1）株式の購入資金が事業資金であるかどうかに関わらず、配当所得となる

2）学習のポイント5 (3) ①a．を参照

3）役員でも従業員でも、退職金を一時金で受け取れば退職所得となる

---

3 所得税における損益通算

所得税の損益通算

絶対読め！30秒レクチャー

超重要な10種類の所得は覚えているかな？　ある種類の所得（収入－経費）がマイナスになった場合、ほかの所得のプラスと相殺できるのが「損益通算」だが、このワザが使える所得は4つだけだ。不事山譲（ふじさんじょう＝富士参上＝暴走族が富士山に集合するイメージ）と覚えよう。2級学科では毎回出るようになった！

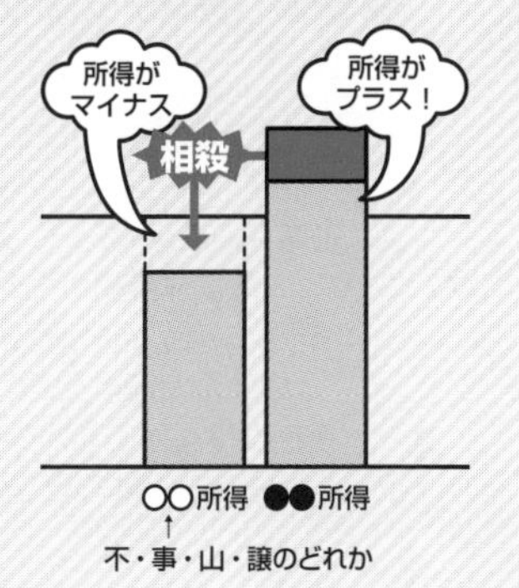

ナナメ読み！　**学習のポイント**

1 所得税における損益通算（そんえきつうさん）とは

ある種類の所得で生じたマイナス金額を、別の種類の所得のプラス金額と相殺できる（→結果として税金が減る）ありがたい制度。これが使えるのは、**不動産**所得、**事業**所得、**山林**所得、**譲渡**所得（不事山譲）の4つのカテゴリーにおける赤字。ただし、次のことに注意しよう。

(1) 雑所得や一時所得は（収入－経費）がマイナスになることがあるが、その場合は「所得ゼロ」とみなされて、損益通算はできない。

(2) **土地**を取得するために要した**借入金の利子**（ローン返済の利息部分）は、不動産所得における損益通算の対象にならない。

(3) 譲渡所得のうち、上場株式の売却損は（「分離課税を選択した上場株式等の配当所得等」を除き）損益通算できない。

(4) 譲渡所得のうち、不動産の売却損は（一定の要件を満たすマイホームを除き）原則として損益通算できない。

(5) 譲渡所得がマイナスになった場合は、まず一時所得のプラス金額（$\frac{1}{2}$する前の金額）から差し引く。それでも（譲渡所得の）マイナスが残る場合は、他の所得から差し引く。

さらっと一読！

■譲渡（売却）により生じた損失の金額の損益通算

出題率 20%未満

① 「衣類や家具などの生活用動産の売却（1個または1組30万円超の貴金属などは除く）」による譲渡所得の損失は、なかったものとみなされる。
② 「ゴルフ会員権の売却」「金地金（きんじがね）の売却」「別荘の売却」による譲渡所得の損失は、他の各種所得の金額と損益通算することができない。
③ 「居住用財産の売却」による譲渡所得の損失は、給与所得等と損益通算できる特例があるが、（損失を前年に繰り戻して）前年分の所得税の還付を受けることはできない。

本番得点力が高まる！ 問題演習

問1 □□□

所得税の損益通算に関する次の記述のうち、最も適切なものはどれか。

1) 公的年金等以外の雑所得の金額の計算上生じた損失の金額は、不動産所得の金額と損益通算することができる。
2) 不動産所得の金額の計算上生じた損失の金額は、上場株式等に係る譲渡所得の金額と損益通算することができる。
3) 総合課税の対象となる事業所得の金額の計算上生じた損失の金額は、公的年金等に係る雑所得の金額と損益通算することができる。
4) 一時所得の金額の計算上生じた損失の金額は、給与所得の金額と損益通算することができる。

《2021年5月学科問題（32）》

問2 □□□

Aさんの2024年分の所得の金額が下記のとおりであった場合の所得税における総所得金額として、最も適切なものはどれか。なお、▲が付された所得の金額は、その所得に損失が発生していることを意味するものとする。

給与所得の金額	300万円	－
不動産所得の金額	▲50万円	不動産所得に係る土地の取得に要した負債の利子の額30万円を必要経費に算入している。
事業所得の金額	▲80万円	総合課税に係るものである。

1）170万円

2）200万円

3）220万円

4）250万円　《2017年9月学科問題（34）改題》

問3 □□□

Aさんの2024年分の所得の金額が下記のとおりであった場合の所得税における総所得金額として、最も適切なものはどれか。なお、▲が付された所得の金額は、その所得に損失が発生していることを意味するものとする。

不動産所得の金額	500万円
事業所得の金額（総合課税に係るもの）	▲150万円
雑所得の金額	▲20万円
一時所得の金額	50万円

1）355万円

2）375万円

3）380万円

4）400万円　《2018年5月学科問題（33）改題》

所得税の各種所得の金額の計算上生じた次の損失の金額のうち、他の所得の金額と損益通算できるものはどれか。

1）不動産所得の金額の計算上生じた損失の金額のうち、不動産所得を生ずべき建物の取得に要した負債の利子に相当する部分の金額

2）生活の用に供していた自家用車を売却したことにより生じた損失の金額

3）別荘を譲渡したことにより生じた損失の金額

4）ゴルフ会員権を譲渡したことにより生じた損失の金額

《2022年5月学科問題（33）》

問1　3）……1）雑所得の損失は他の所得とは損益通算できない

2）不動産所得の損失が損益通算できるのは総合課税の所得。上場株式等の譲渡所得は分離課税なので損益通算の対象外

4）一時所得の損失は他の所得とは損益通算できない

問2　2）……土地取得に要した負債の利子相当部分は、他の所得と損益通算できない

よって、土地取得に要した負債の利子30万円は、不動産所得の損失▲50万円から除かれ、損益通算できるのは▲20万円

総所得金額＝300万円－20万円－80万円＝200万円

問3　2）……雑所得の損失は、他の所得との損益通算はできない

一時所得の金額は、総所得金額に算入する時に$\frac{1}{2}$にする（第4章2 7を参照）

総所得金額＝不動産所得500万円－事業所得150万円

＋雑所得0円＋一時所得50万円×$\frac{1}{2}$＝375万円

問4　1）……2）生活用動産の売却による損失は対象外

3）別荘の売却による損失は対象外

4）ゴルフ会員権の売却による損失は対象外

4 所得控除　所得控除　物的控除

絶対読め！30秒レクチャー

医療費控除は、治療コストの実質負担が年10万円を超えた場合に、その超過額を「みなし経費」として認めてもらえる制度だ！

第2の税金とも呼ばれる社会保険料は、全額「みなし経費」だ！　みんなが支払った国民年金や健康保険料などの社会保険料は、すべて控除できる！

生命保険料や地震保険料は、1年間で支払った保険料の金額に応じて一定額が「みなし経費」となる。生命保険料は2012年以降の契約と、それ以前の契約で控除額が異なるから注意しよう！

雑損控除（ざっそんこうじょ）は、災害や盗難などにより損失を受けた場合に計上できる！　これを受けるには、確定申告が必須！

社会保険料は、いずれも
控除されるのだな！
フムフム

ナナメ読み！　学習のポイント

1 医療費控除（いりょうひこうじょ）

本人または生計を一にする**配偶者その他親族**の医療費をその年中に実際に支払った場合、一定金額が所得から差し引ける制度。年間の控除額の上限は**200万円**で、適用を受けるには**確定申告**が必要。

医療費控除額 ＝（医療関連費－保険金等で補てんされた金額）－**10万円**※

※　総所得金額が200万円未満の場合は、総所得金額×5％が足切りライン

治療や**回復**の目的で支出した費用が対象。不妊治療やレーシック手術なども対象だ。一方、滋養強壮剤の購入など**予防的要素**の強いものは対象外。健康診

断費用も対象外だが、その健康診断によって病気が見つかって治療した場合は対象となる。

さらっと一読！

▍医療費控除の細かいポイント　出題率 **30**%未満

① 風邪の治療のための一般的な医薬品の購入費は、医師の処方がなくても、医療費控除の対象となる。
② 診療を受けるために公共交通機関（電車等）を利用した通院費で通常必要なものは医療費控除の対象となるが、自家用車で通院した場合の費用は対象外。
③ 年末時点で未払いの金額はその年分の医療費控除の対象にはならない。

さらっと一読！

▍セルフメディケーション税制（特例）　出題率 **10**%未満

スイッチOTC医薬品（もともと医療用だった薬が市販薬となったもの）を購入した金額が1年間に12,000円を超えるとき、その超える部分について所得控除が受けられる制度（最高88,000円）。従来の医療費控除との選択適用となる（両方は受けられない）。

2 生命保険料控除

(1) 一般の生命保険料控除

死亡または生存等により保険金が支払われる保険商品の保険料を支払った場合に受けられる所得控除。

(2) 個人年金保険料控除

「個人年金保険料**税制適格**特約」とある個人年金保険の保険料に適用される所得控除。ただし、特約部分は一般の生命保険料控除となる。

(3) 介護医療保険料控除

2012年1月以降に契約した保険の保険料のうち、医療・介護等に関する部分が対象。

●生命保険料控除額

区分	所得税	住民税
一般の生命保険料控除額	最高4万円	最高2.8万円
個人年金保険料控除額	最高4万円	最高2.8万円
介護医療保険料控除額	最高4万円	最高2.8万円
合計限度額	最高12万円	最高7万円

※　2012年1月1日以降の契約にかかる控除額

3 社会保険料控除（しゃかいほけんりょうこうじょ）

本人または生計を一にする配偶者やその他の親族が負担すべき社会保険料を支払った場合、その年に支払った金額（または給料などから控除された金額）の全額を所得から差し引ける。

4 地震保険料控除（じしんほけんりょうこうじょ）

地震保険の保険料については、以下の金額が所得から控除される。

●地震保険料控除額

年間支払保険料の合計	所得税に関する控除額
50,000円以下	保険料全額
50,000円超	50,000円

※　地震保険料の住民税における控除額は、支払った保険料の$\frac{1}{2}$（最高2.5万円）

5 小規模企業共済等掛金控除（しょうきぼきぎょうきょうさいとうかけきんこうじょ）

小規模企業共済や確定拠出年金等の掛金を支払った場合に、その全額が所得から差し引ける。

6 雑損控除（ざっそんこうじょ）

災害・盗難などによって、本人または扶養親族の資産が損失を受けた場合に、所得から一定額を差し引けるものだ。対象資産は**生活に必要な資産**（家財、衣服、時価30万円以下の宝石や骨董品など）。別荘の家屋などは対象外。詐欺や恐喝にあった場合の損失も対象外。適用を受けるには**確定申告**が必要。

7 寄附金控除（きふきんこうじょ）

個人が一定の公益団体への寄附（**特定**寄附金）をした場合、「その年の寄附の合計金額（上限は総所得金額の40%相当額）から2,000円を差し引いた金額」を所得から差し引ける。年末調整で適用を受けることはできない（**確定申告**が原則必要）が、自治体への寄附に関してふるさと納税のワンストップ特例制度を利用する場合は確定申告が不要。

本番得点力が高まる! 問題演習

問1 □□□

所得税における所得控除に関する次の記述のうち、最も適切なものはどれか。

1）納税者が医師の診療に係る医療費を支払った場合、その全額を医療費控除として総所得金額等から控除することができる。

2）納税者が特定一般用医薬品等（スイッチＯＴＣ医薬品等）の購入費を支払った場合、その全額を医療費控除として総所得金額等から控除することができる。

3）納税者が確定拠出年金の個人型年金の掛金を支払った場合、その全額を社会保険料控除として総所得金額等から控除することができる。

4）納税者が国民年金基金の掛金を支払った場合、その全額を社会保険料控除として総所得金額等から控除することができる。

《2023年5月学科問題（34）》

問2 所得税における医療費控除に関する次の記述のうち、最も不適切なものはどれか。なお、「特定一般用医薬品等購入費を支払った場合の医療費控除の特例」は考慮しないものとする。

1）納税者が自己と生計を一にする配偶者のために支払った医療費の金額は、当該納税者の医療費控除の対象となる。

2）医師等による診療等を受けるために電車、バス等の公共交通機関を利用した場合に支払った通院費で通常必要なものは、医療費控除の対象となる。

3）医療費の補塡として受け取った保険金は、その補塡の対象となった医療費の金額を限度として、支払った医療費の金額から差し引かれる。

4）納税者が自己の風邪の治療のために支払った医薬品の購入費の金額は、医師の処方がない場合、医療費控除の対象とはならない。

《2022年5月学科問題（34）》

問3 □□□ 次のうち、所得税における所得控除に該当するものはどれか。

1）配当控除

2）雑損控除

3）外国税額控除

4）住宅借入金等特別控除 《2017年5月学科問題（35）》

問1 4）……1）学習のポイント 1 を参照。全額ではない

2）学習のポイント 1 を参照。年間12,000円を超える部分で最高88,000円が対象

3）学習のポイント 5 を参照。小規模企業共済等掛金控除の対象

問2 4）……医師の処方がない医薬品の購入費も（治療や回復の目的であれば）医療費控除の対象

問3 2）……「雑損控除」のみ所得控除に該当する（学習のポイント 6 を参照）。他の3つはいずれも税額控除に該当する

---

5 所得控除　所得控除　人的控除

絶対読め！30秒レクチャー

たとえ三度のメシを牛丼やマックで済ませても、最低限のお金はかかるだろう！　だから、原則48万円は基礎控除という「みなし経費」が認められている。

また、配偶者控除と配偶者特別控除は、ダブルでは受けられない！　配偶者の所得が48万円以下なら配偶者控除、48万円を超えたら配偶者特別控除になるのだ。

ナナメ読み！　学習のポイント

1 基礎控除（きそこうじょ）

(1) 基礎控除は原則**48万円**の所得控除。

(2) ただし、この控除額は、納税者本人の合計所得金額が「2,400万円超2,450万円以下の場合32万円」「2,450万円超2,500万円以下の場合16万円」と下がり、2,500万円を超えるとゼロになる。

2 配偶者控除（はいぐうしゃこうじょ）

(1) その年の合計所得金額が**48万円以下**の生計を一にする**配偶者**がいる場合は、**38万円**（配偶者が70歳以上なら48万円）の所得控除が受けられる。

(2) ただし、この控除額（配偶者が70歳未満の場合）は納税者本人の合計所得金額が「900万円超950万円以下の場合26万円」「950万円超1,000万円以下の場合13万円」と下がり、1,000万円を超えると控除は受けられない。

(3) 配偶者が青色事業専従者、白色事業専従者の場合はこの控除を受けられない。

3 配偶者特別控除(はいぐうしゃとくべつこうじょ)

(1) その年の合計所得金額が48万円を超えて133万円以下の生計を一にする配偶者がいる場合は、(納税者本人の所得と) 配偶者の所得に応じた所得控除が受けられる。

(2) ただし、納税者本人の合計所得金額が1,000万円を超えると、この控除は受けられない。

(3) 配偶者が青色事業専従者、白色事業専従者の場合はこの控除を受けられない。

4 扶養控除(ふようこうじょ)

(1) その年の合計所得金額が48万円 (給与所得だけなら103万円) 以下の生計を一にする16歳以上の親族がいる場合、1人あたり38万円 (19歳以上23歳未満の親族なら特定扶養控除として63万円) を控除できる。

(2) 70歳以上の人を扶養する場合、老人扶養親族として、同居する老親等の場合は58万円 (納税者またはその配偶者のいずれかとの同居を常況としていない場合は48万円) の扶養控除が適用される。

さらっと一読!

扶養控除の適用可否を判断するタイミング 出題率 20%未満

① 扶養控除・配偶者控除などは通常12月31日時点の状態で適用できる・できないが判断される。

② 控除対象の扶養親族が年の途中で死亡した場合は、死亡時に要件を満たしていれば控除が適用される。

5 障害者控除

本人または生計を一にする配偶者や親族が障害者の場合、障害者27万円、特別障害者40万円（同居の場合75万円）の所得控除が受けられる。

6 ひとり親控除

合計所得金額が500万円以下で、結婚や事実婚をしていない独身者が、総所得金額等が48万円以下の子と生計を共にしている場合、35万円が控除される。

本番得点力が高まる！ 問題演習

問1 □□□

会社員であるＡさんの2024年分の給与所得の源泉徴収票に関する次の記述のうち、最も適切なものはどれか。なお、Ａさんは、妻Ｂさん、母親Ｃさん、長男Ｄさん、長女Ｅさんの５人家族であり、Ａさんには下記の給与所得以外の所得はないものとする。また、下記の源泉徴収票は復興特別所得税を考慮しておらず、※印の欄は問題の性質上明示していない。

令和６年分　給与所得の源泉徴収票

支払を受ける者	住所又は居所	東京都江東区×××	(受給者番号) (個人番号) (役職名) 氏名 (フリガナ) A

種別	支払金額	給与所得控除後の金額（調整控除後）	所得控除の額の合計額	源泉徴収税額
給与・賞与	12 000 000	10 050 000	3 680 000	881 500

(源泉)控除対象配偶者の有無等（有／従有）	老人	配偶者（特別）控除の額	控除対象扶養親族の数（配偶者を除く。）特定	特定 従人	老人 内	老人	老人 従人	その他	その他 従人	16歳未満扶養親族の数	障害者の数（本人を除く。）特別	その他	非居住者である親族の数
		※	1		1	1		1					

社会保険料等の金額	生命保険料の控除額	地震保険料の控除額	住宅借入金等特別控除の額
1 450 000	115 000	35 000	

(摘要)

生命保険料の金額の内訳	新生命保険料の金額		旧生命保険料の金額	100,000	介護医療保険料の金額	15,000	新個人年金保険料の金額		旧個人年金保険料の金額	100,000

住宅借入金等特別控除の額の内訳	住宅借入金等特別控除適用数	居住開始年月日(1回目) 年 月 日	住宅借入金等特別控除区分(1回目)	住宅借入金等年末残高(1回目)
	住宅借入金等特別控除可能額	居住開始年月日(2回目) 年 月 日	住宅借入金等特別控除区分(2回目)	住宅借入金等年末残高(2回目)

(源泉・特別)控除対象配偶者	(フリガナ) 氏名 B	区分	配偶者の合計所得 650,000	国民年金保険料等の金額	旧長期損害保険料の金額
	個人番号			基礎控除の額	所得金額調整控除額

控除対象扶養親族	氏名	区分	16歳未満の扶養親族	氏名	区分	(備考)
1	C		1			
2	D		2			
3	E		3			
4			4			

未成年者	外国人	死亡退職	災害者	乙欄	本人が障害者 特別	本人が障害者 その他	寡婦	ひとり親	勤労学生	中途就・退職 就職	退職	年	月	日	受給者生年月日 元号	年	月	日
												6			昭和	44	9	3

支払者	
個人番号又は法人番号	(右詰で記載してください。)
住所(居所)又は所在地	東京都千代田区×××
氏名又は名称	株式会社M社　(電話) 03-0000-0000

1) Aさんの給与所得の金額は、1,200万円である。
2) Aさんの妻Bさんは、配偶者控除の対象となる控除対象配偶者である。
3) Aさんの母親Cさんは、老人扶養親族である。
4) Aさんの子のうち１人は、年少扶養親族（16歳未満の扶養親族）であるため、扶養控除の対象とならない。

《2013年9月学科問題（37）改題》

問2 □□□ Aさんの2024年12月31日現在における扶養親族およびその2024年分の収入状況が下記のとおりであった場合、Aさんの2024年分の所得税における扶養控除の控除額として、最も適切なものはどれか。

長女（21歳の大学生）：アルバイトによる給与収入金額60万円
長男（17歳の高校生）：収入なし
二男（14歳の中学生）：収入なし

1） 63万円
2）101万円
3）139万円
4）164万円

《2016年1月学科問題（35）改題》

問1 3）……1）Aさんの給与所得の金額は、源泉徴収票の「給与所得控除後の金額」なので1,005万円である

2）Aさんの合計所得金額が1,000万円を超えているため、配偶者控除の適用はない

3）「控除対象扶養親族の数」の欄「老人」に「人」1とあるのは老人扶養親族のあることを示す。同欄の「内」は同居老親等

4）「控除対象扶養親族の数」の欄「特定」は特定扶養親族（19歳以上23歳未満）を、「その他」は16歳以上のその他の控除対象扶養親族を示す。2人分（長男Dさん・長女Eさん）を示しているので、年少扶養親族はいない

問2 2）……扶養控除は16歳以上が適用対象であるため二男は対象外。長女の合計所得金額が48万円（給与収入金額だけなら103万円）以下で、19歳以上23歳未満であるため特定扶養控除として、63万円の控除となる。したがって、長女63万円、長男38万円の合計101万円が扶養控除の控除額となる

---

6 税額控除

税額控除

絶対読め！30秒レクチャー

税額控除は、最終的な税金からダイレクトに控除できるありがたいものだ。間接的に税金が減る所得控除よりもスゴい！　2級学科の試験対策としては、住宅ローン控除を中心に勉強して、配当控除は課税所得が1,000万円以下の場合だけ押さえておけば十分だ。

最終的な税金から
控除されるなんて、
ありがたいなぁ。
税額
控除
配当控除
住宅ローン控除

ナナメ読み！　学習のポイント

1 住宅ローン控除（住宅借入金等特別控除）

住宅ローンを利用して住宅の取得等をした場合に受けられる税額控除。

(1) 借入金の要件

①完済まで10年以上、②分割で返済する、③金融機関からの借入れでなければならない、④もし繰上げ返済により完済まで10年未満となった場合、その年以後の適用は受けられない。

(2) 取得する住宅の要件

取得する住宅は、①取得日から6カ月以内に（床面積の半分以上を）居住の用に供する、②床面積50㎡以上（新築住宅なら40㎡以上でOK）、③中古住宅の場合は新耐震基準に適合、④増築なら工事費用が100万円超。

(3) 適用を受けようとする人の要件

その年分の合計所得金額が2,000万円以下（40㎡以上50㎡未満の新築住宅で適用を受けたい場合は1,000万円以下）であること。

(4) 控除額の計算

住宅ローンの年末残高×0.7％（当初10年または13年間）

(5) 適用を受ける方法

年末調整の対象となる給与所得者であっても、最初の年分については確定申告をしなければ適用を受けられない（2年目以降は年末調整による適用OK）。

さらっと一読！

住宅ローン控除に関する細かいポイント　出題率 20％未満

① 自宅の買い換え（売却と購入）を同じ年に行った場合、「住宅ローン控除」と「マイホーム売却時の3,000万円特別控除」は併用できない。
② 住宅用家屋とともにその土地（敷地）を取得した場合、その土地の取得に係る借入金額も、住宅ローン控除の対象となる借入金額に含めることができる。
③ 住宅ローン控除を受けていた者が、転勤等やむを得ない事由により転居し、翌年以降に再び居住することになった場合、原則として再入居した年以降の控除期間内の控除を受けられる。

2 配当控除（はいとうこうじょ）

株式の配当、株式投信の分配金などが対象。総合課税を選択して確定申告すれば（非上場株式の配当でも）対象になるが、申告不要または申告分離課税を選択したものは控除対象外。また、J-REITの分配金や外国株式の配当も対象外。税額控除を受けられる額は、

① 課税総所得金額が1,000万円以下の場合

配当所得の金額×10％＝税額控除の金額

② 課税総所得金額が1,000万円超となる配当所得の金額

1,000万円超部分の配当所得の金額×5％＝税額控除の金額
1,000万円以下の部分の配当所得の金額×10％＝税額控除の金額

本番得点力が高まる! 問題演習

問1 □□□

所得税における住宅借入金等特別控除（以下「住宅ローン控除」という）に関する次の記述のうち、最も不適切なものはどれか。なお、記載されたもの以外の要件はすべて満たしているものとする。

1）住宅ローン控除の対象となる家屋は、納税者がもっぱら居住の用に供する家屋に限られ、店舗併用住宅は対象とならない。

2）住宅ローン控除の適用を受けるためには、その対象となる家屋を取得等した日から6ヵ月以内に自己の居住の用に供さなければならない。

3）給与所得者が住宅ローン控除の適用を受けようとする場合、最初の年分については年末調整の対象者であっても確定申告しなければならない。

4）住宅ローン控除の適用を受けていた者が、転勤等のやむを得ない事由により転居したため、取得した住宅を居住の用に供しなくなった場合、翌年以降に再び当該住宅をその者の居住の用に供すれば、原則として再入居した年以降の控除期間内については住宅ローン控除の適用を受けることができる。《2021年9月学科問題（36）》

問2 □□□

所得税における住宅借入金等特別控除（以下「住宅ローン控除」という）に関する次の記述のうち、最も適切なものはどれか。なお、2024年4月に住宅ローンを利用して住宅を取得し、同月中にその住宅を居住の用に供したものとする。

1）住宅ローン控除の対象となる家屋は、納税者がもっぱら居住の用に供する家屋に限られ、店舗併用住宅は対象とならない。

2）住宅を新築した場合の住宅ローン控除の控除額の計算上、借入金等の年末残高に乗じる控除率は、0.7%である。

3）住宅ローン控除の適用を受けようとする場合、納税者のその年分の合計所得金額は3,000万円以下でなければならない。

4）住宅ローン控除の適用を受けていた者が、転勤等のやむを得ない事由により転居したため、取得した住宅を居住の用に供しなくなった場合、翌年以降に再び当該住宅をその者の居住の用に供したとしても、再入居した年以降、住宅ローン控除の適用を受けることはできない。

《2022年9月学科問題（34）改題》

問3 □□□ 所得税における住宅借入金等特別控除（以下「住宅ローン控除」という）に関する次の記述のうち、最も不適切なものはどれか。なお、記載されたもの以外の要件はすべて満たしているものとする。

1）納税者のその年分の合計所得金額が2,000万円を超える年については、住宅ローン控除の適用を受けることができない。

2）新居を購入して居住の用に供した年に、これまで住んでいた自宅を譲渡して「居住用財産を譲渡した場合の3,000万円の特別控除」の適用を受けた場合、新居について住宅ローン控除の適用を受けることができない。

3）住宅用家屋とともにその敷地である土地を取得した場合には、その土地の取得に係る借入金額は、住宅ローン控除の対象となる借入金額に含めることができない。

4）住宅ローン控除の適用を受けていた者が、住宅ローンの一部繰上げ返済を行い、借入金の償還期間が当初の借入れの最初の償還月から10年未満となった場合、残りの控除期間について、住宅ローン控除の適用を受けることができない。

《2019年9月学科問題（36）改題》

問1 1)……店舗併用住宅でも、床面積の半分以上が居住の用に供されている場合には対象となる

問2 2)……1）学習のポイント **1**(2) を参照。床面積の半分以上が住居用なら可
3）学習のポイント **1**(3) を参照。合計所得金額の2,000万円以下
4）学習のポイント **1** **さらっと一読！**③を参照

問3 3)……土地の取得に係る借入金額も（家屋とセットでの取得なら）住宅ローン控除の対象となる

---

7 所得税における申告・納付

所得税の申告・納付

絶対読め！30秒レクチャー

2級学科でよく出るこの分野。所得税は、最終的には翌年2〜3月の「確定申告」で申告・納付するしくみだ。しかし、お上は税金を取りはぐれないしくみを用意している。お金を払う瞬間に税金を取る「源泉徴収」や、会社が確定申告の前倒しをしてくれる「年末調整」を理解しよう！

ナナメ読み！ 学習のポイント

1 源泉徴収制度（げんせんちょうしゅう）

利子・配当・給与・退職などの各所得について、その所得の支払者が支払時に所得税を徴収して、納税者に代わって納付する制度。その所得の支払者は原則として**翌月10日**までに納付する。

2 確定申告（かくていしんこく）

(1) 所得税は原則、1月1日から12月31日の間に生じた所得に対し、税額を計算し、これを翌年**2月16日**から**3月15日**までの間に申告・納付する。

(2) 期日までに納付すべき税額の半分以上を納めれば、残りの税額の納付を5月末まで延長（延納）できるが、その場合は利子税がかかる。

(3) 給与所得者の多くは、年末調整によって（源泉徴収された所得税が精算されて）納税が完了するので確定申告の義務はないが、給与等の金額が

2,000万円を超える人や給与・退職所得以外の所得の合計額が20万円を超える人、2カ所以上から給与を受けている人などは、確定申告の義務がある。

(4) 「退職所得の受給に関する申告書」を提出した場合、退職金から納付すべき所得税額は源泉徴収されるので、確定申告の義務はない。

(5) 公的年金等の年収400万円以下で、かつ公的年金等以外の所得の合計額が20万円以下の場合は、確定申告の義務はない。

(6) 同族会社の役員で、その同族会社から（給与の他に）貸付金の利息や不動産の賃貸料などを受け取っている場合には、その所得が20万円以下であっても確定申告の義務がある。

3 青色申告（あおいろしんこく）

不動産所得、事業所得、山林所得を生ずる業務を行う人は、その年の3月15日まで（1月16日以降に開業の場合は、業務開始日から2カ月以内）に「青色申告の承認申請書」を税務署長に提出すれば、青色事業専従者給与の必要経費算入などの特典が受けられる。

さらっと一読！

青色申告者の義務 出題率 10%未満

青色申告者は、総勘定元帳（そうかんじょうもとちょう）その他一定の主な帳簿を起算日から7年間、住所地もしくは居所地または事業所等に保存しなければならない。

4 青色申告特別控除（とくべつこうじょ）

(1) 不動産所得、事業所得、山林所得の場合、青色申告を申請すれば、青色申告特別控除10万円が控除できる。

(2) 事業所得、不動産所得（事業的規模に限る→第4章2 5参照）の場合、正規の簿記（複式簿記）の原則にしたがって日常の取引を記帳し、貸借対照表、損益計算書などを作成して確定申告書に添付するなどをした場合は、10万円に代わって55万円（e-Taxによる申告または電子帳簿保存を行うと**65万**円）が控除できる。なお、期限後申告となった場合の青色申告特別控除は最高10万円。

5 青色申告者の「純損失の繰越しと繰戻し」

個人の青色申告者は、事業所得がマイナスとなって、他の所得から差し引いた後（損益通算後）もマイナス金額（＝純損失）が残った場合、このマイナスを翌年以降**3**年間にわたって繰越して各年の所得から差し引ける。また、前年も青色申告をしている場合は、このマイナスを前年分の所得から差し引いて繰戻し還付を受けることもできる。

 本番得点力が高まる! 問題演習

問1 □□□

所得税の申告と納付等に関する次の記述のうち、最も不適切なものはどれか。

1）給与所得者が、医療費控除の適用を受けることにより、給与から源泉徴収された税金の還付を受けようとする場合、納税地の所轄税務署長に確定申告書を提出する必要がある。

2）年間の給与収入の金額が2,000万円を超える給与所得者は、年末調整の対象とならない。

3）確定申告書を提出した納税者が、法定申告期限後に計算の誤りにより所得税を過大に申告していたことに気づいた場合、原則として、法定申告期限から５年以内に限り、更正の請求をすることができる。

4）納税者が、確定申告に係る所得税について延納の適用を受けようとする場合、納期限までに納付すべき所得税額の３分の１相当額以上を納付する必要がある。　《2022年9月学科問題（35）》

問2 □□□

所得税の申告に関する次の記述のうち、最も適切なものはどれか。

1）青色申告者は、仕訳帳、総勘定元帳その他一定の帳簿を原則として10年間保存しなければならない。

2）青色申告者が申告期限後に確定申告書を提出した場合、適用を受

けることができる青色申告特別控除額は最大55万円となる。

3）青色申告者の配偶者で青色事業専従者として給与の支払いを受ける者は、その者の合計所得金額の多寡にかかわらず、控除対象配偶者には該当しない。

4）青色申告者に損益通算してもなお控除しきれない損失の金額（純損失の金額）が生じた場合、その損失の金額を翌年以後最長で7年繰り越して、各年分の所得金額から控除することができる。

《2023年9月学科問題（35）》

問3 □□□ 次のうち、所得税における事業所得（総合課税に係るもの）を生ずべき事業を営む青色申告者が受けることができる青色申告の特典として、最も不適切なものはどれか。

1）純損失の5年間の繰越控除

2）純損失の繰戻還付

3）棚卸資産の低価法による評価の選択

4）青色事業専従者給与の必要経費算入　《2020年9月学科問題（35）》

問1 4）……学習のポイント **2** (2) を参照。3分の1以上ではなく2分の1以上

問2 3）……1）青色申告者の帳簿の保存期間は7年間

2）学習のポイント **4** を参照。期限後申告となった場合、青色申告特別控除は最高10万円

4）学習のポイント **5** を参照。翌年以降最長3年間の繰り越し控除が可能

問3 1）……1）学習のポイント **5** 参照。5年ではなく3年

---

8 法人その他 法人に関する税務

絶対読め！30秒レクチャー

法人税は、3級での出題はなかったが、2級学科では毎回1～2問出題されているからマークしよう！　法人税は、法人の所得（税務上の利益）に対して課税される税金で、個人でいえば純粋なもうけ（所得）にかかる所得税にあたるものだ。最近は「会社と役員間の税務」も頻出になったので注目！　過去問をひと通り理解しておけ！

ナナメ読み！ 学習のポイント

1 法人税（ほうじんぜい）

内国法人（日本国内の法人）は、法人税を納める義務がある。法人税法上の法人には、普通法人、公益法人等、人格のない社団等などの種類があり、それぞれに納税義務の有無や、課税所得の範囲が定められている。公益法人でも、収益事業から生じた所得（利益）には法人税が課される。

(1) 法人税の納税地（のうぜいち）

法人税の納税地は、原則、その法人の本店または主たる事務所の所在地。

(2) 法人税の申告期限（しんこくきげん）

各事業年度終了の日の翌日から2カ月以内に確定した決算に基づいて作成した確定申告書を提出しなければならない。ただし、一定の場合には申告期限を最大で4カ月延長することができる。

(3) 欠損金（けっそんきん）の取扱い

青色申告法人で、その事業年度において**欠損金**が出た（赤字となった）場合、その欠損金は翌事業年度以降10年間まで繰り越すことができる。

(4) 法人税率（ほうじんぜいりつ）

大企業の場合には一律23.2%だが、資本金1億円以下の中小法人の場合、その年の所得が800万円以下の部分は15%、800万円超の部分は23.2%。

(5) 法人税の計算上「損金」になるもの

法人事業税、固定資産税、自動車税、都市計画税、印紙税、国や地方公共団体に対する寄附金など（なお法人税や法人住民税、懲罰的意味合いの租税公課などは「損金」に算入されない）。

(6) 法人の青色申告の承認申請期限

原則、青色申告する事業年度開始日の前日までに「青色申告の承認申請書」を提出する。新設法人の場合は、「設立の日以降3カ月を経過した日」と、「初事業年度終了日」のうち早い日の前日までに提出が必要。

さらっと一読！

法人税の計算上で「損金」になるもののその他のポイント

出題率 **30**%未満

① 中小法人（資本金1億円以下）が支出した「交際費のうち、年**800万**円までの金額」または飲食用の支出の**50%**までは損金に算入できる。
② 「1人あたり**10,000**円以下の得意先との飲食費」は、税法上の交際費に該当せず（必要な書類を保存していれば）損金の額に算入できる。
③ 使用人兼務役員に対して支給される給与のうち「**使用人**部分の給与」については、役員の報酬とは切り離して、損金の額に算入できる。
④ 「償却限度を超える減価償却費」は損金の額に算入されない。

2 会社と役員間の取引

(1) 法人による役員個人の資産の買取り

① 「買取り価格＞時価」の場合：その差額について、法人は役員に給与を支払ったものと認識され、役員には**給与**所得として課税。
② 「買取り価格＜時価」の場合：法人は「時価＝取得価額」とみなされて、その差額は受贈益として取扱われる。役員は、取引価格が時価の**2**分の**1**未

満の場合には時価で譲渡したものとみなされて課税されるが、時価の２分の１以上（で時価よりも低額）で譲渡した場合は、実際の売買価額に基づいて譲渡所得が計算される。

(2) 役員個人による法人の資産の買取り（時価よりも低額の場合）

その差額は法人の役員に対する「給与」の扱いとなり、①法人は役員給与として**損金不算入**となり、②役員には**給与**所得として課税される。

(3) 法人による役員個人への貸付金

法人が金融機関からの借入で資金調達したことが明らかなときは、

① その借入金の利率を超える利率でその役員への貸付を行っていれば、法人側では収受するすべての利息について**受取利息**（うけとりりそく）として処理する。

② その借入金の利率を下回る利率でその役員への貸付を行っていれば、その差額が役員に対しての**給与所得**として課税される。

(4) 役員個人による法人への貸付金

役員が法人に無利息で金銭の貸付をした場合でも、原則として役員が課税されることはない。

さらっと一読！

役員に支給する様々な給与は損金算入できる？ できない？

出題率 **30%未満**

① 役員に対して支給する「**定期同額**（ていきどうがく）給与」は損金算入できる。
② 役員に支給する給与のうち、決算期末（けっさんきまつ）などに支給される「**役員賞与**」は、（事前に税務署長に届け出た金額であれば）損金算入できる。
③ 役員に支給する給与のうち、利益に関する指標を基礎として算定される「**業績連動**（ぎょうせきれんどう）給与」は、同族会社では損金算入できない。
④ 法人税における役員給与は、登記簿上の役員に支給される給与に限らず、**使用人兼務**（しようにんけんむ）役員へ支給される「役員分給与」を含む。
⑤ 退職した役員に支給する**退職給与**は（適正な額であれば）税務署へあらかじめ届け出しなくても損金算入できる。

本番得点力が高まる！ 問題演習

問1 □□□ 法人が納付した次に掲げる税金のうち、法人税の各事業年度の所得の金額の計算上、損金の額に算入されないものはどれか。

1）法人税の本税

2）固定資産税

3）事業所税

4）印紙税　《2019年9月学科問題（38）》

問2 □□□

株式会社X（以下「X社」という）に関する下記〈X社のデータ〉に基づき算出される法人税の計算における交際費等の損金算入額として、最も適切なものはどれか。なお、X社が支出した交際費等はすべて接待飲食費であり、X社の役員・従業員等に対する接待等のために支出した飲食費や参加者1人当たり10,000円以下の飲食費は含まれていないものとする。また、当期の所得金額が最も少なくなるように計算すること。

〈X社のデータ〉

事業年度：2024年4月1日～2025年3月31日 期末資本金の額：5,000万円（株主はすべて個人） 交際費等の支出金額：1,000万円

1）　200万円

2）　500万円

3）　800万円

4）1,000万円　《2018年5月学科問題（37）改題》

 □□□

法人税に関する次の記述のうち、最も適切なものはどれか。

1）法人が特定公益増進法人に支払った寄附金（確定申告書に明細を記載した書類の添付あり）は、その全額を損金の額に算入することができる。

2）法人が納付した法人税の本税および法人住民税の本税は、その全額を損金の額に算入することができる。

3）法人が減価償却費として損金経理した金額のうち、償却限度額に達するまでの金額は、その事業年度の損金の額に算入することができる。

4）期末資本金の額等が1億円以下の一定の中小法人が支出した交際

費等のうち、年1,000万円までの金額は、損金の額に算入することができる。
《2022年9月学科問題（37）》

問4 □□□ 会社と役員間の取引に係る所得税・法人税に関する次の記述のうち、最も不適切なものはどれか。

1）会社が役員からの借入金について債務免除を受けた場合、会社はその債務免除を受けた金額を益金の額に算入する。

2）会社が役員に対して無利息で金銭の貸付けを行った場合、原則として、通常収受すべき利息に相当する金額が、会社の益金の額に算入される。

3）役員が所有する建物を適正な時価の２分の１以上かつ時価未満の価額で会社に譲渡した場合、役員は、時価相当額を譲渡価額として譲渡所得の計算を行う。

4）会社が役員に対して支給した退職金は、不相当に高額な部分の金額など一定のものを除き、損金の額に算入することができる。

《2023年1月学科問題（39）》

第4章 タックスプランニング

問1 1）……**法人税**（の本税）、**法人住民税**、**懲罰的意味合い**の租税公課などは、法人税において損金算入できない

問2 3）……X社は、期末資本金5,000万円のため、接待飲食費の**50%**の500万円と交際費等のうち**800万**円までの金額のいずれかを選択できる。よって、損金算入できる交際費の額は800万円

問3 3）……1）特定公益増進法人に支払った金額は、資本金・所得額に応じて損金算入できる限度額がある

2）法人税や法人住民税は、損金の額に算入されない

4）**1 さらっと一読！**①を参照

問4 3）……学習のポイント **2**（1）を参照。実際の売買価格に基づいて譲渡所得の計算を行う

---

9 法人その他 消費税

絶対読め！30秒レクチャー

消費税も、3級では出題されなかったけれど、2級学科では毎回出題されている！　みんなもコンビニなどで物を買うとき消費税を払ってるよね。でも、ここで出題されるのは、払う側ではなく、個人事業主や法人として物を売る側、すなわち消費税を納める側のことだ！　納税義務の判定方法は確実にマスターしよう！

ナナメ読み！ 学習のポイント

1 消費税の納税義務者（のうぜいぎむしゃ）

国内で課税対象となる商品やサービス（非課税取引の例：土地、有価証券、保険金、配当、利子）を提供した事業者は消費税を納める義務がある。国・地方公共団体・公益法人などでも、課税対象となる資産の販売を行えば納税義務者となる。

2 消費税の納税義務の判定

(1) 個人事業者の納税義務

① 課税期間の前々年（基準期間）の課税売上高が1,000万円超の場合、その年においては課税事業者（納付期限は翌年3月31日）となり、前々年が1,000万円以下の場合は原則として免税事業者となる。

② 新たに開業したときは、基準期間の課税売上高がないので、開業年とその翌年は、原則として免税事業者になる。

(2) 法人の納税義務（基本的に個人事業主と同じパターン）

① 課税期間の前々事業年度（基準期間）の課税売上高が1,000万円超の場合、その期においては課税事業者となり、前々年度が1,000万円以下の場合は原則として免税事業者となる。

② 基準期間の課税売上高が1,000万円以下でも、特定期間（個人の場合は、前年1月1日から6月30日の期間、法人の場合は、前期の期首から6カ月の期間）の課税売上高が1,000万円を超え、かつ、その期間の給与総額が1,000万円を超える場合は、課税事業者となる。

③ 新たに法人を設立したとき（法人成りを含む）は、基準期間の課税売上高がないので、設立事業年度年とその翌事業年度は、原則として免税事業者になる（例外：資本金1,000万円以上の法人は課税事業者）。

3 簡易課税制度（かんいかぜいせいど）

① 基準期間の課税売上高が5,000万円以下の事業者で、かつ同制度の届出をしている者は、簡易課税制度が適用される。

② この制度を選択した事業者の消費税は、6つの事業の区分に応じて40～90%の「みなし仕入れ率」を用いて計算される。

③ この制度を選択すると、最低2年間は適用を継続しなければならない。

4 インボイス制度

① 適格請求書（インボイス）とは、売手が買手に対して正確な適用税率や消費税額等を伝えるもの。

② 売手である登録事業者は、買手である取引相手（課税事業者）から求められたときはインボイスを交付しなければならない。

③ 買手は、（仕入税額控除の適用を受けるためには）原則として取引相手（売手）である登録事業者から交付を受けたインボイスの保存が必要。

本番得点力が高まる！ 問題演習

問1
□□□

消費税に関する次の記述のうち、最も不適切なものはどれか。

1）土地の譲渡は、非課税取引に該当する。

2）新たに設立した普通法人のうち、事業年度開始の日における資本金の額等が1,000万円以上である法人は、基準期間がない課税期間において消費税の課税事業者となる。

3）基準期間における課税売上高が１億円である課税事業者は、所定の手続きにより、簡易課税制度の適用を受けることができる。

4）課税事業者である個人事業者は、原則として、消費税の確定申告書をその年の翌年３月31日までに納税地の所轄税務署長に提出しなければならない。　《2023年5月学科問題（38）》

問2
□□□

消費税に関する次の記述のうち、最も不適切なものはどれか。

1）課税事業者が行う金融商品取引法に規定する有価証券の譲渡は、課税取引に該当する。

2）特定期間（原則として前事業年度の前半６カ月間）の給与等支払額の合計額および課税売上高がいずれも1,000万円を超える法人は、消費税の免税事業者となることができない。

3）「消費税課税事業者選択届出書」を提出して消費税の課税事業者となった法人は、事業を廃止した場合を除き、原則として２年間は消費税の免税事業者となることができない。

4）消費税の課税事業者である個人事業者は、原則として、消費税の確定申告書をその年の翌年３月31日までに納税地の所轄税務署長に提出しなければならない。　《2020年1月学科問題（38）》

問3
□□□

消費税の課税事業者が国内において事業として行った次の取引のうち、消費税の非課税取引とされないものはどれか。

1）更地である土地の譲渡

2）事業の用に供している家屋の譲渡

3）居住の用に供する家屋の1ヵ月以上の貸付け

4）有価証券の譲渡　《2018年5月学科問題（38）》

問4 □□□ 消費税に関する次の記述のうち、最も不適切なものはどれか。

1）消費税は、土地の譲渡など非課税とされる取引を除き、原則として、事業者が国内において対価を得て行う商品等の販売やサービスの提供に対して課される。

2）基準期間の課税売上高が5,000万円以下の事業者は、原則として、一定の期限までに所定の届出書を納税地の所轄税務署長に提出することにより、簡易課税制度を選択することができる。

3）簡易課税制度を選択した事業者は、事業を廃止等した場合を除き、最低２年間は簡易課税制度の適用を継続しなければならない。

4）新たに設立された法人は基準期間がないため、事業年度開始の日における資本金の額または出資の金額の多寡にかかわらず、設立事業年度および翌事業年度については消費税の免税事業者となる。

《2019年9月学科問題（39）》

問1 3）……学習のポイント 3 を参照。基準期間の課税売上高が5,000万円を超えた事業者は適用できない

問2 1）……学習のポイント 1 を参照。株や債券を譲渡（売却）しても、売却代金そのものには消費税がかからない

問3 2）……建物の譲渡（売却）は課税取引となる

問4 4）……学習のポイント 2 (2) ③を参照。新たに設立された法人でも、資本金1,000万円以上の法人は課税事業者となる

第5章

不動産

お客様が保有する資産全体の中でも大きなウェイトを占めることが多い「不動産」。金融資産と異なり「1つとして全く同じものがない」「1つの取引の単価が高い」不動産は、物件の調査を正確に行うための知識も大切だし、法規制や税金に関する知識も重要だ。このような特徴を念頭において、しっかり学んでいこう！

第5章 学習の全体像

不動産

人生で最も高価な買い物となりやすい不動産（土地と建物）の購入は慎重にしよう。まず、不動産の状況の調べ方や価格について学ぼう。実際に購入する際は、様々なルールにそって契約をする。また、どこにどのような建物を建てられるかは、法律によって制限されている。さらに、不動産は買った時、持っている時、売る時それぞれに税金がかかる！　自宅以外の土地を持っている場合は、ビルやアパートを建てて賃料でもうけるなど、有効活用する方法を考えよう。

不動産の調査と取引　まず、不動産の物理的状況や権利関係の調べ方と、価格について学ぼう。

1 不動産の調査

土地や建物は高価な財産なので「誰の持ち物か」を明確にする必要がある。不動産の所在や面積（物理的状況）と、誰が所有権などの権利を持っているのか（権利関係）については「不動産登記簿」に記載されてオープンになっている。

2 不動産の価格

土地の価格は、売買の目安となる「公示価格」や、相続税などの計算に使う「路線価」など、目的によって違う価格が設定されている。

不動産価格を決める方法として、もう一度その不動産を取得した場合の費用を参考にする「原価法」､似たような不動産の取引事例を参考にする「取引事例比較法」､不動産を賃貸した場合のもうけなどを参考にする「収益還元法」がある。

3 不動産の取引

不動産取引は「契約」→「決済引渡し」の２ステップで行うので、契約後のトラブル防止のために「手付金」「危険負担」「契約不適合責任」などのルールが決められている。

不動産取引に関する法律としては、不動産を借りる人の権利を保護する「借地借家法」、プロの宅建業者とシロウトの消費者が取引をする際、消費者が不利にならないように保護する「宅地建物取引業法」がある。

不動産に関する法律

街づくりについての「都市計画法」、建物を建てる時の「建築基準法」、マンション管理のルールを決めた「区分所有法」という3つの法律を押さえよう。

4 都市計画法

「都市計画法」は計画的な街づくりのためのルールを定めている。「都市計画区域」の中には、すでに人がたくさんいて街になっているか、10年以内に街にする「市街化区域」、農地や森林エリアで街にはしない「市街化調整区域」、そのどちらとも決められていない「非線引区域」がある。

5 建築基準法

道路が狭すぎて消防車が入れなかったり、土地いっぱいに建物を建てて火災がすぐに広がってしまったり、静かな住宅街にカラオケボックスが建ったり…なんてことがないように、「建築基準法」によって建物を建てる時のルールが決められている。

6 区分所有法

「区分所有法」は、1棟の建物を区分して所有する建物（マンション）の所有関係や共同管理についてルールを定めている。

不動産の取得・保有・売却にかかる税金

不動産を買った時、持っている時、売った時、それぞれ税金がかかる。

7 不動産の取得時・保有時の税金

不動産を取得した時には「不動産取得税」「登録免許税」「消費税」「印紙税」がかかる。不動産を保有している間は「固定資産税」「都市計画税」がかかる。

8 不動産の譲渡時の税金

不動産を売った時には、「譲渡所得」として所得税・住民税がかかる。5年超えで持っていた不動産を売るときは「長期譲渡所得」として20%強、5年以下の場合は「短期譲渡所得」として39%強の税率となる。

不動産の有効活用

不動産は自分で住むだけじゃなく、いろいろな方法でお金を稼ぐことができる!

9 不動産の有効活用

自宅以外の土地を持っている場合は、その土地にアパートやビルを建てて賃料をもうけることができる。

頻出論点 Best 5

2級学科 不動産

1位 不動産の取引

第5章 3

出題率 200%

毎回2～3問出ている、出題率200%の超スーパー頻出項目だ！　他の5倍の時間をかけても報われる項目なので、「借地借家法」や「宅建業法」などについて覚悟を決めて集中的に学習しろ！

2位 不動産の取得時・保有時の税金

第5章 7

出題率 95%

ほぼ毎回出るが、あまり深入りせずに、過去問に出た項目の周辺だけを確実に覚えて理解しよう。そして「不動産取得税」と「固定資産税」の2つだけはパーフェクトにしておこう！

2位 不動産の有効活用

第5章 9

出題率 95%

最近は学科「問題50」に出るのが定番である。なかでも、採算性の判定に用いる手法（DCF、NPV、IRRなど）が出題されるので、よく理解しておこう。

4位 建築基準法

第5章 5

出題率 90%

毎回のように出題されるようになった。「道路に関する制限」や「建蔽率と容積率」を中心に深く理解するように心がけよう！

4位 不動産の譲渡時の税金

第5章 8

出題率 90%

毎回1問は出るが、理解と暗記の両方が必要なこむずかしい項目なので、学習時間が取りにくい人は後回しにしてもよい。「長期譲渡と短期譲渡」「3,000万円控除」「軽減税率の特例」などの詳細は試験直前にツメコミ勉強しよう！

1 不動産の調査と取引
不動産の調査

絶対読め！30秒レクチャー

FPは、お客様に対して総合的な資産管理のアドバイスを行うが、「資産」は金融資産だけではない！　不動産資産を持っているお客様も多いのだ。2級学科でも年2回ほど出るのが、不動産を調査するときに必要な知識だ。現地調査を行う際にも事前に確認すべき情報である「不動産登記」を理解して、ここで1問ゲットしよう！

ナナメ読み！　学習のポイント

1 不動産登記（ふどうさんとうき）

土地や建物の「物理的状況」「権利関係」を法務局（登記所）の登記簿に記載して、一般に公開する制度のこと。

(1) 不動産登記簿の構成

表示の登記	表題部※1		土地・建物の物理的現況 (所在地、地番、家屋番号、面積※2など)
権利の登記※3	権利部	甲 区	**所有権に関する事項** (買取特約、差押え、所有権登記・移転など)
		乙 区	**所有権以外の権利に関する事項** (**抵当権**※4、根抵当権、**賃借権**、**地上権**など)

※1 新築した建物の所有権を取得した者は、取得日から1カ月以内に表題登記を申請する義務がある。
※2 マンションの場合、登記簿の表題部に記載される床面積は内法面積であり、パンフレット等に表示される専有面積（通常、壁芯面積）とは異なるのが一般的。一方、一戸建ての場合、登記簿面積は壁芯面積で記載されている。
・内法面積：壁などで囲まれた内側の、実際に居住するスペース
・壁芯面積：壁の厚みの中心線を基準にしていて、内法面積より大きくなる
※3 権利の登記には申請義務がない（なお、相続した不動産の登記は義務化された）。
※4 抵当権は「借金を返さなければ、この土地を売り飛ばす」といえる権利のようなもの！ 一筆の土地に複数の抵当権が設定されることもある。

(2) 公図（地図に準ずる図面）

登記所には「地図」「建物所在図」が備え付けられるものとされている。この地図の備え付けが完了していない地域では、これに代えて公図（あまり精度は高くない）が広く利用されている。

(3) 地番・家屋番号

登記簿において、一筆の土地や一個の建物ごとにつけられる番号。いずれも市町村が定める**住居表示**（通常の住所）と一致しているとは限らない。

(4) 地積測量図

土地の登記簿に付随して法務局に備えられている図面（すべての土地について備え付けられているわけではない）で、その土地の形状、地積（面積）と求積方法などが記されたもの。

(5) 登記の効力

登記には**対抗力**がある、しかし**公信力**はない。

【対抗力】自分の権利を第三者に対して主張できる法的効力
【公信力】登記された内容を信じて取引したものが保護される権利
（登記事項を信じて取引しても、権利を取得できない可能性がある）

(6) 登記情報を取得する方法

不動産登記簿の閲覧は、登記所（法務局）に申請すれば誰でも可能。コンピュータ化されている登記所では、登記簿の閲覧の代わりに登記事項要約書が交付され、登記簿謄本（全部）・登記簿抄本（一部）の代わりに登記事項証明書が交付される。どちらも誰でも取得できる。オンラインでも交付請求できるが、その場合、交付を受ける際には郵送または登記所で受け取る必要がある。

【登記事項要約書】登記事項の概要を記載した書面

【登記事項証明書】登記事項の全部または一部を証明した書面

(7) 仮登記

登記すべき物権変動が発生しているが、提供すべき必要書類等が提供できない場合などに、将来の登記上の順位を保全することを目的として、あらかじめ（仮予約のように）行う登記のこと。

(8) 登記識別情報

登記の申請人が登記名義人本人であることを確認するためのパスワードのようなもの（本人確認手段の1つ）。

2 不動産に関する権利

(1) 物権

物を支配する権利。代表的な例としては、所有権や抵当権などがある。

(2) 債権

人に何かを請求できる権利。代表的な例としては、賃借権など。

本番得点力が高まる！ 問題演習

問1 □□□

不動産の登記や調査に関する次の記述のうち、最も不適切なものはどれか。

1）同一の不動産について二重に売買契約が締結された場合、譲受人相互間においては、売買契約の締結の先後にかかわらず、原則として、所有権移転登記を先にした者が当該不動産の所有権の取得を対抗することができる。

2）抵当権の設定を目的とする登記では、債権額や抵当権者の氏名または名称は、不動産の登記記録の権利部乙区に記載される。

3）一般に公図と呼ばれる地図に準ずる図面は、地図が登記所に備え付けられるまでの間、これに代えて登記所に備えられているものであり、一筆または二筆以上の土地ごとに土地の位置、形状および地番を表示するものである。

4）不動産の登記事項証明書の交付を請求することができるのは、当該不動産の利害関係者に限られる。　《2022年9月学科問題（41）》

問2 □□□

不動産の登記に関する次の記述のうち、最も適切なものはどれか。

1）不動産の売買契約を締結した当事者は、当該契約締結後1カ月以内に、所有権移転の登記をすることが義務付けられている。

2）不動産の登記事項証明書の交付を請求することができるのは、当該不動産に利害関係を有する者に限られる。

3）権利に関する登記の抹消は、登記上の利害関係を有する第三者がいる場合には、当該第三者の承諾があるときに限り、申請することができる。

4）不動産の抵当権設定登記をした場合、当該不動産の登記記録の権利部甲区に、債権額や抵当権者の氏名または名称などが記載される。

《2020年1月学科問題（41）》

問3 □□□

不動産の登記に関する次の記述のうち、最も適切なものはどれか。

1）抵当権設定登記の登記記録は、権利部甲区に記録される。

2）不動産の売買契約を締結した当事者は、当該契約締結の日の属する年の12月31日までに、当該不動産の所有権移転登記をすることが義務付けられている。

3）登記事項証明書の受領は、インターネットを利用してオンラインで行うことができる。

4）登記記録の権利関係が真実と異なっていた場合に、その登記記録を信じて土地を取得した者は、原則として、その土地に対する当該権利の取得について法的に保護されない。

《2019年9月学科問題（41）》

問1 4)……学習のポイント 1 (6) を参照。誰でも交付を請求できる

問2 3)……1) 学習のポイント 1 (1) ※1を参照

2) 学習のポイント 1 (6) を参照。登記簿は公開情報

4) 学習のポイント 1 (1) を参照。所有権以外の権利に関する事項は乙区

問3 4)……1) 学習のポイント 1 (1) を参照。甲区ではなく乙区

2) 不動産の権利の登記は（相続時を除き）法律上の義務ではない

3) 学習のポイント 1 (6) を参照。証明書原本の受け取りは郵送か窓口渡しとなる。オンラインでは交付請求ができる

2 不動産の調査と取引 不動産の価格

絶対読め！30秒レクチャー

不動産の値段って、どうやって決まると思う？　最終的には需要と供給のバランスなんだけど、お上が決める目安となる価格だけでも「公示」「基準地」「相続税」「固定資産税」の4種類があるんだ！　また、より正確に不動産の値段をみきわめる鑑定評価においても、主に「原価」「取引事例比較」「収益還元」の3パターンがある！　2級学科では毎回のように出ているので、過去問に出た内容を中心に理解を深めよう！

ナナメ読み！ 学習のポイント

1 土地価格の調査

土地の価格には、一般的な取引価格のほかに、公的機関が目的に応じて設ける「公示（こうじ）価格」「基準地（きじゅんち）標準価格」「相続税評価額（路線価（ろせんか））」「固定資産税（こていしさんぜい）評価額」の4つがあり、いずれも1㎡あたりの価格を示している。

この4つについては、次の表を見てまず目的を理解したうえで、評価基準日（「基準地」のみ7月1日）と対公示価格の価格水準の目安を覚えておこう。また、「公示⇒基準地（半年後にフォロー）」はワンセットで理解すると頭に残りやすい。

	公示価格	基準地標準価格	相続税評価額（路線価）	固定資産税評価額
実施目的	一般の売買の目安	公示価格の補完的役割	相続税・贈与税を算出するための資料（路線価）	固定資産税、都市計画税、不動産取得税、登録免許税を算出する際の基礎
決定機関	国土交通省	都道府県	国税庁	市町村（23区は都知事）
評価基準日	毎年1月1日	毎年7月1日	毎年1月1日	前年1月1日（3年に1度）
公　表	3月下旬	9月下旬	7月上旬	3月1日
対公示価格の価格水準	100%	100%	約80%	約70%

2 不動産価格の鑑定評価

(1) 原価法

不動産の再調達に要する原価（例：同様の家を再度建てる費用）をもとに、経年劣化等を考慮した減価修正をして価格を求める方式。

(2) 取引事例比較法

類似する不動産の取引事例を参考にして価格を求める方式。

(3) 収益還元法

不動産から生み出される将来の収益をもとに価格を求める方式。

代表的な手法としてDCF法※がある。

※　DCF法とは将来のキャッシュフローを現在価値に割り引いて評価する方法。なお、DCF＝Discounted Cash Flowを直訳すると、「割り引かれた現金の流れ」。イメージできたかな？

第5章 不動産

さらっと一読！

不動産鑑定評価基準に関する細かいポイント　出題率 10%未満

① 最有効使用の原則とは、不動産の価格は「その効用が最高度に発揮される可能性に最も富む使用を前提として把握される価格」を標準として形成される、とする原則のこと。

② 収益還元法は、対象不動産が賃貸用不動産である場合だけでなく、「自用の不動産であっても、賃貸を想定することにより」適用されるものである。

③ 積算法（せきさんほう）は、不動産の賃料（適正な利益を確保できる賃料）を試算するときに使われる手法。「基礎価格×期待利回り＋必要諸経費等」（覚えなくてよいが、雰囲気をつかもう）という流れで計算する。

実務上ではどうなの？

FP会社「(株) 住まいと保険と資産管理」は宅地建物取引業も行っているので、実際の不動産取引の価格は常に意識しています。個々の不動産の売買価格は（金融資産と異なり）、個別の事情によって相場より±10%の幅があるのが現実であり、「絶対に買いたい」という状況に自分を追い込まないことが有利な価格で不動産を買うポイントです。

本番得点力が高まる！ 問題演習

問1

土地の価格に関する次の記述のうち、最も不適切なものはどれか。

1) 地価公示法による公示価格は、毎年1月1日を標準地の価格判定の基準日としている。
2) 都道府県地価調査の基準地の標準価格は、毎年7月1日を価格判定の基準日としている。
3) 固定資産税評価額は、原則として、市町村長が固定資産評価基準により決定する。
4) 評価替えの基準年度における宅地の固定資産税評価額は、前年の地価公示法による公示価格等の80%を目途として評定されている。

《2021年1月学科問題（42）》

問2 □□□ 不動産の鑑定評価の手法に関する次の記述のうち、最も不適切なものはどれか。

1）原価法は、価格時点における対象不動産の再調達原価を求め、この再調達原価について減価修正を行って対象不動産の価格を求める手法である。

2）取引事例比較法では、取引事例の取引時点が価格時点と異なり、その間に価格水準の変動があると認められる場合、当該取引事例の価格を価格時点の価格に修正する必要がある。

3）収益還元法は、対象不動産が将来生み出すであろうと期待される純収益の現在価値の総和を求めることにより、対象不動産の価格を求める手法である。

4）収益還元法は、文化財の指定を受けた建造物等の一般的に市場性を有しない不動産や賃貸の用に供されていない自用の不動産の価格を求める際には、基本的に適用してはならないとされる。

《2023年9月学科問題（42）》

問1 4）……学習のポイント 1 の表を参照。宅地の固定資産税評価額は公示価格等の70%を目途として評定される

問2 4）……収益還元法は、現在賃貸されていない物件（自用の不動産等）でも、査定した想定賃料をベースにして鑑定評価できる

---

3 不動産の調査と取引 不動産の取引

絶対読め！30秒レクチャー

ここでは、不動産を取引するうえで知っておくべき法律などについて理解する。「借地借家法」は高い頻度で試験に出題されている。覚える部分は多いが、2級学科では毎回2～3問は出ている超頻出分野なので、過去問の理解を中心とした勉強をして本番ではスマッシュを3本決めよう！

取引するには、
法律の知識が
必要だよね。
土地
取引

ナナメ読み！ 学習のポイント

1 不動産の取引について

不動産取引は、通常「契約」→「決済(けっさい)引渡し」の2ステップで行うため、様々なルールがある。

(1) 手付金(てつけきん)

不動産の売買契約時に、買主が売主に渡す金銭のこと。相手方が**契約履行(けいやくりこう)**に着手するまでであれば、買主は「手付金を**放棄**する」ことで、売主は「手付金の**倍額**を買主に支払う」ことで、契約を解除できる。

さらっと一読！

手付金に関する細かいポイント 出題率 10%未満

宅地建物取引業者が自ら売主となり、宅地建物取引業者でない買主と宅地の売買契約を締結する場合、売買代金の**2割**を超える手付を受領してはならない。

(2) 危険負担

不動産の売買契約の成立後、引渡し前に地震や落雷などによりその不動産が滅失した場合のリスクは誰が負うのか？　民法改正により、売主が危険を負担（引渡し後は買主が危険を負担）すると定められた。

(3) 契約不適合責任（任意規定：売主が個人で当事者双方が合意すればこの責任を軽減する特約は有効）

売買する不動産の種類、品質、数量に関して契約の内容に適合しないものがあった場合には、売主は責任を負う。買主は、（不適合を知った時から１年以内に売主に通知すれば）売主に対し「目的物の修補」「代替物の引渡し」「不足分の引渡し」による履行の追完、または契約解除・代金減額・損害賠償を請求できる。

(4) 契約の解除

売主の責めに帰すべき事由により、不動産の引渡しに遅延が生じた場合、買主は履行の催促（催告）をしたうえで、契約の解除ができる。不動産の引渡しができない場合は、催告なしで契約の解除ができる。

2 借地借家法

所有者と比べて立場が弱い「借家人や借地人」を保護するための法律。

(1) 借地権

建物の所有を目的として土地を借りる権利のこと。「地上権」「土地の賃借権」を総称したもの。借地権の存続期間などは登記簿の権利部乙区に記録される。（→第５章 1 1 参照）

① 普通借地権

【特徴】賃貸人からの更新拒絶や解約申入れには正当な理由が必要

【契約期間】30年以上（契約期間を定めなかった場合や、30年未満で契約した場合は30年とみなされる）

【契約更新】１回目の更新は20年以上、２回目以降は10年以上

なお、期間満了の場合でも、借地権者が更新を請求すれば（建物が残っていることを条件に）同一の条件で契約を更新したものとみなされる。

② 定期借地権

期間が終了すると、契約は更新されず（建物の再築による存続期間の延長もなく）地主に土地が返還されるもの。

	一般定期借地権	事業用定期借地権等	建物譲渡特約付借地権
期間	50年以上	10年以上50年未満	30年以上
契約方法	書面 (電磁的記録も可) (公正証書に限らず)	公正証書	規定なし
更新	更新しない（契約終了時には、必ず土地が返還される）		
利用目的	制限なし	事業用に限る	制限なし
終了時の措置	原則更地で返還	原則更地で返還	建物付で返還 （地主が建物を買い取る）

さらっと一読！

借地権の細かいポイント 出題率 10%未満

① 借地権者は（借地権の登記がなくても）その土地に借地権者の名義で登記された建物を所有するときは、これをもって借地権を第三者に対抗できる。

② 普通借地権の存続期間が満了して「契約の更新がない」場合、借地権者は、借地権設定者に対し「借地上の建物を時価で買い取ること」を請求できる。

③ 建物譲渡特約付借地権が消滅しても、（建物の使用を継続する）賃借人が請求すれば「期間の定めのない借家契約」がされたとみなされ、借家として継続して住むことができる。

(2) 借家権

建物を賃借する権利のこと。登記がなくても、建物の引渡しがあったときは、その効力を生ずる。

① 普通借家権

【特徴】賃貸人からの更新拒絶や解約申入れには正当な理由が必要

【契約期間】1年以上（1年未満の契約は期間の定めがない契約とみなす）

普通借家契約において、借家期間を定めなかった場合は、賃貸人は6カ月前、賃借人は3カ月前の解約申入れにより当該借家契約を解約することができる。

② 定期借家権（ていきしゃっかけん）

【特徴】契約で定めた期限が来ると契約が必ず終了する。再契約可能

【契約期間】制限はないが、必ず公正証書（電磁的記録も可）などの書面で契約する

③ 造作買取請求権（ぞうさくかいとり）

賃借人が賃貸人に対して、建具、畳などの造作（ぞうさく）（建物の内部にある部材や設備）を時価で買い取らせることができる権利。なお、賃借人にあらかじめ造作買取請求権を放棄させる特約は有効。

さらっと一読！

借家権の細かいポイント　出題率 20%未満

① 普通借家契約や定期借家契約では（賃借権の登記がなくても）建物の引渡しがあれば、後にその建物の所有権などの物権を取得した者に対して、賃借人は「建物の賃借権」を対抗して住み続けることができる。

② 賃貸借期間が1年以上である定期借家契約の賃貸人は、賃貸借期間が満了する6カ月前までに、賃借人に「期間満了により賃貸借が終了する旨」の通知をしなければ、その終了を建物の賃借人に対抗できない。

③ 普通借家契約は書面によらず口頭でも契約の効力を有する。

④ 通常の使用により生じた自然的損耗については、それにより建物価値の減価が生じていても、賃借人の原状回復義務の対象にはならない。

⑤ 定期借家契約では、床面積200㎡未満の居住用建物に限り、やむを得ない事情（転勤・療養など）があれば、賃借人から中途解約できる。

⑥ 普通・定期いずれの借家契約でも、居住用はもちろん事業用でも利用できる。

(3) 旧借地法・旧借家法が適用されるケース

現行の借地借家法が施行される以前に結ばれた借地借家契約では、旧借地法・旧借家法が適用され、これは契約更新後も変わらない。

3 宅地建物取引業法（たくちたてものとりひきぎょうほう）

宅建業者（プロ）と一般消費者（シロウト）の取引を野放しにすると、シロウトが食い物にされる危険がある。そこで、プロに規制を行って一般消費者を保護することなどを目的として、この業法がつくられた。

(1) 宅地建物取引業（通称：タッケンギョウ）の8つの取引

① 自ら当事者として、売買・交換を行う取引（「自ら賃貸」は含まない）

② 他人間の契約を代理して、売買・交換・賃貸を行う取引

③ 他人間の契約を媒介（間に立つ）して、売買・交換・賃貸を行う取引

(2) 媒介契約の種類

ここでいう媒介とは、不動産の売買等を望む当事者の意向を満たすサポートやコーディネートを行うこと。宅地建物の売買や交換の媒介契約には「一般」「専任」「専属専任」の3つがある。

	一般媒介契約	専任媒介契約	専属専任媒介契約
依頼者が他の業者に重ねて依頼	○	×	×
自己発見取引（依頼者が自分で取引相手を見つける）	○	○	×
依頼者への報告義務	×	○ 2週間に1回以上必要	○ 1週間に1回以上必要
指定流通機構への登録義務	×	○ 7日以内に登録	○ 5日以内に登録
契約の有効期間	規制なし	3カ月以内 （これより長い期間を定めたときは、その期間は3カ月となる）	

(3) 重要事項の説明

宅地建物取引業者は、契約の**締結前**に、買主などに対してその取引に関する重要な事項を記載した書面（重要事項の説明書）により交付（電磁的な方法も可）しなければならない。この書類は**宅地建物取引士**（専任である必要はない）が**記名**をしたうえで、**説明**しなければならない。

(4) 宅建業者の報酬

宅地建物取引業者が売買・交換の媒介を行った場合に受けられる報酬額（税抜金額）の上限は、以下のとおり。

	取引額の区分	報酬額（税抜）
売買・交換	400万円を超える	代金額×3%＋6万円
	200万円を超え400万円以下	代金額×4%＋2万円
	200万円以下	代金額×5%
賃　　貸	取引額に関係なく	賃料の1カ月分

本番得点力が高まる！ 問題演習

問1 □□□

不動産の売買契約に係る民法の規定に関する次の記述のうち、最も不適切なものはどれか。なお、特約については考慮しないものとする。

1）同一の不動産について二重に売買契約が締結された場合、譲受人相互間においては、売買契約の締結の先後にかかわらず、原則として、所有権移転登記を先にした者が、当該不動産の所有権の取得を他方に対抗することができる。

2）不動産の売買契約において買主が売主に手付金を交付した場合、売主が契約の履行に着手する前であれば、買主はその手付金を放棄することで契約を解除することができる。

3）不動産が共有されている場合に、各共有者が、自己の有している持分を第三者に譲渡するときは、他の共有者の同意を得る必要がある。

4）売買の目的物である建物が、その売買契約の締結から当該建物の引渡しまでの間に、地震によって全壊した場合、買主は、売主に対する建物代金の支払いを拒むことができる。

《2023年9月学科問題（43）改題》

問2 □□□

宅地建物取引業法に関する次の記述のうち、最も不適切なものはどれか。なお、本問においては、買主は宅地建物取引業者ではないものとする。

1）専属専任媒介契約の有効期間は、3ヵ月を超えることができず、これより長い期間を定めたときは、その期間は3ヵ月とされる。

2）宅地建物取引業者は、専任媒介契約を締結したときは、契約の相手方を探索するため、所定の期間内に当該専任媒介契約の目的物である宅地または建物に関する一定の事項を指定流通機構に登録しなければならない。

3）宅地建物取引業者は、宅地または建物の売買契約を締結したときは、当該買主に、遅滞なく、宅地建物取引士をして、宅地建物取引業法第35条に規定する重要事項を記載した書面（電磁的方法も可）を交付して説明をさせなければならない。

4）宅地建物取引業者は、自ら売主となる宅地の売買契約の締結に際して、代金の額の10分の2を超える額の手付を受領することができない。

《2018年9月学科問題（42）改題》

問3

□□□

建物賃貸借において、民法および借地借家法に関する次の記述のうち、最も不適切なものはどれか。なお、本問においては、借地借家法第38条による定期建物賃貸借契約以外の建物賃貸借契約を普通借家契約という。また、民法と借地借家法の規定の両方の適用を受ける場合には借地借家法が優先し、記載された特約以外のものについては考慮しないものとする。

1）普通借家契約において、賃貸借の存続期間は50年を超えてはならない。

2）普通借家契約において、賃借人は、原則として、その建物の賃借権の登記がなくても、引渡しを受けていれば、その後その建物について物権を取得した者に賃借権を対抗することができる。

3）賃借人は、建物の引渡しを受けた後にこれに生じた損傷であっても、通常の使用および収益によって生じた建物の損耗および経年変化については、賃貸借終了時、原状に復する義務を負わない。

4）普通借家契約において、賃借人が賃貸人の同意を得て建物に設置した造作について、賃貸借終了時、賃借人が賃貸人にその買取りを請求しない旨の特約をすることができる。

《2021年5月学科問題（43）》

問4

□□□

借地借家法に関する次の記述のうち、最も適切なものはどれか。なお、本問においては、同法第38条による定期建物賃貸借契約を定期借家契約という。

1）定期借家契約は、契約当事者の合意があっても、存続期間を６カ月未満とすることはできない。

2）定期借家契約は、もっぱら居住の用に供する建物に限られ、事業の用に供する建物については締結することができない。

3）定期借家契約において、賃貸人の同意を得て賃借人が設置した造作について、期間の満了時に賃借人が賃貸人に買取りを請求しないこととする特約をすることはできない。

4）定期借家契約において、経済事情の変動があっても賃料を増減額しないこととする特約をした場合、その特約は有効である。

《2020年9月学科問題（45)》

問１ 3)……1）二重譲渡された場合は、先に登記をした方が（もう一方の買主に対して）所有権を主張できる

3）自己の持分については、他の共有者の同意を得なくても譲渡できる

4）学習のポイント１（2）を参照。引渡し前のリスクは売主が負担する

問２ 3)……宅地建物取引業者は、契約締結前に重要事項の説明をしなくてはならない

問３ 1)……学習のポイント２（2）①を参照。普通借家契約の期間に上限の定めはない

問４ 4)……1）普通借家契約では１年未満の契約期間は期間の定めのない賃貸借とみなされるが、定期借家契約では１年未満の契約期間もOK

2）定期借家契約は、事業用でも利用できる

3）学習のポイント２（2）③を参照。賃借人に造作買取請求権を放棄させる特約は有効

---

4 不動産に関する法律 都市計画法

ここで
差がつく

絶対読め！30秒レクチャー

「都市計画区域」
10年以内に
市街化するエリア
抑制するエリア
用途地域は
市街化区域に
定めようっと

「都市計画法」は2級学科で年1～2回は出題されている、要注意の分野だ！　特に「都市計画区域」のところは頻出。10年以内に市街化するエリアと、市街化を抑える（調整する）エリアの違いから理解しよう！　そして、「開発許可」が不必要なケースを覚えればバッチリだ！

ナナメ読み！ 学習のポイント

1 都市計画法（としけいかくほう）

計画的に街づくりを行っていくことを、都市計画という。その内容や手続き、開発許可などの規制を定めた法律が都市計画法。

(1) 都市計画区域（としけいかくくいき）

都市計画法では、国土を「**都市計画区域**」と「**都市計画区域外**」に定めている。都市計画区域の指定は原則、都道府県が行い、複数の都府県にまたがって指定する場合は国土交通大臣が行う。また、都市計画区域はさらに「**市街化**（しがいか）**区域**」「**市街化調整**（ちょうせい）区域」「**非線引**（ひせんびき）区域」に分けている。

① 市街化区域：すでに市街地を形成している区域および、おおむね**10年以内**に優先的、かつ、計画的に市街化を図るべき区域

② 市街化調整区域：市街化を抑制すべきものとして指定されている区域

③ 非線引区域：市街化区域と市街化調整区域の区別がされていない地域

さらっと一読！

市街化区域内の農地を売買・転用等する場合の規制

出題率 **20％未満**

① 農地法3条：農地を**売る**には農業委員会の許可が必要。
② 農地法4条：農地を**宅地に転用**するには（本来は都道府県知事の許可が必要だが）事前に農業委員会に届出すれば許可不要。
③ 農地法5条：農地を**転用する目的で売却**するには（本来は都道府県知事の許可が必要だが）事前に農業委員会に届出すれば許可不要。
④ 市街化区域内の農地に耕作のための賃借権を設定する場合には、原則として、農業委員会の許可が必要。

(2) 用途地域（ようとちいき）

用途地域は原則、市街化区域内に定められる（**非線引**区域でも定めることができるが、必ず定めるものではない）。都市全体の土地利用の基本的枠組みを設定する地域で、**住居系**・**商業系**・**工業系**の3つに分けることができる。詳細は以下のとおり。

	用途地域	内容
住居系	**第一種低層住居専用地域**	低層住宅にかかる良好な住居の環境を保護するため定める地域
	第二種低層住居専用地域	主として低層住宅にかかる良好な住居の環境を保護するため定める地域
	田園住居地域	農業の利便の増進を図りつつ、これと調和した低層住宅に係る良好な住居の環境を保護するため定める地域
	第一種中高層住居専用地域	中高層住宅にかかる良好な居住の環境を保護するため定める地域
	第二種中高層住居専用地域	主として中高層住宅にかかる良好な居住の環境を保護するため定める地域
	第一種住居地域	住居の環境を保護するため定める地域
	第二種住居地域	主として住居の環境を保護するため定める地域
	準住居地域	道路の沿道としての地域の特性にふさわしい業務の利便の増進を図りつつ、これと調和した住居の環境を保護するため定める地域

商業系	近隣商業地域	近隣の居住地の住民に対する日用品の供給を行うことを主たる内容とする商業その他の業務の利便を増進するため定める地域
	商業地域	主として商業その他の業務の利便を増進するため定める地域
工業系	準工業地域	主として環境の悪化をもたらすおそれのない工業の利便を増進するため定める地域
	工業地域	主として工業の利便を増進するため定める地域
	工業専用地域	工業の利便を増進するため定める地域

(3) 開発許可制度（かいはつきょか）

建築を前提として行う土地の造成（ぞうせい）などを開発行為という。都市計画区域内でこれを行うには、原則として都道府県知事の許可（開発許可）が必要だが、以下の場合（①小規模②農林漁業用③公共目的）には開発許可は不要。

① 市街化区域内で行う1,000㎡未満の開発行為。準都市計画区域内や非線引区域内で行う3,000㎡未満の開発行為。

② 市街化調整区域内で行う農林漁業用建築物（サイロ・温室など）または農林漁業者の住宅を建築するためのもの。

③ 公共的施設（鉄道施設、公民館など）、公共事業など（国・都道府県等が行う開発行為や、土地区画整理事業、非常災害の応急措置・都市計画事業）。

※ 開発許可を受けた開発区域内の土地においては、工事完了の公告があるまでの間は、建築物や特定工作物を建ててはならない（工事用の仮設建築物などを除く。なお、「工事完了の公告」の工事とは、建設前に行う敷地整備等に関する工事のことである。）。ただし、当該土地の譲渡は可能。

さらっと一読！

都市計画法に関する細かいポイント　出題率 30%未満

① 市街地再開発事業や土地区画整理事業の施行として行う開発行為は、都道府県知事等の許可を必要としない。
② 準都市計画区域は、都市計画区域外で指定される区域で「相当数の建築物等の建築や造成が行われていたり、将来行われると見込まれる区域等」である。
③ 分筆（ぶんぴつ）（一筆の土地を分割すること）は開発行為ではない。
④ 防火地域や準防火地域は用途地域の内外にかかわらず定められ、用途地域内でも両防火地域に指定されない地域もある。

本番得点力が高まる！ 問題演習

問 1 □□□

都市計画法に関する次の記述のうち、最も適切なものはどれか。

1）都市計画区域内において、用途地域が定められている区域については、防火地域または準防火地域のいずれかを定めなくてはならない。

2）都市計画法の規定によれば、市街化調整区域は、おおむね10年以内に優先的かつ計画的に市街化を図るべき区域とされている。

3）分筆は、その行為が建築物の建築または特定工作物の建設を目的としていなくても、都市計画法上の開発行為に該当する。

4）土地区画整理事業の施行として行う開発行為には、都道府県知事等の許可を必要としない。　《2018年9月学科問題（45）》

問 2 □□□

都市計画法に関する次の記述のうち、最も適切なものはどれか。

1）都市計画区域内において、用途地域が定められている区域については、防火地域または準防火地域のいずれかを定めなければならない。

2）市街化区域については用途地域を定め、市街化調整区域については原則として用途地域を定めないものとされている。

3）土地の区画形質の変更は、建築物の建築や特定工作物の建設の用に供することを目的としていない場合であっても、開発行為に該当する。

4）市街地再開発事業の施行として行う開発行為は、都市計画法に基

づく都道府県知事等の許可が必要である。《2020年1月学科問題（44）》

問3 □□□

都市計画法に関する次の記述のうち、最も不適切なものはどれか。

1）市街化区域は、すでに市街地を形成している区域およびおおむね10年以内に優先的かつ計画的に市街化を図るべき区域とされている。

2）市街化区域内で行う開発行為は、その規模が一定面積未満であれば、都道府県知事等の許可を必要としない。

3）用途地域は、土地の計画的な利用を図るために定められるもので、住居の環境を保護するための８地域と工業の利便を増進するための３地域の合計11地域とされている。

4）市街化調整区域内において、農業を営む者の居住の用に供する建築物の建築の用に供する目的で行う開発行為は、開発許可を受ける必要はない。《2022年1月学科問題（45）》

問1 4）……1）**さらっと一読！「都市計画法に関する細かいポイント」**④を参照。用途地域内でも両地域に指定されない地域もある

2）市街化調整区域は市街化を抑制すべきものとして指定する区域

3）分筆は開発行為に該当しない

問2 2）……1）**さらっと一読！「都市計画法に関する細かいポイント」**④を参照

3）学習のポイント **1** **(3)** を参照。建築目的でなければ開発行為に該当しない

4）**さらっと一読！「都市計画法に関する細かいポイント」**①を参照

問3 3）……学習のポイント **1** **(2)** ①を参照。住居系８地域、商業系２地域、工業系３地域の合計13地域

---

5 不動産に関する法律 建築基準法

絶対読め！30秒レクチャー

「建築基準法」は、みんなの安全や幸せを守るために必要な建築物の最低ラインを定めた法律だ！　試験対策上は「道路に関する規制」と「建蔽(ぺい)率と容積率」を押さえよう。用途制限の表は、面倒なわりには試験に出にくいので、一度じっくりと眺めたら試験直前にもう一度見る程度でOKだ。

道路や建物を
造るときは、
建築基準法の
知識が必要！

ナナメ読み！ 学習のポイント

1 建築基準法(けんちくきじゅんほう)

(1) 道路に関する規制

① 建築基準法上の道路とは

【原則】幅員4m以上（特定区域では6m以上）の道路

【例外】幅員4m未満の（建築基準法が適用される前に、すでに道路として機能していた）特定行政庁の指定した道路（いわゆる2項道路）は、道路の中心線から2m後退した線が道路境界線とみなされ、敷地にくい込んだ部分は「セットバック部分」となる。セットバック部分は、建蔽率、容積率を算定する際の敷地面積に算入することができない。

② 接道義務(せつどうぎむ)

都市計画区域内、準都市計画区域内の建物の敷地は、建築基準法上の道路（道幅4m以上）に2m以上接していなければならない。

(2) 建蔽率と容積率

① 建蔽率（けんぺいりつ）

敷地面積に対する**建築面積**の割合のこと。

$$建蔽率=\frac{建築面積}{敷地面積}$$

また、建蔽率が緩和される条件は以下のとおり。

条　件	緩和率
特定行政庁が指定する角地（かどち）	10%緩和
防火地域内にある耐火建築物 準防火地域内にある耐火建築物または準耐火建築物 （それらと同等以上の延焼防止性能の高い建築物を含む）	
上記の両方に該当する場合	20%緩和
建蔽率が80%の地域内でかつ防火地域内にある耐火建築物および耐火建築物と同等以上の延焼防止性能の高い建築物	建蔽率の制限なし

・建蔽率の異なる地域にわたって敷地がある場合：それぞれの地域の「面積×建蔽率」を合計すれば最大建築面積が出る

② 容積率（ようせきりつ）

敷地面積に対する建物の延べ床面積の割合のこと。

$$容積率=\frac{建築延べ面積}{敷地面積}$$

・容積率の異なる地域にわたって敷地がある場合：それぞれの地域の「面積×容積率」を合計すれば最大延べ床面積が出る

・容積率については、建蔽率のように角地や耐火建築物による緩和はない

さらっと一読！

防火地域に関する規制や緩和　出題率 20%未満

建築物が防火地域と準防火地域にわたる場合、原則として、その全部について、防火地域の規制が適用される。

(3) 前面道路幅員による容積率の制限

前面道路の幅員が12m以上の場合は、指定容積率が適用される。12m未満の場合は、前面道路の幅員の数値に次の乗数を乗じたものと、指定容積率と比較して、厳しいほう（容積率が低くなるほう）が適用される。

●前面道路幅員による容積率の乗数

地　域	乗　数
住居系の地域	$\frac{4}{10}$
商業系などの地域	$\frac{6}{10}$

(4) 用途に関する制限

用途地域内の建築物は、一定の用途制限を受ける。また、敷地が2つ以上の用途地域にまたがる場合は、過半の属する地域の制限を受ける。

●用途に関する制限（赤字以外は流し読みでOK）

	第一種低層住居専用地域	第二種低層住居専用地域	田園住居地域	第一種中高層住居専用地域	第二種中高層住居専用地域	第一種住居地域	第二種住居地域	準住居地域	近隣商業地域	商業地域	準工業地域	工業地域	工業専用地域
住宅、共同住宅、下宿	○	○	○	○	○	○	○	○	○	○	○	○	×
幼稚園、小学校、中学校、高校	○	○	○	○	○	○	○	○	○	○	○	×	×
大学、専門学校	×	×	×	○	○	○	○	○	○	○	○	×	×
診療所、保育所、公衆浴場	○	○	○	○	○	○	○	○	○	○	○	○	○
老人ホーム、身体障害者福祉ホーム	○	○	○	○	○	○	○	○	○	○	○	○	×

病　院	×	×	×	○	○	○	○	○	○	○	○	×	×
図書館	○	○	○	○	○	○	○	○	○	○	○	○	×
床面積150㎡以内の店舗、飲食店	×	○	★	○	○	○	○	○	○	○	○	○	○※
ホテル、旅館	×	×	×	×	×	△	○	○	○	○	○	×	×

△　床面積3,000㎡以内なら建設可能
※　物品販売店舗、飲食店を除く
★　床面積500㎡以内（かつ2階以下）で、その地域の農産物に関する店舗や飲食店に限られる

(5) 日影規制（にちえいきせい）

日影による中高層の建築物の高さの制限のこと。この規制は**住居**系の用途地域・**近隣商業地域・準工業地域**に適用される。**商業地域・工業地域・工業専用**地域においては、条例で日影規制の対象区域として指定することができない。

さらっと一読！

北側斜線制限（北側高さ制限）　出題率 10%未満

① 北側の土地における日照・通風などの環境を保護するために建物の高さを制限する規制のこと。
② この制限は、第一種低層住居専用地域内等の建築物について適用される。

さらっと一読！

道路斜線制限（道路高さ制限）　出題率 10%未満

① 前面道路の反対側の境界線からの水平距離に対する高さの比率の上限のこと。
② すべての用途地域において適用される。

さらっと一読！

隣地斜線制限　出題率 10%未満

① 隣地境界線までの水平距離に応じた高さの制限のこと。
② 3つの低層住居地域（第一種低層・第二種低層・田園住居）においては適用されない。

実務上ではどうなの？

同じ広さの土地に全く同じ建物が建っていたとしても、前面道路の幅員や接し方、建蔽率や容積率によって不動産全体としての資産価値が大きく異なるケースがあるので注意が必要です。

 本番得点力が高まる！ 問題演習

問1 □□□

都市計画区域および準都市計画区域内における建築基準法の規定に関する次の記述のうち、最も不適切なものはどれか。

1）敷地の前面道路の幅員が12ｍ未満である建築物の容積率は、原則として、「都市計画で定められた容積率」と「前面道路の幅員に一定の数値を乗じて得たもの」とのいずれか低い方が上限となる。

2）防火地域内に耐火建築物を建築することにより、建蔽率の制限については緩和措置の適用を受けることができるが、容積率の制限については緩和措置の適用を受けることができない。

3）建築物の高さに係る隣地斜線制限は、第一種低層住居専用地域、第二種低層住居専用地域および田園住居地域には適用されない。

4）日影規制（日影による中高層の建築物の高さの制限）は、原則として、工業地域および工業専用地域を除く用途地域における建築物に適用される。

《2022年1月学科問題（46）》

問2 □□□

都市計画区域および準都市計画区域内における建築基準法の規定に関する次の記述のうち、最も不適切なものはどれか。

1）建築物の敷地は、原則として、建築基準法に規定する道路に、2ｍ以上接していなければならない。

2）建築物の敷地が異なる2つの用途地域にわたる場合の建築物の建蔽率および容積率は、その敷地の全部について、敷地の過半の属する用途地域の規制が適用される。

3）建築物の敷地が異なる2つの用途地域にわたる場合の建築物の用

途は、その建築物の全部について、敷地の過半の属する用途地域の建築物の用途に関する規定が適用される。

4) 建築基準法第42条第2項の道路に面している敷地のうち、道路と道路境界線とみなされる線までの間の敷地部分（セットバック部分）は、建蔽率および容積率を算定する際の敷地面積に算入することができない。《2018年5月学科問題（46）》

問1 4)……日影規制は、住居系の用途地域・近隣商業地域・準工業地域に適用されるが、**商業地域**・工業地域・工業専用地域には適用されない

問2 2)……建築物の敷地が異なる2つの用途地域にわたる場合、建蔽率および容積率は、各々の地域の率で加重平均して計算する

---

6 不動産に関する法律 区分所有法

絶対読め！30秒レクチャー

2級学科で定番なのが、マンション管理の法律である「区分所有法」。専有部分と共用部分の違いや、「建替えには5分の4の賛成が必要」「規約の設定・変更・廃止には4分の3の賛成が必要」といった集会の決議を中心に理解しておくこと！

ナナメ読み！ **学習のポイント**

1 区分所有法（くぶんしょゆうほう）

(1) 専有部分（せんゆう）と共用部分（きょうよう）

区分建物（マンションなど）は**専有部分**と**共用部分**に分けられる。区分所有者は、共用部分の持分と分離して専有部分を処分することはできない（例えばマンションの居室と階段の持分の権利はセットでしか売れないということ）。

① 専有部分：個々の住戸所有者の所有権の目的となる部分。分譲マンションの居室など。なお、専有部分の賃借人は、建物または敷地等の使用方法につき、区分所有者が規約または集会の決議に基づいて負う義務と同一の義務を負う。

② 共用部分：専有部分以外の建物の部分。共用部分に対する各共有者の持分は（規約で別段の定めをしない限り）各共有者が有する専有部分の**床面積**の割合によって決まる。

・法定（ほうてい）共用部分：法律上、当然に共用となる部分（階段、廊下、エレベーター、バルコニーなど）

・規約(きやく)共用部分：規約によって、共用となる部分（管理人室など）

【敷地利用権(しきちりようけん)】専有部分を所有するための**建物の敷地**に関する権利のこと。原則として専有部分と分離して処分することはできないが、規約で分離処分を許可した場合は除く。敷地利用権には**所有権**、**地上権**、**賃借権**がある。

(2) 集会の決議の詳細

区分建物に住んでいる人の意思決定は、集会の決議によって行われる。決議要件の詳細は以下のとおり。

普通決議	**過半数**の賛成	軽微な変更、管理者の選任などの一般的事項（「著しい変更を伴わない共用部分の変更」を含む）
特別決議	$\frac{3}{4}$以上の賛成	**規約**の設定・変更・廃止、共用部分の変更
	$\frac{4}{5}$以上の賛成	**建替え**

マンションを購入すると、自動的に管理組合の構成員になる。区分所有者は任意に管理組合を脱退することはできない。また、管理者は**毎年1回**は集会を招集しなければならず、その際には**1週間前**（規約で伸縮可能）までに招集を通知する必要がある。

実務上ではどうなの？

中古マンションを購入するお客様をサポートする場合、そのマンションの規約や使用細則、長期修繕計画などはチェックすべきことです。なお、購入後のランニングコストの1つである「修繕積立金」が今後アップする可能性があるかどうかは、およそ購入前に予想できます。

本番得点力が高まる！ 問題演習

問 1 □□□

建物の区分所有等に関する法律に関する次の記述のうち、最も不適切なものはどれか。

1）規約を変更するためには、区分所有者および議決権の各4分の3

以上の多数による集会の決議が必要となる。

2）区分所有建物のうち、構造上の独立性と利用上の独立性を備えた部分は、区分所有権の目的となる専有部分の対象となり、規約によって共用部分とすることはできない。

3）区分所有者以外の専有部分の占有者は、建物またはその敷地もしくは附属施設の使用方法について、区分所有者が規約または集会の決議に基づいて負う義務と同一の義務を負う。

4）共用部分に対する区分所有者の共有持分は、規約に別段の定めがない限り、各共有者の専有部分の床面積の割合による。

《2020年1月学科問題（46）》

問2 □□□ 建物の区分所有等に関する法律に関する次の記述のうち、最も不適切なものはどれか。

1）建物ならびにその敷地および附属施設の管理を行うための団体は、区分所有者によって構成されるが、その構成員になるかどうかの選択についてはそれぞれの区分所有者の任意である。

2）一棟の建物のうち、構造上の独立性と利用上の独立性を備えた建物の部分は、区分所有権の目的となる専有部分の対象となるが、規約により共用部分とすることができる。

3）区分所有者が建物および建物が所在する土地と一体として管理または使用する庭、通路その他の土地は、規約により建物の敷地とすることができる。

4）集会においては、区分所有者および議決権の各５分の４以上の多数により、建替え決議をすることができる。

《2023年9月学科問題（47）》

問1 2）……管理人室など独立性を備えた部分であっても、規約によって共用部分とすることができる

問2 1）……区分所有者は自動的に管理組合の構成員となり、任意に脱退することはできない

不動産の取得・保有・売却にかかる税金

7 不動産の取得時・保有時の税金

絶対読め！30秒レクチャー

不動産は「出口」だけでなく「入口」や「真ん中」でも税金がかかる。つまり、取得時や、保有中にも税金が取られるのだ！　試験では「不動産取得税」「登録免許税」「印紙税」「固定資産税」など、まんべんなく出題されている。2級学科でほぼ毎回出ているが…深入りせず、過去問に出た項目の周辺だけを、確実に理解しよう！

ナナメ読み！　学習のポイント

1 不動産の取得時の税金

(1) 不動産取得税（ふどうさんしゅとくぜい）

① 不動産取得税の内容

不動産を取得した人に、不動産の所在地の都道府県が課税する税金。

・納税義務者：売買・交換・**贈与**・建築（増改築も含む）などにより、土地や建物を取得した者。有償・無償、登記の有無は関係ない。ただし例外として、**相続**、**法人の合併**などによる取得の場合は課税されない。

・課税標準：**固定資産税評価額**

※　課税標準は、課税計算の際、税率を乗じて税額を求める価額のこと。

・税率：原則4%（ただし特例で土地・住宅について3%が継続中）

② 課税（かぜい）の特例

・住宅（建物）を取得した場合の課税標準の特例

一定の条件を満たす住宅の場合、課税標準（固定資産税評価額）から一定額（新築の場合1,200万円または1,300万円（認定長期優良住宅））が控除される。

・住宅用の土地を取得した場合の課税標準の特例

土地を取得し、一定期間内に特例適用住宅（一戸建ての場合、床面積50～240㎡）を取得した場合次のようになる。

税額＝固定資産税評価額×$\frac{1}{2}$×3％－軽減額（①か②の多い金額）

① 45,000円

② 土地の1㎡あたりの価格×$\frac{1}{2}$×住宅の延床面積の2倍（200㎡限度）×3％

(2) 登録免許税（とうろくめんきょぜい）

不動産登記等を受けることに対して、国が課税する税金。

① 納税義務者：不動産登記を受ける者。また相続や法人の合併による所有権移転登記も、課税される。ただし表示の登記は非課税。

② 課税標準：固定資産税評価額（抵当権の設定登記の場合は債権金額）

③ 税率：登記の種類により異なる。所有権の移転登記の場合、本則（売買や贈与など）は２％、相続による場合は0.4％。

(3) 消費税（しょうひぜい）

不動産関連で、消費税を課税される場合とされない場合は下記のとおり。

	譲　渡	仲介手数料	貸　付
土　地	課税されない	課税される	課税されない※
建　物	課税される（売主が個人の場合は課税されない）	課税される	住宅以外：課税される 住宅建物：課税されない※

※　貸付期間が１カ月未満の場合は課税される。

(4) 印紙税（いんしぜい）

領収書や契約書などに印紙を貼って、国に納付する税金のこと。収入印紙が消印されていない場合は、その印紙の額面金額と同額の過怠税（かたいぜい）が課される。し

第5章 不動産

かし、当事者間の契約自体は有効である。

印紙税が 課税される契約書	地上権、土地の貸借権の設定または譲渡に関する契約書
	不動産の売買に関する契約書（仮契約書にも必要）
	消費貸借に関する契約書
	請負に関する契約書など
印紙税が 課税されない契約書	国または地方公共団体等が作成した文書
	課税物件表の非課税物件欄に規定する文書など

2 不動産保有時の税金

(1) 固定資産税（こていしさんぜい）

① 固定資産税の内容

・納税義務者：1月1日に固定資産を保有する者

・課税標準：固定資産税評価額

・標準税率：1.4％（各市町村は異なる税率を条例で定めることができる）

② 課税標準の特例

・住宅用地の課税標準（税率を乗じる価額）の軽減

小規模住宅用地（用地の200㎡以下の部分）：固定資産税評価額×$\frac{1}{6}$

一般住宅用地（用地の200㎡を超える部分）：固定資産税評価額×$\frac{1}{3}$

固定資産税（200㎡以下の部分）：

固定資産税評価額×$\frac{1}{6}$×標準税率1.4％

※マイホームの敷地だけでなく、賃貸アパートの敷地である宅地にも適用。

・新築住宅に対する税額軽減の特例

上記の税額について、居住部分の床面積が一戸につき50㎡以上280㎡以下の新築住宅については、居住部分120㎡までの部分に対する税金が、3年間（新築中高層耐火住宅は5年間）、2分の1に軽減される。

(2) 都市計画税（としけいかくぜい）

① 納税義務者：1月1日に**市街化区域**内の土地・建物を保有する者

② 課税標準：固定資産税評価額（住宅用地は軽減あり）

③ 制限税率：**0.3%**（これを上限に、各市町村が条例により定める）

本番得点力が高まる！ 問題演習

問1 □□□

不動産の取得に係る税金に関する次の記述のうち、最も不適切なものはどれか。

1）不動産取得税は、贈与により不動産を取得した場合であっても、その不動産の取得者に課される。

2）所定の要件を満たす戸建て住宅（認定長期優良住宅を除く）を新築した場合、不動産取得税の課税標準の算定に当たっては、1戸につき最高1,200万円を価格から控除することができる。

3）贈与により取得した不動産の所有権移転登記に係る登録免許税の税率は、課税標準に対して1,000分の20である。

4）印紙税の課税文書に貼付されている印紙が消印されていない場合は、原則として、その印紙の額面金額の2倍に相当する金額の過怠税が課される。

《2019年9月学科問題（48）》

問2 □□□

不動産に係る固定資産税および都市計画税に関する次の記述のうち、最も適切なものはどれか。

1）年の中途に固定資産税の課税対象となる土地または家屋が譲渡された場合、その譲受人は、原則として、その年度内の所有期間に応じた当年度分の固定資産税を納付しなければならない。

2）住宅用地に係る固定資産税の課税標準については、住宅1戸当たり400㎡以下の部分について課税標準となるべき価格の6分の1相当額とする特例がある。

3）都市計画税の税率は各地方自治体の条例で定められるが、100分の0.3を超えることはできない。

4）都市計画税は、都市計画区域のうち、原則として、市街化調整区域および非線引きの区域内に所在する土地および家屋の所有者に

対して課される。　《2022年9月学科問題（48）》

問3 □□□ 不動産の取得に係る税金に関する次の記述のうち、最も適切なものはどれか。

1）不動産取得税は、相続により不動産を取得した場合であっても課される。

2）所定の要件を満たす住宅を新築した場合、不動産取得税の課税標準の算定に当たっては、一戸につき最高1,500万円が価格から控除される。

3）登録免許税は、相続により不動産を取得した場合の所有権移転登記であっても課される。

4）登録免許税は、建物を新築した場合の建物表題登記であっても課される。

《2021年9月学科問題（48）》

問1 4）……学習のポイント 1 (4) を参照。消印なしの過怠税は額面と同額

問2 3）……1）学習のポイント 2 (1) ①を参照。1月1日における所有者に納付義務がある

2）学習のポイント 2 (1) ②を参照。200㎡以下の部分が6分の1

4）学習のポイント 2 (2) ①を参照。市街化区域内に所在する土地および家屋の所有者に対して課される

問3 3）……1）不動産取得税は相続の場合かからない

2）新築の場合、一戸につき最高1,200万円（認定長期優良住宅は1,300万円）が控除される

4）表示の登記（建物表題登記）には課税されない

---

8 不動産の取得・保有・売却にかかる税金 不動産の譲渡時の税金

絶対読め！30秒レクチャー

不動産を売って（譲渡して）もうかった場合には、税金がかかる。ただし、所有期間の長短にかかわらず分離課税（ぶんりかぜい）だ！　2級学科では毎回出るこの分野は「長期譲渡と短期譲渡」「3,000万円控除」「買換特例」「譲渡損失の繰越控除」を中心に押さえよう。

不動産を売ってもうかったら
税金がかかるぞ。
しかも分離課税…。
譲渡
土地
10000

ナナメ読み！ 学習のポイント

1 不動産の譲渡所得（じょうとしょとく）

土地・建物等を売却したときの「譲渡所得」は、ほかの所得と分離して課税される。また所有期間により長期と短期に分かれる。

(1) 長期譲渡と短期譲渡

① 譲渡した年の1月1日における所有期間が5年を超える→長期譲渡

・長期譲渡所得の税率：20.315%（所得税・復興特別所得税15.315%、住民税5%）

② 譲渡した年の1月1日における所有期間が5年以下　→短期譲渡

・短期譲渡所得の税率：39.63%（所得税・復興特別所得税30.63%、住民税9%）

③ 相続した土地を譲渡した場合、長期・短期の判定に用いる取得日は（原則）被相続人が取得した日

(2) 譲渡所得の計算式

課税譲渡所得＝譲渡価格－（取得費＋譲渡費用）－特別控除

① 取得費：売却した資産の取得金額＋その後の設備費・改良費－償却費相当額。取得費が不明な場合は「**譲渡価格**の5％相当」で計算できる。相続人が相続した土地等を相続開始のあった日の翌日から相続税の申告期限の翌日以後3年以内に譲渡した場合には、その土地等に対応する部分の金額を、取得費に加算することができる（相続財産を譲渡した場合の取得費加算の特例）。

② 譲渡費用：資産売却に要した直接経費、**仲介手数料**、印紙代、建物取壊し費用、立退料など（固定資産税や修繕費は含まない）

③ 特別控除：居住用財産の3,000万円の特別控除など

(3) マイホーム売却に関する課税の特例

① **居住用財産の3,000万**円の特別控除

自宅を売却した場合（住まなくなった日から3年を経過する年の12月31日までの売却）、譲渡益から3,000万円が控除される特例がある。特徴は以下のとおり。

- **所有**期間や居住期間を問わず、適用できる
- 3年に1度しか適用できない
- 配偶者、直系血族などへの譲渡には適用できない
- ②の**軽減税率**の特例と**併用できる**
- 夫婦共有の場合、共有者各自が要件を満たせばダブルで控除を受けられる

② 軽減税率の特例

譲渡した年の1月1日における所有期間が10年を超える自宅を売却した場合は、長期譲渡所得の税率20％強より軽減された税率が適用される。課税譲渡所得金額が、

- **6,000万**円以下の部分：税率14.21％
  （所得税・復興特別所得税10.21％、住民税4％）
- **6,000万**円超の部分：税率20.315％
  （所得税・復興特別所得税15.315％、住民税5％）

③ **居住用財産の買換特例**

自宅を（1億円以下で）売却して一定期間内に買い換えた場合、自宅の売却

益は（新たに購入した自宅の売却時まで）課税を繰り延べられる。

・アップグレード買換え（売却価格≦買換価格）の場合：譲渡益に対する課税は全額繰延べ

・ダウングレード買換え（売却価格＞買換価格）の場合：売却価格と買換価格との差額相当分だけ譲渡所得の対象になる

④　譲渡損失の繰越控除

マイホーム買換えに際して、自宅の売却により譲渡損が発生した場合、損益通算をしても残る損失は、翌年以降3年間にわたり控除ができる。要件は、

・売却した年の1月1日において所有期間が5年超

・新居について償還期間10年以上の住宅ローンの残高がある

・売却金額が新居の住宅ローンの残高を下回っている

(4) マイホーム売却益・売却損の特例のまとめ

	所有期間	居住期間要件	特例の併用
居住用財産の3,000万円の特別控除	なし	なし	居住用財産の3,000万円の特別控除と軽減税率の特例は併用可
軽減税率の特例	10年超	なし	
居住用財産の買換特例	10年超	10年以上	他の特例と併用不可
居住用財産の買換え等の場合の譲渡損失の繰越控除	5年超	なし	住宅ローン控除と併用可

本番得点力が高まる！ 問題演習

問1 □□□ 居住用財産を譲渡した場合の3,000万円の特別控除（以下「3,000万円特別控除」という）と居住用財産を譲渡した場合の長期譲渡所得の課税の特例（以下「軽減税率の特例」という）に関する次の記述のうち、最も適切なものはどれか。

1）3,000万円特別控除は、居住用財産を居住の用に供さなくなった日の属する年の翌年12月31日までに譲渡しなければ、適用を受けることができない。

2）3,000万円特別控除は、譲渡した居住用財産の所有期間が、譲渡

した日の属する年の1月1日において10年を超えていなければ、適用を受けることができない。

3）軽減税率の特例は、譲渡した居住用財産の所有期間が、譲渡した日の属する年の1月1日において10年を超えていなければ、適用を受けることができない。

4）3,000万円特別控除と軽減税率の特例は、重複して適用を受けることができない。 《2018年9月学科問題（49）》

問2 □□□

居住用財産を譲渡した場合の3,000万円の特別控除（以下「3,000万円特別控除」という）および居住用財産を譲渡した場合の長期譲渡所得の課税の特例（以下「軽減税率の特例」という）に関する次の記述のうち、最も不適切なものはどれか。なお、記載されたもの以外の要件はすべて満たしているものとする。

1）3,000万円特別控除は、居住用財産を配偶者に譲渡した場合には適用を受けることができない。

2）3,000万円特別控除は、譲渡した居住用財産の所有期間が、譲渡した日の属する年の1月1日において10年を超えていなければ、適用を受けることができない。

3）軽減税率の特例では、課税長期譲渡所得金額のうち6,000万円以下の部分の金額について、所得税（復興特別所得税を含む）10.21％、住民税4％の軽減税率が適用される。

4）3,000万円特別控除と軽減税率の特例は、重複して適用を受けることができる。 《2023年1月学科問題（49）》

問3 □□□

個人が土地を譲渡した場合の譲渡所得に関する次の記述のうち、最も不適切なものはどれか。

1）譲渡所得の金額の計算上、譲渡した土地の取得費が不明な場合には、譲渡収入金額の10％相当額を取得費とすることができる。

2）譲渡所得のうち、土地を譲渡した日の属する年の1月1日における所有期間が5年以下のものについては、短期譲渡所得に区分される。

3）土地売却時に生じた譲渡所得が長期譲渡所得に区分される場合、課税長期譲渡所得金額に対し、原則として、所得税（復興特別所得税を含む）15.315％、住民税５％の税率により課税される。

4）土地を譲渡する際に支出した仲介手数料は、譲渡所得の金額の計算上、譲渡費用に含まれる。　《2022年9月学科問題（49）》

問４ □□□ 個人が土地を譲渡した場合の譲渡所得に関する次の記述のうち、最も不適切なものはどれか。

1）譲渡所得のうち、土地を譲渡した日の属する年の１月１日における所有期間が10年以下のものについては短期譲渡所得に区分される。

2）譲渡所得の金額の計算上、取得費が不明な場合には、譲渡収入金額の５％相当額を取得費とすることができる。

3）譲渡するために直接要した仲介手数料は、譲渡所得の金額の計算上、譲渡費用に含まれる。

4）土地の譲渡に係る譲渡所得の金額は、当該土地の所有期間の長短にかかわらず、他の所得の金額と合算せず、分離して税額が計算される。　《2020年9月学科問題（49）》

問１ 3）……1）居住の用に供さなくなった日から3年を経過する年の12月31日までの譲渡について適用を受けることができる

2）3,000万円特別控除は所有期間の長短を問わず適用を受けることができる

4）居住用財産の3,000万円の特別控除と軽減税率の特例は併用可能

問２ 2）……学習のポイント１(3) ①を参照。所有や居住の期間を問わず（他の要件を満たせば）適用できる

問３ 1）……取得費が不明または実際の取得費が譲渡価格の5％相当額を下回る場合には、譲渡価格の5％相当額を取得費とすることができる

問４ 1）……その土地を譲渡した日の属する年の１月１日における所有期間が5年以下の場合、短期譲渡所得。5年超の場合、長期譲渡所得

---

9 不動産の有効活用

不動産の有効活用

絶対読め！30秒レクチャー

FPに相談するお客様は、自宅以外の土地を持っている場合がある。しかし、更地（さらち）を持っているだけでは固定資産税を毎年払うだけでもったいない！　そこで、土地の上にアパートやビルを建てて賃料が毎月チャリンチャリンと入ってくるように画策するのが2級学科の問50で出る「不動産の有効活用」だ！　しかし、ウワモノを建てる数千万〜数億円の調達がキビしい場合は、「等価交換方式」などの大技や、土地そのものを貸す「定期借地権方式」を利用してシノぐのだ！

ナナメ読み！　学習のポイント

1 土地の有効活用（ゆうこうかつよう）6パターン

(1) 自己建設（じこけんせつ）方式

土地所有者が基本的には自分で有効活用を企画し、建設の工事を発注し、建物完成後の管理・運営を行う方式。

【特徴】土地所有者は収益のすべてを享受できるメリットがある。しかし、建設資金は自ら負担する必要がある。

(2) 事業受託（じぎょうじゅたく）方式

デベロッパー（不動産開発者）が事業パートナーとなり、土地活用の調査・企画から、建物の建設・施工、建物完成後の管理・運営までの一切の事業を受託して行う方式。

【特徴】デベロッパーの不動産事業に関する豊富なノウハウが受けられるメリットがある。しかし、委託して行うため**事業報酬**がかかる。

(3) 土地信託方式

信託銀行などに信託という形で土地を預けて、信託銀行が資金の調達や建物の建設を行って賃貸事業を行う方式。信託期間終了後は土地・建物が返還され、登記上の名義も土地所有者に戻される。

【特徴】賃貸収入と土地の値上がり益等のすべてを享受できる。また、わずらわしい**手間がない**というメリットがある。しかし信託手数料、登記費用等がかかるので、自己建設方式と比べて収益性は低い。

(4) 等価交換方式

土地所有者が土地を出資し、デベロッパーがその上に建築する建物の費用を出資、各々の出資割合に応じて土地・建物を分け合う方式。

【特徴】資金負担がない。土地所有者がデベロッパーに土地を譲渡し、交換取得資産として建物を取得した場合、譲渡益が発生しても、その全部または一部について課税の繰延べを受けられることがある。しかし、**土地の一部**を手**放さなければならない**デメリットがある。

さらっと一読！

等価交換方式に関する細かいポイント　出題率 **10%未満**

① 等価交換方式では、所有権を有する土地だけでなく、借地権や底地であっても、等価交換の対象となる。

② 等価交換方式による不動産の譲渡・取得でも事業用資産の**買換え特例**の適用はできるが、所得税が非課税になるわけではない（譲渡収入の80%について課税繰延べ）。

③ **全部**譲渡方式では、建設前にデベロッパーにいったん土地を全部譲渡するが、**部分**譲渡方式では、建設後に建物の対価に相当する土地の持ち分のみデベロッパーに譲渡する。

(5) 定期借地権方式

土地に定期借地権を設定し、土地を貸して地代を得る方式。

【特徴】所有者は建設資金の負担が不要というメリットがある。しかし相続税上の底地（借地権等の設定対象となっている土地）の評価が高い。

(6) 建設協力金方式

建物は土地所有者が建設し、その建物に入居予定のテナント等から貸与された保証金や建設協力金を、建設資金の全部または一部に充当して建物を建設する事業方式。

【特徴】土地所有者は、土地を保有したまま、少ない投下資本で土地の有効活用を図ることができる。しかし、賃借人（テナント等）の倒産・撤退時の処理が複雑で土地所有者のキャッシュフローがマイナスになることもある。

2 不動産投資3つの形態

(1) 現物不動産投資

賃貸マンションやビルなどの現物の不動産に、直接投資をする形態。

(2) 小口化不動産投資

複数の投資家が共有持分を所有し、運用する投資形態。

(3) 証券化不動産投資

不動産を担保とした証券等を発行することにより、投資金額の少額化と流動性を確保した投資商品に投資する形態。

【不動産の証券化】不動産の収益を原資として証券を発行するもの。

- 特徴：少額から投資ができる。高い流動性が確保できる
- 代表的な商品：**不動産投資信託（J-REIT）**

3 採算性の判定

不動産投資の採算性を判定するためには、まずは年間の収益を総投資額で割って利回りを出すのが基本。さらに将来入るであろう現金を現在の価値に割り戻して合計するDCF法が欠かせない。またDCF法をベースとした投資判断手法としてNPV法、IRR法がある。

(1) 不動産投資の利回り

不動産投資をして採算が合うかどうかを判断するために、以下の方法で投資利回りを計算する。

① 単純利回り

諸経費を考慮しない、簡単な計算方法。

$$単純利回り=\frac{年間賃料収入}{投資額}\times 100$$

② 純利回り（NOI利回り）

諸経費を考慮して計算するので、単純利回りよりも正確な計算方法。

$$純利回り(NOI利回り)=\frac{年間賃料収入-年間諸経費}{投資額}\times 100$$

(2) DCF（ディーシーエフ）法（ディスカウント・キャッシュ・フロー法）→現在価値を求める方法

将来のキャッシュフローの現在価値の総和と、保有期間終了時の復帰（ふっき）価格の現在価値を合算して、**投資不動産**の**収益価格**を求める手法。

●DCF法のイメージ図

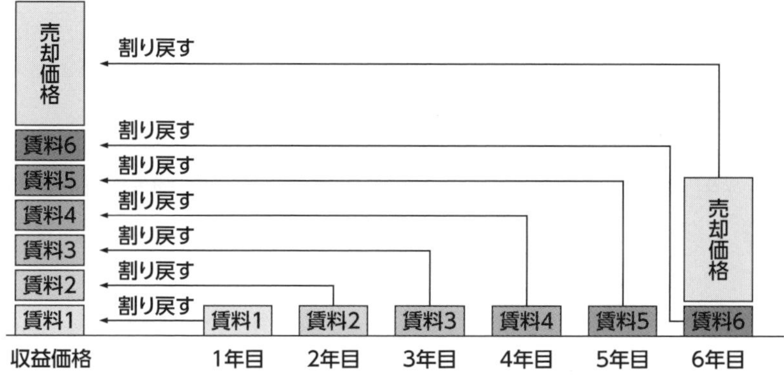

(3) NPV（エヌピーブイ）法（正味現在価値法）→投資予定額と比べる方法

投資によって生じるキャッシュフローの現在価値の合計額と**投資予定額**の**現在価値**を比較して、投資の適否を判定する手法。「将来の収益の現在価値の合計額＞投資予定額の現在価値の合計額」ならその投資は妥当と判断する。

(4) ＩＲＲ（アイアールアール）法（内部収益率法）→目標利回りと比べる方法

将来のキャッシュフローの現在価値の合計額が総投資額と等しくなる利回り（内部収益率）と**目標利回り**（期待収益率）とを**比較**して、投資の適否を判定する手法。「内部収益率＞期待収益率」ならその投資は妥当と判断する。

 本番得点力が高まる！ 問題演習

問1 □□□

Ａさんは、商業用店舗の建設等を通じた所有土地の有効活用について検討している。土地の有効活用の手法の一般的な特徴についてまとめた下表のうち、各項目に記載された内容が最も適切なものはどれか。

有効活用の手法	土地の所有名義（有効活用後）	建物の所有名義	Ａさんの建設資金の負担の要否
建設協力金方式	Ａさん	デベロッパー	不要（全部または一部）
等価交換方式	Ａさんとデベロッパー	Ａさんとデベロッパー	必要
定期借地権方式	Ａさん	借地人	不要
事業受託方式	Ａさんとデベロッパー	Ａさん	必要

1）建設協力金方式
2）等価交換方式
3）定期借地権方式
4）事業受託方式 《2021年5月学科問題（50）》

問2 □□□

不動産の投資判断等の手法に関する次の記述のうち、最も不適切なものはどれか。

1）NPV法（正味現在価値法）による投資判断においては、投資不動産から得られる収益の現在価値の合計額が投資額の現在価値の合計額を上回っている場合、その投資は有利であると判定することができる。
2）IRR法（内部収益率法）による投資判断においては、内部収益率が対象不動産に対する投資家の期待収益率を上回っている場合、その投資は有利であると判定することができる。
3）NOI利回り（純利回り）は、対象不動産から得られる年間総収入を総投資額で除して算出される利回りであり、不動産の収益性を

測る指標である。

4）借入金併用型投資では、投資の収益率が借入金の金利を上回っている場合には、レバレッジ効果により自己資金に対する投資の収益率の向上が期待できる。 《2018年5月学科問題（50）》

問1 3）……1）建設協力金方式の建物所有名義はＡさん

2）等価交換方式においてＡさんに資金負担はない

4）事業受託方式の土地所有名義はＡさん

問2 3）……NOI利回りは、対象不動産から得られる年間の純収益（賃貸収入－諸経費）を総投資額で除して算出される利回り

第6章

相続・事業承継

相続する資産が金融資産だけなら、たいした問題は発生しない。しかし、不動産や自社株（非上場株）、負債などが相続資産に入っていると、「誰が何を相続するか」「納税資金は用意できるか」ということを真剣に考えないと将来大きなトラブルがおきるだろう！この章では、試験にも実務にもあなたの人生にも役立つ相続の知識を身につけよう。

生きている人から財産をもらったら「贈与」で、死んだ人から財産を受け継いだら「相続」となる。贈与は、「これタダであげる！」「もらった！」という２人の意思表示でスタートし、相続は人が死んだらスタートする。課税される財産と非課税財産、贈与税・相続税の計算のルールなどについて学ぼう。

贈与の基本と贈与税　贈与税について学ぼう。

1 贈与の意義と形態

「これタダであげる！」「もらいます！」で贈与は成立する。口約束なら、実際にあげる前にどちらかが「やっぱりやめた！」と言えばやめられるが、書面で約束したらそうはいかない。

2 贈与税の課税財産・非課税財産

贈与税を計算する際に課税される財産は、贈与された現金や株式などの「本来の贈与財産」と、借金を免除してもらった場合など、贈与と同じような利益がある「みなし贈与財産」がある。親から一人暮らしの子への仕送りなどは非課税になる。

3 贈与税の計算と納付

贈与税の計算方法には、1年間に贈与された財産の合計額から110万円を差し引ける「暦年課税」と、贈与をする時には贈与者1人につき累計2,500万円まで特別控除となり、贈与者が死んだ時（相続時）に、精算して課税する「相続時精算課税制度」がある（2024年1月改正）。

相続の基本　だれがどのくらい相続できるのかを押さえよう。

4 相続の開始と相続分

死亡により相続がスタート！
誰がどれくらいの割合で財産をもらえる？

「相続」は、「被相続人」（死んだ人）の財産を「相続人」がルールにしたがって引き継ぐ。遺言によって指定された相続分を「指定相続分」という。遺言がない場合は話し合いで決めるが、民法では、より身近な人（配偶者等）に多くの相続財産を渡す「法定相続分」というガイドラインを定めている。

5 遺言と遺留分

遺言が残っていれば、
相続割合は故人の遺志が尊重される！

相続はまず故人の希望が優先されるので、遺言書を残しておくのは重要。遺言には、本人が書く「自筆証書遺言」、本人が言うことを公証人が書く「公正証書遺言」、遺言の内容を秘密にしておける「秘密証書遺言」がある。いくら故人の遺志でも「愛人に全ての財産を渡す」なんて書いてあったら遺族はたまらない。そのため、配偶者、子、親などには「遺留分」という一定の割合の財産をもらう権利がある。

6 相続の承認と放棄

財産といっしょに借金もついてくる可能性がある！
相続する？　しない？

財産も負債も全部引き継ぐ場合は「単純承認」。相続したくない場合は「相続放棄」を、相続財産の範囲内で負債を引き継ぐ場合は「限定承認」の手続きをする。

相続税のしくみ　相続した財産には「相続税」がかけられる。計算の流れを理解しよう。

7 相続税の課税財産・非課税財産

相続で取得した財産だけでなく、被相続人の死亡によってもらえる死亡保険金や死亡退職金等も相続財産として課税される（ただし、一定額が非課税となる）。また、相続した借入金などの債務は、課税財産の額から差し引くことができる。

8 相続税の計算

相続税は、①まず、相続財産を合計したものから基礎控除額を差し引き「課税遺産総額」を求める。②次に、各相続人が法定相続分どおりに財産を取得したと仮定して、各人の法定相続分に税率を掛け、その金額を合算して「相続税の総額」を求める。③最後に、相続税の総額を実際に取得した財産の取得割合に応じてあん分して、各相続人の納付税額を求める。

9 相続税の申告と納付

相続の開始を知った日の次の日から10カ月以内に相続税の申告と納付をする。お金で一括で払うのが難しい時は、分割払いの「延納」を、それも難しい場合は、相続した財産によって相続税を払う「物納」をする。

様々な相続財産の評価方法　相続税を計算する時に、現金以外の相続財産がどうやって金銭評価されるかを学ぼう。

相続財産の評価		
	10 不動産	土地の相続財産の評価では、「更地」は高くなってしまう。貸している土地は貸している割合の分を割安に評価してもらえるし、アパートを建てて貸している土地も割安に評価してもらえる。
	11 金融資産	預貯金、生命保険契約の権利、上場株式の評価について押さえよう。
	12 取引相場のない株式	上場していない株式を相続した場合は、上場株式よりも評価は複雑になる。

頻出論点 Best 5

2級学科 相続・事業承継

1位 贈与税の計算と納付

第6章 3

出題率 95%

いつのまにか毎回1～2問出るようになった分野。「相続時精算課税」と「教育資金贈与の非課税枠」は細かく覚えておきたい。直近の過去問の理解を中心に試験対策しよう。

1位 相続の開始と相続分

第6章 4

出題率 95%

最近は2～3問出ることもある、出題率が急上昇した項目。実務上でも重要な遺産分割がねらわれる傾向が、当分の間は継続するだろう！　また、相続人に関連して「親族」の規定も出やすくなっているので注意。

1位 相続財産の評価　不動産

第6章 10

出題率 95%

相続のスーパー頻出項目である！　ここは最も時間をかけるべきだ。同じような不動産でも、その状況や権利関係や相続人によって相続税評価額が異なるルールを細かく覚えよう。

4位 相続税の課税財産・非課税財産

第6章 7

出題率 70%

相続における定番の分野。2回に1回は安定して出題されているので、出題されなかった次の回は絶対に出ると思って勉強しよう。非課税財産それぞれの「非課税になる理由」を理解すると頭に定着するぞ！

5位 遺言と遺留分

第6章 5

出題率 60%

出題率が上昇。遺言は「自筆」と「公正」の違いをパーフェクトに覚えておこう。身近な家族の最低限の権利である「遺留分」はしっかりと理解を深めよう。

1 贈与の基本と贈与税 贈与の意義と形態

最後の
ひと押し

絶対読め！30秒レクチャー

「これあげるよ！」「もらいます！」で贈与契約は成立。これを書面でやっちゃうと取り消せない。だけど口頭だけなら、実際にあげる前に「やっぱりやめた！」「やっぱりいらない！」と言えば約束も水に流せるのだ！2級学科で2回に1回は出る。ここでは、定期・負担付・死因など、いろいろなバリエーションの贈与を覚えておこう！

ありがとう！
これ、おまえに
譲ろう。

ナナメ読み！ 学習のポイント

1 贈与契約とは

贈与者（あげる人）が「自分の財産を受贈者（もらう人）に無償で与える」意思表示をして、それを受贈者が受け入れる契約のこと。この場合の意思表示に口頭と書面の違いはない。

2 贈与の取消し

書面によった契約では取消しができないが、口頭によって成立した贈与契約は（贈与者または受贈者が）取り消すことができる。なぜなら、口頭での贈与契約は履行（実行）された時点で、効力が発生するからである（停止条件付贈与※の場合は、条件が成就した時）。ただし、それらは贈与が実行される前の話であり、すでに実行された贈与契約は（口頭・書面いずれも）取り消すことができない。

※　停止条件付贈与とは、不確定な事実が成就するまでは贈与契約が有効にならない(停止されている)条件がついた贈与（例:「東大に合格したら100万円あげる」)。

3　様々な種類の贈与

(1) 定期贈与

定期的に給付を行う贈与。これが定期金給付契約に基づく場合（例：「これから５年間は毎年100万円、合計500万円をお前にあげる約束をするぞ」）には、毎年の金額が基礎控除110万円以下でも、贈与金額の総額に対して贈与税が課税される。あげる人もらう人いずれか一方の死亡で効力がなくなる。

(2) 負担付贈与

①　贈与者が受贈者に対して贈与する前提として、一定の債務を負わせる贈与（例：「1,000万円分の土地をお前にあげるから、500万円のローンもお前が負担してくれ…」)。

②　受贈者がその負担に相当する債務（義務）を履行しない場合、贈与者は（負担付贈与）契約を解除することができる。

③　贈与者は、受贈者の負担の限度において、売買契約における売主と同様の担保責任（欠陥があった場合の責任）を負う。

(3) 死因贈与

①　贈与者が死亡することにより効力が発生する贈与契約で、双方の合意が必要（ただし、その撤回は遺言などを通じて贈与者の意思だけで可能)。似て非なるものとして、遺贈は遺言による一方的な意思表示である。

②　死因贈与の場合、契約はあくまで贈与だが、贈与の時期が贈与者の死亡時なので贈与税は課されず、相続税が課されることに注意。

本番得点力が高まる！ 問題演習

問１　個人間の贈与等に関する次の記述のうち、最も適切なものはどれか。

1) 負担付贈与により取得した財産は、贈与財産の価額から負担額を控除した価額が贈与税の課税対象となる。

2）定期贈与により取得した財産は、毎年受け取る金額が贈与税の基礎控除額以下であれば、定期金給付契約に基づくものであっても、贈与税の課税対象とならない。

3）死因贈与により取得した財産は、贈与税の課税対象となる。

4）遺贈により取得した財産は、贈与税の課税対象となる。

《2020年1月学科問題（58）》

問2 □□□

民法上の贈与に関する次の記述のうち、最も適切なものはどれか。

1）定期贈与とは、贈与者が受贈者に対して定期的に財産を給付することを目的とする贈与をいい、贈与者または受贈者のいずれか一方が生存している限り、その効力を失うことはない。

2）負担付贈与では、受贈者がその負担である義務を履行しない場合において、贈与者が相当の期間を定めてその履行の催告をし、その期間内に履行がない場合であっても、贈与者は、当該贈与の契約の解除をすることができない。

3）死因贈与では、民法の遺贈に関する規定が準用され、贈与者のみの意思表示により成立し、贈与者の死亡によって効力が生じる。

4）書面によらない贈与では、その履行前であれば、各当事者は合意がなくとも契約の解除をすることができる。

《2022年5月学科問題（51）》

問1 1）…… 2）学習のポイント 3（1）を参照

3）死因贈与で取得した財産は、**相続税**の課税対象

4）遺贈で取得した財産は、**相続税**の課税対象

問2 4）…… 1）学習のポイント 3（1）を参照。贈与者または受贈者の死亡で効力は消滅

2）学習のポイント 3（2）②を参照。義務の履行がなければ解除できる

3）学習のポイント 3（3）①を参照。契約なので双方合意で成立する。贈与者のみの意思表示で効力が生じるわけではない

贈与の基本と贈与税

2 贈与税の課税財産・非課税財産

絶対読め！30秒レクチャー

贈与税には、相続税を免れる行為を防ぐ、相続税の補完的な役割がある。ここでは、贈与税の非課税財産を中心に勉強しよう。非課税財産には「それは贈与じゃなくて所得！」「それは贈与じゃなくて相続！」とツッコミが入るものと、「そこから税金取るのはセチガライ！」とツッコミが入るものに分類して理解しよう！　ここは2級学科での出題率が低下しているが、いつ出てもおかしくないぞ。

しまった！
贈与税がかかってきた。
よろしく
お願いします。
贈与税

ナナメ読み！　学習のポイント

1 贈与税の課税財産

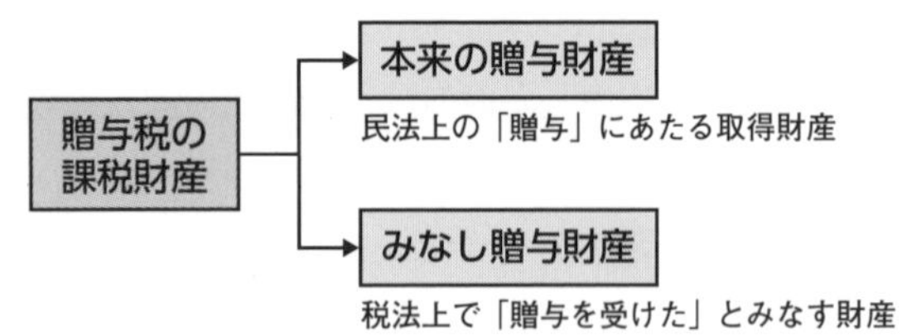

(1) 本来の贈与財産

お金で見積もることができるすべてのもので、「これあげる！」「もらいます！」という双方の合意があったもの。

(2) みなし贈与財産

贈与の形式ではなくても、受けた行為が贈与と同等の経済的利益を有する場

合は、贈与とみなされて課税対象となる。具体例は、

① 信託財産（信託を依頼した人以外が利益を受ける場合）

② 生命保険金（契約者・被保険者・受取人の３者が**異なる**場合）→第２章3 2参照

③ **低額譲渡**（ていがくじょうと）による利益（時価より著しく低い対価で財産を譲り受けた場合、時価との差額が課税対象）

④ **債務免除**（さいむめんじょ）（借金チャラ！）により受けた利益

2 贈与税の非課税財産（ひかぜいざいさん）

(1) 法人からの贈与財産

贈与者が法人の場合、受贈者に贈与税はかからない。しかし、その法人と個人に雇用関係がある場合は**給与所得**、雇用関係がない場合は**一時所得**となり、個人の所得として所得税や住民税の対象となる。

(2) 扶養義務者（ふようぎむしゃ）からの生活費、教育費

扶養義務者からの通常必要とされる範囲の額に贈与税は課税されない。例えば、一人暮らしの子供への親からの仕送り（**生活費**や教育費）など。

しかし、仕送りであっても、生活費に充てずに株式等の投資資金に充てた場合などは、その範囲に含まれず贈与とみなされる。

(3) 離婚の財産分与によって受け取った財産

財産分与とは、夫婦２人で仲良く築いてきた財産を２人で分け合う（奪い合う？）こと。ただし、婚姻中の生活費や収入などと比べて、あまりにその財産分与の額が過大の場合は、過大な部分が贈与とみなされる。

(4) 相続開始前７年以内の贈与

被相続人の死亡によって相続、遺贈があったときは、その**相続開始前７年以内**（2030年末までに開始した相続の場合は３年以上７年未満）に被相続人から暦年**贈与された**取得財産には贈与税がかからず、代わりに相続税が課される（例外：相続や遺贈を受けていない人の場合は、上記でも贈与とみなされる）。なお、贈与税の配偶者控除の適用を受けている場合は（その控除額相当額は）相続税の課税価格に加える必要がない。

(5) その他の非課税財産

① 社交上必要と認められるもの（**香典**、見舞い金、祝い物など）や特定公益信託からの奨学金などには贈与税がかからない。

② 特定贈与信託※によって信託された財産は、一定額（最大6,000万円）まで、贈与税がかからない。

※ 特定障害者（重度の心身障害者等）の生活の安定を図ることを目的に、その家族等が金銭等の財産を信託銀行に管理してもらうもの。

③ 親子等の間で土地を**使用貸借**（タダで貸すこと）する場合も、（地代がゼロなら借地権が設定されたものとはみなされず）贈与税の課税対象にはならない。

④ 死因贈与により取得した財産は（相続税の課税対象となるので）贈与税の課税対象にはならない。

実務上ではどうなの？

マイホームを購入して土地や建物の登記を行う際に、配偶者の登記割合を実際にお金を出した比率よりも多くしたりすると、税務署から「それって贈与？」とツッコミが入りやすくなるので、注意が必要です。

本番得点力が高まる！ 問題演習

問1 □□□

贈与税の非課税財産等に関する次の記述のうち、最も不適切なものはどれか。

1）扶養義務者相互間において生活費または教育費に充てるためにした贈与により取得した財産のうち、通常必要と認められるものは、贈与税の課税対象とならない。

2）個人から受ける社交上必要と認められる香典や見舞金等の金品で、贈与者と受贈者との関係等に照らして社会通念上相当と認められるものは、贈与税の課税対象とならない。

3）離婚に伴う財産分与により取得した財産は、その価額が婚姻中の夫婦の協力によって得た財産の額等の事情を考慮して社会通念上相当な範囲内である場合、原則として、贈与税の課税対象とならない。

4) 父が所有する土地の名義を無償で子の名義に変更した場合、その名義変更により取得した土地は、原則として、贈与税の課税対象とならない。

《2023年9月学科問題（52）》

問2 □□□

贈与税の課税財産に関する次の記述のうち、最も不適切なものはどれか。

1) 子が母から著しく低い価額の対価で土地の譲渡を受けた場合、原則として、その相続税評価額と支払った対価の額との差額を限度に、子が母から贈与により取得したものとみなされ、その差額相当分は、贈与税の課税対象となる。

2) 個人の債務者が資力を喪失して債務を弁済することが困難になり、個人の債権者から当該債務の免除を受けた場合、当該免除を受けた金額のうちその債務を弁済することが困難である部分の金額は、贈与税の課税対象とならない。

3) 離婚による財産分与によって取得した財産については、その価額が婚姻中の夫婦の協力によって得た財産の額その他一切の事情を考慮しても過当でなく、贈与税や相続税のほ脱を図ったものでもない場合には、贈与税の課税対象とならない。

4) 契約者（＝保険料負担者）が父、被保険者が母、死亡保険金受取人が子である生命保険契約を締結していた場合において、母の死亡により子が受け取った死亡保険金は、贈与税の課税対象となる。

《2022年1月学科問題（53）》

問3 □□□

下記生命保険契約Ａ～Ｃにおいて、被保険者である父の死亡により、子が受け取った死亡保険金（一時金）に関する次の記述のうち、最も適切なものはどれか。

	契約者 (＝保険料負担者)	被保険者	保険金受取人
生命保険契約A	父	父	子
生命保険契約B	子	父	子
生命保険契約C	母	父	子

1) 生命保険契約Aに基づき子が受け取った死亡保険金は、贈与税の課税対象となる。
2) 生命保険契約Bに基づき子が受け取った死亡保険金は、贈与税の課税対象となる。
3) 生命保険契約Cに基づき子が受け取った死亡保険金は、贈与税の課税対象となる。
4) 生命保険契約A、BおよびCに基づき子が受け取った死亡保険金は、いずれも贈与税の課税対象とならない。

《2016年9月学科問題（52)》

問1 4)…… 親名義の土地を無償で子の名義に変更した場合、親が子に土地を贈与したものとして課税対象となる

問2 1)…… 学習のポイント **1** (2) ③を参照。(相続税評価額ではなく) 時価と支払った対価の額との差額が課税対象

問3 3)…… 第2章 3 **2** を参照

1) 生命保険の契約者（＝保険料負担者）と被保険者が同じで、保険金受取人が異なり、受取人が相続人となる場合は、みなし相続財産として、**相続税**の課税対象
2) 生命保険の契約者(＝保険料負担者)と保険金受取人が同じで、被保険者が異なる場合は一時所得として**所得税**の課税対象
4) 生命保険の契約者（＝保険料負担者）と、被保険者、保険金受取人がそれぞれ異なる場合（契約Cの場合)、契約者から受取人への贈与とみなされ、**贈与税**の課税対象

---

3 贈与の基本と贈与税 贈与税の計算と納付

絶対読め！30秒レクチャー

「2/1～3/15」
手続きに
行かないと～
贈与税

1月から12月までに合計110万円を超える贈与を受けた人は、翌年の2月1日から1カ月半の間に贈与税を納めるのだ！　ちなみに、贈与税の速算表は「110万円を引いた後の金額で、200万円までは10%」を覚えておけば十分だ。2級学科でも毎回出ると覚悟しておけ！

ナナメ読み！ 学習のポイント

1 贈与税の計算

●暦年課税のしくみ

その年に贈与された合計額		→	
	課税財産額（みなし贈与財産を含む）	超過累進税率（10～55%）	贈与税額
	基礎控除 110万円		
	非課税財産等		

●相続時精算課税のしくみ（2024年1月1日以降の贈与）

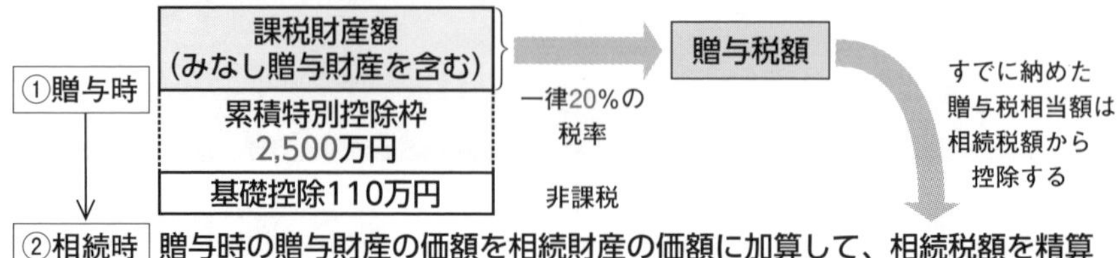

贈与税の課税方法には、暦年課税と相続時精算課税がある。どちらを利用するかは受贈者（もらう人）が選択する。

父からの贈与は暦年課税、母からの贈与は相続時精算課税など、贈与者（あげる人）ごとに選択できる。

2 暦年課税

(1) 贈与税の基礎控除

1年間に贈与された財産の合計額から基礎控除額110万円を引いた額に贈与税がかかる。贈与によって取得した財産の合計が110万円以下の場合、贈与税は課されず、申告書の提出も不要。

(2) 贈与税額の計算（暦年課税）

① 課税価格の計算

本来の贈与財産にみなし財産を加え、非課税財産を差し引いたもの。

② 贈与税額の計算

課税価格から基礎控除、配偶者控除を差し引いて、税率を掛けたもの。税率は10～55%の8段階。

贈与税額＝(課税価格－110万円)×税率

③ 直系尊属からの贈与・特例税率の適用

暦年課税の場合に、両親や祖父母などからの贈与を受けた人については「特例税率（一般税率より低めの税率)」を適用して税額を計算する。ただし、贈与を受ける人が18歳以上の場合に限る。

(3) 贈与税の配偶者控除

一定の条件※にあてはまる配偶者は、居住用不動産、またはその購入資金を贈与された場合、その課税額から基礎控除（110万円）のほかに2,000万円の控除ができる（合計2,110万円の控除）。

※　一定の条件としては、婚姻期間が20年以上で、同じ配偶者からの贈与でこの控除を受けたことがない、取得の居住用不動産に引き続き居住する見込みである、などがある。

3 相続時精算課税制度

①　贈与時

1人の贈与者（あげる人）から贈与された財産について、（年110万円の基礎控除を超えた部分に対して）累計2,500万円までが特別控除される。2,500万円を超えた部分については一律20％の贈与税がかかる。

②　相続時

贈与者が亡くなったら、相続時精算課税制度による全ての贈与財産の価額（贈与時の価額、年110万円の基礎控除後）と相続財産の価額を合計して相続税を計算し、すでに支払った贈与税額を差し引いた金額を相続税として支払う。

(1) 適用ケース

「60歳以上の父母または祖父母」から「18歳以上※の子または孫」への贈与。

※　この年齢は、贈与があった年の1月1日の時点で達している必要あり。

(2) 対象財産

財産の種類、金額ともに制限はない。

(3) 適用税率

特別控除額（年110万円の基礎控除を超えた部分に対して累計2,500万円）を超える部分に一律20％の贈与税が課税される。

(4) 手続き

この制度を選択したい人は、贈与を受けた翌年の2月1日から3月15日までの間に、贈与税の申告書を（初選択の年分は「相続時精算課税選択届出書とともに）提出。特別控除額（累計2,500万円）を超えない範囲の贈与であっても申告は原則必要だが、基礎控除（年110万円）以下の年分については申告書の提出不要。

4 贈与税の納付方法と納付期限

(1) 納付方法

贈与税は申告書の提出期限までに「金銭一括納付」が原則であるが、延納が認められる場合もある。なお、物納は認められていない。

(2) 申告書の提出期限・提出先

贈与を受けた年の翌年の2月1日から3月15日までに、受贈者（もらった人）が住所地の税務署に申告書を出す必要がある。

(3) 贈与税の延納（えんのう）

次の条件のすべてを満たす場合、最長5年の延納が認められている。

① 贈与税額が10万円を超えている。

② 現金で納付することができない金銭的理由がある。

③ 原則、担保を提供する（100万円以下かつ延納期間3年以下なら不要）。

④ 贈与税の納付期限までに延納申請書を提出し、税務署長の許可を得る。

5 直系尊属からの住宅資金贈与・非課税特例

(1) 適用ケース

「父母または祖父母」から「18歳以上の子または孫」への住宅を取得するための資金の贈与。

(2) 適用対象の住宅

新耐震（しんたいしん）基準に適合する住宅（築年数の要件は廃止された）。

(3) 非課税限度額

受贈者ごとの非課税限度額は、省エネ等住宅（断熱等性能等級5以上かつ一次エネルギー消費量等級6以上の住宅など）に該当する場合は1,000万円、その他の住宅は500万円。

6 直系尊属からの教育資金贈与・非課税特例

(1) 適用ケース

「父母または祖父母」から「前年の合計所得金額が1,000万円以下で30歳未満の子または孫」への教育資金の贈与。

(2) 非課税となる教育資金

受贈者1人につき**1,500万円**（学校等以外は500万円が限度）の非課税枠がある。学校等以外に直接支払われる教育資金の適用対象となるものには、学習塾・水泳教室などに支払われる金銭や、通学定期券代なども含まれる。ただし、23歳以上の人については、学校等以外の費用は原則として対象外。

(3) 30歳以後の扱い

30歳到達時に残高があっても「学校等に在学」または「教育訓練給付金の対象訓練を受講」している場合は贈与税が課税されないが、これらの状況が解消された後の年末（または40歳に達した場合）に残高があれば贈与税が課税される。

7 直系尊属からの結婚・子育て資金贈与・非課税特例

前年の合計所得金額が1,000万円以下で**18歳以上50歳未満**の人が父母または祖父母から結婚・子育て資金の贈与を受けた場合、**1,000万円**（結婚費用は300万円が限度）の非課税枠がある。

本番得点力が高まる！ 問題演習

問1 □□□ 贈与税の計算に関する次の記述のうち、最も不適切なものはどれか。

1）子が、同一年中に父と母のそれぞれから200万円ずつ贈与を受けた場合、その年分の暦年課税に係る贈与税額の計算上、課税価格から控除する基礎控除額は110万円である。

2）相続時精算課税制度の適用を受けた贈与財産に係る贈与税額の計算上、特別控除額は特定贈与者ごとに累計3,000万円である。

3）配偶者からの贈与について贈与税の配偶者控除の適用を受けた者

は、その年分の贈与税額の計算上、課税価格から、基礎控除額のほかに最高2,000万円を控除することができる。

4）2022年4月1日以後、その年1月1日において18歳以上の者が、直系尊属から贈与により財産を取得した場合、その財産に係る暦年課税による贈与税額は、課税価格から基礎控除額を控除した残額に、特例税率による超過累進税率を乗じて計算する。

《2023年1月学科問題（53）》

問2 □□□ 贈与税の申告と納付に関する次の記述のうち、最も不適切なものはどれか。

1）贈与税の申告書の提出期間は、原則として、贈与を受けた年の翌年2月1日から3月15日までである。

2）贈与税の配偶者控除の適用を受けることにより納付すべき贈与税額が算出されない場合であっても、当該控除の適用を受けるためには、贈与税の申告書を提出する必要がある。

3）贈与税の納付は、金銭による一括納付が原則であるが、所定の要件を満たせば物納が認められる。

4）贈与税を延納する場合、延納税額が100万円以下で、かつ、延納期間が3年以下であるときは、延納の許可を受けるに当たって担保を提供する必要はない。

《2020年1月学科問題（53）》

問3 □□□ 相続時精算課税制度に関する次の記述のうち、最も適切なものはどれか。

1）父から財産の贈与を受けた子が、その贈与に係る贈与税について相続時精算課税制度の適用を受けるためには、その子の年齢が贈与を受けた年の1月1日において30歳以上でなければならない。

2）相続時精算課税制度を選択した受贈者は、その翌年以降において特定贈与者から贈与により取得した財産の価額の合計額が特別控除額以下の金額であったときは、基礎控除の110万円を超えても、その年分の贈与税の申告書を提出する必要はない。

3）相続時精算課税制度を選択した受贈者が、特定贈与者から贈与により取得した財産の価額の合計額から控除する特別控除額は、特定贈与者ごとに2,500万円までである。

4）相続時精算課税制度を選択した受贈者が、その年中において特定贈与者から贈与により取得した財産に係る贈与税額の計算上、贈与税の税率は、贈与税の課税価格に応じた超過累進税率である。

《2019年9月学科問題（54）改題》

問1 2）……学習のポイント 3 (3) を参照。相続時精算課税の特別控除額は累計2,500万円

問2 3）……学習のポイント 4 (1) を参照。贈与税の物納は認められていない

問3 3）……1）学習のポイント 3 (1) を参照。18歳以上の子または孫

2）学習のポイント 3 (4) を参照。その年分の（特定贈与者からの）贈与が年110万円を超えた場合は、累計2,500万円に達していなくても申告書の提出は必要（納税は不要）

4）学習のポイント 3 (3) を参照。超過累進税率になるのは暦年課税

---

4 相続の基本 相続の開始と相続分

絶対読め！30秒レクチャー

ここは2級学科での出題率が急上昇！　相続では、まず「被相続人（ひそうぞくにん）＝死んだ人」が誰で、どんな財産を持っていたかを確認しよう！　亡くなった「被相続人」の財産を、みんなが幸せに暮らすためのルール（民法）にしたがって相続人に受け継ぐのが相続だ。もし遺言がなければ話し合い（遺産分割協議）で決めるのだが、民法では「法定相続分」という、より身近な人に相続財産を多く受け渡すガイドラインがあるので、これにしたがって分ける場合も多いのだ！

ナナメ読み！　学習のポイント

1 相続の開始

相続は死亡によってスタートする。開始すると、被相続人の財産に帰する一切の権利義務が継承されるが、被相続人の一身に専属するもの（年金を受給する権利など）は継承されない。また、個人の死亡後の財産の処分方法には、相続のほかに遺贈と死因贈与がある。

【遺贈（いぞう）】遺言により財産の一部または全部を他人に無償で供与すること

【死因贈与】贈与者の死亡によって贈与が開始される贈与契約

2 相続人の範囲と順位

(1) 法定相続人

相続財産を引き継ぐことができる人。配偶者、子、直系尊属（親など）、兄弟姉妹に限定されている。

(2) 相続人の順位

配偶者は（いる場合は常に相続人とされ）順位には入らず、第1位が子、第2位が直系尊属（親など）、第3位が兄弟姉妹と続く。上の順位の人がいない場合に、下の順位の人が相続人となる。

例：被相続人に子がいない場合は、親が相続人になる。

(3) 欠格と廃除

下記①②のいずれの場合もその相続人の相続権は失われる。

① 相続人が被相続人を殺そうとしたり、強迫や詐欺を行った場合→**欠格**

② 被相続人が相続人から虐待を受けたり、重大な侮辱を与えられたりして、被相続人が家庭裁判所に申し立てた場合→**廃除**（相続権を失わせること）

さらっと一読！

相続権に関するその他のポイント 出題率 10%未満

① 被相続人と事実婚の関係にあっても、婚姻の届出をしていない者は、相続権が認められない。
② 相続開始時に胎児であった者は、すでに生まれたものとみなされ、相続権が認められる。
③ 被相続人が亡くなった後の配偶者の住居の保護に資する「配偶者居住権」という概念ができた。

3 相続分

(1) 指定相続分

遺言により相続分や相続人を指定することができる。遺言による相続分を指定相続分という。指定相続分は法定相続分に優先して適用される。

(2) 法定相続分

民法で定める標準的な遺産の分け方のガイドラインといえる。

相続順位	法定相続人と法定相続分	
子ども（第1順位）がいる場合	配偶者 $\frac{1}{2}$	子ども $\frac{1}{4}$ $\frac{1}{4}$ $\frac{1}{2}$を人数で均等に分ける※
子どもがおらず父母（第2順位）がいる場合	配偶者 $\frac{2}{3}$	父母等 $\frac{1}{6}$ $\frac{1}{6}$ $\frac{1}{3}$を人数で均等に分ける
子どもと父母がともにおらず、兄弟（第3順位）がいる場合	配偶者 $\frac{3}{4}$	兄弟姉妹 $\frac{1}{8}$ $\frac{1}{8}$ $\frac{1}{4}$を人数で均等に分ける

※　実子と養子、嫡出子と非嫡出子の区別によって、相続人の順位に違いが出ることはない。

配偶者以外の相続人は、守られるべき度合いが高い（身近な）人ほど、相続分が多くなる。なお、それぞれの順位者が複数いる場合（子2人など）は、さらにワリカン（人数で均等に分割）する。

なお、養子の法定相続分は実子と同じ。養子縁組（ようしえんぐみ）には「普通」と「特別」の2種類がある。普通養子縁組は、実親（じつおや）との親族関係は終了しないが、特別養子縁組の場合は実親との親族関係が終了する。

4　その他の重要事項

(1) 非嫡出子（ひちゃくしゅつし）

非嫡出子（結婚していない男女の子＝愛人の子など）の相続分は、嫡出子（ちゃくしゅつし）（結婚している男女の子）の相続分と同じ。

(2) 代襲相続（だいしゅうそうぞく）

相続発生時に子がすでに死亡している場合や、欠格や廃除によって相続人の権利を失っている場合に、孫が相続を受けるケースを代襲相続とよぶ。なお、相続人が相続を放棄した場合、代襲相続は認められない。

(3) 民法における親族の規定

① 親族とは「6親等内の血族」「配偶者」「3親等内の姻族」をいう。

② （自然）血族とは、親子や兄弟姉妹のように出生により血のつながりがある者をいう。

③ 姻族とは、結婚により配偶者の一方と他方の血族の間に生じる関係。

④ 直系血族および兄弟姉妹は、互いに扶養する義務がある。家庭裁判所は、特別の事情がある場合には、3親等内の親族間においても扶養の義務を負わせることができる。

⑤ 未成年の子がいる夫婦が協議離婚するときは、夫婦のどちらかを親権者に決めなければならない。

さらっと一読！

親族の規定に関するその他のポイント 出題率 20%未満

① 夫婦の一方が死亡しても、「残された配偶者」と「死亡した人の血族」との姻族関係は原則として継続する。
② 協議上の離婚をした人の一方は、相手方に対して財産の分与を請求できる。

(4) 遺産分割（協議）

① 共同相続人全員が合意すれば、必ずしも法定相続分にしたがって分割する必要はない。

② 原則、遺産分割は相続開始後いつでも行える（遺言・調停・審判などで禁止されている期間を除く）。いつまでに行わなければならない等の期限もないが、10年を経過すると寄与分などの規定の適用がなくなる。

③ 遺言により「相続開始から5年以内の一定期間」を定めて期日までの遺産分割を禁止できる。

④ 成立した遺産分割協議でも（共同相続人全員の合意があれば）再分割協議が可能。

⑤ 協議がまとまらない場合、各共同相続人は家庭裁判所に**調停**を申し立てることができる。調停でも決まらない場合は**審判**により決定する。

⑥ **寄与分**とは、被相続人の財産の維持や増加に特別な寄与をした相続人に認められる金額のこと。原則として協議によって定める。

⑦ **代償分割**とは、特定の相続人が相続財産（不動産など）を取得し、その人が他の相続人に代償として現金などを交付すること。

⑧ **換価分割**(かんかぶんかつ)とは、共同相続人が取得した財産を売却して、その換価代金を分割すること。

さらっと一読!

遺産分割に関するその他のポイント 出題率 **20%未満**

① 遺産分割**協議書**は、共同相続人全員の署名、捺印が必要だが、決められた書式はない。
② **寄与分**の額は、原則として共同相続人の協議によって定めるが、協議が調わないときは、寄与をした人の請求により家庭裁判所が寄与分を定める。
③ 相続人でない親族が(無償の療養介護など)被相続人の財産の維持増加に特別の寄与をした場合、相続人に**特別寄与料**を請求できる。
④ **代償**分割において、相続財産を取得した人が他の相続人に代償として交付する資産は、現金に限られてはいない。
⑤ **換価**分割において、各相続人が取得した換価代金は、所得税が課される場合がある。
⑥ 遺産分割時において**未成年者**の相続人は、その親も相続人である場合、**特別代理人**の選任が必要。
⑦ 遺産分割協議の完了前でも預貯金を引き出せる2つの**仮払い制度**が創設された。

本番得点力が高まる! 問題演習

問1 □□□

民法上の相続人および相続分に関する次の記述のうち、最も不適切なものはどれか。

1) 相続人が被相続人の配偶者および母の合計2人である場合、配偶者の法定相続分は3分の2、母の法定相続分は3分の1である。
2) 相続人が被相続人の配偶者および姉の合計2人である場合、配偶者の法定相続分は4分の3、姉の法定相続分は4分の1である。
3) 相続人となるべき被相続人の弟が、被相続人の相続開始以前に死亡していた場合、その弟の子が代襲して相続人となる。
4) 相続人となるべき被相続人の子が相続の放棄をした場合、その放棄した子の子が代襲して相続人となる。 《2020年9月学科問題(53)》

問2 □□□

遺産分割協議に関する次の記述のうち、最も適切なものはどれか。

1) 遺産分割協議書は、民法で定められた形式に従って作成し、かつ、共同相続人全員が署名・捺印していなければ無効となる。

2) 遺産分割協議書は、相続人が相続の開始があったことを知った日の翌日から10ヵ月以内に作成し、家庭裁判所に提出しなければならない。

3) 遺産を現物分割する旨の遺産分割協議書を作成する際に、一定の場合を除き、遺産の一部についてのみ定めた遺産分割協議書を作成することができる。

4) 適法に成立した遺産分割協議については、共同相続人全員の合意があったとしても、当該協議を解除し、再度、遺産分割協議を行うことはできない。

《2022年5月学科問題（55）》

問3 □□□

下記〈親族関係図〉において、Aさんの相続に係る民法上の相続人およびその相続分の組み合わせとして、正しいものはどれか。なお、Dさんは Aさんの相続開始以前にすでに死亡している。

〈親族関係図〉

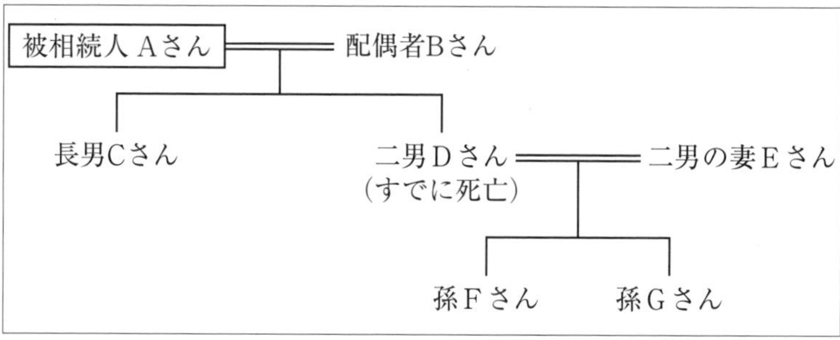

1) 配偶者Bさん$\frac{1}{2}$、長男Cさん$\frac{1}{2}$

2) 配偶者Bさん$\frac{1}{2}$、長男Cさん$\frac{1}{4}$、二男の妻Eさん$\frac{1}{4}$

3) 配偶者Bさん$\frac{1}{2}$、長男Cさん$\frac{1}{4}$、孫Fさん$\frac{1}{8}$、孫Gさん$\frac{1}{8}$

4) 配偶者Bさん$\frac{1}{2}$、長男Cさん$\frac{1}{6}$、孫Fさん$\frac{1}{6}$、孫Gさん$\frac{1}{6}$

《2018年9月学科問題（54）》

問1 4)…… 学習のポイント4 (2) を参照。相続放棄の場合は、「初めから相続人とならなかったもの」とみなされるため、放棄した者の子は代襲相続人にはならない

問2 3)…… 1）共同相続人全員の署名・捺印は必要だが、決められた書式はない

2）学習のポイント4 (4) ②を参照。家庭裁判所へ提出する義務はない

4）学習のポイント4 (4) ④を参照。全員の合意があれば、再度協議を行うことは可能である

問3 3)…… 配偶者Ｂ：配偶者は常に法定相続人で、子どもがいる場合$\frac{1}{2}$

長男Ｃ：$\frac{1}{2}\times\frac{1}{2}=\frac{1}{4}$

孫Ｆ・Ｇ：二男Ｄの代襲相続人

$\frac{1}{2}\times\frac{1}{2}\times\frac{1}{2}=\frac{1}{8}$ずつ

5 相続の基本 遺言と遺留分

ここで
差がつく

絶対読め！30秒レクチャー

相続では、まずは故人の遺志が優先！　でも、奥さん・子供・親など、近い家族は法定相続分の半分（または3分の1）をもらう権利（遺留分）があるので、ヘタな遺言（いごん）を書くと通らない部分も出てくるぞ。遺言の残し方は、自分で書く「自筆」、公証人に言う「公証」、遺言内容が秘密にできる「秘密」の3パターンがあることを頭にたたき込もう！

遺産はすべて
愛人の…
無理！
イリューブン
主張しようと

ナナメ読み！　学習のポイント

1 遺言の方式

遺言（イゴン、またはユイゴン）とは、死後の法律関係を定めるための最終の意思表示。15歳以上であれば、原則として誰でも行える。

	自筆証書遺言	公正証書遺言	秘密証書遺言
作成方法	本人が本文の全文・日付（年月日）・氏名を書き、押印 財産目録等はパソコンでの作成OK（ただし署名・押印は必要）	本人が口述し、公証人が筆記	本人が遺言書に署名押印の後、公証役場で手続き
場所	自由	公証役場	公証役場
証人	不要	証人2人以上 ただし、未成年者、推定相続人、受遺者（遺言により財産を受け取る人）などは証人になれない	公証人1人、証人2人以上
署名押印	本人	本人、公証人、証人（遺言者本人は実印）	本人、公証人、証人
家庭裁判所の検認	必要※	不要	必要

※　検認前に開封すると、過料の対象となるが、遺言の効力が失われることはない。なお、遺言書保管所（法務局）に保管されている遺言書は、検認不要。

2 遺言の撤回

上記いずれの遺言も、（新たに遺言を作成して前の遺言を撤回する旨を示せば）いつでも本人が自由に撤回ができる。その際は、同じ方式の遺言で撤回する必要はない。また、遺言者が遺言の主旨と抵触する行為をした場合は、抵触する部分については遺言を撤回したものとみなされる。

3 遺留分

「配偶者、子（その代襲相続人）、直系尊属（親）など一定の相続人が、自ら権利を行使すれば必ず取得できる財産の範囲」のこと。兄弟姉妹には遺留分がない（兄弟の財産はあてにするなってこと）。また、遺留分が侵害された遺言があっても、遺言自体は有効である。

4 遺留分の割合

① 相続人が直系尊属（親など）だけの場合→法定相続分の$\frac{1}{3}$

② 上記以外の場合→**法定相続分の$\frac{1}{2}$**

例えば、相続人が配偶者と子の場合、配偶者の法定相続分は$\frac{1}{2}$だから、配偶者の遺留分は$\frac{1}{2}\times\frac{1}{2}=\frac{1}{4}$

5 遺留分の侵害額請求権（しんがいがくせいきゅうけん）

遺留分を主張して「侵害された額に相当する金銭の支払い」を請求する権利のこと。「相続開始」および「遺留分を侵害する贈与または遺贈があったこと」を知った時から1年間で消滅する（やや短いが、これは権利関係を早く安定させようとする主旨）。また、遺留分の侵害額請求権は、相続開始の時から10年の経過によっても消滅する。

さらっと一読！

遺留分の放棄　出題率 20%未満

① 相続の開始前に遺留分を放棄するには、**家庭裁判所**の許可が必要。
② 相続の開始後に遺留分を放棄するには、**当事者間**の意思表示だけで有効。

本番得点力が高まる！ **問題演習**

問1 □□□

民法上の遺言に関する次の記述のうち、最も適切なものはどれか。

1) 相続人が自筆証書遺言を発見し、家庭裁判所の検認を受ける前に開封した場合、その遺言は無効となる。
2) 遺言者が自筆証書遺言に添付する財産目録をパソコンで作成する場合、当該目録への署名および押印は不要である。
3) 公正証書遺言の作成において、遺言者の推定相続人とその配偶者は証人として立ち会うことができない。
4) 公正証書遺言は、自筆証書遺言によって撤回することはできず、公正証書遺言によってのみ撤回することができる。

《2023年9月学科問題（56）改題》

問2 □□□ 民法上の遺言に関する次の記述のうち、最も不適切なものはどれか。

1）自宅に保管している自筆証書遺言の内容を変更する場合には、遺言者が変更箇所を指示し、これを変更した旨を付記したうえでこれに署名し、かつ、その変更箇所に押印しなければならない。

2）自筆証書遺言を作成する場合、自筆証書に添付する財産目録についても、自書しなければならない。

3）相続人が自宅で自筆証書遺言を発見し、家庭裁判所の検認を受ける前に開封した場合であっても、開封したことをもって、その遺言書が直ちに無効となるわけではない。

4）公正証書遺言を作成した遺言者が、自筆証書遺言も作成し、それぞれの内容が異なっている場合、その異なっている部分について作成日付の新しい遺言の内容が効力を有する。

《2020年1月学科問題（60）改題》

問1 3）……1）検認前に開封されても遺言の効力が失われるわけではない

2）添付する財産目録のPC作成はOKだが、署名・押印は必要

3）推定相続人（その配偶者および直系血族を含む）は公正証書遺言の証人になれない

4）学習のポイント 2 を参照。

問2 2）……学習のポイント 1 の表を参照。自筆証書遺言の（本文は手書き必須だが）財産目録はパソコンでの作成や代筆や通帳コピー等もOKとなった

---

6 相続の基本
相続の承認と放棄

絶対読め！30秒レクチャー

「資産は相続したいけど、借金は相続したくない！」と思うのは当然。負債が多い場合は「私は相続しない」と申述することもできるし、「私たちは、相続財産の範囲内であれば借金も相続します！」と相続人全員で申し出る方法もある。「単純、限定、放棄」という3パターンを理解しよう！　2級学科では忘れた頃に出るぞ。

親父、借金があったのかぁ !?
借金を相続する？
しない？
借金
借金

ナナメ読み！ 学習のポイント

1 単純承認（たんじゅんしょうにん）

相続の開始を知った日から何もせず3カ月間経過すると、相続を単純承認した（無条件に認めた）ものとみなされる（家庭裁判所の手続きは不要）。なお、以下3つのケースも単純承認したものとみなされる。

① 相続人が相続財産を一部でも処分（例えば売却）した

② 相続スタートを知った日から3カ月以内に「相続放棄」も「限定承認」もしなかった

③ 「相続放棄」「限定承認」の後でも、相続財産の全部または一部を隠すなどして、意図的に財産目録に記載しなかった

2 限定承認

プラスの相続財産の範囲内で被相続人のマイナスの財産（借金など）債務を引き継ぐこと。相続の開始を知った日から3カ月以内に家庭裁判所に「限定承認申述書」を、共同相続人全員で提出しなければならない。

3 相続放棄

被相続人からの相続を拒絶すること。相続の開始を知った日から3カ月以内に家庭裁判所に「相続放棄申述書」を提出する必要があるが、各相続人が単独で行える。放棄すると（相続は元からなかったものとみなされて）放棄した者の子も相続人にはならない。なお、相続の開始前に放棄することはできない。

本番得点力が高まる！ 問題演習

問1 民法で規定する相続の承認および放棄に関する次の記述のうち、最も適切なものはどれか。

1）相続の放棄をしようとする者が一人でもいる場合は、相続の開始があったことを知った時から原則として3ヵ月以内に、共同相続人全員が、家庭裁判所に対して、相続の放棄をする旨を申述しなければならない。

2）推定相続人が相続の開始前に相続の放棄をしようとする場合は、家庭裁判所に対してその旨を申述して許可を受ける必要がある。

3）限定承認をしようとする場合、相続の開始があったことを知った時から原則として3ヵ月以内に、その旨を家庭裁判所に相続人全員が共同して申述しなければならない。

4）相続人が相続の放棄をした場合、放棄をした者の子が、放棄をした者に代わって相続人となる。 《2018年9月学科問題（55）》

問 1　3) …… 1）相続の放棄は単独で行える

2）相続の開始前に放棄することはできない

4）相続を放棄すると、相続ははじめからなかったものとなり、放棄した者の子も相続人にはならない

相続税のしくみ

7 相続税の課税財産・非課税財産

絶対
マスター

絶対読め！30秒レクチャー

ここは2級学科で2回に1回は出る。死亡保険金、死亡退職金、死亡前3年以内にもらった財産も、相続税の課税財産になる！しかし、死亡保険金、死亡退職金はいずれも遺族の生活を守る大切なお金なので、法定相続人1人あたり500万円は非課税なのだ。

死亡保険金・死亡退職金
生活を
守ります。

ナナメ読み！ 学習のポイント

1 相続税の課税財産

(1) 本来の相続財産

相続や遺贈によって取得した中で、お金で見積もることができる財産。

(2) みなし相続財産

本来は相続財産ではないが、相続や遺贈により取得した財産と同じとみなされて相続税が課される財産。**死亡保険金**や**死亡退職金**などがある。

(3) 相続開始前7年以内に被相続人から贈与を受けた財産(※)

相続・遺贈によって財産を取得した人が、相続開始前7年以内に被相続人から暦年贈与された財産は、**贈与により取得した時の価額**で相続税が課税される。なお、その贈与の際に、贈与税を納めている場合は（ダブルで課税されないように）その**贈与税額が相続税より控除**される。

（※）2030年12月末までに相続開始日がある場合は、3年以上7年未満

2 相続税の非課税財産

(1) 死亡保険金・死亡退職金

相続人が生命保険金（被相続人が保険料を負担していたもの）や死亡退職金（被相続人の死後３年以内に支給が確定したもの）を受け取った場合、それぞれについて次の式で求めた金額が非課税となる。

非課税限度額＝500万円×法定相続人の数※

※　相続を放棄した相続人がいた場合には、**放棄はなかったものとした場合の法定相続人の数**とする。また、被相続人に養子がいた場合、法定相続人に含められる普通養子の数には限度がある（実子がいる場合、養子は1人まで。実子がいない場合、養子は２人まで）。

なお、相続人以外の人や相続放棄をした人が死亡保険金を受け取ることも可能で、その場合も相続税の課税対象となるが、上記の非課税枠はない。

さらっと一読！

弔慰金の非課税限度額　出題率 20%未満

① 業務上の死亡の場合、死亡時の普通給与の３年分までは非課税。
② 業務外の死亡の場合、死亡時の普通給与の半年分までは非課税。

(2) 相続税が非課税となる財産

墓所、仏壇、仏具、**香典**は、国民感情を考慮して相続税の非課税財産とされている（なお、香典のうち社会通念上相当の金額を超える部分は贈与税の対象）。公共事業用財産、国などに寄付した財産も、公益性の見地から非課税財産とされている。また、自動車事故などの場合に、賠償的な意味合いで受け取る死亡保険金（対人賠償等）なども非課税財産となる。

(3) 債務控除および葬式費用

相続税の計算において、（被相続人の）**債務**および**葬式費用**は原則として財産価額から控除することができる。

① 債務控除・葬式費用の対象となるもの：借入金、未払医療費、未払いの所得税、**未払住民税**、未払いの固定資産税、通夜費用など

② 債務控除・葬式費用の対象外とされるもの：初七日・四十九日費用、**香典**

返戻費用、墓地買入の未払金、税理士費用、遺言執行費用など

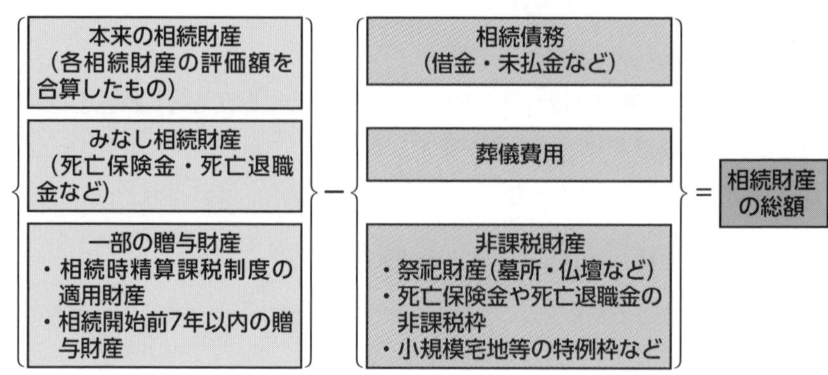

(4) 一身専属権

雇用契約における使用者の地位など、被相続人の一身に専属した（その人でなければ成立しない）権利は、そもそも相続財産に含まれない。

本番得点力が高まる！ 問題演習

問1 □□□

相続税の課税財産に関する次の記述のうち、最も不適切なものはどれか。

1）被相続人がその相続開始時に有していた事業上の売掛金は、相続税の課税対象となる。

2）被相続人に支給されるべきであった退職手当金で、被相続人の死亡後３年以内に支給が確定したものは、相続税の課税対象となる。

3）相続または遺贈により財産を取得しなかった者が、相続開始前に被相続人から相続時精算課税制度の適用を受けて贈与により取得した財産は、相続税の課税対象とならない。

4）相続または遺贈により財産を取得した者が、相続開始前３年以内に被相続人から暦年課税の適用を受けて贈与により取得した財産は、原則として相続税の課税対象となる。《2021年9月学科問題（54）》

問2 □□□

相続人が負担した次の費用等のうち、相続税の課税価格の計算上、相続財産の価額から債務控除をすることができるものはどれか。なお、相続人は債務控除の適用要件を満たしているものとする。

1) 被相続人が生前に購入した墓碑の購入代金で、相続開始時点で未払いのもの
2) 被相続人が所有していた不動産に係る固定資産税のうち、相続開始時点で納税義務は生じているが、納付期限が到来していない未払いのもの
3) 被相続人に係る初七日および四十九日の法要に要した費用のうち、社会通念上相当と認められるもの
4) 被相続人の相続に係る相続税の申告書を作成するために、相続人が支払った税理士報酬

《2023年5月学科問題（55）》

問3 □□□ 相続税の非課税財産に関する次の記述のうち、最も不適切なものはどれか。

1) 被相続人の死亡によって被相続人に支給されるべきであった死亡退職金で、被相続人の死亡後3年以内に支給が確定したものを相続人が取得した場合は、死亡退職金の非課税金額の規定の適用を受けることができる。
2) 被相続人の死亡によって相続人に支給される弔慰金は、被相続人の死亡が業務上の死亡である場合、被相続人の死亡当時における普通給与の5年分に相当する金額まで相続税の課税対象とならない。
3) 相続の放棄をした者が受け取った死亡保険金については、死亡保険金の非課税金額の規定の適用を受けることができない。
4) 死亡保険金の非課税金額の規定による非課税限度額は、「500万円×法定相続人の数」の算式により計算した金額である。

《2019年9月学科問題（56）》

問1 3)……第6章 3 3 を参照。相続時精算課税の適用を受けて贈与された財産は**贈与時**の価額で相続財産に加算される

問2 2)……学習のポイント 2 (3) を参照。未払いの税金は債務控除の対象

問3 2)……学習のポイント 2 (1) **さらっと一読！**を参照。弔慰金の非課税限度額は業務上の死亡の場合、普通給与の3年分

---

8 相続税のしくみ 相続税の計算

ここで
差がつく

絶対読め！30秒レクチャー

相続税の計算は、「まずケーキの全体を決めてから、みんなでケーキを分ける」と覚えよう。ここでいうケーキは「相続税の総額」というまずそうなものだが、ケーキの大きさは「各人が法定相続分というガイドラインどおりに相続した」ものとして自動的に決まってしまう。そして、実際にたくさん相続する人ほどたくさんケーキを食べなければならない（税金を払う必要がある）のだ。

こんなに俺が
負担するの？
相続税

ナナメ読み！ 学習のポイント

1 相続税計算の3ステップ

各人の納付税額は、次のステップに沿って算出される。

① まず、相続税の**課税遺産総額**の計算

② 次に「相続税の総額」の計算

③ 最後に、各人の納付税額の計算

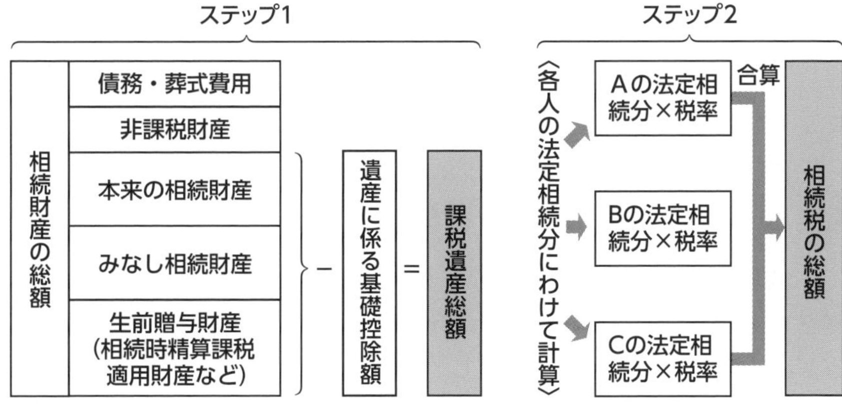

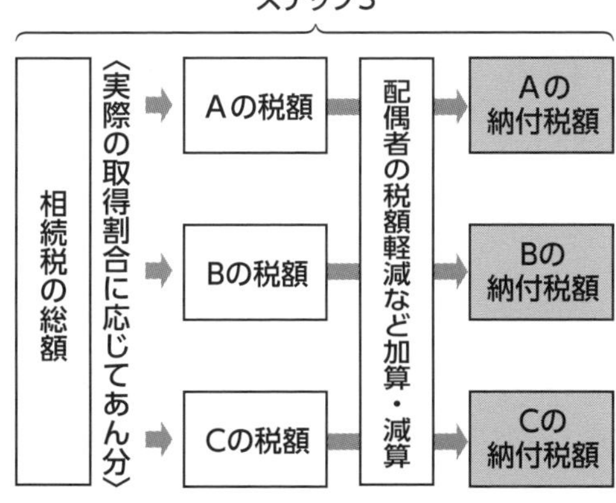

2 課税遺産総額の計算

① 相続税の基礎控除額

遺産に係る基礎控除額＝3,000万円+600万円×法定相続人の数

様々な相続財産の課税価格の合計額から、前記の基礎控除額を差し引き、課税遺産総額を算出する。

② 基礎控除額の計算における法定相続人の数は、相続に放棄があった場合でも、その放棄はなかったもの（普通に相続した）とみなして計算する。

③ 被相続人に養子がいる場合、法定相続人に含められる普通養子の数には限

度がある。実子がいる場合、養子は1人まで。実子がいない場合、養子は2人までとなる。なお、特別養子は実子として取り扱われるため、数の制限がない。

3 「相続税の総額」の計算

「相続税の総額」(実際の総額とは異なる。相続税の計算プロセスに出てくる便宜上の金額)の計算においては、各相続人の実際の相続分にかかわらず、各人が法定相続分を取得したと仮定して計算し、その金額を合算する。税率は10～55%の8段階。

4 各人の納付税額の計算

3の「相続税の総額」を、各相続人の実際の遺産の取得割合に応じて按分し、各人の算出税額を算出する。そして、各個別事情に応じて加算・減算し、各人の納付税額を算出する。

【加算の例】

相続税の2割加算:相続や、遺贈によって財産を取得した人が、被相続人の配偶者や一親等の血族(親・子・養子)でない場合、算出税額の20%が加算される。なお、被相続人の孫は2割加算の対象だが、代襲相続した場合は一親等の血族にあたるため、2割加算の対象とならない。

【減算の例】

① 配偶者の税額控除:配偶者は、大幅に税額が軽減される規定がある。配偶者の法定相続分(2分の1など)までは相続税がかからず、法定相続分を超える相続をしても1億6,000万円までは相続税がかからない。

② 贈与税額控除:相続の開始前3年(2024年1月以降は原則7年)以内に、被相続人による暦年贈与を受け、すでに贈与税を払っている場合、(相続財産になるがダブルで課税はされず)その贈与税額を相続税額より控除することができる。

その他の細かいポイント

出題率 10%未満

① 相続人が**未成年者**の場合には、未成年者控除として、原則として、その未成年者が**18**歳に達するまでの年数１年につき**10万**円で計算した額がその未成年者の相続税額から差し引かれる。

② 相続人が**障害者**の場合には、障害者控除としてその障害者が**85**歳に達するまでの年数１年につき**10万**円（特別障害者の場合は20万円）で計算した額がその障害者の相続税額から差し引かれる。

本番得点力が高まる！ 問題演習

問１ □□□

下記〈親族関係図〉において、Ａさんの相続が開始した場合の相続税額の計算における遺産に係る基礎控除額として、最も適切なものはどれか。なお、Ｃさんは相続の放棄をしている。また、Ｅさんは、Ａさんの普通養子（特別養子縁組以外の縁組による養子）である。

〈親族関係図〉

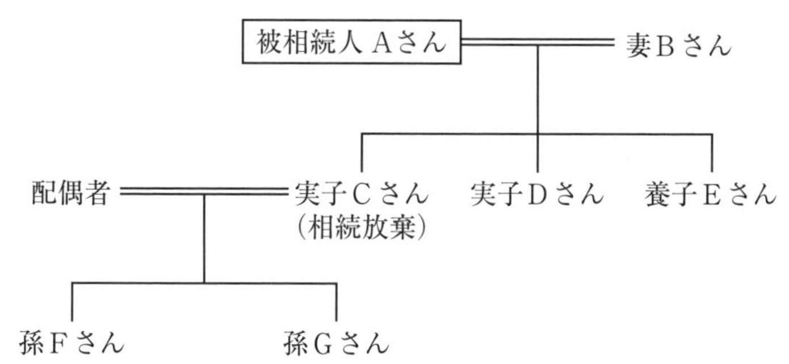

1）4,200万円
2）4,800万円
3）5,400万円
4）6,000万円

《2023年５月学科問題（56）》

問２ □□□

相続税の計算に関する次の記述のうち、最も不適切なものはどれか。

1）法定相続人が相続の放棄をした場合、その放棄をした者の人数を「法定相続人の数」に含めずに、相続税の計算における遺産に係る基礎控除額を計算する。

第６章 相続・事業承継

2) すでに死亡している被相続人の子を代襲して相続人となった被相続人の孫は、相続税額の2割加算の対象とならない。
3) 相続開始時の法定相続人が被相続人の配偶者のみで、その配偶者がすべての遺産を取得した場合、「配偶者に対する相続税額の軽減」の適用を受ければ、相続により取得した財産額の多寡にかかわらず、配偶者が納付すべき相続税額は生じない。
4)「配偶者に対する相続税額の軽減」の適用を受けることができる配偶者は、被相続人と法律上の婚姻の届出をした者に限られ、いわゆる内縁関係にある者は該当しない。　《2022年5月学科問題（57）》

問3
□□□

相続税の計算における税額控除等に関する次の記述のうち、最も適切なものはどれか。

1) 2024年中に開始する相続では、遺産に係る基礎控除額は、「5,000万円+1,000万円×法定相続人の数」の算式によって計算される。
2) すでに死亡している被相続人の子を代襲して相続人となった被相続人の孫は、相続税額の2割加算の対象者となる。
3) 被相続人の配偶者が「配偶者に対する相続税額の軽減」の適用を受けた場合、配偶者が相続等により取得した財産の価額が、1億6,000万円または配偶者の法定相続分相当額のいずれか多い金額までであれば、原則として、配偶者の納付すべき相続税額はないものとされる。
4)「配偶者に対する相続税額の軽減」の適用を受けるためには、相続が開始した日において被相続人との婚姻期間が20年以上でなければならない。　《2016年9月学科問題（56）改題》

問１ 3)…… 学習のポイント２の②③を参照すると、法定相続人はＢＣＤＥの４人
3,000万円＋600万円×４人＝5,400万円

問２ 1)…… 学習のポイント２ ②を参照

問３ 3)…… 1）相続税の基礎控除額＝3,000万円＋600万円×法定相続人の数
2）被相続人の孫が代襲相続すると一親等の血族にあたり、相続税額の２割加算の対象とならない
4)「配偶者に対する相続税額の軽減」の適用に婚姻期間による要件はない

9 相続税のしくみ 相続税の申告と納付

絶対読め！30秒レクチャー

まず、相続税の納付期限は10カ月と覚えよう！　そして、延納（えんのう）と物納（ぶつのう）の要件について頭にたたき込んでおけば、たいていの問題は解けるだろう！　2級学科で年1〜2回は出るぞ。

ナナメ読み！ 学習のポイント

相続発生から1年間のスケジュールは次のとおりである。

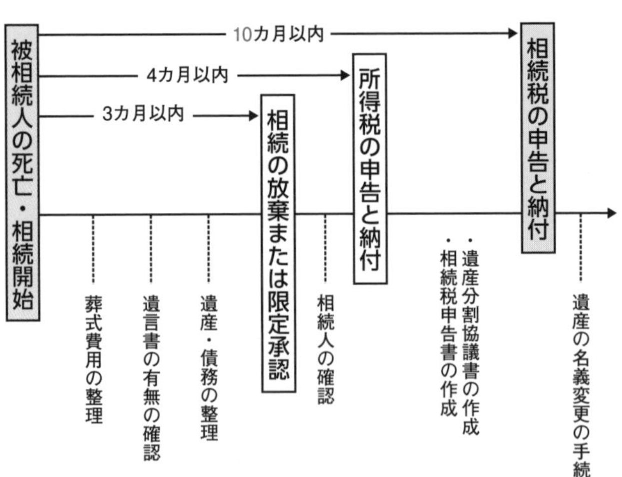

1 相続税の申告書の提出

相続の開始を知った日の翌日から10カ月以内に、被相続人の死亡時の住所地の税務署に申告書を提出しなければならない。相続税の課税価格の合計が、遺産に係る基礎控除額（→第６章8 2 参照）以下である場合は申告の必要はないが、配偶者の税額軽減など特例の適用を受ける場合は申告の義務がある。

2 納付期限

① 申告書の提出と同じ（相続の開始を知った日の翌日から10カ月以内）。

② 原則として金銭による一括納付（一定の要件のもと、延納・物納が可能）。

3 相続税の延納

納税の期限を延ばしてもらえる制度。

① 金銭による**一括納付**が**困難**であり、納付すべき相続税額が**10万円超**であり、かつ延納申請書を提出することが必要。

② 原則として**担保の提供**が必要であるが、担保は相続財産に限らず、相続人固有の財産も対象となる。

③ 延納期間は原則最長５年だが、不動産等の割合が75％以上の場合は「不動産等の価額に対応する部分」について最長20年となる。

4 相続税の物納

不動産など、お金以外で納税できる制度。

① 金銭による**一括納付**が**困難**であり、延納によっても金銭で納付することが困難とする事由があり、納期限までに物納申請書を提出して、許可を受けていることが必要（相続人が任意に選択できるものではない）。

② 物納できる財産は、相続や遺贈によって取得した財産（担保権が設定されている等の事情がある不動産を除く）。

③ 物納の収納価額は、原則として、相続税の課税価格計算のもとになった当該財産の価額である。

④ 相続時精算課税制度の適用を受けた贈与財産は、物納できない。

⑤ 「小規模宅地等の評価減の特例」の適用を受けた宅地を物納する場合の収

納価額は、特例適用後の価額となる。

 本番得点力が高まる！ 問題演習

問1 □□□ 相続税の申告と納付に関する次の記述のうち、最も適切なものはどれか。

1）相続税の計算において、「配偶者に対する相続税額の軽減」の規定の適用を受けると配偶者の納付すべき相続税額が0（ゼロ）となる場合、相続税の申告書を提出する必要はない。

2）相続税を金銭で納付するために、相続により取得した土地を譲渡した場合、その譲渡に係る所得は、所得税の課税対象とならない。

3）期限内申告書に係る相続税の納付は、原則として、相続人がその相続の開始があったことを知った日の翌日から10ヵ月以内にしなければならない。

4）相続税は金銭により一時に納付することが原則であるが、それが困難な場合には、納税義務者は、任意に延納または物納を選択することができる。

《2018年9月学科問題（57）》

問2 □□□ 相続税の納税対策に関する次の記述のうち、最も不適切なものはどれか。

1）相続により土地を取得した者がその相続に係る相続税を延納する場合、取得した土地以外の土地を延納の担保として提供することはできない。

2）相続税は金銭による一括納付が原則であるが、一括納付や延納が困難な場合、納税義務者は、物納を申請することができる。

3）相続時精算課税制度の適用を受けた贈与財産は、物納に充てることができない。

4）「小規模宅地等についての相続税の課税価格の計算の特例」の適用を受けた宅地を物納する場合の収納価額は、特例適用後の価額である。

《2021年9月学科問題（59）》

問1 3)……1）配偶者の税額軽減など特例の適用を受ける場合は、申告が必要

2）相続税を納付するために、相続により取得した土地を譲渡した場合、譲渡益は所得税の課税対象となる

4）延納でも金銭で納付することが困難な場合に限り、物納が認められる。任意に選択できるものではない。学習のポイント 3 4 を参照

問2 1)……相続税の延納の担保は、相続財産に限らず、相続人固有の財産も対象となる

様々な相続財産の評価方法

10 相続財産の評価 不動産

絶対読め！30秒レクチャー

相続評価で面倒なのは、流動性の低いベスト2、不動産＆非上場株式だ！相続財産の評価において「更地は高い」と覚えよう！　普通の土地の評価額を100%とすると、貸している土地（貸宅地）は借地権割合（例：60%）だけ割安に評価してもらえるし、アパートを建てて貸している土地（貸家建付地）も少しだけ安くみてもらえる。2級学科で毎回1〜2問は出題されている項目だから、勉強しておこう！

ナナメ読み！　学習のポイント

1　相続財産としての宅地の評価方法

宅地の評価は1筆（いっぴつ）ごとではなく、1画地（かくち）（利用の単位となっている1区画。2筆以上の宅地からなる場合もある）ごとに行われる。所在する地域によって、路線価方式、倍率方式のいずれかにより評価する。

(1) 路線価方式（ろせんかほうしき）

宅地が面している道路の路線価（1㎡あたり）を基礎とし、その宅地の状況や形状などを考慮したうえで最終的な価格が計算される方式。路線価は路線価図により公表。

(2) 倍率方式（ばいりつほうしき）

郊外にある土地には路線価がついていないため、対象となる宅地の固定資産税評価額に、国税局長が定めた一定の倍率を乗じて計算する方式。倍率は評価倍率表により公表。

2 小規模宅地等の評価減の特例

相続または遺贈によって取得した宅地について、通常の評価額から一定の割合を評価減する特例。

相続する土地の種類	減額が適用される条件	減額される面積の上限	減額の割合
〈住宅用〉 特定居住用宅地	①配偶者 ②一定の要件を満たす同居の親族 ③一定の要件を満たす別居の親族（①②がいない場合）	330㎡	80%減
〈事業用※1〉 特定事業用宅地、特定同族会社事業用宅地	相続人が事業を受け継ぐ	400㎡	80%減
〈貸付用※1〉 貸付事業用宅地（駐車場※2や賃貸マンションなど）	相続人が貸付を続ける	200㎡	50%減

※1　相続開始前3年以内に（かけ込み的に）事業の用や貸付の用に供された宅地は原則として対象外。
※2　青空駐車場は対象外だが、アスファルト舗装などにより適用対象とすることが可能。

3 宅地の分類と評価

(1) 自用地

借地権などの権利や制限がない宅地のこと。青空駐車場としている土地や、（地代を取らない）使用貸借契約に基づく宅地は、自用地として評価される。

(2) 借地権

建物所有を目的として土地を借りた場合に生じる権利のこと。

借地権の評価額＝自用地評価額×借地権割合

(3) 貸宅地

借地権が設定されている宅地のこと。

貸宅地の評価額＝自用地評価額×（1－借地権割合）

(4) 貸家建付地

土地所有者が建物を建て、建物を貸し付けている場合の宅地のこと。

貸家建付地の評価額
＝自用地評価額×（1－借地権割合×借家権割合×賃貸割合）

4 建物の分類と評価

(1) 自用家屋（自ら使用する自宅、事務所、店舗、別荘など）

自用家屋の評価額＝固定資産税評価額×1.0

(2) 貸家（貸付用に供されている建物）

貸家の評価額＝自用家屋の評価額×（1－借家権割合×賃貸割合）

(3) 借家権（建物を借りた場合に生じる権利）

借家権の評価額＝自用家屋の評価額×借家権割合

(4) 建築中の家屋

建築中の家屋の評価額＝その家屋の費用現価※×70％

※　課税時期までに建物に投じられた建築費用を、課税時期の価額に引き直した額の合計額

さらっと一読！

▌農地の評価方法 出題率 **10**%未満

① 農地の価額は、農地を純農地、中間農地、市街地周辺農地、市街地農地に区分して評価する。

② 市街地周辺農地の価額は、その農地が市街地農地であるとした場合の価額の100分の80に相当する金額によって評価する。

本番得点力が高まる！ 問題演習

問1 □□□

相続税における家屋等の評価に関する次の記述のうち、最も不適切なものはどれか。

1）自用家屋の価額は、原則として、「その家屋の固定資産税評価額×1.0」の算式により計算した金額により評価する。

2）貸家の価額は、「自用家屋としての価額×借家権割合×賃貸割合」の算式により計算した金額により評価する。

3）建築中の家屋の価額は、その家屋の費用現価の100分の70に相当する金額によって評価する。

4）家屋の所有者が有する家屋と構造上一体となっている設備の価額は、その家屋の価額に含めて評価する。 《2020年9月学科問題（58）》

問2 □□□

普通住宅地区に所在している下記〈資料〉の宅地の相続税評価額（自用地評価額）として、最も適切なものはどれか。なお、記載のない事項については考慮しないものとする。

〈資料〉

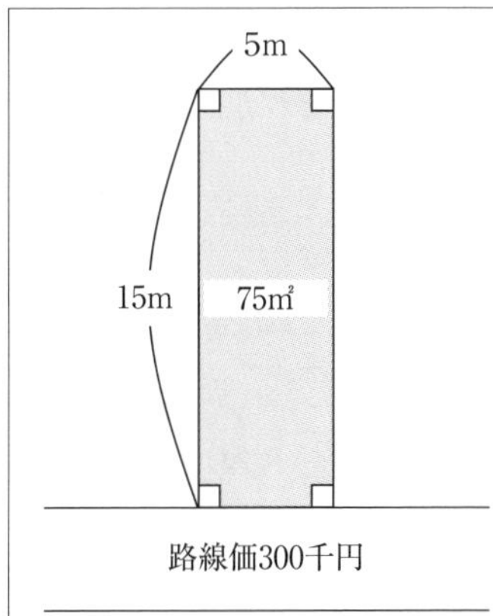

〈奥行価格補正率表（一部抜粋）〉

地区区分／奥行距離(m)	普通住宅地区
8以上10未満	0.97
10以上12未満	1.00
12以上14未満	
14以上16未満	

〈間口狭小補正率表（一部抜粋）〉

地区区分 間口距離(m)	普通住宅地区
4未満	0.90
4以上6未満	0.94
6以上8未満	0.97
8以上10未満	1.00

〈奥行長大補正率表（一部抜粋）〉

地区区分 奥行距離/間口距離	普通住宅地区
2以上3未満	0.98
3以上4未満	0.96
4以上5未満	0.94
5以上6未満	0.92

1）19,845千円

2）20,304千円

3）20,700千円

4）20,952千円

《2021年5月学科問題（55）》

問3
□□□

Aさんの死亡により、配偶者のBさんは、下記の甲土地を相続により取得した。甲土地が特定居住用宅地等に該当し、その限度面積まで「小規模宅地等についての相続税の課税価格の計算の特例」（以下「本特例」という）の適用を受けた場合、相続税の課税価格に算入すべき甲土地の価額として、最も適切なものはどれか。

〈甲土地の概要〉

面積：420㎡
自用地の価額（本特例適用前の価額）：210,000千円

1）210,000千円－210,000千円×$\frac{400㎡}{420㎡}$×80%＝50,000千円

2）210,000千円－210,000千円×$\frac{330㎡}{420㎡}$×80%＝78,000千円

3) $210{,}000千円-210{,}000千円\times\frac{240m^2}{420m^2}\times 50\%=150{,}000千円$

4) $210{,}000千円-210{,}000千円\times\frac{200m^2}{420m^2}\times 50\%=160{,}000千円$

《2022年1月学科問題（60）》

問1 2)……学習のポイント 4 (2) を参照。自用家屋の価額に「1－借家権割合×賃貸割合」をかける

問2 2)……宅地の自用地評価額＝路線価×敷地面積×奥行価格補正率×間口狭小補正率×奥行長大補正率

宅地の奥行15m⇒奥行価格補正率1.00

間口5m⇒間口狭小補正率0.94

奥行長大補正率⇒$\frac{奥行距離}{間口距離}=\frac{15m}{5m}=3.00$なので0.96

よって、宅地の自用地評価額＝300千円×15m×5m×1.00×0.94×0.96＝20,304千円

問3 2)……小規模宅地の評価減の特例

$=自用地評価額-自用地評価額\times\frac{適用上限}{敷地面積}\times 80\%$

$=210{,}000千円-210{,}000千円\times\frac{330m^2}{420m^2}\times 80\%$

＝210,000千円－132,000千円

＝78,000千円

第6章 相続・事業承継

様々な相続財産の評価方法

11 相続財産の評価 金融資産

最後のひと押し

絶対読め！ 30秒レクチャー

通帳や保険証券を探しましょう。

2級学科で定期的に出題されるこの項目。現金以外の相続財産がどのように評価されるかをしっかり押さえよう！　一般的な動産は基本的に調達価格だが、預貯金や生命保険契約の権利などの金融資産、株式などの評価方法は少し特殊なので、しっかり理解しよう！

ナナメ読み！ 学習のポイント

1 預貯金の評価

定期預金などの正確な相続税評価額は、以下の式で計算する。

預金残高＋既経過(きけいか)利息額（源泉所得税の控除後）

※　普通預金など、利子がわずかな場合は、**預金残高**で評価する。

※　外貨預金の場合、円換算するにはその銀行のTTBレートで評価する。

2 「生命保険契約(けいやく)に関する権利(けんり)」の評価

相続開始時において保険事故が発生していない保険契約で、その保険料を被相続人が負担していた場合、その保険契約の契約者としての権利を「生命保険契約に関する権利」という。その評価は、個々の契約を相続開始時に解約した場合の**解約返戻金**に相当する額となる。

3 上場株式の評価

上場株式は、以下の４つの価額のうち**最も低い価額**で評価する。

① 課税時期（原則として相続開始日。以下同じ）の**最終**価格

② 課税時期の**属する月**の毎日の最終価格の平均額

③ 課税時期の**属する月の前月**の毎日の最終価格の平均額

④ 課税時期の**属する月の前々月**の毎日の最終価格の平均額

※ ETFやJ-REITなどの上場投資信託も、上記と同様の評価をする。

4 その他の評価

(1) 上場されている利付公社債の評価額

課税時期の**最終価格**＋既経過利息額（源泉所得税の控除後）

(2) 取引相場のあるゴルフ会員権の評価額

通常の取引価格の**70**％相当額

(3) 証券投資信託の受益証券の評価額（上場証券投資信託を除く）

1口あたりの基準価額×口数－信託財産留保額（解約手数料）

本番得点力が高まる！ 問題演習

問１ □□□

各種金融資産の相続税評価に関する次の記述のうち、最も不適切なものはどれか。

1）外貨定期預金の価額の円貨換算については、原則として、取引金融機関が公表する課税時期における対顧客直物電信買相場（ＴＴＢ）またはこれに準ずる相場による。

2）金融商品取引所に上場されている利付公社債の価額は、次式により計算された金額によって評価する。

$$評価額=\left(課税時期の最終価格+\begin{matrix}源泉所得税相当額控除\\後の既経過利息の額\end{matrix}\right)\times\frac{券面額}{100円}$$

3）相続開始時において、保険事故がまだ発生していない生命保険契約に関する権利の価額は、課税時期における既払込保険料相当額により評価する。

4）金融商品取引所に上場されている不動産投資信託の受益証券の価額は、上場株式に関する評価の定めに準じて評価する。

《2019年5月学科問題（56）》

問2 □□□ 2024年9月9日（月）に死亡した被相続人が保有していた上場株式の1株当たりの相続税評価額として、最も適切なものはどれか。なお、記載のない事項については考慮しないものとする。

〈上場株式1株当たりの最終価格等〉

2024年9月6日（金）の最終価格	2,430円
2024年9月9日（月）の最終価格	2,510円
2024年9月10日（火）の最終価格	2,490円
2024年9月の最終価格の月平均額	2,530円
2024年8月の最終価格の月平均額	2,480円
2024年7月の最終価格の月平均額	2,450円

1）2,430円

2）2,450円

3）2,510円

4）2,530円

《2022年1月学科問題（58）改題》

問1 3）……学習のポイント **2** を参照。既払込保険料ではなく解約返戻金相当額

問2 2）……学習のポイント **3** を参照。4つの価額は①2,510円②2,530円③2,480円④2,450円。このうち最も低い価額は2,450円

様々な相続財産の評価方法

12 相続財産の評価 取引相場のない株式

絶対読め！30秒レクチャー

株式の評価方法は、上場株式とそうでない場合とでは大違い！　だから、中小企業オーナー（非上場企業）の相続は大変だ。評価方式の種類、算出方法、適用要件など覚えることは多いが、覚えてしまえば得点アップは間違いないぞ！

難しい！
評価はラク！
非上場株式
上場株式

ナナメ読み！　学習のポイント

1 取引相場のない株式の評価

いわゆる非上場株式（取引相場のない株式）の評価方法には、原則と特例がある。原則的評価方式は、**類似業種比準**方式、**純資産価額**方式、**併用**方式の3つ。特例的評価方式は**配当還元**方式のこと。株式の取得者が経営支配権を持つ人（同族株主等）の場合は**原則的**評価方式となり、そうでない場合は**特例的**評価方式となる。

2 会社規模（かいしゃきぼ）の判定方法

原則的評価方式が適用される場合は、その会社を3つの基準（従業員数、総資産価額、売上高）により、大会社、中会社（の大・中・小）、小会社に区分する。なお、従業員数**70**人以上なら**大会社**になる。大会社なら類似業種、小会社なら純資産、中会社なら2つのブレンド（併用）による評価方式となる。

3 評価方式

(1) 類似業種比準方式（大会社）

事業内容が似ている業種の上場会社の株価と比較して自社株の株価を算出する方法。類似業種の平均株価をもとにして、1株あたりの**配当**、**利益**、**純資産**の各要素を上場会社とその評価会社と比べて算出する。

(2) 純資産価額方式（小会社）

1株あたりの純資産価額を株価とする方式。「まず会社の財産をすべて現金に換え債務をすべて返済した後に、1株あたりいくら分配できるか」という分配予想額を評価額とする。

(3) 併用方式（中会社）

類似業種比準方式と純資産価額方式により算出した額のそれぞれに、一定の割合を掛けて株価を算定する方法。

(4) 配当還元方式（同族株主等以外）

過去の配当実績を基礎として、評価額を計算する方法。

さらっと一読！

評価方式に関する細かいポイント　出題率 20%未満

① 類似業種比準方式と純資産価額方式の併用方式により評価する場合、類似業種比準価額のウェイト（Lの割合※）は、「中会社の大」は0.90、「中会社の中」は0.75、「中会社の小」は0.60である。
② 配当還元方式による株式の価額は、その株式の1株あたりの年配当金額を10%で還元した元本の金額で評価する。
③ 純資産価額を計算する場合の「評価差額に対する法人税額等に相当する金額」は37%。
④ 類似業種比準方式の類似業種株価は「対象月以前3カ月間の各月の株価のうち最も低いもの」「前年平均株価」「対象月以前2年間の平均株価」のいずれかを選べる。
⑤ 純資産価額方式による計算上、自社所有の空き地に、社宅や立体駐車場を建てても（自用地として評価されて）引き下げ効果がないが、賃貸マンションを建てた場合（貸家建付地として評価されて）引き下げ効果がある。
※ 「Lの割合」とは、類似業種比準方式と純資産価額方式を併用する時に類似業種比準方式を使用する割合を示している。会社の規模が大きいほどLの割合も大きくなる。
⑥ 小会社は、併用方式の選択も可能。

4 特定評価会社

総資産に対して一定割合の株式や土地を保有している場合、**特定評価会社**となり、**純資産価額**方式で評価される。例えば、その会社の**総資産**における土地保有割合が**70**%以上（大会社の場合）または**90**%以上（中会社の場合）等の場合に土地保有特定会社となる。なお、同族株主等以外の少数株主が相続などで取得した場合は、特定会社に該当しても**配当還元方式**で評価する。また、清算中の会社は清算分配見込額によって評価する。

本番得点力が高まる！ 問題演習

問1 □□□ 相続税における取引相場のない株式の評価に関する次の記述のうち、最も適切なものはどれか。

1）会社規模が小会社である会社の株式の価額は、純資産価額方式によって評価し、類似業種比準方式と純資産価額方式の併用方式によって評価することはできない。

2）会社規模が中会社である会社の株式の価額は、類似業種比準方式、または純資産価額方式のいずれかによって評価する。

3）同族株主が取得した土地保有特定会社に該当する会社の株式は、原則として、類似業種比準方式によって評価する。

4）同族株主のいる会社において、同族株主以外の株主が取得した株式は、その会社規模にかかわらず、原則として、配当還元方式によって評価する。

《2022年9月学科問題（56）》

問2 □□□ 相続税における取引相場のない株式の評価に関する次の記述のうち、最も不適切なものはどれか。

1）類似業種比準方式における比準要素には、1株当たりの配当金額、1株当たりの利益金額および1株当たりの純資産価額がある。

2）純資産価額方式による株式の価額は、評価会社の課税時期における資産を原則として相続税の評価額に評価替えした合計額から負債の金額の合計額および評価差額に対する法人税額等相当額を差し引いた残りの金額を課税時期の発行済株式数で除した金額により評価する。

3）類似業種比準方式と純資産価額方式の併用方式により評価する場合、類似業種比準価額のウェイト（Ｌの割合）は、「中会社の大」は0.90、「中会社の中」は0.75、「中会社の小」は0.60である。

4）配当還元方式による株式の価額は、その株式の１株当たりの年配当金額を５％で還元した元本の金額で評価する。

《2017年９月学科問題（56）》

問３ □□□

純資産価額方式による自社株式の評価上、不動産の取得や有効活用による株価の引下げ効果に関する次の記述のうち、最も適切なものはどれか。

1）純資産価額方式による自社株式の価額の計算上、自社が課税時期前３年以内に取得した土地や建物の価額は、原則として課税時期における通常の取引価額に相当する金額によって評価するため、不動産を取得しても、直ちに純資産価額の引下げ効果が発生するわけではない。

2）自社の所有している空き地に社宅を建築し、従業員の福利厚生施設とした場合、純資産価額方式による自社株式の価額の計算上、その社宅の敷地の価額は貸家建付地として評価されるため、純資産価額の引下げ効果がある。

3）自社の所有している空き地に賃貸マンションを建築した場合、純資産価額方式による自社株式の価額の計算上、その賃貸マンションの敷地の価額は自用地として評価されるため、純資産価額の引下げ効果はない。

4）自社の所有している空き地に立体駐車場を建築した場合、純資産価額方式による自社株式の価額の計算上、その立体駐車場の敷地の価額は貸宅地として評価されるため、純資産価額の引下げ効果がある。

《2021年１月学科問題（59）》

問1 4）…… 1）小会社は（原則、純資産価額方式で評価するが）類似業績比準方式と純資産価額方式の併用方式で評価することもできる

2）中会社は原則として併用方式で評価する。なお、純資産価額方式を選択することもできる

3）土地保有特定会社は原則として純資産価額方式で評価する

問2 4）…… 配当還元方式による株式の価額は、その株式の1株あたりの年配当金額を10％で還元した元本の金額で評価する

問3 1）…… 2）自社所有の空き地に社宅を建てる場合は自用地として評価されるため、純資産価額の引下げ効果はない

3）自社所有の空き地に賃貸マンションを建てた場合は貸家建付地として評価されるため、純資産価額の引下げ効果がある

4）自社所有の空き地に立体駐車場を建てた場合は自用地として評価されるため、純資産価額の引下げ効果はない

第7章

実技試験 金財

個人資産相談業務

FP技能士の「実技試験」は、ケース（設例）つきの筆記試験にすぎないので怖くない。学科対策を通じて6分野の基本を学んだキミなら、「出題形式に慣れる」ことと「定番の計算問題をマスターする」ことの2つを押さえれば、実技試験特有の対策は終了だ！

1 学科の勉強を徹底的にすれば、実技対策の6割は完了！

2級の実技試験も3級同様、全部で5題×3問＝15問出題され、**毎回9〜10問は「学科の勉強を徹底的にしていれば解ける」知識問題**だ。つまり、学科の勉強を繰り返し行って、各項目を深く理解するだけで実技対策も6割は完了といえる。知識問題は「出題形式に慣れる」以上の対策は要らないだろう。

これまでの6章分を繰り返し学習することが、まずは重要だ！

→必ず3周はしよう。1周目は軽く読み流してOK。**2周目から知識が定着**して得点力が飛躍的にアップする。

2 個人資産相談業務の出題パターン

【第1問】ライフ、【第2問】金融、【第3問】タックス、【第4問】不動産、【第5問】相続という出題パターンになっている。リスクからの出題はない。

実技試験【金財】個人資産相談業務の出題形式とは？

設例 5題 × 各3問 → 全15問

うち、6割以上で合格!

第1問 ライフ　第2問 金融　第3問 タックス　第4問 不動産　第5問 相続

実務において、実際に相談を受けるような場面を想定した「設例」が置かれ、それについての問題が、1つの設例につき3問出題される。

個人資産相談業務

3 「定番の計算問題」を徹底的に理解！

15問のうち、4~6問出題される計算問題の多くは「定番問題」といえる。以下に挙げる、定番の計算問題に集中して勉強しよう。

第1問 ライフ

- 公的年金に関する計算

第2問 金融

- 投資信託に関する計算
- 株式指標に関する計算

第3問 タックス

- 給与所得・所得税の計算

第4問 不動産

- 建蔽率・容積率の計算
- 居住用財産の譲渡所得の計算

第5問 相続

- 相続税の総額の計算

この本では、最短の勉強時間で合格ラインの実力をつけるために、実技対策を「定番の計算問題」に絞ってある。確実に正解できるよう、学習していこう！　また、最近の計算問題の出題傾向は、以下のとおり。よく出題される分野がわかるはずだ。

分析！　FP2級【金財】個人資産相談業務の計算問題・出題傾向

		2023.9	2023.5	2023.1	2022.9	2022.5	2022.1	2021.9	2021.5	2021.1
第1問	問1	年　金	年　金	年　金					年　金	
	問2		年　金		年　金	年　金		年　金		年　金
	問3						年　金			
第2問	問4	株式指標			株式指標		株式指標	株式指標	株式指標	株式指標
	問5	株式指標	株式指標		株式指標	株式指標		株式指標		株式指標
	問6		株式指標	債券・外貨						
第3問	問7	退職所得					退職所得			
	問8					総所得	総所得			退職所得
	問9	総所得	所得税	総所得	所得税			所得税	所得税	総所得
第4問	問10	建蔽・容積	建蔽・容積			建蔽・容積	建蔽・容積	建蔽・容積	建蔽・容積	建蔽・容積
	問11									
	問12			建蔽・容積	建蔽・容積					
第5問	問13				相続税関連			相続税関連	贈与税	
	問14	相続税関連	相続税関連						相続税関連	
	問15			相続税関連	相続税関連	相続税関連	相続税関連	相続税関連		相続税総額
計算問題数		7	7	5	7	5	6	7	6	7

1 【第1問】ライフプランニングと資金計画
公的年金に関する計算

絶対
マスター

絶対読め！30秒レクチャー

ここまでは
平均標準報酬
月額ね！
ここからは
平均標準報酬
額だね！
2003年
3月
2003年
4月

ほぼ毎回出る公的年金の計算。大まかな計算式は問題中に示されるので、暗記する必要はないが、理解が大切だ！　まずは、老齢コウセイ年金の報酬比例部分の計算のしくみと、老齢キソ年金の年金額計算のしくみをザックリ理解しよう！

老齢厚生年金の「ホウシュウ比例部分」は、文字どおり、会社などからもらっていた報酬と加入していた期間にほぼ比例して、もらえる年金額が決まるぞ！

2003年に制度が変わり、その前後で計算式が異なるところがポイントだ！　2003年3月までの計算には月々の給料をベースにした「平均標準報酬ゲツ額」を用い（「ゲッツは古い！」と覚える）、2003年4月以降の計算には、賞与も含めた1年間の報酬をベースにした「平均標準報酬額」を用いる。

では「ケイカテキ加算」とは何か？　特別支給の老齢厚生年金の定額部分の支給を受けている人が65歳になると、この部分が老齢基礎年金に切り替わるが、そのときの年金額の減少を補う調整的な加算金だ！

老齢基礎年金の額は満額なら約80万円だ！　でも、加入年数が40年に満たないときは、その期間に比例した金額になるのだ！

最近は、イゾク年金やショウガイ年金に関する問題も出ているが、あまり深入りせずに過去問演習だけしっかりやっておこう！

ナナメ読み！ **学習のポイント**

1 老齢基礎年金の計算式（2024年度）

2024年度の基本年金額は「インフレで増える年金入ろ（816）うよ」と覚えよう。

基本年金額（816,000円）× 保険料納付済月数※2 / 480月

※1 上記は68歳以下の場合。69歳以上の基本年金額は813,700円となる。

※2 免除月数も反映される割合あり。下の表を参照

●免除制度と年金額への反映

免除制度	受給資格期間への算入	老齢基礎年金額への反映割合	
		2009年3月まで	2009年4月以降
全額免除	算入される	1/3	1/2
3/4免除	算入される	1/2	5/8
半額免除	算入される	2/3	3/4
1/4免除	算入される	5/6	7/8
学生納付特例制度	算入される	反映されない（追納しない場合）	
納付猶予制度	算入される	反映されない（追納しない場合）	

2 老齢厚生年金の「報酬比例部分」の計算式

（1946年4月2日以降生まれの場合）

ⓐ＋ⓑ

ⓐ：平均標準報酬月額 × 7.125/1,000 × 2003年3月以前の被保険者期間の月数

ⓑ：平均標準報酬額 × 5.481/1,000 × 2003年4月以後の被保険者期間の月数

細かい数字は問題文に示されるので覚えなくていい。2003年3月以前と4月以降を分けて計算するところを理解すること！　そして、被保険者期間の月数を数えまちがえないように、細心の注意を払おう！

3 老齢厚生年金の「経過的加算」の計算式

$$\underset{\text{（上限480月）}}{1{,}701\text{円}\times\text{被保険者期間の月数}}-\underset{\text{（816,000円）}}{\text{基本年金額}}\times\frac{\text{20歳以上60歳未満の厚生年金保険の被保険者期間の月数}}{\text{480月}}$$

計算式は問題文に示されるので暗記する必要はないが「被保険者期間の月数」と「基本年金額」を使うところを意識しておこう！

4 老齢厚生年金の「加給年金」の要件と金額

原則、被保険者期間20年以上の人が生計維持関係にある65歳未満の配偶者（または子）がいる場合に加算される。加給年金額は約40万円。

5 遺族基礎年金の計算（2024年度）

基本額（816,000円）＋子の加算額（1人あたり234,800円※）

※　3人目以降は78,300円

子の加算額は、悲しいゴロ合わせ「夫妻しば（2348）らく別離かな」「な（7）んと激（8）しく散った最（3）期」で覚える。

6 遺族厚生年金の計算

(1) 老齢厚生年金（報酬比例部分）の4分の3。2003年3月以前と4月以降を分けて計算する
(2) 被保険者期間が300月未満の場合は、300月とみなして計算（最終的に$\frac{300月}{被保険者月数}$を掛けて割増をする）

7 遺族厚生年金の「中高齢寡婦加算」の要件と金額

遺族厚生年金の加算給付の1つ。夫が死んだときに40歳以上で子※のない妻（夫の死亡後40歳に達した当時、子※がいた妻も含む）には、40～65歳の間、遺族厚生年金に毎年60万円弱が加算される（遺族基礎年金を受けている期間を除く）。

※　公的年金における「子」とは、18歳到達年度末日までの子（障害者は20歳未満）をいう。

8 年金計算の端数処理（共通）

様々な公的年金を計算する場合のルールを頭に入れておこう。

(1)　計算過程においては、円未満（小数点以下）を四捨五入する
(2)　最終的な年金額も、円未満（小数点以下）を四捨五入する

本番得点力が高まる！ 問題演習

問1
□□□

次の設例に基づいて、下記の問に答えなさい。

《設　例》

Ｘ株式会社（以下、「Ｘ社」という）に勤務するＡさん（59歳）は、2025年２月に満60歳となり定年を迎える。Ａさんは、大学卒業後、Ｘ社に入社し、以後、現在に至るまで同社に勤務している。Ｘ社には、本人が希望すれば65歳になるまで勤務することができる継続雇用制度がある。Ａさんは、継続雇用制度を利用せず、60歳以後は仕事をしない予定としているが、Ｘ社の社長からは「人材の確保が難しく、Ａさんに辞められては困る。しばらくは継続して働いてもらえないだろうか」と言われている。

Ａさんは、継続雇用制度を利用した場合と利用しなかった場合で、公的年金等の社会保険の取扱いにどのような違いがあるか、確認しておきたいと思っている。

そこで、Ａさんは、ファイナンシャル・プランナーのＭさんに相談することにした。Ａさん夫婦に関する資料等は、以下のとおりである。

〈Ｘ社の継続雇用制度の雇用条件〉

・１年契約の嘱託雇用で１日８時間（週40時間）勤務
・賃金月額は60歳到達時の65％（月額29万円）で賞与はなし

〈Ａさん夫婦に関する資料〉

(1) Ａさん（1965年２月16日生まれ・会社員）

・公的年金加入歴：下図のとおり（60歳定年時までの見込みを含む）
・全国健康保険協会管掌健康保険、雇用保険に加入中

20歳	22歳		60歳
国民年金 未加入期間（26月）	厚生年金保険 192月 （2003年3月以前の平均標準報酬月額30万円）	 262月 （2003年4月以後の平均標準報酬額50万円）	

(2) 妻Bさん（1967年6月17日生まれ・専業主婦）

・公的年金加入歴：18歳からAさんと結婚するまでの8年間(96月）は、厚生年金保険に加入。結婚後は、国民年金に第3号被保険者として加入している。

・Aさんが加入する全国健康保険協会管掌健康保険の被扶養者である。

※妻Bさんは、現在および将来においても、Aさんと同居し、生計維持関係にあるものとする。

※Aさんおよび妻Bさんは、現在および将来においても、公的年金制度における障害等級に該当する障害の状態にないものとする。

※上記以外の条件は考慮せず、各問に従うこと。

問　Aさんが、60歳でX社を定年退職し、その後再就職および継続雇用制度を利用しない場合、原則として65歳から受給することができる老齢基礎年金および老齢厚生年金の年金額（2024年度価額）を計算した次の〈計算の手順〉の空欄①～④に入る最も適切な数値を解答用紙に記入しなさい。計算にあたっては、《設例》の〈Aさん夫婦に関する資料〉および下記の〈資料〉に基づくこと。なお、問題の性質上、明らかにできない部分は「□□□」で示してある。

〈計算の手順〉

1．老齢基礎年金の年金額（円未満四捨五入）

（　①　）円

2．老齢厚生年金の年金額

(1) 報酬比例部分の額（円未満四捨五入）

(②) 円

(2) 経過的加算額（円未満四捨五入）

(③) 円

(3) 基本年金額（上記「(1) ＋ (2)」の額）

□□□円

(4) 加給年金額（要件を満たしている場合のみ加算すること）

(5) 老齢厚生年金の年金額

(④) 円

〈資料〉

○老齢基礎年金の計算式（4分の1免除月数、4分の3免除月数は省略）

$$816{,}000\text{円}\times\frac{\text{保険料納付済月数}+\text{保険料半額免除月数}\times\frac{○}{□}+\text{保険料全額免除月数}\times\frac{△}{□}}{480}$$

○老齢厚生年金の計算式（本来水準の額）

i ）報酬比例部分の額（円未満四捨五入）＝ⓐ＋ⓑ

ⓐ　2003年3月以前の期間分

$$\text{平均標準報酬月額}\times\frac{7.125}{1{,}000}\times\text{2003年3月以前の被保険者期間の月数}$$

ⓑ　2003年4月以後の期間分

$$\text{平均標準報酬額}\times\frac{5.481}{1{,}000}\times\text{2003年4月以後の被保険者期間の月数}$$

ii ）経過的加算額(円未満四捨五入)＝1,701円×被保険者期間の月数

$$-816{,}000\text{円}\times\frac{\text{1961年4月以後で20歳以上60歳未満の厚生年金保険の被保険者期間の月数}}{480}$$

iii）加給年金額＝408,100円（要件を満たしている場合のみ加算すること）

《2018年9月個人第1問・問3改題》

問2 □□□

次の設例に基づいて、下記の問に答えなさい。

《設　例》

会社員のAさん（46歳）は、妻Bさん（45歳）、長男Cさん（11歳）および長女Dさん（9歳）との4人暮らしである。Aさんは、住宅ローンの返済や教育資金の準備など、今後の資金計画を再検討したいと考えており、その前提として、公的年金制度から支給される遺族給付や障害給付について知りたいと思っている。

そこで、Aさんは、懇意にしているファイナンシャル・プランナーのMさんに相談することにした。

Aさんとその家族に関する資料は、以下のとおりである。

〈Aさんとその家族に関する資料〉

(1) Aさん（1978年1月12日生まれ・会社員）
- 公的年金加入歴：下図のとおり（2024年4月までの期間）
- 全国健康保険協会管掌健康保険、雇用保険に加入中

20歳	22歳	46歳
国民年金 保険料納付済期間 （27月）	厚生年金保険 被保険者期間 （36月）	厚生年金保険 被保険者期間 （253月）
	2003年3月以前の 平均標準報酬月額25万円	2003年4月以後の 平均標準報酬額38万円

(2) 妻Bさん（1978年11月22日生まれ・パート従業員）
- 公的年金加入歴：20歳から22歳までの大学生であった期間（29月）は国民年金の第1号被保険者として保険料を納付し、22歳からAさんと結婚するまでの10年間（120月）は厚生年金保険に加入。結婚後は、国民年金に第3号被保険者として加入している。
- 全国健康保険協会管掌健康保険の被扶養者である。

(3) 長男Cさん（2012年6月6日生まれ）

(4) 長女Dさん（2014年6月21日生まれ）

※妻Bさん、長男Cさんおよび長女Dさんは、現在および将来においても、Aさんと同居し、Aさんと生計維持関係にあるものとする。

※妻Bさん、長男Cさんおよび長女Dさんは、現在および将来においても、公的年金制度における障害等級に該当する障害の状態にないものとする。

※上記以外の条件は考慮せず、各問に従うこと

問　Mさんは、Aさんが現時点（2024年5月28日）で死亡した場合に妻Bさんが受給することができる遺族厚生年金の年金額（2024年度価額）を試算した。妻Bさんが受給することができる遺族厚生年金の年金額を求める下記の〈計算式〉の空欄①～③に入る最も適切な数値を、解答用紙に記入しなさい。計算にあたっては、《設例》〈Aさんとその家族に関する資料〉に基づくこととし、年金額の端数処理は円未満を四捨五入すること。なお、問題の性質上、明らかにできない部分は「□□□」で示してある。

〈計算式〉

遺族厚生年金の年金額

$$\left((\ ①\ )\text{円}\times\frac{7.125}{1{,}000}\times\square\square\square\text{月}+\square\square\square\text{円}\times\frac{5.481}{1{,}000}\times\square\square\square\text{月}\right)$$

$$\times\frac{300\text{月}}{(\ ②\ )\text{月}}\times\square\square\square=(\ ③\ )\text{円（円未満四捨五入）}$$

《2023年5月個人第1問・問2改題》

問 1　……老齢基礎年金

①771,800　816,000円×$\frac{192\text{月}+262\text{月}}{480\text{月}}$

②1,128,411　＝771,800（①）

③454

④1,519,016　(1) 報酬比例部分の年金額

$300{,}000円\times\frac{7.125}{1{,}000}\times 192月+500{,}000円\times\frac{5.481}{1{,}000}\times 262月$

＝410,400円＋718,011円＝1,128,411円（②）

(2) 経過的加算額

定額相当部分：1,701円×（192月＋262月）＝772,254円

老齢基礎年金の厚生年金加入期間相当額

$:816{,}000円\times\frac{192月+262月}{480月}$

＝771,800

経過的加算額：772,254円－771,800円

＝454円（円未満四捨五入）（③）

(3) 老齢厚生年金の基本年金額＝報酬比例部分＋経過的加算額

＝1,128,411円＋454円

＝1,128,865円

(4) Aさんの厚生年金の被保険者期間は20年以上あり、妻Bさんとは生計維持関係にあり、Aさんが65歳のとき妻Bさんは65歳未満なので、加給年金の支給対象

(5) Aさんが受け取る老齢厚生年金額

1,128,865円＋408,100円＝1,536,965円（④）

問2　……支給額は死亡した人の老齢厚生年金の報酬比例部分の4分の3

491,248円

$a:280{,}000円\times\frac{7.125}{1{,}000}\times 36月=71{,}820円$

$b:400{,}000円\times\frac{5.481}{1{,}000}\times 253月=554{,}677.2円$

Aさんの被保険者期間＝36月＋253月＝289月

300月未満のため$\frac{300}{289}$を掛けて調整する

遺族厚生年金額$=(a+b)\times\frac{300}{289}\times\frac{3}{4}=487{,}757.33\cdots$

→487,757円（円未満四捨五入）

2 【第２問】金融資産運用 株式投資の指標に関する計算

絶対読め！30秒レクチャー

ここ数年で、株式投資の指標に関する計算が金財２級実技の新定番になった。

第３章4 2「株式投資の指標」でPER・PBR・ROE・配当利回り・配当性向の５つを確認した後に、最近の過去問を解いて理解できれば試験対策は完了。得点源として押さえておこう！

PER
PBR
ROE
株式投資のうえで、
重要なものなんだな！

ナナメ読み！ 学習のポイント

1 株式投資の指標（→第３章4 2を参照すること）

PER・PBR・ROE・配当利回り・配当性向の５つの算出方法を押さえた上で、できるだけ多くの過去問を解いて各指標への理解を深めよう。

本番得点力が高まる！ 問題演習

問 1 □□□

次の設例に基づいて、下記の問に答えなさい。

《設　例》

会社員のＡさん（41歳）は、老後の生活資金を準備するために長期的な資産形成を図りたいと思っており、ファイナンシャル・プランナーのＭさんに相談することにした。

〈X社株式の関連情報〉

・株　価　：　2,400円　　・発行済株式数　：　4,000万株

・決算期　：　2024年6月28日（金）（配当の権利が確定する決算期末）

〈X社の財務データ〉

（単位：百万円）

	56期	57期
資産の部合計	300,000	305,000
負債の部合計	175,000	170,000
純資産の部合計	125,000	135,000
売上高	180,000	190,000
営業利益	14,000	15,000
経常利益	15,000	16,000
当期純利益	9,000	9,500
配当金総額	2,500	2,700

※純資産の金額と自己資本の金額は同じである。

※上記以外の条件は考慮せず、各問に従うこと。

問　《設例》の〈X社株式の関連情報〉および〈X社の財務データ〉に基づいて算出される次の①、②を求めなさい（計算過程の記載は不要）。〈答〉は、％表示の小数点以下第3位を四捨五入し、小数点以下第2位までを解答すること。

①　57期におけるROE（自己資本は56期と57期の平均を用いる）

②　57期における配当性向

《2022年5月個人第2問・問5改題》

問 1　……ROEは純利益を自己資本で割って求める。

①7.31%　自己資本（直近２期の平均）

②28.42%　＝(56期の自己資本＋57期の自己資本)÷２

＝(125,000＋135,000)÷２＝130,000

57期の純利益は　9,500　なので

ROE＝9,500÷130,000×100＝7.307…

→7.31%（小数点以下第３位四捨五入）

配当性向は当期純利益のうち配当に回した割合なので、

X社の配当性向＝2,700÷9,500×100＝28.421…

→28.42%（小数点以下第３位四捨五入）

3 【第2問】金融資産運用 投資信託に関する計算

絶対読め！30秒レクチャー

資産管理の相談においては、個別株よりも投資信託の方が多いのが現実。そして、金財2級実技でも投信の計算問題の出現率は5割を超えている！「もうけの分配がフツー」「元本崩して分配はトクベツ」と覚えたら、あとは過去問を理解することで攻略しよう！

ナナメ読み！学習のポイント

1 投資信託の収益分配金と個別元本

① 個別元本は、投信購入者の個々の「損益ゼロの基準価額」と理解するとよい。

② 収益分配金のうち、もうけ（値上がり益）から出した分は**普通分配金**。

これは、いくら出しても個別元本が下がることはない。株式投信なら、配当所得として源泉徴収あり。

③ 収益分配金のうち、元本の取り崩しで出した分は**元本払戻金**（**特別分配金**）といい、非課税である。これは、分配した分だけ（元本が減るので）、個別元本も下がることになる。

2 投資信託のコスト計算

① 1口あたりの金額（1口＝1円など）に注意する。

② 購入時手数料は、口数や金額により％が異なるケースに注意。

③ 信託報酬（しんたくほうしゅう）は投信の保有にかかるランニングコストだが、基準価額から日々差し引かれるものなので、計算問題にはなりにくい。

④ 信託財産留保額（しんたくざいさんりゅうほがく）は、投信の解約コスト。基準価格に％を掛けて求める。

3 期待収益率（きたいしゅうえきりつ）の計算

① 個々の投信の期待収益率は、各シナリオ（景気横ばいシナリオ、景気悪化シナリオなど）の「予想収益率×生起確率（せいきかくりつ）」を足し合わせる。

② 複数の投信によるポートフォリオの期待収益率は、個々の投信の期待収益率を加重（かじゅう）平均する。

本番得点力が高まる！ 問題演習

問1 □□□

次の設例に基づいて、下記の問に答えなさい。

《設　例》

会社員のＡさん（45歳）は、2024年４月に特定口座の源泉徴収選択口座を利用して一括で購入した毎月分配型のＸ投資信託を200万口保有しており、毎月その収益分配金を受け取っている。Ａさんは、新たにＹ投資信託を購入することを検討しており、Ｘ投資信託のこれまでの運用成績の確認も含めて、Ｘ投資信託およびＹ投資信託について、ファイナンシャル・プランナーのＭさんに相談することにした。

Ｘ投資信託およびＹ投資信託に関する資料は、以下のとおりである。

〈X投資信託およびY投資信託に関する資料〉

	X投資信託	Y投資信託
商品分類	追加型／国内／株式	追加型／海外／株式
信託期間	無期限	2029年6月15日まで
基準価額	10,500円(1万口当たり)	11,200円（1万口当たり）
決算日	毎月15日	毎年6月15日および12月15日
購入時手数料	なし	購入価額の2.2％（税込）
運用管理費用（信託報酬）	年率1.1％（税込）	年率1.65％（税込）
信託財産留保額	なし	解約時の基準価額に対して0.3％

〈X投資信託の基準価額等（金額はすべて1万口当たり）〉

Aさんが購入した時の基準価額		10,000円
現時点で換金した場合の基準価額		10,500円
Aさんがこれまでに受け取った収益分配金の合計額		1,300円
	普通分配金	1,100円
	元本払戻金（特別分配金）	200円

〈シナリオとX投資信託・Y投資信託の予想収益率〉

	生起確率	X投資信託の予想収益率	Y投資信託の予想収益率
シナリオ1	40%	－5.0%	16.0%
シナリオ2	50%	10.0%	12.0%
シナリオ3	10%	15.0%	－8.0%

※上記以外の条件は考慮せず、各問に従うこと。

問1　Mさんは、Aさんに対して、X投資信託の分配金等について説明した。Mさんが説明した以下の文章の空欄①～③に入る最も適切な語句を、下記の〈語句群〉のイ～リのなかから選び、その記号を解答用紙に記入しなさい。

「Aさんは、これまでにX投資信託から普通分配金と元本払戻金（特別分配金）を受け取っています。このうち、普通分配金による所得は（　①　）とされ、分配時に所得税および復興特別所得税と住民税の合計で（　②　）の税率による源泉徴収がされています。一方、元本払戻金（特別分配金）は非課税とされています。

仮に、Aさんが、X投資信託を、現時点の基準価額である1万口当たり10,500円で200万口すべて解約した場合、譲渡所得の金額は（　③　）となり、これに対して（　②　）の税率で、所得税および復興特別所得税と住民税が解約時に源泉徴収されることとなります」

〈語句群〉

イ．利子所得　ロ．配当所得　ハ．雑所得　ニ．10.147%
ホ．20.315%　ヘ．20.42%　ト．100,000円　チ．140,000円
リ．360,000円

問2　《設例》の〈シナリオとX投資信託・Y投資信託の予想収益率〉に基づいて、X投資信託とY投資信託をそれぞれ3：2の割合で保有した場合のポートフォリオの期待収益率に関する次の①～③をそれぞれ求めなさい（計算過程の記載は不要）。なお、〈答〉は%表示の小数点以下第2位まで表示すること。

①　X投資信託の期待収益率
②　Y投資信託の期待収益率
③　ポートフォリオの期待収益率

《2016年1月個人第2問・問4・問6改題》

問1

問1 …… ・1万口あたりの解約時の価額は
①ロ 換金時の基準価額－信託財産留保額(なし)＝10,500円
②ホ ・1万口あたりの個別元本の額は
③チ 購入時の基準価額－元本払戻金（特別分配金）
＝10,000円－200円＝9,800円
・譲渡所得の金額は
(解約時の価額－個別元本の額)×解約口数
＝(10,500円－9,800円)×2,000,000÷10,000
＝140,000円
・税率は、所得税15.315%、住民税5%
合計20.315%

問2 …… 学習のポイント 3 を参照

①4.50% ① (－5%×0.4)＋(10%×0.5)＋(15%×0.1)＝4.5%
②11.60% ② (16%×0.4)＋(12%×0.5)＋(－8%×0.1)＝11.6%
③7.34% ③ $4.5\% \times \frac{3}{5} + 11.6\% \times \frac{2}{5} = 7.34\%$

4 【第3問】タックスプランニング 給与所得・所得税の計算

絶対読め！30秒レクチャー

「給与所得（控除後）の金額」「総所得金額」「所得税額」などの計算は総合力が必要な良問なので出やすい。源泉徴収票の読み取り方や、税額計算の一連の流れを完璧にしておこう！

いろんなことが
わかるんだなぁ。
源泉徴収票

ナナメ読み！ 学習のポイント

1 給与所得控除後（きゅうよしょとくこうじょ）の金額（給与所得）の計算

過去問の設例を使って、表示される主な項目を指差し確認しておこう。

(1)　支払金額：給料として支払われる金額の総額
(2)　給与所得控除額：「支払金額」から控除できる額
　　（給料に対する「みなし経費」。給与収入を表に当てはめれば出る）
(3)　給与所得控除後の金額＝「支払金額」－「給与所得控除額」

※給与収入金額が850万円を超えていて、一定の要件（23歳未満の扶養親族がいる等）に該当する人は、「（給与収入金額－850万円）×10%」（上限15万円）の所得金額調整控除を受けることができる。

2 一時所得の金額（→第4章 2 7 を参照すること！）

「純粋なもうけから50万ひいて、さらに半分」と覚えておくとよい。

3 所得税額の計算

(1) 所得控除の額の合計額：様々な所得控除（人的控除・物的控除）の合計額が記載されている場合は、そのまま使える。

(2) 課税総所得金額

「支払金額」－「給与所得控除額」－「所得控除の額の合計額」

(3) 所得税額（算出税額）

「課税総所得金額」×税率－控除額

（「所得税の速算表」の使い方を理解しよう。計算式は覚えなくてよい）

本番得点力が高まる！ 問題演習

問 1 □□□

次の設例に基づいて、下記の問に答えなさい。

《設　例》

大学卒業後、X株式会社（以下、「X社」という）に勤務した会社員のAさんは、現在、妻Bさんおよび長女Cさんとの３人家族である。Aさんは、2024年11月に定年を迎え、X社から退職金の支給を受けた。Aさんは、X社の継続雇用制度を利用して、引き続きX社に勤務している。なお、金額の前の「▲」は赤字であることを表している。

〈Aさんとその家族に関する資料〉

Aさん　　（60歳）：会社員

妻Bさん　（54歳）：専業主婦。2024年中にパートタイマーとして給与収入80万円を得ている。

長女Cさん（21歳）：大学生。2024年中の収入はない。

〈Aさんの2024年分の収入等に関する資料〉

(1) 給与収入の金額 ：900万円

(2) 不動産所得の金額 ：▲100万円

　損失の金額100万円のうち、当該不動産所得を生ずべき土地の取得に係る負債の利子10万円を含む。

(3) 一時払変額個人年金保険（10年確定年金）の解約返戻金

契約年月 ：2015年5月

契約者（＝保険料負担者）・被保険者：Aさん

死亡給付金受取人 ：妻Bさん

解約返戻金額 ：600万円

正味払込保険料 ：500万円

(4) X社から支給を受けた退職金の額 ：2,700万円

・定年を迎えるまでの勤続年数は36年8カ月である。

・「退職所得の受給に関する申告書」を提出している。

※妻Bさんおよび長女Cさんは、Aさんと同居し、生計を一にしている。

※Aさんとその家族は、いずれも障害者および特別障害者には該当しない。

※Aさんとその家族の年齢は、いずれも2024年12月31日現在のものである。

※上記以外の条件は考慮せず、各問に従うこと。

問　Aさんの2024年分の所得金額について、次の①、②を求め、解答用紙に記入しなさい（計算過程の記載は不要）。なお、総所得金額の計算上、Aさんが所得金額調整控除の適用対象者に該当している場合、所得金額調整控除額を控除すること。また、〈答〉は万円単位とすること。

①　総所得金額に算入される一時所得の金額

②　総所得金額

〈資料〉給与所得控除額

給与収入金額			給与所得控除額
万円超		万円以下	
	～	180	収入金額×40%－ 10万円（55万円に満たない場合は、55万円）
180	～	360	収入金額×30%＋ 8万円
360	～	660	収入金額×20%＋ 44万円
660	～	850	収入金額×10%＋110万円
850	～		195万円

《2022年1月個人第3問・問8改題》

問1 …… a）まず給与収入に対する給与所得控除額を表から求めて195万円

①25

②635

給与所得の金額＝給与収入－給与所得控除額

900万円－195万円＝705万円

b）21歳の長女Cさんを扶養し、給与収入が850万円を超えているのでAさんは所得金額調整控除の適用対象者に該当

所得金額調整控除額＝(900万円－850万円)×10%＝5万円

c）解約返戻金のうち純粋なもうけの部分は

600万円－500万円＝100万円

一時所得の金額は

100万円－50万円＝50万円

総所得金額に算入される一時所得の金額は

50万円×$\frac{1}{2}$＝25万円（①）

d）不動産所得の損失のうち土地取得に要した負債の利子10万円は他の所得と損益通算できないため、損益通算できる不動産所得の損失は90万円となる

よって総所得金額は、a）～d）をあわせて

705万円－5万円＋25万円－90万円＝635万円（②）

---

5 【第4問】不動産 建蔽率・容積率の計算

絶対読め！30秒レクチャー

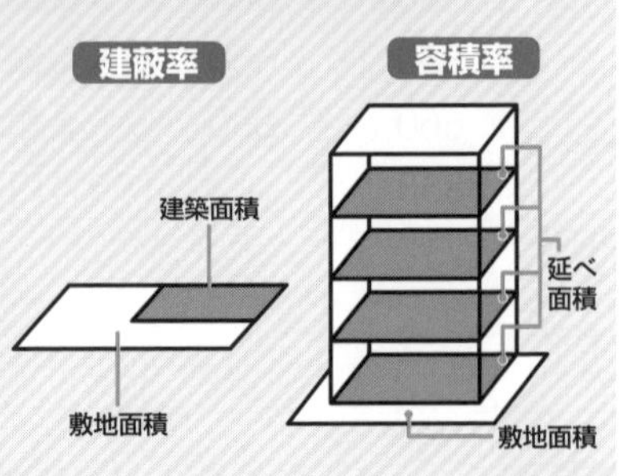

建蔽率は、建築面積の敷地面積に対する割合のこと。建物が密集すると火事が燃え広がりやすくて危険なので制限するのだ。容積率は、延べ面積の敷地面積に対する割合のこと。高いビルがどんどん建つと周辺住民が迷惑するので制限するのだ。なお、2種類の地域にまたがった場合は、いずれも掛けて足し合わせれば求められる。3回に2回程度はセットで出ると思って、完璧に理解しておけ！

ナナメ読み！ 学習のポイント

1 建蔽率（→第5章 5 1 (2) を参照すること！）

$$建蔽率 = \frac{建築面積}{敷地面積}$$

で求められる。100㎡の敷地に60㎡の建築面積なら60％。

2 容積率（→第5章 5 1 (2) (3) を参照すること！）

$$容積率 = \frac{建築延べ面積}{敷地面積}$$

で求められる。100㎡の敷地に、60㎡×5階建てビルなら300％。

本番得点力が高まる！ 問題演習

問1 □□□

次の設例に基づいて、下記の問に答えなさい。

《設　例》

会社員のAさん（57歳）は、8年前に父親の相続によりM市内（三大都市圏）にある甲土地（440㎡）を取得している。甲土地は、父親の代から月極駐車場（青空駐車場）として賃貸しているが、数台の空きがあり、収益性は高くない。

Aさんは、先日、ハウスメーカーのX社から「2年後、甲土地から徒歩10分の最寄駅近くに有名私立大学のキャンパスが移転してきます。需要が見込めますので、賃貸アパートを建築しませんか。弊社に一括賃貸（普通借家契約・マスターリース契約（特定賃貸借契約））していただければ、弊社が入居者の募集・建物管理等を行ったうえで、賃料を保証させていただきます」と提案を受けた。

Aさんは、X社の提案を積極的に検討したいと思っているが、賃貸アパートを経営した経験はなく、判断できないでいる。

〈甲土地の概要〉

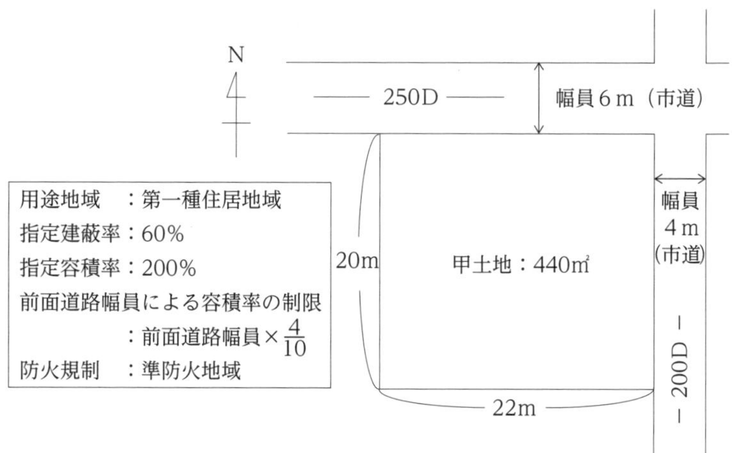

・甲土地は、建蔽率の緩和について特定行政庁が指定する角地である。

・指定建蔽率および指定容積率とは、それぞれ都市計画において定められた数値である。
・特定行政庁が都道府県都市計画審議会の議を経て指定する区域ではない。

※上記以外の条件は考慮せず、各問に従うこと。

問　甲土地上に耐火建築物を建築する場合における次の①、②を求めなさい（計算過程の記載は不要）。
①建蔽率の上限となる建築面積
②容積率の上限となる延べ面積　《2021年9月個人第4問・問10》

問1
①352㎡
②880㎡

……①　特定行政庁が指定する角地なので建蔽率の緩和（＋10％）
準防火地域に耐火建築物を建てるので、さらに10％緩和
よって、最大建築面積は
20 m×22 m×（60％＋20％）＝352㎡

②　容積率は、前面道路の幅員が12m未満の場合、幅員容積率と指定容積率とを比べ、厳しいほうを適用する
前面道路は幅が広いほうを適用する
乗数は設例記載の$\frac{4}{10}$を適用して
6 m×$\frac{4}{10}$＝240％
指定容積率は200％なので、小さいほうの200％を適用
甲土地の最大延べ面積は440㎡×200％＝880㎡

【第4問】不動産

6 居住用財産の譲渡所得の計算

最後のひと押し

絶対読め！30秒レクチャー

マイホームの売却、買換えをしたときの「売却益」に対する税金を計算する問題が出る。「3,000万円特別控除」「10年住んだ人の軽減税率」「買換え特例」の3つを、問題演習を使ってしっかり理解しよう！

元いた家の取得費は譲渡価格の5%!

ナナメ読み！ **学習のポイント**

所得税の2.1%が「復興特別所得税」として加算されている点に注意。

1 譲渡所得の計算

土地や建物を売ったときの「課税譲渡所得」
＝譲渡価格－（取得費＋譲渡費用）－特別控除額

(1) 取得費は、売った土地や建物（減価償却費相当額を控除）の取得当時の購入代金や仲介手数料などの合計。物件の取得価格が不明の場合は「概算取得費」として、**譲渡価格**の**5%**を取得費とすることができる。

(2) 譲渡費用は、仲介料、測量費など売却に直接要した費用、立退料、建物取壊し費用などを含む。

2 マイホーム売却益の3,000万円特別控除の特例

マイホーム（居住用財産）を売却した場合には、譲渡価格から、取得費と譲渡費用を除き、さらに3,000万円を差し引いた額を、課税対象の「売却益」と見てもらえる。実務上は、これで売却益がゼロになることも多い。

課税譲渡所得＝譲渡価格－（取得費＋譲渡費用）－3,000万円

3 10年住んだマイホーム売却の軽減税率の特例（長期譲渡所得の軽減税率の特例）

売却した年の1月1日現在で、所有が10年超となっている自宅の売却益は、「長期譲渡所得の課税の特例」として税率が軽減される（譲渡所得6,000万円以下の部分）。

所得税10.21％※＋住民税4％＝合計14.21％　※復興税を含む
（6,000万円超の部分の税率　所得税15.315％＋住民税5％＝合計20.315％）

2の「3,000万円特別控除」との併用可。

4 マイホームの買換え特例

自宅を売って代わりのマイホームに買い換えた場合、もし譲渡益（売却益）が出てもその課税を将来に繰り延べられる特例がある。主な要件は、

(1) 売却した年の1月1日現在で、家屋と土地の所有が10年超
(2) 売却した人の居住期間が通算10年以上
(3) 売却代金が1億円以下
(4) 買換えたマイホームについて、家屋の床面積50㎡以上かつ土地の面積500㎡以下の場合　など

【この場合の譲渡益の計算式】

① 収入金額＝譲渡資産の売却価格－買換資産の取得価格

② 必要経費＝(譲渡資産の取得費＋譲渡費用)×$\dfrac{\text{①収入金額}}{\text{売却価格}}$

③ 譲渡所得金額＝①収入金額－②必要経費

※ 以上の算式は問題文に出てくる可能性が高いので、理解すれば覚えなくてよい。およそ「買換えをした後に残るお金」だけに課税されるイメージを持っておこう。

この買換え特例は「**2** 3,000万円特別控除」「**3** 長期譲渡所得の軽減税率」の特例と併用することはできず、税率は**20.315%**（＝所得税15.315%＋住民税5%）となる。

 本番得点力が高まる！ 問題演習

問1 □□□

次の設例に基づいて、下記の問に答えなさい。

《設　例》

会社員のAさん（45歳）は、妻Bさん（43歳）および長男Cさん（14歳）との3人暮らしである。Aさんは、2020年2月に、戸建住宅（物件X）を同居していた父親の相続により取得している。Aさんは、これまで物件Xに家族3人で暮らしていたが、建物が老朽化しているため、近くの新築分譲マンション（物件Y）に住み替える予定である。Aさんは、物件Xを売却して得た資金を物件Yの購入に充てたいと考えており、物件Xを早期に売却することを希望している。友人からは、売却にあたっては宅地建物取引業者と専属専任媒介契約を締結してはどうかと言われているが、不動産の売買についてはわからないことも多い。

物件Xおよび物件Yに関する資料は、以下のとおりである。

〈物件Xおよび物件Yに関する資料〉

	物件X（譲渡予定物件）	物件Y（購入予定マンション）
取得時期	Aさんの父親が 1982年4月に取得	2025年3月
取得価額	不明	6,000万円
譲渡時期	2025年3月	—
譲渡価額	7,000万円（土地、建物の合計）	—
条件等	仲介手数料等の 譲渡費用は、250万円	専有面積：90㎡ 認定長期優良住宅に該当

※上記以外の条件は考慮せず、各問に従うこと。

問　Aさんが《設例》の〈物件Xおよび物件Yに関する資料〉のとおり物件Xを売却し、「居住用財産を譲渡した場合の3,000万円の特別控除の特例」および「居住用財産を譲渡した場合の長期譲渡所得の課税の特例（軽減税率の特例）」の適用を受けた場合における所得税および復興特別所得税と住民税の合計額を計算した次の〈計算式〉の空欄①～④に入る最も適切な数値を解答用紙に記入しなさい。なお、問題の性質上、明らかにできない部分は、「□□□」で示してある。

〈計算式〉

・取得費（概算取得費）

7,000万円×□□□%＝（　①　）万円

・課税長期譲渡所得金額

7,000万円－□□□万円＝（　②　）万円

・所得税および復興特別所得税と住民税の合計額

所得税	（　②　）万円×（　③　）%＝□□□円
復興特別所得税	□□□円×□□□%＝□□□円
住民税	（　②　）万円×□□□%＝□□□円
合計額	（　④　）円

《2016年1月個人第4問・問11改題》

問1 …… 学習のポイント 1 2 を参照

①350　概算取得費＝譲渡価格7,000万円×5％＝350万円（①）

②3,400　特別控除額＝3,000万円（譲渡する不動産が居住用財産）

③10　課税譲渡所得金額

④4,831,400　＝7,000万円－(①取得費350万円＋譲渡費用250万円)－3,000万円

＝3,400万円（②）

長期譲渡所得の軽減税率の特例を併用するため、

学習のポイント 3 を参照して、

所得税＝3,400万円×10％(③)＝340万円

復興特別所得税＝340万円×2.1％＝7.14万円

住民税＝3,400万円×4％＝136万円

上記3つを合計すると、483.14万円→4,831,400円（④）

7 【第５問】相続・事業承継
相続税の総額の計算

絶対読め！30秒レクチャー

「相続税の総額」の計算は、2級実技の個人資産でも毎回出ると覚悟しよう！　課税遺産総額を法定相続分に分けて、速算表を見ながら個々の金額を算出してから、全員分をガチャンと合わせれば完了だからカンタンだ！

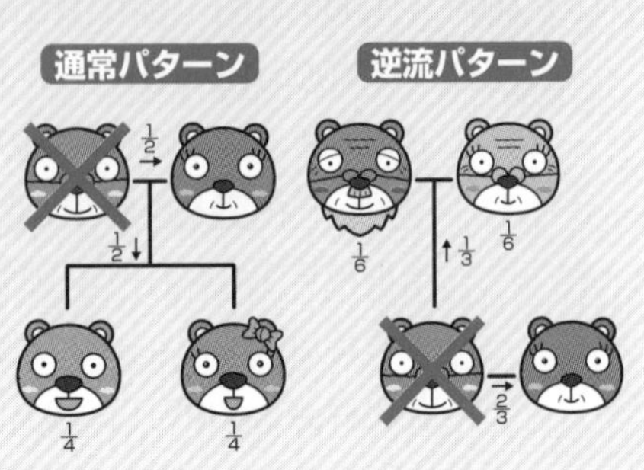

ナナメ読み！　学習のポイント

1　法定相続分の算出方法

(1) 相続パターンを特定する

下記①～③のどれに該当する相続かを見極めて、横（配偶者）・下（子）・上（親）・上から下（兄弟姉妹）の各フローに分配される法定相続分を確認する。

① 通常パターン（横＋下）：配偶者以外に、子（または孫）がいる場合には、「横に半分、下に半分」という流れが生じる相続が標準的。

② 逆流パターン（横＋上）：子供はいないが、生きている親がいる場合には、「横に$\frac{2}{3}$、上に$\frac{1}{3}$」と、一部の資産が逆流する。

③ 分散パターン（横＋上から下）：子供も存命中の親もおらず、兄弟姉妹がいる場合には、「横に$\frac{3}{4}$、上から下に$\frac{1}{4}$」と一部の資産が分散する。

(2) 個々の法定相続分を計算する

① (1) で特定した各フローに分配される法定相続分トータルを、対象人数で割る。

(例) 配偶者がいて、子が3人なら、$\frac{1}{2}\times\frac{1}{3}=\frac{1}{6}$ (子1人分)

② 代襲相続人が複数いる場合には、さらにその人数で割る。

③ 相続人の配偶者 (例：長男の妻) には、法定相続分がないことに注意。

2 「相続税の総額」の計算の流れ

① 法定相続人を確認する (→第6章4 2参照)。

② それぞれの法定相続分を確認する。

③ 課税遺産総額 (課税価格の合計額－遺産の基礎控除額) を確認する。

④ 上記③の総額に、②の法定相続分を掛けて個々の金額を求める。

⑤ 上記④で求めた個々の金額を、相続税の速算表に当てはめて税額を出す。

⑥ 上記⑤の個々の税額を合計すると「相続税の総額」が出る。

本番得点力が高まる！ 問題演習

問1 □□□ 次の設例に基づいて、下記の問に答えなさい。

《設 例》

非上場企業であるX株式会社 (以下、「X社」という) の代表取締役社長であったAさんは、2024年4月24日 (水) に病気により75歳で死亡した。Aさんは、自宅に自筆証書遺言を残しており、相続人等は自筆証書遺言の内容に従い、Aさんの財産を下記のとおり取得する予定である。なお、妻Bさんは、死亡保険金および死亡退職金を受け取っている。また、長女Dさんは、Aさんの相続開始前に死亡している。

〈Aさんの親族関係図〉

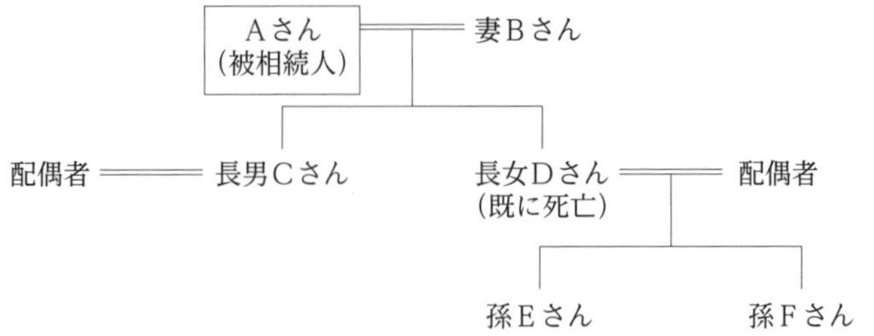

〈各人が取得する予定の相続財産（みなし相続財産を含む）〉

①妻Bさん（76歳）

現金および預貯金…2,500万円

自宅（敷地300㎡）…7,500万円（「小規模宅地等についての相続税の課税価格の計算の特例」適用前の金額）

自宅（建物）……1,500万円（固定資産税評価額）

死亡保険金……1,500万円（受取額。契約者（＝保険料負担者）・被保険者はAさん、死亡保険金受取人は妻Bさん）

死亡退職金……3,000万円（受取額）

②長男Cさん（51歳）

現金および預貯金…5,000万円

X社株式……1億円（相続税評価額）

③孫Eさん（25歳）

現金および預貯金…2,000万円

④孫Fさん（23歳）

現金および預貯金…2,000万円

※上記以外の条件は考慮せず、各問に従うこと。

問　Ａさんの相続に係る相続税の総額を試算した下記の表の空欄①～③に入る最も適切な数値を求めなさい。なお、課税遺産総額（相続税の課税価格の合計額－遺産に係る基礎控除額）は２億円とし、問題の性質上、明らかにできない部分は「□□□」で示してある。

（ａ）相続税の課税価格の合計額	□□□億円
（ｂ）遺産に係る基礎控除額	（　①　）万円
課税遺産総額（(ａ）－（ｂ)）	２億円
相続税の総額の基となる税額	
妻Ｂさん	□□□万円
長男Ｃさん	□□□万円
孫Ｅさん	□□□万円
孫Ｆさん	（　②　）万円
（ｃ）相続税の総額	（　③　）万円

〈資料〉相続税の速算表（一部抜粋）

法定相続分に応ずる取得金額			税率	控除額
万円超		万円以下		
	～	1,000	10%	－
1,000	～	3,000	15%	50万円
3,000	～	5,000	20%	200万円
5,000	～	10,000	30%	700万円
10,000	～	20,000	40%	1,700万円
20,000	～	30,000	45%	2,700万円
30,000	～	60,000	50%	4,200万円

《2023年５月個人第５問・問14改題》

問 1 ……①本問の法定相続人は妻B、長男C・孫E・孫Fの計4人

①5,400　相続税の基礎控除額：3,000万円＋600万円×4人

②325　＝5,400万円

③3,750　法定相続分は、

妻B：$\frac{1}{2}$　長男C：$\frac{1}{4}$ $\left(\frac{1}{2}\times\frac{1}{2}\right)$

孫E・孫F：各$\frac{1}{8}$ $\left(\frac{1}{2}\times\frac{1}{2}\times\frac{1}{2}\right)$

② 法定相続分に対応する相続税は、

妻B：2億円×$\frac{1}{2}$＝1億円

1億円×30％－700万円＝2,300万円

長男C：2億円×$\frac{1}{4}$＝5,000万円

5,000万円×20％－200万円＝800万円

孫E・孫F：2億円×$\frac{1}{8}$＝2,500万円

2,500万円×15％－50万円＝325万円

③ 相続税の総額＝2,300万円＋800万円＋325万円×2人

＝3,750万円

第8章

実技試験 金財

生保顧客資産相談業務

生命保険に関する業務をしている人や、これから行う予定の人は、2級の実技試験では「生保顧客」を選ぶといいだろう！　なぜなら、出題範囲が少しせまい上に計算問題のパターンも少ないからだ。しかも本業に役立つ勉強、やるなら今しかない！

最短攻略術　実技試験　金財

1　出題範囲が偏っているので、過去問の理解に徹するのが一番！

【金財】生保顧客資産相談業務では、生命保険の保険提案時に必要な知識が問われる。5設例×3問＝15問の出題には「第1問：公的年金」「第2問：個人保険」「第3問：法人保険」「第4問：所得税」「第5問：相続」というお約束パターンがある。よって「金融資産運用」と「不動産」を除く、残りの4分野に専念できる！　しかも、ライフでは公的年金しか出ず、保険は法人保険が出るなど、出題は偏っている。過去問の理解に徹しつつ、このテキストを補助的に使うのがベストだ！

実技試験【金財】生保顧客資産相談業務の出題形式とは？

うち、6割以上で合格！

設例　5題 × 各3問 → 全15問

第1問 ライフ　第2問 保険　第3問 保険　第4問 タックス　第5問 相続

実務において、実際に相談を受けるような場面を想定した「設例」が置かれ、それについての問題が、1つの設例につき3問出題される。

2　「定番の計算問題」を徹底的に理解！

【金財】生保顧客資産相談業務においては、15問のうち6問前後（5～7問）の計算問題が出るが、その8割前後は「定番問題」である。特に「公的年金に関する計算」「退職金に関する計算」「法人契約の生命保険の経理処理」「所得税の計算」「相続税の総額の計算」は出題率80～100%が継続するだろう！　ま

生保顧客資産相談業務

ずは、最短の勉強時間で合格ラインの実力をつけるために（この章で分析する）以下の計算問題を集中的に繰り返し勉強しよう。

第1問　ライフ

- 公的年金に関する計算

第2問　保険・個人

- 必要保障額の計算
- 各種保険金・給付金の計算

第3問　保険・法人

- 法人契約の生命保険の経理処理
- 退職金に関する計算

第4問　タックス

- 所得税の計算

第5問　相続

- 相続税の総額の計算

そして余力のある人は、直近1年以内の過去問に出ている他の計算問題も徹底的に理解できるまで研究してほしい。

分析！　FP2級【金財】生保顧客資産相談業務の計算問題・出題傾向

		2023.9	2023.5	2023.1	2022.9	2022.5	2022.1	2021.9	2021.5	2021.1
第1問	問1	老齢基礎・厚生	老齢基礎・厚生	老齢基礎・厚生	老齢基礎・厚生	老齢基礎・厚生	老齢基礎・厚生			老齢基礎・厚生
	問2								老齢基礎年金	
	問3							老齢基礎・厚生		
第2問	問4		必要保障額	必要保障額		必要保障額				必要保障額
	問5							必要保障額		
	問6									
第3問	問7	退職所得	退職所得	退職所得	退職所得	退職所得	退職所得	退職所得	退職所得	退職所得
	問8	保険の経理処理	保険の経理処理	保険の経理処理		保険の経理処理	保険の経理処理	保険の経理処理		
	問9									
第4問	問10									
	問11									
	問12	所得税	所得税	所得税	所得税	所得税	所得税	所得税	所得税	所得税
第5問	問13		相続税関連	相続税関連	相続税関連			相続税関連		
	問14				相続税関連	相続税関連	相続税関連	贈与税		相続税関連
	問15	相続税関連				相続税総額	相続税総額		相続税総額	相続税総額
計算問題数		5	6	6	5	7	6	7	4	6

1 【第1問】ライフプランニングと資金計画 公的年金に関する計算

絶対読め！30秒レクチャー

保障性の保険を提案する場合には遺族年金の知識が必須だし、貯蓄性の保険の提案をする場合には老齢年金の知識が必須だ！

そういうわけで、2級実技の生保でも老後や万一の時にもらえるキソ年金やコウセイ年金を計算する問題がほぼ毎回出る！　でも、計算式は問題文の〈資料〉に載るので、やはり理解が大切なのだ。

同じ内容の、第7章1「公的年金に関する計算」に目を通してから問題演習を繰り返せば、試験対策は終了だ！

ナナメ読み！ 学習のポイント

1 公的年金に関する計算（→第7章1を参照すること！）

本番得点力が高まる! 問題演習

問1 □□□

次の設例に基づいて、下記の問に答えなさい。

《設　例》

X株式会社（以下、「X社」という）に勤務するAさん（59歳）は、妻Bさん（59歳）との2人暮らしである。Aさんは、大学卒業後、X社に入社し、現在に至るまで同社に勤務している。Aさんは、X社の継続雇用制度を利用して65歳まで働く予定である。

Aさんは、今後の資金計画を検討するにあたり、公的年金制度から支給される老齢給付について知りたいと思っている。

そこで、Aさんは、ファイナンシャル・プランナーのMさんに相談することにした。

〈Aさん夫妻に関する資料〉

(1) Aさん（1965年6月11日生まれ・会社員）

・公的年金加入歴：下図のとおり（65歳までの見込みを含む）
20歳から大学生であった期間（34月）は
国民年金に任意加入していない。

・全国健康保険協会管掌健康保険、雇用保険に加入中

20歳〜22歳	22歳〜	〜65歳
国民年金	厚生年金保険	
未加入期間（34月）	180月	326月
	（2003年3月以前の平均標準報酬月額25万円）	（2003年4月以後の平均標準報酬額40万円）

(2) 妻Bさん（1965年4月20日生まれ・専業主婦）

・公的年金加入歴：18歳でX社に就職してからAさんと結婚するまでの10年間（120月）、厚生年金保険に加入。結婚後は、国民年金に第3号被保険者として加入している。

・全国健康保険協会管掌健康保険の被扶養者である。

※妻Bさんは、現在および将来においても、Aさんと同居し、Aさんと生計維持関係にあるものとする。
※Aさんおよび妻Bさんは、現在および将来においても、公的年金制度における障害等級に該当する障害の状態にないものとする。

※上記以外の条件は考慮せず、各問に従うこと。

問　Mさんは、Aさんに対して、Aさんが65歳以後に受給することができる公的年金制度からの老齢給付について説明した。《設例》の〈Aさん夫妻に関する資料〉および下記の〈資料〉に基づき、次の①、②を求め、解答用紙に記入しなさい（計算過程の記載は不要）。なお、年金額は2024年度価額に基づいて計算し、年金額の端数処理は円未満を四捨五入すること。

①　原則として、Aさんが65歳から受給することができる老齢基礎年金の年金額
②　原則として、Aさんが65歳から受給することができる老齢厚生年金の年金額

〈資料〉

○老齢基礎年金の計算式（4分の1免除月数、4分の3免除月数は省略）

$$816{,}000\text{円}\times\frac{\text{保険料納付済月数}+\text{保険料半額免除月数}\times\frac{\square}{\square}+\text{保険料全額免除月数}\times\frac{\square}{\square}}{480}$$

○老齢厚生年金の計算式（本来水準の額）

i）報酬比例部分の額（円未満四捨五入）＝ⓐ＋ⓑ

ⓐ　2003年3月以前の期間分

$$\text{平均標準報酬月額}\times\frac{7.125}{1{,}000}\times\text{2003年3月以前の被保険者期間の月数}$$

ⓑ　2003年4月以後の期間分

$$\text{平均標準報酬額}\times\frac{5.481}{1{,}000}\times\text{2003年4月以後の被保険者期間の月数}$$

ii）経過的加算額（円未満四捨五入）＝1,701円×被保険者期間の月数

$$-816{,}000\text{円}\times\frac{\text{1961年4月以後で20歳以上60歳未満の厚生年金保険の被保険者期間の月数}}{480}$$

iii）加給年金額＝408,100円

（要件を満たしている場合のみ加算すること）

《2022年9月生保第1問・問1改題》

問1 ……① 老齢基礎の年金額にカウントされるのは20歳～60歳の40年間なので、20歳以上60歳未満の480月から未加入期間（34月）を除くと446月

①758,200円

②1,093,627円

$$816{,}000円\times\frac{480月-34月}{40年\times12月}=\underline{758{,}200円}$$

②

ⅰ）報酬比例部分の年金額

$$250{,}000円\times\frac{7.125}{1{,}000}\times180月+400{,}000円\times\frac{5.481}{1{,}000}\times326月$$

＝320,625円＋714,722.4円＝1,035,347.4円

→1,035,347円（円未満四捨五入）

ⅱ）経過的加算額

180月＋326月＝506月＞$\underline{480月}$　∴480月となる

定額部分は　1,701円×480月＝816,480円

老齢基礎年金の厚生年金加入期間の相当額は

$$816{,}000円\times\frac{480月-34月}{480月}=758{,}200円$$

よって　816,480円－758,200円＝58,280円

ⅲ）加給年金額

Aさんが65歳のとき妻Bさんは既に65歳に達して自身の年金を受取れるため対象外

よって老齢厚生年金はⅰ）ⅱ）を合計して

1,035,347円＋58,280円＝$\underline{1{,}093{,}627円}$

2 【第2問】保険・個人
必要保障額の計算

絶対読め！30秒レクチャー

必要保障額の計算はカンタンで、いま本人が死んだ場合をリアルに想像して、その後の人生で出て行く累計のお金から、入ってくる累計のお金を差し引くだけでOKだ。保険実務の必須知識のため、2級生保でも連続して出題された時期があった。出たら落ち着いて計算できるようにしておこう！

1　必要保障額の計算

① 本人が死んだ場合に、遺族のその後の人生で出て行く累計のお金を合計。
　遺族の平均余命までの日常生活費、葬儀費用、予備資金などを足す。団体信用生命保険（通称「ダンシン」）がついた住宅ローンは完済される。

② 本人が死んだ場合に、その後の人生で入ってくる累計のお金を合計。公的年金の総額、保有する金融資産、死亡退職金などを足す。

③ ①から②を引くと、必要保障額（保険を準備すべき金額）が出る。

本番得点力が高まる！ 問題演習

問1
□□□

次の設例に基づいて、下記の問に答えなさい。

《設　例》

会社員のＡさん（35歳）は、妻Ｂさん（35歳）および長男Ｃさん（０歳）との３人暮らしである。Ａさんは、長男Ｃさんが誕生したことを機に、生命保険の加入を検討していたところ、生命保険会社の営業担当者から、下記の生命保険の提案を受けた。

Ａさんは、生命保険に加入するにあたり、その前提として、自分が死亡した場合に公的年金制度からどのような給付が受けられるのかについて知りたいと思っている。

そこで、Ａさんは、ファイナンシャル・プランナーのＭさんに相談することにした。

〈Ａさんが提案を受けた生命保険に関する資料〉

保険の種類　　　：５年ごと配当付特約組立型総合保険（注１）
月払保険料　　　：11,100円
保険料払込期間　：65歳満了
契約者（＝保険料負担者）・被保険者：Ａさん
死亡保険金受取人：妻Ｂさん
指定代理請求人　：妻Ｂさん

特約の内容	保障金額	保険期間
終身保険特約	200万円	終身
定期保険特約	500万円	20年
逓減定期保険特約（注２）	初年度2,000万円	20年
傷害特約	500万円	10年
入院特約（180日型）（注３）	日額10,000円	10年
先進医療特約	先進医療の技術費用と同額	10年
指定代理請求特約	−	−
リビング・ニーズ特約	−	−

（注１）複数の特約を自由に組み合わせて加入することができる保険。
（注２）加入後の死亡保険金額は、毎年所定の割合で減少する。
（注３）病気やケガで１日以上の入院の場合に入院給付金が支払われる（死亡保険金の支払はない）。

※上記以外の条件は考慮せず、各問に従うこと。

問　次に、Mさんは、Aさんに対して、必要保障額およびAさんが提案を受けた生命保険の死亡保障の額について説明した。Mさんが説明した以下の文章の空欄①、②に入る最も適切な数値を解答用紙に記入しなさい。なお、問題の性質上、明らかにできない部分は「□□□」で示してある。

「提案を受けた生命保険に加入する前に、現時点での必要保障額を算出し、準備すべき死亡保障の額を把握しましょう。下記の〈算式〉および〈条件〉を参考にすれば、Aさんが現時点で死亡した場合の遺族に必要な生活資金等の総額は□□□万円となり、必要保障額は（　①　）万円となります。

仮に、提案を受けた生命保険に加入し、加入した年中にAさんが死亡（不慮の事故や所定の感染症以外）した場合、妻Bさんに支払われる死亡保険金額は（　②　）万円となります。他方、加入した年中にAさんが不慮の事故で180日以内に死亡した場合の死亡保険金額は□□□万円となります」

〈算式〉

必要保障額＝遺族に必要な生活資金等の支出の総額－遺族の収入見込金額

〈条件〉

1）長男Cさんが独立する年齢は、22歳（大学卒業時）とする。 2）Aさんの死亡後から長男Cさんが独立するまで（22年間）の生活費は、現在の日常生活費（月額25万円）の70%とし、長男Cさんが独立した後の妻Bさんの生活費は、現在の日常生活費（月額25万円）の50%とする。 3）長男Cさん独立時の妻Bさんの平均余命は、32年とする。 4）Aさんの死亡整理資金（葬儀費用等）、緊急予備資金は、500万円とする。 5）長男Cさんの教育資金の総額は、1,300万円とする。 6）長男Cさんの結婚援助費の総額は、200万円とする。 7）住宅ローン（団体信用生命保険に加入）の残高は、3,000万円とする。 8）死亡退職金見込額とその他金融資産の合計額は、2,000万円とする。 9）Aさん死亡後に妻Bさんが受け取る公的年金等の総額は、7,200万円とする。

《2021年9月生保第2問・問5》

問１ ……①は、万一の場合の（その後の）支出合計から収入合計を引いて求める

①2,220

②2,700

⑴　万一の場合に出て行くお金

子が独立するまでの生活費：

25万円×70%×12月×22年＝4,620万円

子が独立した後の生活費：

25万円×50%×12月×32年＝4,800万円

死亡整理資金等：500万円　教育資金：1,300万円

結婚援助費：200万円

以上を合計すると、

4,620＋4,800＋500＋1,300＋200＝11,420（万円）

⑵　万一の場合に入ってくるお金

死亡退職金見込額と保有金融資産：2,000万円

Aさん死亡後に妻Bさんが受け取る公的年金の総額：

7,200万円

合計すると2,000＋7,200＝9,200（万円）

⑴から⑵を引くと、

11,420万円－9,200万円＝2,220（万円）（①）

②は、第８章3の 学習のポイント 1 保険金・給付金の計算を参照。

いわゆる普通死亡（病気死亡等）で保険金が出るのは

終身保険200万円＋定期保険500万円＋逓減定期保険2,000万円＝2,700万円（②）

【第2問】保険・個人

3 各種保険金・給付金の計算

絶対読め！30秒レクチャー

生命保険の相談において、保険の概要や保険証券を見て「どんなアクシデントが発生したら、どんなお金が出るか」を素早く判断できるスキルは極めて重要。今後も2級実技の生保では年に1回程度の出題はあると覚悟して、過去問の設例をじっくりと眺めて勉強しておこう！

ナナメ読み！ 学習のポイント

1 保険金・給付金の計算

① 終身保険：一生涯いつ死んでも、死亡保険金が出る。

② 定期保険：保険期間中に死んだら、死亡保険金が出る。

③ 特定疾病保障保険（とくていしっぺい）：特定疾病時（がん・急性心筋梗塞・脳卒中）、または**死亡時**に保険金が出る。

④ 傷害特約：障害時には一定の保険金、**不慮の事故**で死亡時には満額の保険金が出る。

⑤ 災害割増特約（さいがいわりまし）：**不慮の事故**で死んだ場合のみ、保険金が出る。

⑥ 災害入院特約：ケガによる入院時に「日額×入院日数」が出る。

⑦ 疾病入院特約（しっぺいにゅういん）：病気による入院時に「日額×入院日数」が出る。

⑧ 成人病入院特約：ガン等の成人病による入院時に「日額×入院日数」が出る。

2 入院給付金の計算

① 「入院5日目から」の場合、入院日数から4日を差し引く必要がある。

② 通常、180日以内の同一理由の入院は1回目の入院の継続扱いとなるが、「1入院限度日数」の残日数を使い切るまでは大丈夫。

本番得点力が高まる! 問題演習

問1 □□□

次の設例に基づいて、下記の問に答えなさい。

《設　例》

会社員のAさん（50歳）は、専業主婦である妻Bさん（49歳）および長男Cさん（23歳）との3人家族である。長男Cさんは、今年の4月に社会人として独立し、他県で1人暮らしを始めた。Aさんは、長男Cさんの独立と現在加入している生命保険が更新を迎えるのを機に、現在加入している生命保険の契約内容を再確認したいと思っている。社会保険制度の知識も深めたいと考えているAさんは、知り合いであるファイナンシャル・プランナーのMさんに相談することにした。なお、Aさんは、現在、全国健康保険協会管掌健康保険に加入している。

Aさんが現在加入している生命保険に関する資料は、以下のとおりである。

〈Aさんが現在加入している生命保険に関する資料〉

保険の種類	：定期保険特約付終身保険（75歳払込満了）
契約年月日	：2014年11月1日
契約者（＝保険料負担者）・被保険者	：Aさん
死亡保険金受取人	：妻Bさん
月払保険料（口座振替）	：21,107円

主契約および特約の内容	保障金額	払込・保険期間
終身保険	100万円	75歳・終身
定期保険特約	1,600万円	10年
うち転換部分	1,000万円	10年
特定疾病保障定期保険特約	300万円	10年
収入保障特約(10年満了確定年金)	年額180万円	10年
傷害特約	500万円	10年
災害割増特約	500万円	10年
疾病入院特約(本人・妻型)	1日目から日額1万円	10年
災害入院特約(本人・妻型)	1日目から日額1万円	10年
成人病入院特約	1日目から日額5,000円	10年
家族定期保険特約	300万円	10年
リビング・ニーズ特約	—	—

妻の入院日額は、被保険者Aさんの6割である。

※上記以外の条件は考慮せず、各問に従うこと。

問　Mさんは、Aさんに対して、現在加入している生命保険の契約内容について説明した。Mさんが、Aさんに対して説明した以下の文章の空欄①～③に入る最も適切な語句を、下記の〈語句群〉のイ～ルのなかから選び、その記号を解答用紙に記入しなさい。また、各々の記述はそれぞれ独立した問題であり、相互に影響を与えないものとする。

i)「仮に、Aさんが、50歳の時点で医師によって生まれて初めて胃がんと診断確定され、手術をしないで、継続して14日間入院した場合、Aさんが受け取ることができる給付金等の総額は、(①)となります」

ii)「仮に、Aさんが、50歳の時点で不慮の事故によって亡くなった場合、妻Bさんが受け取ることができる死亡保険金(一時金および年金受取額)の総額は、(②)となります。なお、死亡保険金を受け取った場合、妻Bさんの入院保障は(③)ことになります」

〈語句群〉

イ．307万円	ロ．314万円	ハ．321万円	ニ．335万円
ホ．1,700万円	へ．2,700万円	ト．3,500万円	チ．4,800万円
リ．継続する	ヌ．減額される	ル．消滅する	

《2014年5月生保第2問・問4改題》

問1 ……ⅰ）がん入院日額は

①ハ　疾病入院1万円＋成人病入院5,000円＝15,000円

②チ　合計額：特定疾病300万円＋15,000円×14日＝321万円

③ル　ⅱ）終身100万円＋定期1,600万円＋特定疾病300万円＋収入保障180万円×10年＋傷害500万円＋災害割増500万円＝4,800万円

また、死亡保険金を受け取ると保険契約は終了するので、妻Bさんの入院保障は消滅する

【第3問】保険・法人

4 法人契約の生命保険の経理処理

絶対
マスター

絶対読め！30秒レクチャー

ここはほぼ毎回出題されている！　理解する気持ちで学ぶことが大切な項目だ。法人保険の経理処理では、貯蓄性のある保険料は資産、掛け捨ての保険料は費用という大原則を理解したうえで「ハーフタックス」などの例外を押さえておこう。

掛け捨ては
金が残らぬ
解約時
じゃあ
費用だ!

ナナメ読み！ 学習のポイント

1 法人が支払った保険料の経理処理

(1) 法人が払う保険料の経理処理ルールの大原則

原則、貯蓄性のない保険（定期保険や医療保険など）の保険料は損金に計上し、貯蓄性のある保険（終身保険など）の保険料は資産として計上する。

(2) 貯蓄性のない保険の仕訳

掛け捨ての保険料を支払う際には、**資産の減少**と**費用の発生**が同時に生じる。バランスシート上では、左側（借方（かりかた））に現預金などの資産があるので、仕訳上、現預金で保険料を支払った時には、反対側（貸方）に記入する。また、費用の発生は左側（借方）に記入する。

借　方	貸　方
定期保険料	現金・預金

(3) 貯蓄性のある保険の仕訳

貯蓄性がある保険（終身保険など）の保険料を支払う際には、費用ではなく

「保険料積立金」という資産として計上する。バランスシート上では、左側（借方）の現預金（資産）が減るので反対側（貸方）に記入し、保険料積立金（資産）が増えるので左側（借方）に記入する。

借　方	貸　方
保険料積立金	現金・預金

(4) ハーフタックスプラン（福利厚生目的の養老保険加入）

法人契約の養老保険で「被保険者＝役員・従業員、満期受取人＝法人、死亡保険金受取人＝被保険者の遺族」とする契約は、貯蓄性がありながら全額資産計上にはならない。福利厚生目的となる条件を満たせば「**半分**は資産計上、**半分**は福利厚生費として損金算入」という保険料の経理処理が認められる。

【例】ハーフタックスプランの支払い保険料が400万円の場合の仕訳

借　方		貸　方	
保険料積立金	200万円	現金・預金	400万円
福利厚生費	200万円		

遺族が死亡保険金を受け取った場合、資産計上した保険料（総額の半分）は会社に戻らなくなるので「**雑損失**」として計上する。

(5) 貯蓄性のある定期保険および第三分野保険

最高解約返戻率に応じて以下のように保険料の経理処理をする。

① 最高解約返戻率**50**%以下なら（貯蓄性がないので）全額損金計上OK

② 最高解約返戻率50%超**70**%以下なら、保険期間の前半**4**割は「保険料の**40**%資産計上、60%損金算入」

③ 最高解約返戻率70%超**85**%以下なら、保険期間の前半**4**割は「保険料の**60**%資産計上、40%損金算入」

④ 最高解約返戻率85%超なら、保険期間の当初10年は「保険料×最高解約返戻率の90%は資産計上、残りは損金算入」

(6) 過去に加入した貯蓄性のある定期保険（長期平準定期）

2019年7月7日以前に締結した貯蓄性の高い定期保険（厳密には満期が70歳超で「加入時年齢＋保険期間×２」が105を超えるもの。満期が90～100歳のケースが多い）は長期平準定期保険といい、前半６割期間における保険料は「**半分**を定期保険料として**損金**算入、**半分**を前払保険料として**資産**計上」という経理処理になる。

2 法人が保険金を受け取ったときの経理処理

(1) 法人が保険金（満期・死亡など）を受け取った場合、その保険契約に関して資産として計上されている**「保険料積立金」との差額が益金**（雑収入）または損金（雑損失）となる。

【例】終身保険（保険金受取人が法人、払込保険料300万円）の保険金500万円を受け取った場合の仕訳

借　方		貸　方	
現金・預金	500万円	保険料積立金	300万円
		雑収入	200万円

(2) 掛け捨ての定期保険や医療保険に関する保険金や給付金が会社に入ってきた場合、（資産計上されている保険料積立金がないので）いったん全額を雑収入として益金に計上する必要がある。

 本番得点力が高まる！ **問題演習**

問1 □□□　次の設例に基づいて、下記の問に答えなさい。

《設　例》

X株式会社（以下、「X社」という）の代表取締役社長であるAさん（65歳）は、X社の専務取締役である長男Bさんに事業を譲ることを検討している。また、社長の交代時期に合わせ、X社の役員や従業員を対象とした福利厚生制度の整備・充実も検討している。そこで、生命保険会社の営業職員であるファイナンシャル・プランナーのMさんに相談したところ、下記の生命保険の提案を受けた。

〈Aさんが提案を受けた生命保険の内容〉

保険の種類		養老保険（特約付加なし）
契約者（＝保険料負担者）		X社
被保険者		全役員・全従業員（20名）
保険金受取人	満期時	X社
	死亡時	被保険者の遺族
保険期間・保険料払込期間		65歳満了
保険金額		被保険者1人当たり800万円
年払保険料		600万円
配当方法		積立配当

※上記以外の条件は考慮せず、各問に従うこと。

問　提案を受けている生命保険に加入した後、従業員のCさんが死亡し、Cさんの遺族が死亡保険金を受け取った場合のX社の経理処理（仕訳）について、下記の〈条件〉を基に、空欄①～④に入る最も適切な語句または数値を、下記の〈語句群〉のイ～ルのなかから選び、その記号を解答用紙に記入しなさい。

〈条件〉

・従業員Cさんを被保険者とする保険契約について、Cさんの死亡時までにX社が支払った保険料の総額を100万円とする。

・従業員Cさんを被保険者とする保険契約について、X社が計上している配当金積立金の額を5万円とする。

・契約者貸付制度の利用や契約内容の変更等はいっさいないものとする。

・上記以外の条件は考慮しないものとする。

〈経理処理（仕訳）〉

借　方		貸　方	
（　①　）	（②）万円	（　③　）	（④）万円
		配当金積立金	5万円

〈語句群〉

イ．雑損失　ロ．雑収入　ハ．現金・預金　ニ．保険料積立金
ホ．死亡退職金　へ．50　ト．55　チ．100　リ．105　ヌ．800
ル．805

《2014年9月生保第3問・問9》

問2 □□□ 次の設例に基づいて、下記の問に答えなさい。

《設　例》

Aさん（55歳）は、X株式会社（以下、「X社」という）の創業社長である。X社は、近年、売上金額・利益金額ともに減少傾向にある。X社は、今後の保険料負担も考慮し、現時点において下記〈資料〉の生命保険契約を解約しようと考えている。

そこで、Aさんは、生命保険会社の営業担当者であるファイナンシャル・プランナーのMさんに相談することにした。

〈資料〉解約を検討中の生命保険の契約内容

保険の種類	：５年ごと利差配当付定期保険（特約付加なし）
契約年月日	：2009年７月１日
契約者（＝保険料負担者）	：X社
被保険者	：Aさん
死亡保険金受取人	：X社
保険期間・保険料払込期間	：95歳満了
死亡保険金額	：１億円
年払保険料	：200万円
現時点の解約返戻金額	：2,700万円（単純返戻率90.0％）
65歳時の解約返戻金額	：4,700万円（単純返戻率94.0％）

※保険料の払込みを中止し、払済終身保険に変更することができる。

※単純返戻率＝解約返戻金額÷払込保険料累計額×100

※上記以外の条件は考慮せず、各問に従うこと。

問　《設例》の生命保険を現時点で解約した場合のＸ社の経理処理（仕訳）について、下記の〈条件〉を基に、空欄①～④に入る最も適切な語句または数値を、下記の〈語句群〉のなかから選び、その記号を解答用紙に記入しなさい。

〈条件〉

・Ｘ社が解約時までに支払った保険料の総額は3,000万円である。

・解約返戻金の金額は2,700万円である。

・配当等、上記以外の条件は考慮しないものとする。

〈解約返戻金受取時のＸ社の経理処理（仕訳）〉

借　方	貸　方
現金・預金（　①　）万円	前払保険料（　②　）万円
	（　③　）（　④　）万円

〈語句群〉

イ．150　ロ．300　ハ．1,200　ニ．1,350　ホ．1,500
ヘ．1,650　ト．2,700　チ．3,000　リ．雑収入　ヌ．雑損失
ル．保険料積立金

《2022年5月生保第3問・問8改題》

問1

①イ
②ト
③ニ
④ヘ

……a) この保険契約は「ハーフタックスプラン」にあたるため、今回の保険料総額の半分（100万円×$\frac{1}{2}$＝50万円）が資産（保険料積立金）として計上されている

b) 遺族が死亡保険金を受け取る取引はX社は関係していない（遺族が保険会社から直接受け取る）

c) 満期前に死亡保険金が支払われると、資産計上されている保険料（および配当金積立金）は会社に戻らなくなるので「雑損失」として計上する

d) 以上より、「保険料積立金50万円」「配当金積立金5万円」が「雑損失55万円」に変わる経理処理がなされる

問2

①ト
②ホ
③リ
④ハ

……学習のポイント 1 (6) 参照。2019年7月7日以前に加入した貯蓄性の高い定期保険であるため、「長期平準定期保険」にあたる。

保険期間の前半6割の期間では、支払保険料（総額）3,000万円の半分は（定期保険料として）損金算入され、半分は（前払保険料として）資産計上される。

解約時は保険期間の前半6割に相当する期間内である解約返戻金2,700万円は預金として入ってくるので

①は2,700（ト）

前払保険料は3,000万円×$\frac{1}{2}$＝1,500万円

②は1,500（ホ）

預金が増えた2,700万円のうち1,500万円は同時に（前払保険料という）資産を減らしているが、残りの1,200万円（2,700万円－1,500万円）は純粋なもうけになるので雑収入として計上される。③は雑収入（リ）、④は1,200（ハ）

5 【第3問】保険・法人 退職金に関する計算

絶対
マスター

絶対読め！30秒レクチャー

退職金に関する計算は、ほぼ毎回出題されているのでハードに学習しよう！　でも、第4章で退職所得の計算方法をマスターすれば8割完了だ。あとは直近の過去問で出た問題の再出題に注意しておけば大丈夫！

ありがとう。
おつかれさまでした。

ナナメ読み！ 学習のポイント

1 退職所得の計算（→第4章 2 3 を参照すること！）

2 功績倍率方式による役員退職金の計算

「役員最終給与月額×役員在任年数×功績倍率」で求める。

・例：社長（倍率3.0）を30年つとめた人の最終給与が月60万円なら
　→60万円×30年×3.0＝5,400万円

本番得点力が高まる! 問題演習

問1 □□□ 次の設例に基づいて、下記の問に答えなさい。

《設　例》

Aさん（45歳）は、X株式会社（以下、「X社」という）の創業社長である。X社は、現在、Aさん自身の退職金準備を目的とした生命保険に加入している。

先日、Aさんは、生命保険会社の営業担当者であるファイナンシャル・プランナーのMさんから、事業保障資金の確保を目的として、下記の〈資料〉の生命保険の提案を受けた。

〈資料〉Aさんが提案を受けた生命保険に関する資料

保険の種類：無配当特定疾病保障定期保険（特約付加なし）	
契約者（＝保険料負担者）	：X社
被保険者	：Aさん
死亡保険金受取人	：X社
死亡・高度障害・特定疾病保険金額	：5,000万円
保険期間・保険料払込期間	：98歳満了
年払保険料	：180万円
最高解約返戻率	：83%
※死亡・所定の高度障害状態に該当した場合に加え、がん（悪性新生物）と診断確定された場合、または急性心筋梗塞・脳卒中で所定の状態に該当した場合に保険金が契約者に支払われる。	
※所定の範囲内で、契約者貸付制度を利用することができる。	

※上記以外の条件は考慮せず、各問に従うこと。

問　仮に、将来X社がAさんに役員退職金5,000万円を支給した場合、Aさんが受け取る役員退職金について、次の①、②を求め、解答用紙に記入しなさい（計算過程の記載は不要）。〈答〉は万円単位とすること。なお、Aさんの役員在任期間（勤続年数）を26年2カ月とし、これ以外に退職手当等の収入はなく、障害者になったことが退職の直接の原因ではないものとする。

① 退職所得控除額

② 退職所得の金額 《2024年1月生保第3問・問7》

問1

①1,290(万円)

②1,855(万円)

……(1) 勤続年数は1年未満の端数を切り上げて27年

(2) 退職所得控除額を計算する

800万円＋70万円×(27年－20年)

＝1,290万円（①）

(3) 退職所得の金額を計算する

$(5,000\text{万円}-1,290\text{万円})\times\frac{1}{2}=1,855\text{万円}$（②）

---

6 【第4問】タックスプランニング 所得税の計算

絶対マスター

絶対読め！30秒レクチャー

2級実技の生保では、第12問で「所得税の申告納税額」とその過程に関する計算が出題されるのが定番だ！　様々な表（「給与所得控除」「所得税の速算表」など）の使い方を過去問でマスターしたうえで、定番の所得や控除の計算方法を身につければ1問ゲットだ！

ナナメ読み！ 学習のポイント

1 給与所得の計算（→第4章 2 2 を参照すること！）

給与収入金額から、表を使って出した「給与所得控除額」を引けばOK。

2 一時所得の計算（→第4章 2 7 を参照すること！）

3 所得控除の計算（→第4章 4 5 を参照すること！）

4 損益通算の計算（→第4章 3 を参照すること！）

5 所得税額の計算

総所得金額から「所得控除の合計額」を引いた金額（課税総所得金額）を、所得税の速算表に当てはめれば、所得税額が出る。

本番得点力が高まる！ 問題演習

問1 □□□

次の設例に基づいて、下記の問に答えなさい。

《設　例》

会社員のＡさんは、妻Ｂさん、長男Ｃさんおよび二男Ｄさんとの４人家族である。Ａさんは、2024年中に妻Ｂさんの入院・手術に係る医療費を支払ったため、医療費控除の適用を受けようと思っている。また、Ａさんは、2024年中に養老保険（平準払）の満期保険金500万円および一時払変額個人年金保険（10年確定年金）の解約返戻金500万円を受け取っている。

〈Ａさんとその家族に関する資料〉

Ａさん（58歳）　　：会社員
妻Ｂさん（60歳）　：専業主婦。2024年中にパートタイマーとして給与収入50万円を得ている。
長男Ｃさん（24歳）：大学院生。2024年中の収入はない。
二男Ｄさん（21歳）：大学生。2024年中の収入はない。

〈Ａさんの2024年分の収入等に関する資料〉

（1）給与収入の金額　：750万円

（2）養老保険（平準払）の満期保険金
　契約年月　：1994年３月
　契約者（＝保険料負担者）・被保険者：Ａさん
　死亡保険金受取人　：妻Ｂさん
　満期保険金受取人　：Ａさん
　満期保険金額　：500万円
　正味払込保険料　：400万円

（3）一時払変額個人年金保険（10年確定年金）の解約返戻金
　契約年月　：2015年３月
　契約者（＝保険料負担者）・被保険者：Ａさん

死亡保険金受取人　　　　　　　：妻Bさん
解約返戻金額　　　　　　　　　：500万円
正味払込保険料　　　　　　　　：400万円

※妻Bさん、長男Cさんおよび二男Dさんは、Aさんと同居し、生計を一にしている。

※Aさんとその家族は、いずれも障害者および特別障害者には該当しない。

※Aさんとその家族の年齢は、いずれも2024年12月31日現在のものである。

※上記以外の条件は考慮せず、各問に従うこと。

問　Aさんの2024年分の所得税の算出税額を計算した下記の表の空欄①～④に入る最も適切な数値を求めなさい。なお、問題の性質上、明らかにできない部分は「□□□」で示してある。

	給与所得の金額	□□□円
	総所得金額に算入される一時所得の金額	□□□円
(a)	総所得金額	（ ① ）円
	医療費控除	□□□円
	社会保険料控除	□□□円
	生命保険料控除	100,000円
	地震保険料控除	30,000円
	配偶者控除	□□□円
	扶養控除	（ ② ）円
	基礎控除	（ ③ ）円
(b)	所得控除の額の合計額	3,000,000円
(c)	課税総所得金額（(a)－(b)）	□□□円
(d)	算出税額（(c) に対する所得税額）	（ ④ ）円

〈資料〉給与所得控除額

給与収入金額			給与所得控除額
万円超		万円以下	
	～	180	収入金額×40%－ 10万円（55万円に満たない場合は、55万円）
180	～	360	収入金額×30%＋ 8万円
360	～	660	収入金額×20%＋ 44万円
660	～	850	収入金額×10%＋110万円
850	～		195万円

〈資料〉所得税の速算表

課税総所得金額			税率	控除額
万円超		万円以下		
		～195	5%	－
195	～	330	10%	9万7,500円
330	～	695	20%	42万7,500円
695	～	900	23%	63万6,000円
900	～	1,800	33%	153万6,000円
1,800	～	4,000	40%	279万6,000円
4,000	～		45%	479万6,000円

《2021年9月生保第4問・問12改題》

問 1 ……①　給与所得の金額＝給与収入金額－給与所得控除額

①6,400,000　750万円－(750万円×10％＋110万円)＝565万円

②1,010,000　一時所得の計算は、第4章2 7を参照して、

③480,000　(500万円－400万円)＋(500万円－400万円)

④252,500　－特別控除50万円＝150万円

⇒この半分、75万円が総所得金額に入る

(a) 総所得金額は、

給与所得565万円＋一時所得75万円＝640万円（①）

② 扶養控除の金額（第4章5 4扶養控除を参照）

24歳で収入なしの長男Cさんは扶養控除（38万円）の対象

21歳で収入なしの二男Dさんは特定扶養控除（63万円）の対象

Aさんの扶養控除：38万円＋63万円＝101万円（②）

③ 合計所得金額が2,400万円以下なら所得税の基礎控除は48万円（③）

④ (c) 課税総所得金額は、640万円－300万円＝340万円

(d) 算出税額は、所得税の速算表を用いて、

340万円×20％－42万7,500円＝25万2,500円（④）

7 【第5問】相続・事業承継
相続税の総額の計算

絶対
マスター

絶対読め！30秒レクチャー

「相続税の総額」も2級実技の生保では毎回出ている！　解き方の流れはパターン化されているので、半分眠っていても解けるくらいまで、過去問の演習を反復しておこう。「法定相続人と法定相続分」さえきちんと特定できれば、単純な掛け算と引き算と足し算で終了だ。少し具体的にいうと、課税遺産総額を法定相続分に応じてスプリットして、速算表を見ながら個々の金額に応じた税額を出してから、ガチャンと最後にトゥギャザーすれば計算完了さ！

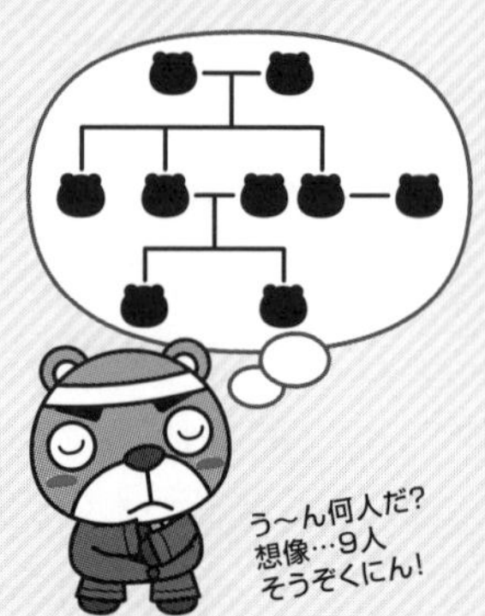
う〜ん何人だ?
想像…9人
そうぞくにん!

ナナメ読み！　学習のポイント

1　相続税の総額の計算（→第7章 7 を参照すること！）

問題演習を3回くり返して、解き方のパターンを完全に理解しておこう！

問1 □□□ 次の設例に基づいて、下記の問に答えなさい。

《設　例》

非上場の同族会社であるX株式会社（以下、「X社」という）の代表取締役社長であったAさんは、2024年1月4日に病気により74歳で死亡した。当面、妻Bさん（70歳）がX社の社長に就任し事業を承継するが、将来は2年前にX社に入社した孫Eさん（24歳）に承継する予定である。Aさんの親族関係図等は、以下のとおりである。

〈親族関係図〉

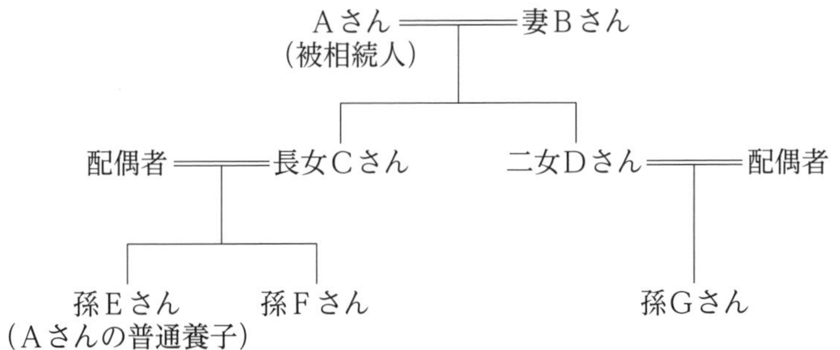

〈各人が取得予定の相続財産（みなし相続財産を含む）〉

①妻Bさん

現預金 ………… 2,000万円

自宅（敷地）…… 2,000万円（「小規模宅地等についての相続税の課税価格の計算の特例」適用後の相続税評価額）

自宅（建物）…… 1,000万円（固定資産税評価額）

X社株式 ……… 1億5,000万円（相続税評価額）

死亡退職金 …… 5,000万円

②長女Cさん

現預金 ………… 1,000万円

死亡保険金 …… 2,000万円（契約者（＝保険料負担者）・被保険者はAさん、死亡保険金受取人は長女Cさん）

③二女Dさん

現預金 ……… 3,000万円

④孫Eさん（Aさんの普通養子）

現預金 ……… 600万円

※上記以外の条件は考慮せず、各問に従うこと。

問 Aさんの相続に係る相続税の総額を試算した下記の表の空欄①～④に入る最も適切な数値を求めなさい。なお、問題の性質上、明らかにできない部分は「□□□」で示してある。

	妻Bさんに係る課税価格	□□□万円
	長女Cさんに係る課税価格	（ ① ）万円
	二女Dさんに係る課税価格	3,000万円
	普通養子Eさんに係る課税価格	600万円
(a) 課税価格の合計額		□□□万円
	(b) 遺産に係る基礎控除額	（ ② ）万円
課税遺産総額（a－b）		□□□万円
	相続税の総額の基となる税額	
	妻Bさん	□□□万円
	長女Cさん	□□□万円
	二女Dさん	（ ③ ）万円
	普通養子Eさん	□□□万円
相続税の総額		（ ④ ）万円

〈資料〉相続税の速算表（一部抜粋）

法定相続分に応ずる取得金額			税率	控除額
万円超		万円以下		
		1,000	10%	—
1,000	～	3,000	15%	50万円
3,000	～	5,000	20%	200万円
5,000	～	10,000	30%	700万円
10,000	～	20,000	40%	1,700万円
20,000	～	30,000	45%	2,700万円

《2016年1月生保第5問・問13改題》

問1

①1,000
②5,400
③540
④4,360

……配偶者以外に子がいるので「横に半分、下に半分」の通常パターン

⑴　法定相続人は、妻B、長女C、二女D、孫E（普通養子）
（b）基礎控除額は、
3,000万円＋600万円×4人＝5,400万円（②）

⑵　法定相続分は、妻B：$\frac{1}{2}$
長女C・二女D・孫E：$\frac{1}{2}\times\frac{1}{3}=\frac{1}{6}$

⑶　個々の課税価格は、第6章7 **2** **(1)** も参照して
妻B：死亡退職金は5,000万円－500万円×4人＝3,000万円
それ以外はそのまま合計して23,000万円
長女C：死亡保険金は2,000万円－500万円×4人＝0円
よって現預金のみ残り、1,000万円（①）

⑷　(a) 課税価格の合計額は、さらに二女Dと孫Eを足して
23,000万円＋1,000万円＋3,000万円＋600万円
＝27,600万円

⑸　課税遺産総額（a－b）は、
27,600万円－5,400万円＝22,200万円

⑹　各相続人の法定相続分を出すため、⑸の総額に⑵の相続分を掛ける
妻B：22,200万円×$\frac{1}{2}$＝11,100万円
長女C・二女D・孫E：22,200万円×$\frac{1}{2}\times\frac{1}{3}$＝3,700万円

⑺　上記の金額を、相続税の速算表に当てはめて
妻B：11,100万円×40％－1,700万円＝2,740万円
長女C・二女D・孫E：3,700万円×20％－200万円
＝540万円（③）

⑻　相続税の総額＝2,740万円＋540万円×3人
＝4,360万円（④）

第9章

実技試験 日本FP協会

資産設計提案業務

「日本 FP 協会」の実技試験の攻略は、一見すると難しそうだが、実はカンタンだ！　その攻略法とは、「定番の計算問題」を徹底的に繰り返してマスターすることだ。この章に出てくる過去問を一通り理解できるようになれば、実技試験合格のゴールは目前だ！

1 計算問題の多い「90分で40問」は、時間との戦いだ！

2級の実技試験（資産設計）は、90分の制限時間で40問にチャレンジするので、1問あたり平均**2分15秒**しかかけられない。しかも、半分は計算問題だ。よって、知識問題は1～2分、計算問題は2～3分を目安にサクサクと前に進もう。そして、2～3分かけても解けそうにない**難しそうな計算問題は印をつけて飛ばす**のが最良のアクションだ。

2 学科の勉強を徹底的にすれば、実技対策の半分はOK！

2級の実技試験は全部で40問出題されるが、半分の20問は「学科の勉強を徹底的に行っていれば解ける」知識問題だ。ただし、保険証券や親族関係図など、図表を絡めた知識問題も多いので、直近の過去問4回分に出た図表は徹底的に読み込んで理解しておくことが必要だ。

3 過去2年で複数回出題の「定番の計算問題」を徹底的に理解！

40問のうち約20問（18～24問前後）出題される計算問題の7割は「定番問題」といえる。例えば「キャッシュフロー表に関する計算」と「各種係数に関する計算」だけで毎回5問が出題されている。以下に挙げる、定番の計算問題に集中して勉強しよう。

資産設計提案業務

ライフ

- 各種係数に関する計算
- キャッシュフロー表に関する計算
- 「個人バランスシート」における純資産の計算
- 各種年金額の計算

リスク

- 生命保険の各種保険金・給付金の計算

金融

- 株式投資の指標（PER・PBR・ROE・配当利回り等）に関する計算
- 外貨預金の計算
- 投資信託に関する計算
- 債券利回りの計算

タックス

- 総所得金額に関する計算
- 譲渡所得の計算（不動産・株式）
- 医療費控除の計算
- 退職所得に関する計算

不動産

- 土地の評価額（路線価等）の計算
- 建蔽率・容積率の計算
- 不動産投資の利回り計算

相続

- 相続税課税価格・基礎控除の計算
- 法定相続分の計算

この本では、最短の勉強時間で合格ラインの実力をつけるために、実技対策を「定番の計算問題」に絞ってある。直近4回（時間のある人は6回）の過去問に出ている計算問題を徹底的に理解できるように取り組みつつ、深く理解できない頻出問題があったら、本書の該当箇所に戻る方法がオススメだ。

1 ライフプランニングと資金計画 各種係数に関する計算

絶対読め！30秒レクチャー

ここは毎回（問24～27あたりで）3問は確実に出ているので、出題率は300%といえるぞ！　過去問を解いて、読んで、理解することを中心に勉強すれば、絶対に報われる項目だ。「終価」ときたら最終的な価額（金額）を求め、「現価」ときたら現在の価額（金額）を求める。「年金」とつくものは毎年同じ金額のキャッシュフローが生じている。これくらい覚えたら、あとは問題演習を通じて理解を深めるのが最高だ！

ちなみに「資本回収」は、カネを貸す（預ける）側の視点でつくられた言葉だ！

ナナメ読み！ 学習のポイント

1 6つの係数（→第1章 2 3 を参照すること！）

(1) 終価係数（しゅうか）：元本を一定期間にわたって複利運用したとき、将来いくらになるかを計算する場合に使用する。

【利用例】100万円の元本を年利率5%で複利運用すると10年後はいくら？

(2) 現価係数（げんか）：将来の一定期間後に目標のお金を得るために、現在いくらの元本で複利運用をすればよいかを計算する場合に使用する。

【利用例】10年後に100万円にしたい場合、年利率5%で複利運用する場合、いまいくらのお金があればよいか？

(3) 年金終価係数（ねんきんしゅうか）：一定期間にわたって毎年同じ金額を複利運用で積み立てたとき、将来いくらになるかを計算する場合に使用する。

【利用例】年率5%の複利で毎年3万円を10年間積み立てると、10年後の合計額はいくらになるか？

(4) 年金現価係数（ねんきんげんか）：元本を複利運用しながら毎年同じ金額を一定期間取り崩すとき、**現在いくらの元本**があればよいか計算する場合に使用する。

【利用例】毎年100万円を5年間受け取るために、年率3%で複利運用するとして、いまいくら原資が必要か？

(5) 減債基金係数→「ゲンサイ・キキンは毎年積立額」と覚える：将来の一定期間後に目標のお金を得るために、一定金額を複利運用で積み立てるとき、**毎年いくら積み立て**ればよいか計算する場合に使用する。

【利用例】5年後に300万円用意するために、年率5%で複利運用する場合に毎年いくら積み立てる必要があるか？

(6) 資本回収係数→「シホン・カイシュウは毎年回収額」と覚える：元本を複利運用しながら、毎年一定金額を一定期間取り崩していくとき、**毎年いくらずつ受取り**ができるかや、借入額に対する利息を含めた毎年の返済額を計算する場合に使用する（銀行が貸し出した**資本**を、毎年いくら**回収**できるかを計算する**係数**が資本回収係数）。

【利用例】500万円を年利率3%で借り、10年間で返済する場合、毎年いくら返済する必要があるか？

2 6つの係数を忘れても解ける裏技（詳しくは、問題演習の解説を参照すること！）

(1) まず、**年利0%**の場合いくらになるかの答を出す。

(2) 次に、年利0%の場合の係数（倍率）を求める。

(3) 係数早見表を見て、年利0%の場合の係数よりも「やや少ない」または「やや多い」数字を探す。

(4) 使うべき係数が特定できたら、金額に掛ければ完了！

本番得点力が高まる! 問題演習

問1 □□□

下記の各問について解答しなさい。

《設　例》

下記の係数早見表を乗算で使用し、各問について計算しなさい。なお、税金は一切考慮しないこととする。

〈係数早見表（年利1.0%）〉

	終価係数	現価係数	減債基金係数	資本回収係数	年金終価係数	年金現価係数
1年	1.010	0.990	1.000	1.010	1.000	0.990
2年	1.020	0.980	0.498	0.508	2.010	1.970
3年	1.030	0.971	0.330	0.340	3.030	2.941
4年	1.041	0.961	0.246	0.256	4.060	3.902
5年	1.051	0.952	0.196	0.206	5.101	4.853
6年	1.062	0.942	0.163	0.173	6.152	5.795
7年	1.072	0.933	0.139	0.149	7.214	6.728
8年	1.083	0.924	0.121	0.131	8.286	7.652
9年	1.094	0.914	0.107	0.117	9.369	8.566
10年	1.105	0.905	0.096	0.106	10.462	9.471
15年	1.161	0.861	0.062	0.072	16.097	13.865
20年	1.220	0.820	0.045	0.055	22.019	18.046
25年	1.282	0.780	0.035	0.045	28.243	22.023
30年	1.348	0.742	0.029	0.039	34.785	25.808

※記載されている数値は正しいものとする。

問1　倉田さんは、自宅のリフォーム費用450万円をリフォームローンを利用して返済しようと考えている。今後10年間、年利1.0%で毎年借入応当日に元利均等返済をする場合、毎年の返済額はいくらになるか。

問2　山本さんは、老後の生活資金として、毎年年末に240万円を受け取りたいと考えている。受取期間を25年とし、年利1.0%で複利運用をした場合、受取り開始年の初めにいくらの資金があればよいか。

問3　落合さんは、定年後の世界一周旅行の資金として、15年後に

800万円を用意しようと考えている。年利1.0%で複利運用しながら毎年年末に一定額を積み立てる場合、毎年いくらずつ積み立てればよいか。 《2022年9月資産問25～27》

問1 ……ここでは「6つの係数を忘れても解ける裏技（**年利0%の場合**の係数を出してからそれに近い数字を見つける！）」による実戦的な解き方を示す。この技をマスターしておけば各係数を忘れても大丈夫だ！

問1 477,000円 ……① 10年間で450万円を返済する場合、年利0%なら450万円$\times\frac{1}{10}$＝年45万円の返済が必要。$\frac{1}{10}$＝0.1(倍)

② 年利1%なら、45万円より多い返済が必要なので、0.1倍よりいくらか多い倍率でOK、と推測

③ 年利1%の表で10年の6つの数字を見ると「資本回収係数＝0.106」がビンゴ！

④ 450万円×0.106(資回1%10年)＝47.7万円

問2 52,855,200円 ……① 240万円を25年間受けとりたい場合、年利0%なら240万円×25年＝6,000万円（25倍）が必要

② 年利1%なら、25倍よりもやや少ない倍率でOK、と推測

③ 年利1%の表で25年の6つの数字を見ると「年金現価係数＝22.023」がビンゴ！

④ 240万円×22.023(年現1%25年)＝5,285.52万円

問3 496,000円 ……① 15年後に800万円を用意する場合、年利0%なら800万円$\times\frac{1}{15}$年＝53.3万円が必要（$\frac{1}{15}$倍）

② 年利1%なら$\frac{1}{15}$倍（0.066…倍）よりもやや少ない倍率でOK、と推測

③ 年利1%の表で15年の6つの数字を見ると「減債基金係数＝0.062」がビンゴ！

④ 800万円×0.062(減基1%15年)＝49.6万円

ライフプランニングと資金計画

2 キャッシュフロー表に関する計算

絶対読め！30秒レクチャー

キャッシュフロー表に関する計算問題も、毎回2問は問20～24あたりで出題されているので、出題率は200%だ！　キャッシュフロー表は、足し算と引き算と掛け算だけしかない単純な表なので、しっかり眺めればしくみは理解できるはずだ。過去問に出たキャッシュフロー表に関する問題は1つ残らず、電卓をたたいて、計算の手順を完璧に理解しておこう！　ここは、時間をかけても報われる項目だ。

ナナメ読み！ 学習のポイント

1 キャッシュフロー表の基本項目（→第1章 2 2 を参照すること！）

(1) 収入の項目

表の中に入る可処分所得（かしょぶんしょとく）の求め方は、

可処分所得＝額面の年収－（所得税・住民税＋社会保険料）

(2) 支出の項目

① 基本生活費：食費、光熱費など
② 住居費：家賃、ローン返済額、固定資産税、管理費など
③ 教育費：学校教育費、学校外教育費（塾、予備校など）
④ 保険料：生命保険、損害保険などの保険料

⑤　その他の支出：交通費、レジャー費など

⑥　一時的な支出：上記に該当しない一時的な支出

(3) 年間収支

その1年間で収支のプラス（マイナス）はいくらかを表す。

年間収支＝年間収入の合計額－年間支出の合計額

(4) 金融資産残高

運用による増加も考慮した、その年度の最終的な貯蓄残高を表す。

金融資産残高＝前年の金融資産残高×(1＋運用利率)＋その年の年間収支

2　将来価値の計算

キャッシュフロー表には、将来の物価上昇率を考慮した数値を記載する。その場合は以下のように計算を行う。

例：現在の基本生活費が年間300万円だとする。基本生活費の変動率が年率2%だとすると、1年後、3年後はどのようになるか？

1年後：300万円×$(1+0.02)$＝306万円
3年後：300万円×$(1+0.02)^3$≒318万円

※　300万円×$(1+0.02)^3$という計算式は、分解すると、
300万円×$(1+0.02)$＝306万円
306万円×$(1+0.02)$＝312.12万円
312.12万円×$(1+0.02)$＝318.3624万円
という式になる。

第9章 実技試験【日本FP協会】資産設計提案業務

 本番得点力が高まる！ **問題演習**

問1 □□□

下記の各問について解答しなさい。

〈永井家の家族データ〉

氏名	続柄	生年月日	備考
永井　達樹	本人	1976年 8月 1日	会社員
恵	妻	1978年12月 6日	パートタイマー
穂乃花	長女	2008年 9月11日	高校生

〈永井家のキャッシュフロー表 〉　(単位：万円)

経過年数			基準年	1年	2年	3年	4年
西暦（年）			2024	2025	2026	2027	2028
家族構成／年齢	永井　達樹	本人	48歳	49歳	50歳	51歳	52歳
	恵	妻	46歳	47歳	48歳	49歳	50歳
	穂乃花	長女	16歳	17歳	18歳	19歳	20歳
ライフイベント		変動率	穂乃花 高校入学	住宅の リフォーム		穂乃花 大学入学	
収入	給与収入（夫）	1％	510		（ ア ）		
	給与収入（妻）	0％	100	100	100	100	100
	収入合計	—	610				
支出	基本生活費	2％	328	335			
	住居費	—	138	138	138	138	138
	教育費	—	70	50	80	180	80
	保険料	—	38	38	35	35	35
	一時的支出	—		200			
	その他支出	1％	10	10	10	10	10
	支出合計	—	584	771			
年間収支		—	26		16	▲86	13
金融資産残高		1％	682			474	（ イ ）

※年齢および金融資産残高は各年12月31日現在のものとし、2024年を基準年とする。

※給与収入は可処分所得で記載している。

※記載されている数値は正しいものとする。

※問題作成の都合上、一部を空欄としている。

問1　永井家のキャッシュフロー表の空欄（　ア　）に入る数値を計算しなさい。なお、計算過程においては端数処理をせず計算し、計算結果については万円未満を四捨五入すること。

問2　永井家のキャッシュフロー表の空欄（　イ　）に入る数値を計算しなさい。なお、計算過程においては端数処理をせず計算し、計算結果については万円未満を四捨五入すること。

《2020年9月資産問23～問24改題》

問1

問1 520 ……① 表より現在の給与収入は年間510万円

② （ア）は2年後の数値なので、

$510万円 \times (1 + 0.01)^2 \fallingdotseq 520.25\cdots万円$

③ 万円未満を四捨五入して、520万円（ア）

問2 492 ……① 貯蓄残高＝前年の貯蓄残高×(1＋運用利率)

＋その年の年間収支

② 数値を当てはめると、

474万円×(1＋0.01)＋13万円＝491.74万円

③ 万円未満を四捨五入して、492万円（イ）

ライフプランニングと資金計画

3 「個人バランスシート」における純資産の計算

絶対読め！30秒レクチャー

純資産額の計算も、毎回1問が問34の周辺で出題されつづけているのでパーフェクトになるまで勉強しろ！　「個人バランスシート」とは、個人の資産と負債、そして純資産の状態を示したもの。この計算問題の攻略はカンタン。5・7・5のリズムで「資産から負債を引けば純資産♪」と歌いながら複数の過去問に取り組めば、あら不思議、自信を持って解けてしまうはずだ！

ナナメ読み！　**学習のポイント**

1 個人バランスシートにおける純資産（じゅんしさん）の求め方

【資産】金融資産、生命保険の**解約返戻金**等、土地、家屋、動産　など

【負債】住宅ローン、自動車ローン、教育ローン、カードローン　など

「資産－負債＝純資産」という式にあてはめて、①資産の合計を求める、②負債の合計を求める、③**資産合計から負債合計を引く**、という手順で、純資産を求めることができる。

問1 □□□ 下記の問について解答しなさい。

《設　例》

国内の企業に勤務する西山裕子さんは、早期退職優遇制度を利用して、2025年３月に退職する予定である。そこで、退職後の生活のことや先日死亡した母の相続のことなどに関して、ＦＰで税理士でもある駒田さんに相談をした。なお、下記のデータは2024年12月31日現在のものである。

Ⅰ．家族構成（同居家族なし）

氏名	続柄	生年月日	年齢	備考
西山　裕子	本人	1965年12月11日	59歳	会社員

Ⅱ．西山家の親族関係図

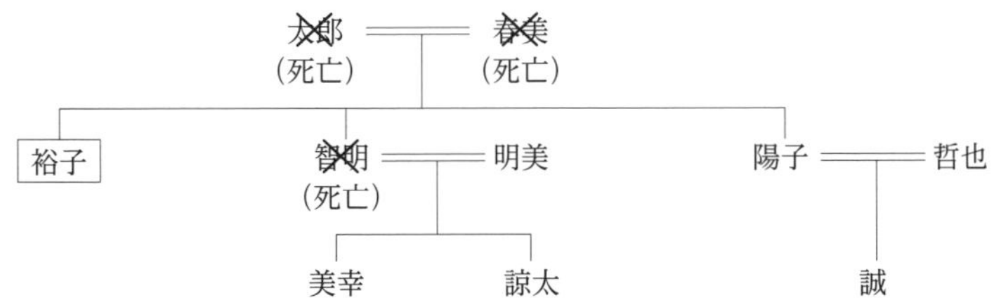

注１：裕子さんの母の春美さんは、裕子さんと同居していたが、2024年８月に死亡している。

Ⅲ．西山家（裕子さん）の財産の状況（裕子さんが相続する春美さんの遺産を含む）

［資料１：保有資産（時価）］　　（単位：万円）

	裕子	名義変更手続き中の財産
金融資産		
現金・預貯金	1,850	
株式・投資信託	2,400	200
生命保険（解約返戻金相当額）	［資料３］を参照	
不動産		
土地（自宅の敷地）		3,500
建物（自宅の家屋）	560	
その他（動産等）	180	

注２：「名義変更手続き中の財産」は、春美さんの相続により裕子さんが取得することが確定した財産であり、現在名義変更手続き中である。

［資料２：負債残高］
住宅ローン：380万円（債務者は裕子さん）
自動車ローン：70万円（債務者は裕子さん）
裕子さんが負担すべき相続税および税理士に対する報酬：80万円

［資料３：生命保険］　（単位：万円）

保険種類	保険契約者	被保険者	死亡保険金受取人	保険金額	解約返戻金相当額
個人年金保険Ａ	裕子	裕子	春美	－	500
医療保険Ｂ	裕子	裕子	－	－	－

注３：解約返戻金相当額は、2024年12月31日現在で解約した場合の金額である。
注４：個人年金保険Ａは、据置期間中に被保険者が死亡した場合には、払込保険料相当額が死亡保険金として支払われるものである。なお、死亡保険金受取人の変更はまだ行われていない。
注５：すべての契約において、保険契約者が保険料を全額負担している。
注６：契約者配当および契約者貸付については考慮しないこと。

Ⅳ．その他
上記以外の情報については、各設問において特に指示のない限り一切考慮しないこと。

問　ＦＰの駒田さんは、2024年12月31日現在における西山裕子さんのバランスシート分析を行うこととした。下表の空欄（ア）に入る数値を計算しなさい。

〈西山裕子さんのバランスシート（名義変更中の遺産を含む）〉（単位：万円）

[資産]		[負債]	
金融資産		住宅ローン	×××
現金・預貯金	×××	自動車ローン	×××
株式・投資信託	×××	相続税・税理士報酬	×××
生命保険（解約返戻金相当額）	×××	負債合計	×××
不動産			
土地（自宅の敷地）	×××	[純資産]	（ ア ）
建物（自宅の家屋）	×××		
その他（動産等）	×××		
資産合計	×××	負債・純資産合計	×××

《2023年5月資産問35改題》

問1 8,660（万円）

……(i) まずは資産の合計を求める

現金・預貯金：1,850万円

株式・投信　：2,400万円＋200万円＝2,600万円

生命保険　　：500万円

不動産　　　：土地3,500万円、家屋560万円

動産等　　　：180万円

以上を合計すると、9,190万円

(ii) 次に負債の合計を求める

380万円＋70万円＋80万円＝530万円

(iii) 純資産＝資産－負債なので

9,190万円－530万円＝8,660万円（ア）

4 ライフプランニングと資金計画 各種年金額の計算

絶対読め！30秒レクチャー

年金の計算に関して、FP協会の2級実技では細かい最新の数字を暗記する必要はない！ 生きている場合（＝老齢）のキソ年金は「加入月数」に比例して、コウセイ年金は「平均報酬×月数」に比例する。死んだ場合（＝遺族）のキソ年金は「高校卒業前の子供の数」で決まり、コウセイ年金は「平均報酬×月数（最低300カ月）」で決まる。これくらい理解しておけば、あとは過去問の演習を繰り返すだけで十分に対応できる！

ナナメ読み！ 学習のポイント

1 老齢基礎（定額部分）の計算（→第1章10 2（1）を参照すること！）

① 老齢基礎年金は、（20歳～60歳未満の間）40年加入したら満額がもらえるが、それに満たなくても加入期間に比例してもらえる。

② 「満額」（約80万円）の数字や、様々な免除の種類に応じた年金反映率や、繰下げ支給の増税率などは問題文に掲載されるので、覚えなくてよい。

2 老齢厚生（報酬比例部分）の計算（→第1章10 2（2）を参照すること！）

① 計算式は問題文に掲載されるので、過去問で流れを理解しておけばよい。

② 総報酬制がスタートした（2003年4月）前と後に分けて、それぞれの期間における年金額を計算してから、足し合わせる。

③ 年金額の端数処理に注意（円未満を四捨五入する）。

3 遺族基礎・遺族厚生（遺族年金）の計算（→第1章10 3を参照すること！）

① 基本数値は問題文に掲載されるので、過去問で流れを理解しておけばよい。

② 遺族厚生年金は、子供の人数や年齢に関係なくそのままもらえる。

③ 遺族基礎年金は、不幸のあった母子家庭（父子家庭）がもらえる。基本額に「加算額×高校卒業前の子供の人数」をプラスして求める。

本番得点力が高まる！ 問題演習

問1 □□□

下記の問について解答しなさい。

《設　例》

有馬孝太郎さんは、民間企業に勤務する会社員である。孝太郎さんと妻の麻衣子さんは、今後の資産形成や家計の見直しなどについて、FPで税理士でもある長谷川さんに相談した。なお、下記のデータはいずれも2025年5月1日現在のものである。

[家族構成]

氏名	続柄	生年月日	年齢	職業等
有馬　孝太郎	本人	1988年　2月11日	37歳	会社員（正社員）
麻衣子	妻	1990年　4月30日	35歳	会社員（パート）
結衣	長女	2017年12月　4日	7歳	小学生
俊一郎	長男	2021年　4月12日	4歳	幼稚園児

[収入金額（2024年）]

・孝太郎さん：給与収入650万円（手取り）。孝太郎さんに給与収入以外の収入はない。

・麻衣子さん：給与収入100万円（手取り）。麻衣子さんに給与収入以外の収入はない。

[自宅]

・賃貸マンション

・家賃：月額10万円（管理費込み）

・マイホームとして2024年12月完成予定のマンションの購入契約を締結済み。

[金融資産（時価）]

・孝太郎さん名義

　銀行預金（普通預金）：700万円

　銀行預金（定期預金）：100万円

・麻衣子さん名義

　銀行預金（普通預金）：100万円

　銀行預金（定期預金）：100万円

[負債]

孝太郎さんと麻衣子さんに負債はない。

[保険]

・定期保険：保険金額3,500万円。契約者（保険料負担者）および被保険者は孝太郎さんである。

・学資保険：保険金額250万円。契約者（保険料負担者）は孝太郎さんである。

問 孝太郎さんは、自分が万一死亡した場合の遺族厚生年金についてFPの長谷川さんに質問した。下記〈資料〉に基づく遺族厚生年金の額として、正しいものはどれか。なお、遺族厚生年金の受給要件はすべて満たしているものとする。

〈資料〉

[孝太郎さんの厚生年金保険加入歴等]

2003年3月以前：被保険者期間なし

2003年4月以後：被保険者期間181月、平均標準報酬額400,000円

[遺族厚生年金の計算式]

$$遺族厚生年金＝(A+B)\times\frac{300}{被保険者月数合計（①+②）}※\times\frac{3}{4}$$

A：平均標準報酬月額 $\times\frac{7.125}{1000}\times$ ①2003年3月以前の被保険者期間の月数

B：平均標準報酬額 $\times\frac{5.481}{1000}\times$ ②2003年4月以後の被保険者期間の月数

※厚生年金保険の被保険者が死亡した場合で、被保険者期間の月数が300月（25年）に満たないときの遺族厚生年金の額は、実際の被保険者月数に基づく額に「300÷被保険者月数合計」を乗じ、被保険者月数が300月であるものとみなして計算する。

[年金額の端数処理] 円未満を四捨五入すること

1）668,932円
2）630,678円
3）493,290円
4）396,824円

《2014年5月資産問31改題》

問2
□□□

素子さんの母の美由紀さんは、2024年10月に70歳になる。美由紀さんは65歳から老齢基礎年金を受給することができたが、繰下げ受給することを考えまだ請求をしていない。美由紀さんが70歳到達月に老齢基礎年金の支給繰下げの申出をした場合、70歳時に受け取る繰下げ支給の老齢基礎年金（付加年金を含む）の額として、正しいものはどれか。なお、計算に当たっては、下記〈資料〉に基づくこととする。

〈資料〉

[美由紀さんの国民年金保険料納付済期間]
1978年10月～2014年9月（432月）
※これ以外に保険料納付済期間はなく、保険料免除期間もないものとする。
[美由紀さんが付加保険料を納めた期間]
1978年10月～1991年3月（150月）
[その他]
・老齢基礎年金の額（満額） 816,000円
・美由紀さんの加入可能年数 40年
・繰下げ支給の増額率
65歳到達月から繰下げの申出を行った月の前月までの月数×0.7%
・振替加算は考慮しないものとする。
・年金額の端数処理
年金額の計算過程および繰下げ支給の老齢基礎年金の年金額については、円未満を四捨五入するものとする。

1） 764,400円
2）1,042,848円
3）1,085,448円
4）1,072,848円

《2019年9月資産問39改題》

問1 ……〈資料〉にある遺族厚生年金の計算式に当てはめればOK！

3)

$A=0$円

$B=400{,}000\times\frac{5.481}{1{,}000}\times181$月$=396{,}824.4$円

$A+B=396{,}824.4$円

遺族厚生年金$=396{,}824.4$円$\times\frac{300月}{181月}\times\frac{3}{4}$

$=$ 493,290円

問2 ……(i) 老齢基礎年金：816,000円$\times\frac{432月}{40年\times12月}=$734,400円

3)

(ii) 付加年金：200円×150月＝30,000円

(iii) 65歳から受給する場合の合計額：①＋②＝764,400円

(iv) 70歳から受給する場合の増額率：(70－65)×12月×0.7%＝42%

(v) ５年繰下げ（70歳受給）の場合の支給額：

764,400円×142%＝1,085,448円

リスク管理

5 生命保険の各種保険金・給付金の計算

絶対読め！30秒レクチャー

保険見直し相談に必須のスキル「保険証券分析」を身につけないで、世界を目指すなんて言語道断！　保険証券から、様々なアクシデントが起きたときの各種保険金を出す問題は100%出題！　さらに、入院給付金の計算も2回に1回は出ているから、出たら確実にスマッシュして点を稼ごう！

ナナメ読み！ 学習のポイント

1 保険金・給付金の計算

① 終身保険：一生涯いつ死んでも、死亡保険金が出る。

② 定期保険：保険期間に死んだら、死亡保険金が出る。

③ **特定疾病**(とくていしっぺい)保障保険：特定疾病（がん・急性心筋梗塞・脳卒中）時だけでなく、特定疾病保険金が支払われていなければ死亡した時にも保険金が出る。

④ **傷害**特約：障害時には一定の保険金、不慮の事故による死亡時には満額の保険金が出る。

⑤ 災害入院特約：ケガによる入院時に「日額×入院日数」が出る。

⑥ 疾病入院特約：病気による入院時に「日額×入院日数」が出る。

⑦ **生活習慣病**入院特約：ガン等の生活習慣病による入院時に「日額×入院日数」が出る。

⑧ 災害割増(さいがいわりまし)特約：不慮の事故で死んだら、死亡保険金が出る。

2 入院給付金の計算

① 「入院5日目から」の場合、入院日数から4日を差し引く必要がある。

② 通常、180日以内の同一理由の入院は1回目の入院の継続扱いとなるが、「1入院限度日数」の残日数を使い切るまでは大丈夫。

本番得点力が高まる! 問題演習

問1 □□□

池谷勇樹さん（56歳）が保険契約者（保険料負担者）および被保険者として加入している生命保険（下記〈資料〉参照）の保障内容に関する次の記述の空欄（ア）～（ウ）にあてはまる数値を解答欄に記入しなさい。なお、保険契約は有効に継続し、かつ特約は自動更新しているものとし、勇樹さんはこれまでに〈資料〉の保険から、保険金・給付金を一度も受け取っていないものとする。また、各々の記述はそれぞれ独立した問題であり、相互に影響を与えないものとする。

〈資料／保険証券1〉

無配当定期保険特約付終身保険　　保険証券記号番号　××－××××××

保険契約者	池谷　勇樹　様 １９６８年7月2日生　男性	保険契約者印 (池谷)	◇契約日 １９９８年１１月１日 ◇主契約の保険期間 終身 ◇主契約の保険料払込期間 ３０年間 ◇特約の保険期間 １０年 （８０歳まで自動更新）
被保険者	池谷　勇樹　様 １９６８年7月2日生　男性		
受取人	死亡保険金 池谷　真奈　様（妻）	受取割合 １０割	

◇ご契約内容

終身保険金額（主契約保険金額）		２００万円
定期保険特約保険金額		2,８００万円
三大疾病保障定期保険特約保険金額		５００万円
災害割増特約保険金額		3,５００万円
災害入院特約	入院５日目から	日額　5,０００円
疾病入院特約	入院５日目から	日額　5,０００円

※約款所定の手術を受けた場合、手術の種類に応じて入院給付金日額の１０倍・２０倍・４０倍の手術給付金を支払います。

◇お払い込みいただく合計保険料

毎回　△△,△△△円
［保険料払込方法］ 月払い

※入院給付金の１入院当たりの限度日数は１２０日、通算限度日数は1,０９５日です。

※１８０日以内に同じ病気で再度入院した場合は１回の入院とみなします。

〈資料／保険証券２〉

終身がん保険　　保険証券記号番号　○○－○○○○○

保険契約者	池谷　勇樹　様 １９６８年7月2日生　男性	保険契約者印 ㊞池谷
被保険者	池谷　勇樹　様 １９６８年7月2日生　男性	
受取人	給付金　池谷　勇樹　様 死亡給付金　池谷　真奈　様（妻）	受取割合 １０割

◇契約日
２００１年8月1日

◇主契約の保険期間
終身

◇主契約の保険料払込期間
終身

◇ご契約内容

がん診断給付金	初めてがんと診断されたとき	１００万円
がん入院給付金	１日目から日額	１万円
がん手術給付金	１回につき	２０万円
がん死亡給付金	がんによる死亡	２０万円
死亡給付金	がん以外による死亡	１０万円

◇お払い込みいただく合計保険料

毎回　△,△△△円

［保険料払込方法］
月払い

・勇樹さんが現時点で、慢性肝炎で18日間入院し、退院してから24日後に同じ病気で再度６日間入院した場合（いずれも手術は受けていない）、保険会社から支払われる保険金・給付金の合計は（ ア ）万円である。
・勇樹さんが現時点で、初めてがん（悪性新生物）と診断され、治療のため38日間入院し、その間に約款所定の手術（給付倍率40倍）を１回受けた場合、保険会社から支払われる保険金・給付金の合計は（ イ ）万円である。
・勇樹さんが現時点で、交通事故で死亡（入院・手術なし）した場合、保険会社から支払われる保険金・給付金の合計は（ ウ ）万円である。

※約款所定の手術は無配当定期保険特約付終身保険および終身がん保険ともに該当するものである。

《2022年1月資産問11改題》

問1 ……（ア）慢性肝炎で入院した場合、終身保険の「疾病入院特約」より、日額5,000円の入院給付金が支給される。180日以内の同一理由の入院なので、入院日数は18日＋6日＝24日とみなされて、（入院5日目から）→5,000円×（24日－4日）＝10万円

(ア) 10
(イ) 695
(ウ) 7,010

（イ）① 保険証券1

初めてガンと診断されると「三大疾病（特約）」より500万円が支給される

また「疾病入院特約」より日額5,000円が（入院5日目から）支給される

5,000円×（38日－4日）＝17万円

さらに、給付倍率40倍の手術を受けているので

5,000円×40倍＝20万円

500万円＋17万円＋20万円＝537万円

② 保険証券2

100万円（診断給付金）＋38万円（入院給付金1万円×38日）＋20万円（手術給付金）＝158万円

③ 以上①と②を合計すると、

537万円＋158万円＝695万円

（ウ）三大疾病保障（特約）は「三大疾病」だけでなく三大疾病による保険金を受け取っていなければ死亡でも保険金が出る。災害割増特約は不慮の事故による死亡で保険金が出る

200万円（終身）＋2,800万円（定期）＋500万円（三大疾病）＋3,500万円（災割）＋10万円（ガン以外による死亡給付）＝7,010万円

金融資産運用

6 株式投資の指標に関する計算

絶対読め！30秒レクチャー

PER
PBR
ROE
株式投資のうえで、
重要なものなんだな！

株式投資の指標に関する計算は、FP協会の2級実技で第4〜6問前後に出題されてきた！

しっかり理解しておけば、確実に合格に1歩近づくことができる素敵な項目だ。利益や資産の何倍まで買われているかを示す「PER & PBR」はセットで覚えること！　株価が分母の「配当利回り」と、利益が分母の「配当性向」もセットで覚えろ！　あとは、過去問演習で資料を読み取る力をつければ、必ず攻略できる！

ナナメ読み！　学習のポイント

1　株式投資の指標（→第3章 4 2 を参照すること！）

PER、PBR、ROE、配当利回り、配当性向は理解したうえで、できるだけ多くの過去問にチャレンジしよう。

本番得点力が高まる！ 問題演習

問1 □□□

下記〈資料〉に関する次の記述の空欄（　ア　）、（　イ　）にあてはまる語句の組み合わせとして、正しいものはどれか。

〈資料〉

	ＹＬ株式	ＹＭ株式
株価	3,120円	17,840円
１株当たり利益	160円	760円
１株当たり純資産	1,380円	6,870円
１株当たり年間配当金	50円	250円

・ＹＬ株式とＹＭ株式の株価をＰＢＲ（株価純資産倍率）で比較した場合、（　ア　）株式の方が割安といえる。
・ＹＬ株式とＹＭ株式の配当利回りを比較した場合、（　イ　）株式の方が高い。

1)（ア）ＹＬ（イ）ＹＬ
2)（ア）ＹＬ（イ）ＹＭ
3)（ア）ＹＭ（イ）ＹＬ
4)（ア）ＹＭ（イ）ＹＭ

《2020年１月資産問４》

問1

1)

……（ア）$\text{PBR（株価純資産倍率）} = \dfrac{\text{株価}}{\text{1株あたり純資産}}$

YL社のPBR＝3,120円÷1,380円≒2.26倍

YM社のPBR＝17,840円÷6,870円≒2.60倍

∴　2.26倍＜2.60倍　YL社の株価のほうが割安

（イ）$\text{配当利回り} = \dfrac{\text{1株あたり年間配当金}}{\text{株価}} \times 100\ (\%)$

YL社の配当利回り＝50円÷3,120円×100≒1.60%

YM社の配当利回り＝250円÷17,840円×100≒1.40%

∴　1.60%＞1.40%　YL社のほうが高い

---

7 金融資産運用 外貨預金の計算

絶対読め！30秒レクチャー

ここも2回に1回くらいはねらわれている！

理解のポイントは「あっちの世界でお金が増えるイメージ」を持つことだ。米ドルやユーロなどの外貨に利息がついて増えていくイメージさえあれば大丈夫！ また、TTBとTTSの最後の1文字である「Buying」と「Selling」は、銀行が外貨を買ったり売ったりするレートであることを頭にたたき込んでおくこと！

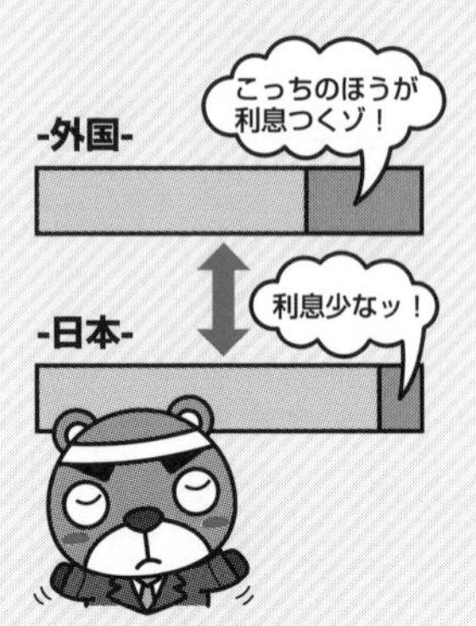

ナナメ読み！ 学習のポイント

1 外貨預金の計算

(1) 外貨預金の利回り（円ベース）の計算

① 外貨を預け入れる。

(A) 円ベースでの預入額＝預け入れた外貨の額×TTS

② 預入期間満了時の外貨ベースでの元利合計額を求める。

(B) 税引き後の利息額＝預け入れた外貨の額×金利×(1－税率)

(C) 外貨ベースでの元利合計額＝預け入れた外貨の額＋(B)

③ ②を円ベースでの受取額に換算する。

(D) 円ベースでの受取額＝(C)×TTB

④ 円ベースでの利回りを計算

$$\text{円ベースでの利回り} = \frac{\text{もうけ〈(D)−(A)〉}}{\text{投資額（A）}} \times 100\ (\%)$$

という手順で計算を行う。利回りの計算するにあたり、利回りは**1年あたりの平均収益率**だということに注意する。

(2) 為替（かわせ）レートの注意点

問題文の為替レートには、次の3種類が登場するので、どのレートで換算するのか、その使い分けが重要。

・**TTS**：円を外貨に替える時（預入れ）の為替レート。TTSのSはSellingの略で、金融機関から見て外貨の売り

・**TTB**：外貨を円に替える時（満期時）の為替レート。TTBのBはBuyingの略で、金融機関から見て外貨の買い

・**仲値（なかね）（TTM）**：実勢レート。TTSとTTBを決めるベースとなるレート。仲値に**為替手数料（例えば1円）**を乗せたものがTTSおよびTTB

(3) 損益分岐点（そんえきぶんきてん）の為替レートとは

損益分岐点とは「±0」になる点。外貨預金においては「預け入れた円を、もう一度円に戻す時に、同じ金額になる」為替レートと認識しておけばよい。

本番得点力が高まる！ 問題演習

問1 □□□

下記〈資料〉の外貨定期預金を満期まで保有した場合における、外貨ベースの元利合計額を円転した金額を計算しなさい。なお、計算結果（円転した金額）について円未満の端数が生じる場合は切り捨てること。また、解答は円単位とすること。

〈資料〉

預入額　：10,000米ドル
預入期間：12ヵ月
預金金利：1.24%（年率）

満期時の為替レート（1米ドル）

TTS	TTM（仲値）	TTB
113.50円	112.50円	111.50円

注1：利息の計算に際しては、預入期間は日割りではなく月割りで計算すること。

注2：為替差益・為替差損に関する税金については考慮しないこと。

注3：利息に対しては、米ドル建ての利息額の20％（復興特別所得税は考慮しない）相当額が所得税・住民税として源泉徴収されるものとすること。

《2019年5月資産問4》

問2 □□□

隆志さんが保有する外貨預金の明細は下記〈資料〉のとおりである。この外貨預金の損益分岐点（円ベースでの払込金額と満期時における円ベースでの元利金受取額が等しくなる為替レートのこと）に、最も近いものはどれか。なお、実際に円転時に適用される為替レート（TTBレート）を解答すること。

〈資料〉

[外貨預金の明細]
預入金額：100,000豪ドル
預入期間：1年間
預金金利：年2.00％
預入時為替レート（TTMレート）：100.00円
為替手数料（TTMレートとTTS・TTBレートの差）：各0.50円

〈計算に際しての留意点〉

・利息に対する税金に関しては、計算の便宜上、外貨建ての利息額の20％が所得税および住民税として徴収されるものとする（復興特別所得税については考慮しないこと）。 ・為替差益に対する税金については考慮しないこと。 ・解答に当たっては、算出された為替レートの小数点以下第3位を切り上げること。

1）99.42円

2）98.92円

3）98.53円

4）98.43円　　《2013年9月資産問36》

問 1 ……① 1年後の利息（税引後）を求める

1,126,060円

10,000米ドル×1.24%(預金金利)×(1－0.2※)＝99.2米ドル

※ 20%源泉徴収

② 1年後の元本合計を求める

10,000米ドル＋99.2米ドル＝10,099.2米ドル

③ 円転した金額を求める

銀行が外貨を買う（Buy）ことになるのでTTBを用いる

10,099.2米ドル×111.50円＝1,126,060.8円

④ 円未満の端数を切り捨てて、1,126,060円

問 2 ……① 円ベースでの預入額を求める

2)

100,000豪ドル×{100円(為替レート)＋0.5円(為替手数料)}

＝1,005万円

② 1年後の利息（税引後）を求める

100,000豪ドル×2%(預金金利)×(1－0.2※)＝1,600豪ドル

※ 20%源泉徴収

③ 1年後の元利合計を求める

100,000豪ドル＋1,600豪ドル＝101,600豪ドル

④ 損益分岐点を求める

101,600豪ドル×A円＝1,005万円

A円＝1,005万円÷101,600豪ドル ＝98.917…

⑤ 小数点第3位を切り上げて、98.92円

8 金融資産運用 投資信託に関する計算

絶対読め！30秒レクチャー

一般のお客様の相談においては、個別株式よりも投資信託の方が登場する回数が多いのが現実だ。そういうわけで、FP協会の２級実技でも投信の計算問題の出現率がアップしてきた！「もうけの分配がフツー」「元本崩して分配はトクベツ」と覚えたら、あとは直近４回の過去問を理解することで攻略しよう！

ナナメ読み！ 学習のポイント

1 投資信託の収益分配金と個別元本

① 個別元本は、投信購入者の個々の「損益ゼロの基準価額」と理解するとよい。

② 収益分配金のうち、もうけ（値上がり益）から出した分は「**普通分配金**」これは、いくら出しても個別元本が下がることはない。

③ 収益分配金のうち、元本の取り崩しで出した分は「**元本払戻金（特別分配金）**」

分配された分だけ（元本が減るので）、個別元本も下がることになる。

2 投資信託のコスト計算

① 1口あたりの金額（1口＝1円など）に注意する。

② 購入手数料は、口数や金額により％が異なるケースに注意。

③ 信託報酬(しんたくほうしゅう)は投信の保有にかかるランニングコストだが、基準価額から日々差し引かれるものなので、計算問題にはなりにくい。

④ 信託財産留保額(しんたくざいさんりゅうほがく)は、投信の解約コスト。基準価格に％を掛けて求める。

3 投資信託のトータルリターン

① トータルリターンとは、投資信託の保有期間中における、収益分配金や一部売却等も反映したトータルの損益のこと。

② (1) 現在の評価金額 (2) 受取分配金の累計（税引後）(3) 売却金額の累計 (4) 買付金額の累計

(1)＋(2)＋(3)－(4) で算出される。

本番得点力が高まる！ 問題演習

問 1 □□□

小田さんは、課税口座で保有しているMZ投資信託の収益分配金を2024年8月に受け取った。MZ投資信託の状況が下記〈資料〉のとおりである場合、次の記述の空欄（ ア ）～（ ウ ）にあてはまる語句または数値の組み合わせとして、正しいものはどれか。なお、小田さんはこれまでに収益分配金を受け取ったことはない。

〈資料〉

[小田さんが保有するＭＺ投資信託の収益分配金受取時の状況]

・収益分配前の個別元本：10,300円

・収益分配前の基準価額：10,550円

・収益分配金　　　　　：　400円

・収益分配後の基準価額：10,150円

小田さんが受け取った収益分配金のうち、収益分配前の基準価額から収益分配前の個別元本を差し引いた部分を（　ア　）といい、所得税および住民税が課税される。一方、小田さんが受け取った収益分配金のうち、（　ア　）を除く部分を（　イ　）といい、非課税となる。 小田さんには（　イ　）が支払われたため、収益分配後の小田さんの個別元本は、（　ウ　）円となる。

1)（ア）元本払戻金（特別分配金）（イ）普通分配金　（ウ）10,150
2)（ア）元本払戻金（特別分配金）（イ）普通分配金　（ウ）10,050
3)（ア）普通分配金　（イ）元本払戻金（特別分配金）（ウ）10,150
4)（ア）普通分配金　（イ）元本払戻金（特別分配金）（ウ）10,050

《2014年9月資産問5改題》

問1

3) ……(i) 「当初10,300円→分配前10,550円と250円上がった後に、400円の分配金が出た」という、購入時から現在までの状況を理解する

(ii) 「400円の分配金のうち、250円はもうけ（上がった分）の分配＝普通分配金だが、150円（400円－250円）は**元本の取り崩し**＝元本払戻金（特別分配金）」と、分配金の内訳を分析する

(iii) 収益分配後の個別元本は、

10,300円－150円（元本払戻金（特別分配金））＝10,150円

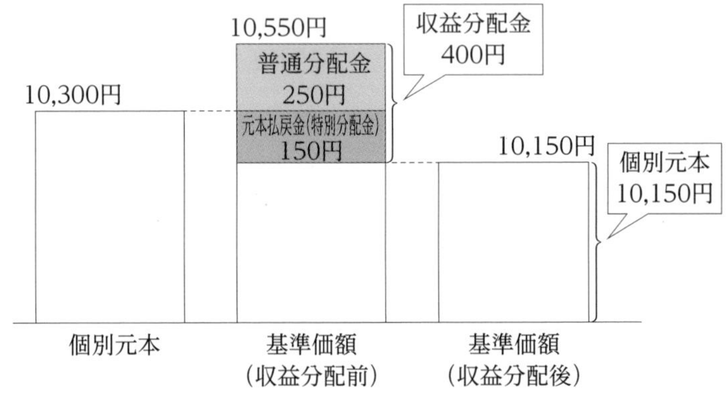

9 金融資産運用 債券利回りの計算

絶対読め！30秒レクチャー

債券利回りの計算問題は、大昔からの定番の1つ。FP協会の2級実技では、忘れた頃に2回連続で出題されて復活！ 債券の年利回り（単利）は「1年あたりのもうけ（利金額＋元金増加額）」を「投資金額（買付価格）」で割れば出るのでカンタンだ。2つ以上の問題演習に取り組んでマスターしたら、試験対策は終了！

「サイケンは満期に100円になる」これだけは前提として覚えておこう！

ナナメ読み！ 学習のポイント

1 債券利回りの計算（→第3章3 3を参照すること！）

以下の5ステップで計算することに慣れておこう！

① 1年あたりのインカムゲイン（利金額）を出す。
→100円×表面利率

② 1年あたりのキャピタルゲイン（元金増加額）を出す。
→（売却額－購入額）÷保有年数

③ 以上の2つを合計して、1年あたりのもうけの合計を計算する。

④ 1年あたりのもうけを、投資金額で割る。

⑤ 問題の指示に従って小数点以下を処理する。

本番得点力が高まる！ 問題演習

問1
□□□

下記〈資料〉の債券を取得日から５年後に売却した場合における所有期間利回り（単利・年率）を計算しなさい。なお、手数料や税金等については考慮しないものとする。また、解答に当たっては、解答用紙に記載されている単位に従うこと（解答用紙に記載されているマス目に数値を記入すること）。

〈資料〉

表面利率：年0.60％
額面　　：100万円
購入価格：額面100円につき100.00円
売却価格：額面100円につき101.75円
所有期間：５年

《2023年５月資産問５》

問1

0.95（％）

……ここでは計算の流れを分解して示す。じっくり理解しよう！

① １年あたりのインカムゲイン（利金額）
表面利率が年0.6％なので、100円に対して0.6円

② １年あたりのキャピタルゲイン（元金増加額）
（101.75円－100.00円）÷５年＝0.35円

③ １年あたりのもうけの合計を計算する
0.6円＋0.35円＝0.95円

④ １年あたりのもうけを、投資金額で割る
0.95円÷100円×100（％）＝0.95（％）

---

10 タックスプランニング 総所得金額に関する計算

絶対読め！30秒レクチャー

ソウショトク金額を求める計算も、3回に2回は出題されているのでマスターしておこう。給与所得、事業所得、不動産所得などの各所得（＝もうけ）をしっかり算出したうえで、ガチャンと合わせれば総所得金額はカンタンに求められるぞ。様々な税率の表は覚える必要はないが、使い方だけはしっかり理解しておくんだ！

いろんなことが
わかるんだなぁ。
源泉徴収票

ナナメ読み！ 学習のポイント

1 総所得金額に関する計算

総所得金額は、総合課税カテゴリーの各所得を計算して合わせた金額。

(1) 所得金額等に関する計算で出てくる語句

① 給与所得控除：会社員の所得税や住民税を計算するときに、給与収入から差し引くことができる控除分（みなし経費）のこと。

② 青色申告特別控除：不動産所得、事業所得または山林所得の金額から55万円（所定の要件を満たせば65万円）または10万円を控除することができる制度のこと。

③ 合計所得金額：総所得金額に分離課税の所得を加えた金額（純損失・雑損失の繰越控除前）

(2) 各種所得の計算

① 給与所得

給与所得の金額＝収入金額－給与所得控除額

② 不動産所得

不動産所得の金額＝総収入金額－必要経費

③ 事業所得

事業所得の金額＝総収入金額－必要経費

④ 雑所得

雑所得の金額＝総収入金額－必要経費

⑤ 一時所得

一時所得の金額＝総収入金額－必要経費－特別控除額(50万円)

※総所得金額に算入するのは上記金額の半分

⑥ 利子所得

源泉分離課税されたものは、総所得金額に含めない。

⑦ 遺族年金など

遺族年金や障害年金は非課税なので、総所得金額に含めない。

2 総所得金額に関する計算の手順

① 総合課税の各種所得（経費を引いた純粋なもうけ）を別々に計算する。

② ①で計算した所得（源泉分離課税の利子所得などを除く）を合算した金額に損益通算し、分離課税の各種所得を加えた金額が合計所得金額となる。純損失や雑損失等の繰越控除を適用する前の金額である。

③ 総所得金額とは、純損失、雑損失、その他各種損失の繰越控除後の「総合課税の所得」の総計（分離課税の所得は含まない）である。

④ 総所得金額に分離課税の所得を足したものが「総所得金額等」となる。

本番得点力が高まる！ 問題演習

木内典子さん（45歳）の2024年分の収入が以下のとおりである場合、木内さんの2024年分の総所得金額として、正しいものはどれか。

〈2024年分の収入〉

内容	金額
給与収入	220万円
公的年金収入（遺族基礎年金および遺族厚生年金）	200万円

〈給与所得控除額の速算表〉

給与収入金額	給与所得控除額
万円超　万円以下	
～　180	収入金額×40%－　10万円（55万円に満たない場合は、55万円）
180　～　360	収入金額×30%＋　8万円
360　～　660	収入金額×20%＋　44万円
660　～　850	収入金額×10%＋110万円
850　～	195万円

1）146万円

2）230万円

3）292万円

4）346万円

《2017年1月資産問15改題》

文恵さんの母である佳子さん（75歳）が2024年中に受け取った公的年金および終身保険の解約返戻金の明細は下記〈資料〉のとおりである。2024年分の所得税の確定申告に際して、佳子さんが申告すべき合計所得金額（所得控除を差し引く前の金額）として、正しいものはどれか。なお、佳子さんには下記以外に申告すべき所得はない。また、前年以前から繰り越された純損失の金額等はないものとする。

〈資料：公的年金および終身保険の解約返戻金の明細〉

	金額（収入金額）	税務上の必要経費等の額
老齢基礎年金	70万円	各自計算
遺族厚生年金	120万円	各自計算
終身保険の解約返戻金（注）2012年に契約した保険契約に係るものである。	800万円	払込保険料（一時払いで佳子さんが全額負担している）550万円

〈公的年金等控除額の速算表（一部抜粋）〉

納税者区分	公的年金等の収入金額		公的年金等控除額	
65歳未満の者		130万円以下	60万円	
	130万円超	410万円以下	収入金額×25%＋	27.5万円
	410万円超	770万円以下	収入金額×15%＋	68.5万円
	770万円超	1,000万円以下	収入金額× 5%＋	145.5万円
65歳以上の者		330万円以下	110万円	
	330万円超	410万円以下	収入金額×25%＋	27.5万円
	410万円超	770万円以下	収入金額×15%＋	68.5万円
	770万円超	1,000万円以下	収入金額× 5%＋	145.5万円

1）1,000,000円

2）1,100,000円

3）1,800,000円

4）2,000,000円

《2022年5月資産問37改題》

問１ ……① 給与所得の金額＝収入金額－給与所得控除額

1) ② 年金収入（公的年金）のうち、遺族・障害年金は非課税のため総所得金額に含めない

③ ①に数値を当てはめると、

220万円－(220万円×30%＋8万円)＝146万円

問２ ……① 雑所得(公的年金)：表を使って求めた公的年金等控除額を引く。65歳以上で公的年金の収入が330万円以下であるため

1) 70万円－110万円＝－40万円（0円の扱いとなる）

なお、遺族厚生年金は非課税である

② 一時所得：総所得金額を算出する際に合算対象となるのは一時所得「収入額－必要経費－50万円」の2分の1なので（800万円－550万円－50万円）× $\frac{1}{2}$ ＝100万円

③ 総所得金額を求める

0円(①の雑所得)＋100万円(②の合算対象額)＝100万円

④ 合計所得金額は、総所得金額に分離課税の所得を加えたもの（純損失・雑損失の繰越控除前）だが、本問では分離課税の所得がないので③と同じ100万円

11 タックスプランニング 譲渡所得の計算（不動産・株式）

絶対
マスター

絶対読め！30秒レクチャー

譲渡所得は、資産を売り払ってドーンと入ってくるもうけ。そして「収入－経費＝もうけ」の式が頭に入っていれば、それぞれの収入と経費にあたるものを押さえるだけで大丈夫だ！　株式の譲渡所得は「平均購入単価」さえ出せれば、答が出たも同然だ！

元いた家の
取得費は譲渡
価格の5%!

ナナメ読み！ 学習のポイント

1 不動産の譲渡所得の計算

不動産の譲渡所得は、以下の式で求めることができる。

課税所得＝譲渡価格－（取得費＋譲渡費用）－特別控除

（1）取得費の求め方

取得費＝土地の購入価額等＋（建物の購入価額等－償却費相当額）

取得費が不明な場合は、**概算取得費**として「譲渡価格（売却金額）の5%」とできる。

（2）譲渡費用

不動産の売却に直接要した経費、仲介手数料、印紙代、建物取壊し費用などの費用（固定資産税や修繕費は含まない）。

（3）特別控除

居住用財産の3,000万円の特別控除など。

2　上場株式の譲渡所得の計算

株式等の譲渡所得は、以下の式で求めることができる。

> 課税所得＝（売却時の株価－その株の平均購入単価※）×売却株式数
> ※　平均購入単価＝（売却時におけるその株の）合計購入金額÷合計購入株式数

なお、投資信託の譲渡所得も同様に求められる。ただし株価は「１口あたり単価」、株式数は「口数」、株は「投信」となることに注意。

本番得点力が高まる！ 問題演習

下記〈資料〉は、横川さんの自宅（土地および建物）の売却に係る状況である。この場合の課税長期譲渡所得の金額として、正しいものはどれか。

〈資料〉

- 2014年12月に相続により取得。
- 2024年9月に自宅（土地および建物）を売却・引渡し。
- 取得費：不明のため概算取得費とする。
- 売却金額（合計）：4,400万円
- 譲渡費用（合計）：140万円

※居住用財産を譲渡した場合の3,000万円の特別控除の特例の適用を受けるものとする。
※所得控除は考慮しないものとする。

1）　820万円
2）　946万円
3）1,040万円
4）1,173万円　　《2016年1月資産問9改題》

問2 □□□

良一さんは、保有していた国内の上場企業であるHB株式会社の株式（以下「HB株式」という）を売却した。取引の明細は下記〈資料〉のとおりである。2024年分の良一さんの上場株式等の譲渡所得または譲渡損失の金額として、正しいものはどれか。

注1：HB株式は一般口座での取引である。また、手数料等は考慮しないこと。

注2：良一さんは、下記の取引以外にHB株式の取引をしたことはない。

注3：良一さんの2024年中の有価証券取引は、下記のHB株式に係るものだけである。

〈資料〉

2021年10月：HB株式を1株当たり240円で10,000株購入。
2022年12月：HB株式を1株当たり720円で10,000株購入。
2023年10月：HB株式を1株当たり360円で5,000株購入。
2024年 8月：HB株式を1株当たり500円で10,000株売却。

1）▲400,000円（譲渡損失）

2）　440,000円

3）　600,000円

4）2,600,000円　　《2009年9月資産問38改題》

問1 ……① 概算取得費は「譲渡価格の5%」

3) 4,400万円×5%＝220万円

② 学習のポイント 1 の式で譲渡所得金額を求めると

4,400万円－(220万円＋140万円)－3,000万円＝1,040万円

問2 …… 課税所得＝(売却時の株価－その株の**平均購入単価**)×売却株式数

2) ① まず、売却時点におけるHB株の**平均購入単価**を求める

(240円×1万株＋720円×1万株＋360円×5千株)

÷25,000株＝456円

② 1株あたりの売却損益は、500円－456円＝44円

③ 譲渡損益の金額は、44円×1万株＝44万円

12 タックスプランニング 医療費控除の計算

絶対読め！30秒レクチャー

自分や家族のために支払った医療費の実質的な負担額が1年間で合計10万円（所得200万円未満の人は5％相当）を超えた場合、その足切りラインを上回る金額が「医療費控除」になる！　ただし、治療や回復の目的とはいえないお金（予防や美容や健康増進）は医療費には含めない──「治療費控除！」と覚えよう。

ナナメ読み！ **学習のポイント**

1 医療費控除の計算

(1) 医療費控除の計算式

医療費控除額＝医療費の合計－保険金等で補てんされる金額－10万円※

※　総所得金額が200万円未満の人はその金額の5％

(2) 対象となる医療費

その年に実際に支払った、**治療や回復**に要した費用。予防の費用は除く。人間ドックの費用は、異常なしの結果なら対象外、病気が判明して治療した場合は対象となる。

(3) 保険金などで補てんされる金額とは？

生命保険からの入院給付金など、医療費の支出の事由を給付原因として支給を受けた金額については、控除額から除外される。

本番得点力が高まる! 問題演習

問1 □□□

会社員の浅井雅明さんが2024年中に支払った医療費等が下記〈資料〉のとおりである場合、浅井さんの2024年分の所得税の確定申告における医療費控除の金額として、正しいものはどれか。なお、浅井さんの2024年分の所得は給与所得520万円のみであり、浅井さんは妻および長男と生計を一にしている。また、保険金等により補てんされる金額はないものとする。なお、「医療費控除の特例(セルフメディケーション税制)」は考慮しないものとする。

〈資料〉

支払年月	医療等を受けた人	医療機関等	内容	支払金額
2024年 1 月	本人	A歯科医院	虫歯の治療(※1)	70,000円
2024年 4 月	妻	B病院	健康診断(※2)	20,000円
2024年11月	長男	C病院	入院	50,000円
2024年11月	長男	D薬局	薬の購入(※3)	8,000円

(※1) 虫歯の治療は健康保険適用の治療である。
(※2) 妻の健康診断の結果に異常はなかった。
(※3) 長男がC病院から退院する際に医師の処方箋によりD薬局で医薬品を購入したものである。

1) 20,000円
2) 28,000円
3) 40,000円
4) 48,000円

《2017年1月資産問16改題》

第9章 実技試験【日本FP協会】資産設計提案業務

問 1 ……①　健康診断の費用は、異常がなかったので対象外となる。よって治療や回復のために使ったお金は、

2)

70,000円＋50,000円＋8,000円＝128,000円

②　足切り金額は、通常パターンの10万円（総所得金額が200万円以上なので）

③　①から②を引いて、128,000円－100,000円＝28,000円

13 タックスプランニング 退職所得に関する計算

最後のひと押し

絶対読め！30秒レクチャー

退職所得控除は、勤務年数の端数は切上げで、20年までは年40万円、21年目からは年70万円。退職金の収入から「退職所得控除」を引いて、半分にした金額が「退職所得」となり、これに税金がかかるのだ！　年1～2回は出ると思って備えよう！

勤続年数は、
36年と5カ月。
切り上げて
37年じゃな。
勤続年数：
36年5カ月

ナナメ読み！　学習のポイント

1 退職所得に関する計算

(1) 退職所得控除額を求める

勤続年数20年以下：40万円×勤続年数※（最低80万円）
勤続年数20年超　：800万円＋70万円×（勤続年数※－20年）

※　勤続年数に1年未満の端数がある場合は切り上げて1年とする。

(2) 退職所得の金額を求める

退職所得の金額＝（収入金額－退職所得控除額）×$\frac{1}{2}$※

※　例外として、役員勤続5年以下の人の役員退職金の場合は最後の$\frac{1}{2}$がない。また、従業員勤続5年以下の人の短期退職手当の場合、「収入金額－退職所得控除額」が300万円を超える部分については最後の$\frac{1}{2}$がない。

(3)　退職所得に対する税額を求める

退職所得に対する税額＝退職所得の金額×税率※－控除額※

※　税率、控除額は試験問題に記載されているので覚えなくてよい。

本番得点力が高まる！ 問題演習

問1 □□□

慎二さんの勤務先であるRQ社では、現在、50歳代の社員を対象に希望退職者を募集している。仮に慎二さんが希望退職した場合に支給される退職一時金から源泉徴収される所得税の金額として、正しいものはどれか。なお、復興特別所得税は考慮しないものとする。

〈資料〉

［慎二さんが希望退職した場合の退職一時金等］
・退職一時金の額：4,000万円
・勤続年数：29年4ヵ月
※慎二さんの退職は、会社都合による退職である。また、慎二さんはこれまでにRQ社の役員であったことはなく、障害者になったことに基因する退職ではない。
※「退職所得の受給に関する申告書」は、適正に提出するものとする。

〈所得税の速算表〉

課税される所得金額	税率	控除額
1,000円から　1,949,000円まで	5%	0円
1,950,000円から　3,299,000円まで	10%	97,500円
3,300,000円から　6,949,000円まで	20%	427,500円
6,950,000円から　8,999,000円まで	23%	636,000円
9,000,000円から 17,999,000円まで	33%	1,536,000円
18,000,000円から 39,999,000円まで	40%	2,796,000円
40,000,000円以上	45%	4,796,000円

（注）課税される所得金額の1,000円未満の端数は切捨て

1）1,599,000円

2）2,589,000円

3）2,704,500円

4）4,125,000円　　　　　　　　《2018年1月資産第10問・問36》

問1

2）

……① RQ社での勤続期間は29年4カ月 → **切り上げて**30年

② 退職所得控除額を計算する

40万円×20年＋**70万円**×（30年－20年）＝1,500万円

③ 退職所得の金額を計算する

$(4{,}000\text{万円} - 1{,}500\text{万円}) \times \frac{1}{2} = 1{,}250\text{万円}$

④ 速算表にあてはめて、掛けて引く

1,250万円×33％－153.6万円＝258.9万円

不動産

14 土地の評価額（路線価等）の計算

絶対読め！30秒レクチャー

カンタンに
路線価を出したい？
もっと苦労せんか！

土地の路線価等の計算も、しつこく出題されている項目の1つだ！　過去問を丁寧に読み込んで理解しながら、2つの修正率（側方・奥行）の使い方と、「借地権割合」などの使い方が完全に理解できれば、ここは1ポイント取れるはずだ！

ナナメ読み！　学習のポイント

1　2つの道路に接している土地の路線価の求め方

① 1㎡あたりの評価額
　＝正面路線価＋側方路線価×側方路線影響加算率

② 1㎡あたりの評価額×面積（㎡）＝土地の路線価

2　奥行価格補正率の使い方

奥行距離に応じた補正率（0.99など）を掛けて、実質的な減額をする。

3　借地権割合の使い方

路線価（単位は1,000円）の後に書いてあるアルファベットが借地権割合を示しており、C＝70%、D＝60%、などと決まっている。自用地評価額の金額に借地権割合を掛けると、借地権の評価額が求められる。

 本番得点力が高まる! 問題演習

問1 □□□

下記〈資料〉の宅地（貸家建付地）に係る路線価方式による相続税評価額の計算式として、正しいものはどれか。なお、記載のない事項については一切考慮しないものとする。

〈資料〉

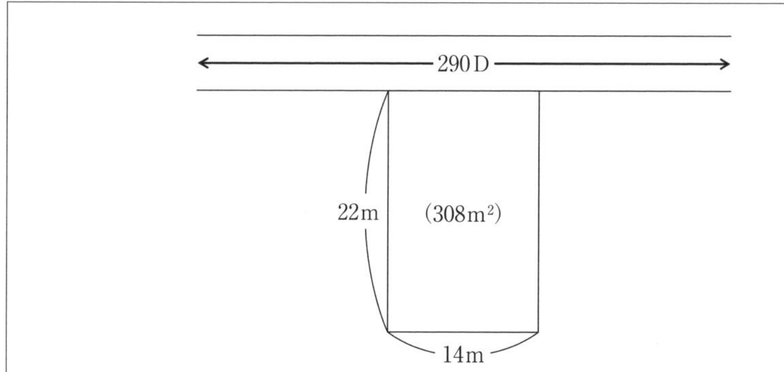

注1：奥行価格補正率（20m以上24m未満）　1.00

注2：借地権割合　60％

注3：借家権割合　30％

注4：この宅地には宅地所有者の所有する賃貸アパートが建っており、現在すべて賃貸中となっている。

1）290,000円 × 1.00 × 308m^2

2）290,000円 × 1.00 × 308m^2 × 60％

3）290,000円 × 1.00 × 308m^2 ×（1 − 60％）

4）290,000円 × 1.00 × 308m^2 ×（1 − 60％ × 30％ × 100％）

《2024年1月資産問19》

問 1

4) ……① 正面路線価は290,000円（表記の1,000倍)、奥行価格補正率は1.00

② 宅地の自用地価格の1㎡あたりの評価額を求める

290,000円× 1.00 = 290,000円

③

貸家建付地の評価額＝ 自用地価格×(1－借地権割合×借家権割合×賃貸割合)

290,000円× 1.00 × 308㎡×（1 － 60％× 30％× 100％)

＝73,242,400（円)

15 不動産 建蔽率・容積率の計算

絶対読め！30秒レクチャー

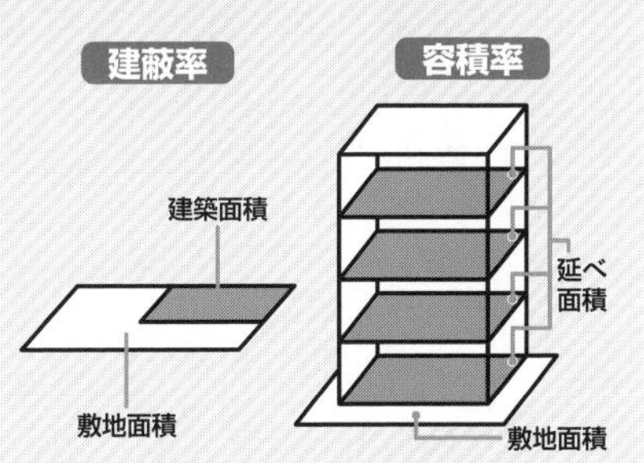

ケンペイ率は、建築面積の敷地面積に対する割合のこと。建物が密集すると火事が燃え広がりやすくて危険なので制限するのだ。ヨウセキ率は、延べ面積の敷地面積に対する割合のこと。高いビルがどんどん建つと周辺住民が迷惑するので制限するのだ。なお、2種類の地域にまたがった場合は、いずれも掛けて足し合わせれば求められる。年に2回以上はいずれかを用いて「建築面積の最高限度」「延べ面積の最高限度」を求める計算が出る可能性が高いので過去問演習を繰り返しておこう！

ナナメ読み！ 学習のポイント

1 建蔽率（→第5章5 1 (2) を参照すること！）

2 容積率（→第5章5 1 (2)(3) を参照すること！）

本番得点力が高まる！ 問題演習

問 1

建築基準法に従い、下記〈資料〉の土地に耐火建築物を建てる場合、建築面積の最高限度（ア）と延べ面積（床面積の合計）の最高限度（イ）の組み合わせとして、正しいものはどれか。なお、〈資料〉に記載のない条件については一切考慮しないこと。

〈資料〉

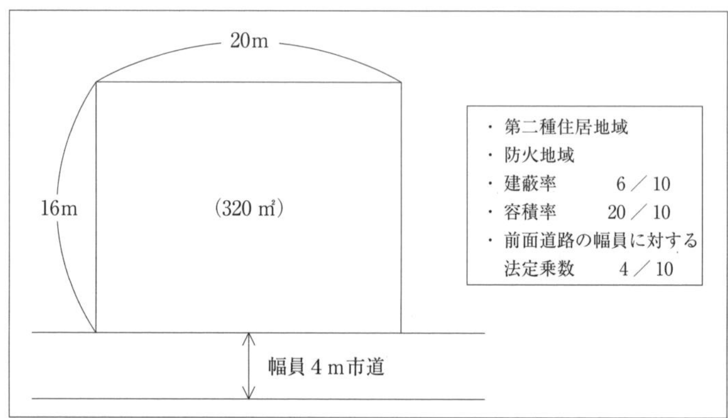

1)（ア）192㎡　（イ）512㎡
2)（ア）192㎡　（イ）640㎡
3)（ア）224㎡　（イ）512㎡
4)（ア）224㎡　（イ）640㎡　《2019年1月資産問7》

問 1

3) ……（ア）防火地域の耐火建築物なので、建蔽率は10%緩和され

60%＋10%＝70%

建築面積の最高限度は320㎡×70%＝<u>224㎡</u>

（イ）前面道路の幅員が12m未満なので、容積率は

指定容積率200%＞幅員容積率：4m×$\frac{4}{10}$＝160%

⇒比べて小さいほうの160%を採用

延べ面積の最高限度は320㎡×160%＝<u>512㎡</u>

---

16 不動産　不動産投資の利回り計算

絶対読め！30秒レクチャー

利回り計算なんてカンタンだ。リターンを投資で割るだけ。不動産投資の利回りも同じこと。「最初にいくらのキャッシュをトータルで突っ込めば、毎年いくらのキャッシュが手取りで戻ってくるか」それさえわかれば、株でも不動産でもテニスボールでも、どんなものでも利回りは出るんだ！　計算方法を細かく暗記する必要はないから、この本質を理解して問題演習を繰り返して、FPの世界の頂点を目指せ！

ナナメ読み！ 学習のポイント

1 不動産投資（ふどうさんとうし）の実質利回り計算

現金収支ベースの実質利回りを求める出題がされている。

① 「1年間の収入額」を計算→賃料×12カ月

② 「1年間の経費合計」を計算→毎月の経費×12カ月＋その他の経費

毎月の経費は、管理費、修繕積立金、家主代行手数料（賃貸管理費）など。

その他の経費は、固定資産税（年額）など。

③ 「実質リターン／年」を計算→①－②

④ 「実質的な初期投資額」を計算→物件価格 ＋ 取得費用

⑤ 「実質利回り」を計算→③÷④（最後に100倍すれば％表示）

本番得点力が高まる！ 問題演習

問1 □□□

下記〈資料〉は、北村さんが購入を検討している投資用マンションの概要である。この物件の実質利回り（年利）を計算しなさい。なお、〈資料〉に記載のない事項については一切考慮しないこととする。また、計算結果については小数点以下第3位を四捨五入すること。

〈資料〉

- 購入費用の総額：2,500万円（消費税と仲介手数料等取得費用を含めた金額）
- 想定される賃料（月額）：105,000円
- 運営コスト（月額）：管理費・修繕積立金等　12,000円
  管理業務委託費　月額賃料の5％
- 想定される固定資産税・都市計画税（年額）：65,000円

《2021年5月資産問10》

問1
3.95％

……① 年間の収入金額を計算すると、10.5万円×12カ月＝126万円

② 年間の経費を計算すると、(1.2万円＋10.5万円×5%)×12カ月＋6.5万円＝27.2万円

③ 年間の手取り金額は、①－②＝98.8万円

④ 実質的な初期投資金額は、2,500万円

⑤ 実質利回りは、98.8万円÷2,500万円×100＝3.952…（%）小数点以下第3位を四捨五入して3.95%

---

17 相続・事業承継 相続税課税価格の計算

絶対読め！30秒レクチャー

相続税を計算する途中の段階で行う計算は試験によく出る。基礎控除額の計算では3,000万円と600万円、2つの非課税財産（死亡保険金、死亡退職金）では500万円という数字がキーとなる。「法定相続人の数」を「子供の数」と勘違いして計算ミスしないように、気をつけろ！

ナナメ読み！ 学習のポイント

1 「相続税の基礎控除額」の計算

3,000万円＋600万円×法定相続人の数※

※　相続を放棄した相続人がいた場合には、放棄はなかったものとした場合の法定相続人の数とする。

2 相続税課税価格の計算

①　非課税財産の金額を求める

相続人が生命保険金や死亡退職金を受け取った場合、それぞれについて次の式で求めた金額が非課税となる。

非課税限度額＝500万円×法定相続人の数※

※　相続を放棄した相続人がいた場合には、放棄はなかったものとした場合の

法定相続人の数とする。

② 課税価格の合計額を求める

課税価格を計算する際には、債務控除（**負債や葬式費用**）の額を引き、算出した各人の課税価格を合計する。

 本番得点力が高まる! 問題演習

下記の相続事例（2024年9月30日相続開始）における相続税の課税価格の合計額として、正しいものはどれか。なお、記載のない条件については一切考慮しないこととする。

〈課税価格の合計額を算出するための財産等の相続税評価額〉

土地：4,000万円（「小規模宅地等についての相続税の課税価格の計算の特例」（以下、「小規模宅地等の特例」という）適用後：800万円）

建物：1,000万円

現預金：5,500万円

死亡保険金：2,500万円（生命保険金等の非課税限度額控除前）

債務および葬式費用：1,200万円

〈親族関係図〉

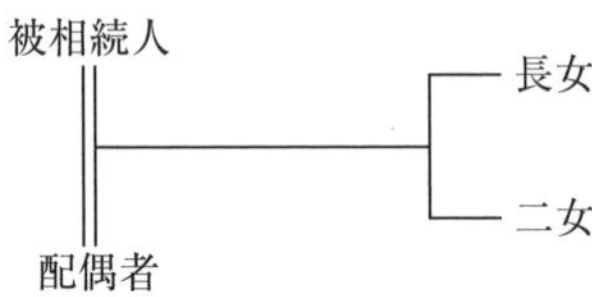

※「小規模宅地等の特例」の適用対象となる要件はすべて満たしており、その適用を受けるものとする。

※死亡保険金はすべて被相続人の配偶者が受け取っている。

※すべての相続人は、相続により財産を取得している。

※相続開始前３年以内に被相続人からの贈与により財産を取得した相続人はおらず、相続時精算課税制度を選択した相続人もいない。また、相続を放棄した者もいない。
※債務および葬式費用は被相続人の配偶者がすべて負担している。

1）7,100万円
2）8,300万円
3）8,600万円
4）10,300万円 《2022年９月資産問20改題》

問１ …… 相続税評価額は

1）

① 土地：800万円（小規模宅地特例適用後）
② 建物：1,000万円
③ 現預金：5,500万円
④ 死亡保険金：1,000万円（法定相続人は３人なので2,500万円－500万円×３）
⑤ 債務等：－1,200万円（マイナス資産）
①～⑤を合計すると、7,100万円

---

18 相続・事業承継 法定相続分の計算

絶対読め！30秒レクチャー

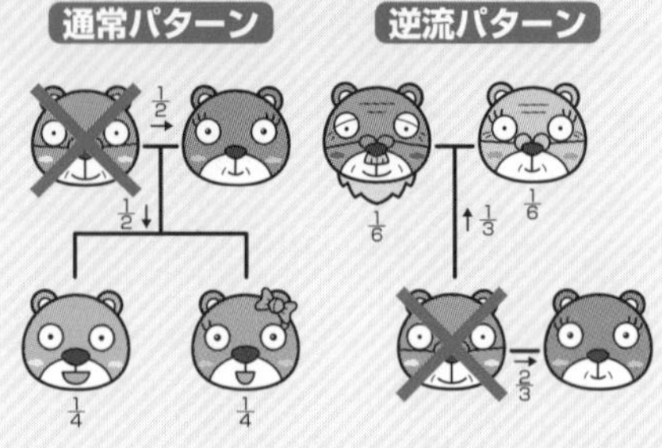

法定相続分の計算がよく出るって？　そんなのカンタンだ。まず死んだ人（被相続人）に×をつける。そして「子がいるか？」、いなければ「生きている親はいるか？」をチェックして「通常パターン、逆流パターン、分散パターン」のどれかを特定する。最後に、上流や下流など、各フローの中で（平等ではなく）公平に分けるだけだ！

ナナメ読み！ 学習のポイント

1 法定相続分の算出方法

(1) 相続パターンを特定する

下記①～③のどれに該当する相続かを見極めて、横（配偶者）・下（子）・上（親）・上から下（兄弟姉妹）の各フローに分配される法定相続分を確認する。

① 通常パターン（横＋下）
　＝配偶者以外に、子（または孫）がいる場合
　「横に半分、下に半分」という流れが生じる相続が標準的。

② 逆流パターン（横＋上）
　＝子はいないが、生きている親がいる場合
　「横に$\frac{2}{3}$、上に$\frac{1}{3}$」と、一部の資産が逆流する。

③ 分散パターン（横＋上から下）
　＝子も存命中の親もおらず、兄弟姉妹がいる場合

「横に$\frac{3}{4}$、上から下に$\frac{1}{4}$」と一部の資産が分散する。

(2) 個々の法定相続分を計算する

① **(1)** で特定した各フローに分配される法定相続分トータルを、対象人数で割る。

例）子が3人なら、$\frac{1}{2} \times \frac{1}{3} = \frac{1}{6}$

② 代襲相続人が複数いる場合には、さらにその人数で割る。

③ **相続人の配偶者**（例：長男の妻）には、法定相続分がないことに注意。ひっかけ問題が出たこともある。

④ 相続放棄をした人は初めから相続人にならなかったものとみなされ法定相続人には含まれなくなる。**放棄者の子**にも代襲相続は生じない。ただし、相続税の基礎控除額を計算する時などの法定相続人の数には含める。

本番得点力が高まる！ 問題演習

問1 □□□

下記の〈親族関係図〉の場合において、民法の規定に基づく法定相続分に関する次の記述の空欄（　ア　）～（　ウ　）に入る適切な語句または数値を語群の中から選び、解答欄に記入しなさい。なお、同じ語句または数値を何度選んでもよいこととする。

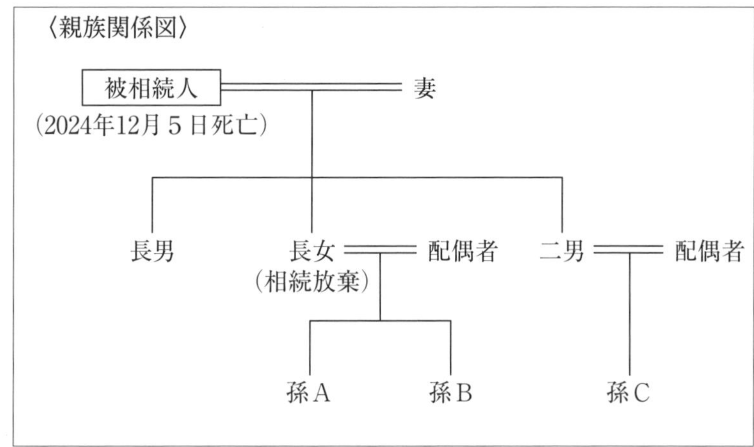

［相続人の法定相続分］

・被相続人の妻の法定相続分は（　ア　）。

・被相続人の長男の法定相続分は（　イ　）。

・被相続人の孫Aと孫Bのそれぞれの法定相続分は（　ウ　）。

〈語群〉

なし	1／2	1／3	1／4	1／8
2／3	3／4	3／8	1／16	

《2017年1月資産問19改題》

問1

ア）**1／2**
イ）**1／4**
ウ）**なし**

①　当件の被相続人には長男や二男など子がいるので「通常パターン」と特定

②　通常パターンは「横に半分、下に半分」なので、被相続人の妻の法定相続分は**1／2**（ア）

③　相続放棄をした人は初めから相続人とならなかったものとみなされる（放棄者の子にも代襲相続は生じない）

④　「下に半分」なので長女を除く子2人に流れる法定相続分は合計1／2（各**1／4**ずつ（イ））

⑤　相続放棄した人の子は代襲相続人にならないので、孫A・孫Bの法定相続分は**なし**（ウ）

索引

【編著者】白鳥 光良（しらとり・みつよし）
株式会社 住まいと保険と資産管理　代表取締役社長
武蔵大学経済学部金融学科 非常勤講師（「ファイナンシャルプランナー演習」担当：平成28年度「学生が選ぶベストティーチャー賞」受賞）。次世代FPの育成に力を注ぐ。
1973年千葉県生まれ。上智大学経済学部にてポートフォリオ理論を専攻。
アンダーセンコンサルティング（現アクセンチュア）に2年3カ月勤務後、
良質なFPサービスが手頃な料金で誰でも利用できる状態を目指して、
2000年1月に同社を設立して代表に就任。「その人がその人らしく生きることを支援する」を企業理念とする、社名の3つの領域に強い専門のFPによる全国共通のサービスを展開。
住宅の購入・売却の相談、保険見直し相談、資産管理・運用の相談、ライフプラン作成等を20年以上にわたって専門に研究し、サービスを提供している。
著書に『65才までに“あと3000万円”ムリなく貯める!!』(ローカス)、
『「金融資産運用」計算ドリル』(インデックス・コミュニケーションズ）等がある。
(株)住まいと保険と資産管理　https://www.mylifenavi.net

【執筆協力】深谷 康雄（ふかや・やすお）
深谷康雄リタイヤメントFPオフィス代表
国内大手信託銀行にて、資産管理のコンサルティング、企業年金の運用などに関する業務を30年以上経験後、現職。「小難しい金融関連の情報をわかりやすく伝える」ことに情熱を注いでいる。1級ファイナンシャル・プランニング技能士、CFP®。

装丁・本文デザイン：株式会社シンクロ

一般社団法人　金融財政事情研究会　ファイナンシャル・プランニング技能検定
２級実技試験（個人資産相談業務）　平成29年10月許諾番号1710K000002

スッキリわかるシリーズ

2024-2025年版（ねんばん）
スッキリわかる　FP技能士２級・AFP（エフピーぎのうしきゅう・エーエフピー）

（2009-2010年版　2009年７月１日　初版　第1刷発行）

2024年５月25日　　初　版　第1刷発行

編著者　白鳥光良
発行者　多田敏男
発行所　TAC株式会社　出版事業部（TAC出版）
〒101-8383
東京都千代田区神田三崎町3-2-18
電話 03（5276）9492（営業）
FAX 03（5276）9674
https://shuppan.tac-school.co.jp

組版　株式会社　グラフト
印刷　株式会社　ワコー
製本　株式会社　常川製本

ISBN 978-4-300-11188-8
N.D.C. 338

魅惑のパーソナルファイナンスの世界を感じられる無料オンラインセミナーです！

「多くの方が不安に感じる年金問題」「相続トラブルにより増加する空き家問題」
「安全な投資で資産を増やしたいというニーズ」など、社会や個人の様々な問題の解決に、
ファイナンシャルプランナーの知識は非常に役立ちます。
長年、ファイナンシャルプランニングの現場で顧客と向き合い、
夢や目標を達成するためのアドバイスをしてきたベテランFPのTAC講師陣が、
無料のオンラインセミナーで魅力的な知識を特別にお裾分けします。
とても面白くためになる内容です！
無料のオンラインセミナーですので、気軽にご参加いただけます。
ぜひ一度視聴してみませんか？　皆様の世界が広がる実感が持てるはずです。

皆様の**人生を充実させる**のに必要なコンテンツがぎっしり詰まった**オンラインセミナー**です！

参考 **過去に行ったテーマ例**

- 達人から学ぶ「不動産投資」の極意
- 老後に役立つ個人年金保険
- 医療費をたくさん払った場合の節税対策
- 基本用語を分かりやすく解説 NISA
- 年金制度と住宅資産の活用法
- FP試験電卓活用法
- 1級・2級本試験予想セミナー
- 初心者でもできる投資信託の選び方
- 安全な投資のための商品選びのチェックポイント
- 1級・2級頻出論点セミナー
- そろそろ家を買いたい！実現させるためのポイント
- 知らないと損する！社会保険と公的年金の押さえるべきポイント
- 危機、災害に備える家計の自己防衛術を伝授します
- 一生賃貸で大丈夫？老後におけるリスクと未然の防止策
- 住宅購入時の落とし穴！購入後の想定外のトラブル
- あなたに必要な保険の見極め方
- ふるさと納税をやってみよう♪ぴったりな寄付額をチェック

書籍で学習されている方のための最後の追い込みに最適のコース!

「書籍で学習はしているものの演習は十分に行えていない」「過去問は分量が多くて手が回っていない」
「限られた時間の中、分厚い演習教材を何回も繰り返してやっている時間はない」……

そんなあなたにオススメのコースです!

TAC FP講座の長年の合格ノウハウとエッセンスを詰め込んだ
直前期総まとめ教材「あてるTAC直前予想模試」(TAC出版)をフル活用し、
最短の時間で最大の効果を上げる!

2級直前対策パック
(試験対策+公開模試)

TAC FP 2級直前対策パック

知識を全て総チェックするのはもちろん、「苦手なテーマ」「手が回っていない分野」「強化したい部分」等を選択して学習するということもでき、非常に効果的です!

今お手持ちの書籍で、一通り学習を進めたら、直前期の最後の仕上げは、セレクトされた選りすぐりの問題を解くことで、得点につなげていきましょう。問題を解いて、既に使っている見慣れたテキストを開いて読み返すという流れも良いのですが、整理された重要ポイントをスピーディーにチェックできる時間効率を高めた専用コースが「2級直前対策パック」です。
最後の演習では、時間効率のため超重要問題を解きつつ、知識の確認をする必要があります。その際に、残された時間は少ないため、無駄は徹底的に省かなければなりません。そんな書籍学習者の皆様にオススメのコースです。

書籍の正誤に関するご確認とお問合せについて

書籍の記載内容に誤りではないかと思われる箇所がございましたら、以下の手順にてご確認とお問合せをしてくださいますよう、お願い申し上げます。

なお、正誤のお問合せ以外の**書籍内容に関する解説および受験指導などは、一切行っておりません。**

そのようなお問合せにつきましては、お答えいたしかねますので、あらかじめご了承ください。

1 「Cyber Book Store」にて正誤表を確認する

TAC出版書籍販売サイト「Cyber Book Store」の
トップページ内「正誤表」コーナーにて、正誤表をご確認ください。

CYBER BOOK STORE TAC出版書籍販売サイト

URL:https://bookstore.tac-school.co.jp/

2 1の正誤表がない、あるいは正誤表に該当箇所の記載がない ⇒ 下記①、②のどちらかの方法で文書にて問合せをする

★ご注意ください★

お電話でのお問合せは、お受けいたしません。

①、②のどちらの方法でも、お問合せの際には、「お名前」とともに、
「対象の書籍名(○級・第○回対策も含む)およびその版数(第○版・○○年度版など)」
「お問合せ該当箇所の頁数と行数」
「誤りと思われる記載」
「正しいとお考えになる記載とその根拠」
を明記してください。
なお、回答までに1週間前後を要する場合もございます。あらかじめご了承ください。

① ウェブページ「Cyber Book Store」内の「お問合せフォーム」より問合せをする

【お問合せフォームアドレス】

https://bookstore.tac-school.co.jp/inquiry/

② メールにより問合せをする

【メール宛先　TAC出版】

syuppan-h@tac-school.co.jp

※土日祝日はお問合せ対応をおこなっておりません。
※正誤のお問合せ対応は、該当書籍の改訂版刊行月末日までといたします。

乱丁・落丁による交換は、該当書籍の改訂版刊行月末日までといたします。なお、書籍の在庫状況等により、お受けできない場合もございます。
また、各種本試験の実施の延期、中止を理由とした本書の返品はお受けいたしません。返金もいたしかねますので、あらかじめご了承くださいますようお願い申し上げます。

TACにおける個人情報の取り扱いについて
■お預かりした個人情報は、TAC(株)で管理させていただき、お問合せへの対応、当社の記録保管にのみ利用いたします。お客様の同意なしに業務委託先以外の第三者に開示、提供することはございません(法令等により開示を求められた場合を除く)。その他、個人情報保護管理者、お預かりした個人情報の開示等及びTAC(株)への個人情報の提供の任意性については、当社ホームページ(https://www.tac-school.co.jp)をご覧いただくか、個人情報に関するお問い合わせ窓口(E-mail:privacy@tac-school.co.jp)までお問合せください。

(2022年7月現在)

▶折り目にそって、カッターなどでていねいに切り離してご覧ください

ふぁいなんしゃる・ぷらんにんぐ技能検定

秘伝の書

試験直前の秘伝…試験二日前の学習スタートでも大逆転！

試験中の秘伝……Ｓｈｕｚｏメソッドで選択肢をしぼろう！

試験直前なのに、
学習が進んでいなくて
あせっているのか？
あきらめたら試験終了だ！
この秘伝の書をひも解き、
一発逆転をねらえ！